# DU MÊME AUTEUR

*Traité pratique des maladies du système nerveux* (1878-1894). Quatrième édition. 2 volumes. En collaboration avec RAUZIER. Montpellier, Coulet.

*Leçons de Clinique médicale.* 4 volumes (1891-1903). Montpellier, Coulet.

*Consultations médicales* (1902). Cinquième édition. Montpellier, Coulet.

*Le Médecin de l'Amour au temps de Marivaux. Boissier de Sauvages* (1895). Montpellier, Coulet.

*Les Maladies de l'orientation et de l'équilibre.* Bibliothèque scientifique internationale (1901). Paris, Alcan.

*Les Limites de la biologie.* Bibliothèque de philosophie contemporaine (1902-1907). Cinquième édition, avec une Préface de PAUL BOURGET. Paris, Alcan.

*L'Hypnotisme et la Suggestion.* Bibliothèque internationale de psychologie expérimentale, normale et pathologique (1903-1904). Deuxième édition. Paris, Doin.

*Les Centres nerveux. Physiopathologie clinique* (1905). Paris, J.-B. Baillière.

*Le Psychisme inférieur. Étude de physiopathologie clinique des centres psychiques.* Bibliothèque de philosophie expérimentale (1906). Paris, Chevalier et Rivière.

*Demifous et demiresponsables.* Bibliothèque de philosophie contemporaine (1907). Paris, Alcan.

*Thérapeutique des Maladies du système nerveux.* Encyclopédie scientifique. Bibliothèque de neurologie et de psychiatrie (1907). Paris, Doin.

Quand j'ai été sollicité de faire une troisième édition du *Spiritisme devant la Science*, j'ai mieux aimé ajourner cette publication et entreprendre le livre que je donne actuellement sur l'*Occultisme hier et aujourd'hui*.

Le titre de mon premier livre a été justement critiqué, d'abord parce qu'il reproduisait (à mon insu) le titre d'un livre, déjà paru en 1883, de M. Delanne, ensuite parce que j'y détournais le mot « spiritisme » de son sens étymologique étroit.

J'ai hésité pour le remplacer entre *Le Merveilleux préscientifique* et *L'Occultisme*. Ce dernier m'a paru meilleur. Mais il a besoin, lui aussi, d'être bien défini pour ne pas prêter à confusion : c'est ce que je m'efforce de faire dans la première partie.

Dans le *Spiritisme devant la Science*, j'avais surtout étudié la partie de l'occultisme qui a été récemment « désoccultée » : *l'occultisme d'hier*. Ceci constitue la deuxième partie du présent livre.

Quant à *l'occultisme d'aujourd'hui*, qui forme ma troisième partie, c'est le développement de l'Étude dont j'ai publié le plan dans la *Revue des Deux Mondes* (1ᵉʳ novembre 1906) : on retrouvera

# L'Occultisme

## Hier et Aujourd'hui

### Le Merveilleux préscientifique

PAR

### Le D<sup>r</sup> J. GRASSET

PROFESSEUR DE CLINIQUE MÉDICALE A L'UNIVERSITÉ DE MONTPELLIER
ASSOCIÉ NATIONAL DE L'ACADÉMIE DE MÉDECINE

---

> Adeone me delirare censes, ut ista esse credam?
> CICÉRON.
>
> ......... Ignari quid queat esse
> Quid nequeat.....
> LUCRÈCE.
>
> Il faut être solidement persuadé que la science d'aujourd'hui, pour vraie qu'elle soit, est terriblement incomplète.
> CHARLES RICHET.

---

**MONTPELLIER**
COULET ET FILS, LIBRAIRES-ÉDITEURS
5, Grand'Rue, 5
—
**1907**

# L'OCCULTISME

## Hier et Aujourd'hui

## Le Merveilleux préscientifique

ici les mêmes idées et les mêmes conclusions que dans cet article, étayées peut-être sur un peu plus de preuves.

On se fera d'ailleurs rapidement une idée assez complète de tout le livre en parcourant la table des matières et en lisant les conclusions.

Montpellier, 25 mars 1907.

# PREMIÈRE PARTIE

## DÉFINITIONS. HISTORIQUE. DIFFICULTÉS DE CETTE ÉTUDE

CHAPITRE PREMIER. — DÉFINITIONS ET HISTORIQUE.

CHAPITRE DEUXIÈME. — DIFFICULTÉS QUE PRÉSENTE L'ÉTUDE DES PHÉNOMÈNES OCCULTES.

# CHAPITRE PREMIER

# DÉFINITIONS ET HISTORIQUE

I. — 1. Définition de l'occultisme et des phénomènes occultes.
II. — 2. Historique.
    3. *Période du magnétisme animal.*
    4. *Période du spiritisme.*
    5. *Période actuelle.*
III. — 6. Ce que n'est pas l'occultisme.
    7. *Sciences traditionnelles des mages, théosophie, spiritisme.*
    8. *Surnaturel et miracle.*

## I. DÉFINITION DE L'OCCULTISME ET DES PHÉNOMÈNES OCCULTES

1. L'*occultisme* n'est pas l'étude de tout ce qui est *caché* à la science, c'est l'étude des faits qui, n'appartenant pas *encore* à la science (je veux dire : à la science *positive* au sens d'Auguste Comte), *peuvent* lui appartenir un jour.

Les faits *occultes* sont en marge ou dans le vestibule de la science, s'efforçant de conquérir le droit de figurer dans le texte du livre ou de franchir le seuil du palais. Mais il n'y a aucune contradiction logique à ce que ces faits cessent, un jour, d'être occultes pour devenir scientifiques.

Charles Richet les appelle *métapsychiques*. Comme en réalité ils sont vraiment psychiques, j'aimerais mieux les appeler *juxta* ou *préscientifiques* (1).

---

(1) Dans un article, d'ailleurs très bienveillant, paru dans les *Annales des sciences psychiques* (1906, p. 772) sous ce titre : «La

## II. HISTORIQUE

2. L'amour du merveilleux a existé de tous temps.

L'attraction vers le mystère scientifique n'a été l'apanage d'aucune époque. Les siècles les plus sceptiques sont même souvent les plus crédules.

Comme le remarque Paul de Rémusat (1), Mesmer faisait son entrée à Paris l'année même où Voltaire y venait mourir. A ce moment, «on aimait sans doute très peu les miracles, mais chacun avait soif de merveilles».

«L'axiome est celui-ci, vient de dire Emile Faguet : l'homme a besoin de croire à quelque chose qui n'est pas prouvé; ou, en d'autres termes, il a besoin de croire à quelque chose à quoi l'on ne peut croire qu'en y croyant». Car l'homme est «un animal mystique».

On peut diviser en trois périodes les étapes du merveilleux préscientifique dans le dernier siècle : la période du magnétisme animal, la période du spiritisme et la période actuelle.

---

terre promise de la science», l'auteur, critiquant ces mots *préscientifique* et *juxtascientifique*, me «fait remarquer qu'un phénomène ne cesse pas d'être réellement *scientifique* seulement parce que la majorité des savants ne l'ont pas encore admis». Ce n'est certes pas une question de majorité. Mais tout le monde s'entend assez bien aujourd'hui sur le sens des mots *scientifique, science positive* et par suite il est bien permis de reconnaître aux phénomènes une période d'*existence scientifique*, qu'il ne faut naturellement pas confondre avec la période antérieure de leur *existence réelle* ; les phénomènes existent bien avant d'être étudiés scientifiquement ; mais il y a un jour où ils entrent dans la science : quand la démonstration scientifique de cette existence est faite.

(1) Paul de Rémusat ; Le merveilleux autrefois et aujourd'hui. *Revue des Deux Mondes*, 15 novembre 1861.

## 3. Période du magnétisme animal (1).

On fait en général partir cet historique de Mesmer. Mais Binet et Féré ont fait remarquer que «le mesmérisme se rattache à une tradition qui s'est développée vers le milieu du XVIe siècle». C'est dans les ouvrages de Paracelse qu'on trouverait déjà la première trace de la doctrine qui «attribuait à l'homme le pouvoir d'exercer sur ses pareils une action analogue à celle de l'aimant» (*magnes*). Quoi qu'il en soit, c'est de Mesmer (1734-1815) que date l'essor prodigieux du magnétisme animal.

Dès 1766, Mesmer étudiait dans sa thèse de doctorat, à Vienne : l'*influence des planètes sur le corps humain*. Frappé, en 1774, des expériences du P. Hell, «jésuite, professeur d'anatomie», qui «guérissait des maladies au moyen de fers aimantés», il installe chez lui une maison de santé, dans laquelle il magnétise et électrise (2), puis il renonce (1776) à ces deux agents, magnétise directement (3) les gens et arrive à Paris en 1778. C'est l'*âge du baquet*.

---

(1) Voir : Dechambre ; Article Mesmérisme. *Dictionnaire encyclopédique des sciences médicales*, 2e série, t. VII, p. 143.— Ernest Bersot ; *Mesmer ; le magnétisme animal ; les tables tournantes et les esprits*. 5e édition, 1884.— Alfred Binet et Ch. Féré ; *Le magnétisme animal*. Bibliothèque scientifique internationale, 1887.

(2) En 1749, Sauvages avait déjà fait, à Montpellier, de remarquables expériences avec l'électricité statique (Lecercle ; *Nouveau Montpellier médical*, 1892, t. I). C'est l'époque dont les Goncourt disent : «il est déjà de ton pour les petites maîtresses d'aller s'extasier aux séances de l'abbé Nollet et de voir sortir du feu, un feu qui fait du bruit, du menton d'un grand laquais qu'on gratte». Voir : *Le médecin de l'amour au temps de Marivaux. Etude sur Boissier de Sauvages*, 1896, p. 68.

(3) D'après Charles Richet (*Société de biologie*, 17 mai 1884, p. 334), quand Mesmer s'est servi du mot magnétisme pour son fluide, ce n'est pas parce qu'il l'assimile d'une manière spéciale à

« Au milieu d'une grande salle, dit BERSOT, est une caisse circulaire en bois de chêne, élevée d'un pied ou d'un pied et demi, qu'on nomme le baquet. Ce baquet renferme simplement de l'eau et dans cette eau divers objets, tels que verre pilé, limaille, etc., ou encore ces mêmes objets à sec, sans que rien soit électrisé ou aimanté. Le couvercle est percé d'un certain nombre de trous, d'où sortent des branches de fer coudées et mobiles. Dans un coin de la salle est un piano-forte ; on y joue différents airs sur des mouvements variés, surtout vers la fin des séances. On y joint quelquefois du chant. Les portes et les fenêtres de la salle sont exactement fermées ; des rideaux ne laissent pénétrer qu'une lumière douce et faible. Les malades en silence forment plusieurs rangs autour de ce baquet et chacun a sa branche de fer qui, au moyen d'un coude, peut être appliquée sur la partie malade. Une corde passée autour de leur corps les unit les uns aux autres. Quelquefois on forme une seconde chaîne en se communiquant par les mains, c'est-à-dire en appliquant le pouce entre le pouce et le doigt index de son voisin... Les malades sont magnétisés à la fois par les branches de fer, par la corde, par l'union des pouces, par le son du piano ou de la voix qui chante. En outre, le magnétiseur, fixant les yeux sur eux, promène devant leur corps ou sur leur corps sa baguette ou sa main..... ». Alors se passent des scènes étranges de convulsions, d'assoupissement, de pleurs, de hoquet, de rires. «Tous sont soumis à celui qui magnétise... Le maître de cette foule était ici MESMER, vêtu d'un habit de soie lilas ou de toute autre couleur agréable, promenant

---

l'aimant, mais parce qu'il est entendu à ce moment qu'une force qui s'exerce à distance, sans contact direct, est une force magnétique.

sa baguette avec une autorité souveraine ; là, DESLON (1) avec ses aides, qu'il choisissait jeunes et beaux. Les salles où ces scènes se passaient avaient reçu, dans le monde, le nom d'*enfer à convulsions*».

Le 12 mars 1784, le roi nomme une commission, composée de membres de la Faculté et de l'Académie des sciences, pour examiner le mesmérisme.

Dans le Rapport ( de BAILLY), cette commission condamne la théorie du fluide animal et conclut que tout, dans ces expériences, se ramène aux trois facteurs : imagination, attouchement, imitation.

Le marquis DE PUYSÉGUR procède de MESMER, mais découvre de nouveaux faits curieux. Il voit, le 8 mai 1784, «s'endormir paisiblement» un homme qu'il avait magnétisé: «il parlait, s'occupait très haut de ses affaires». C'était le premier exemple de *somnambulisme provoqué*. Pendant le sommeil, le sujet voit si le magnétiseur *veut*. Il magnétise un arbre et, par l'intermédiaire de cet arbre, il agit sur un très grand nombre de sujets. «Les malades affluent autour de mon arbre ; il y en avait ce matin plus de cent trente. C'est une procession perpétuelle dans le pays ; j'y passe deux heures tous les matins, mon arbre est le meilleur baquet possible ; il n'y a pas une feuille qui ne communique la santé.» Pour éveiller le sujet, il lui touche les yeux ou l'envoie embrasser l'arbre qui l'a endormi tout à l'heure et qui maintenant le désenchante.

Puis PETETIN (1787) étudie divers états de catalepsie

---

(1) «Docteur régent de la Faculté et premier médecin du comte d'Artois», DESLON fut (1780) suspendu «pour un an de voix délibérante dans les assemblées de la Faculté, avec radiation du tableau des médecins de la Faculté, au bout de l'année, s'il ne se corrigeait pas».

produits par le magnétisme. L'abbé DE FARIA endort sans passes ni gestes, en disant «Dormez» d'une voix forte et d'un ton impératif. «C'est de lui, dit encore DECHAMBRE, que date la vulgarisation de cette agréable et éminemment utile faculté qu'ont les magnétiseurs de donner à un breuvage le goût qui leur plaît, de changer l'eau en lait et la piquette en vin de Champagne» (1).

Les expériences de DUPOTET, FOISSAC, etc., conduisent au Rapport présenté par HUSSON, à l'Académie de médecine (21 et 28 juin 1831), au nom d'une commission nommée dix ans auparavant. Les recherches sont toujours égarées par les applications thérapeutiques prématurées et les dons de divination gratuitement accordés aux somnambules. Malgré les conseils très sages qui terminent ce Rapport de HUSSON on s'obstine dans la même voie et on recherche toujours les effets merveilleux du magnétisme. Et alors les savants démontrent l'inexactitude de ces phénomènes mal observés, prématurés ou ridicules et, par un raisonnement illogique mais naturel, ils généralisent leur appréciation et concluent à la fausseté du magnétisme tout entier, sans chercher à y démêler le vrai et le faux.

C'est là l'œuvre malheureuse de la seconde commission nommée par l'Académie de médecine (à l'instigation du magnétiseur BERNA) qui aboutit au Rapport de DUBOIS d'Amiens (12 et 17 août 1837) et au concours instituant un prix de trois mille francs «à la personne qui aurait la faculté de lire sans le secours des yeux et de

---

(1) Voir: Abbé JOSE CUSTODIO DE FARIA; *De la cause du sommeil lucide ou Etude de la nature de l'homme.* Réimpression de l'édition de 1819, préface et introduction par le D<sup>r</sup> D.-G. DALGADO, 1906. — DALGADO; Braidisme et Fariisme ou la doctrine du D<sup>r</sup> Braid sur l'hypnotisme comparée avec celle de l'abbé de Faria sur le sommeil lucide. *Revue de l'hypnotisme*, 1906, p. 116 et 132.

la lumière» (1) ; concours dont aucun des candidats ne remplit le programme et à la fin duquel, sur la proposition de Double, l'Académie décida qu'à partir de ce jour (1ᵉʳ octobre 1840) elle ne répondrait plus aux communications concernant le magnétisme animal, de même que l'Académie des sciences regarde comme non avenues les communications relatives à la quadrature du cercle et au mouvement perpétuel.

Je ne sais rien de plus instructif pour tout le monde que cette condamnation solennelle et définitive d'une question que, deux ans après, Braid va faire entrer dans la science positive (2).

### 4. Période du spiritisme (3).

Il paraît qu'au IVᵉ siècle les chefs d'une conspiration contre l'empereur Valence interrogèrent les tables magiques, en employant des procédés analogues à ceux des spirites actuels.

Parmi les faits anciens de spiritisme, «l'un des cas les mieux observés est celui qu'a raconté le Dʳ Kerner dans son livre *Die Seherin von Prevorst* qui a été traduit par le Dʳ Dusart, probablement sur la traduction anglaise de Mᵐᵉ Crowe. Kerner a observé des raps et des

---

(1) Non à la manière des aveugles, c'est-à-dire «au moyen du toucher sur des caractères en relief», mais les objets à voir étant placés «médiatement ou immédiatement sur des régions autres que celle des yeux».

(2) L'*Association britannique* était d'ailleurs, à ce moment, dans les mêmes dispositions, puisqu'en juin 1842 elle va refuser d'entendre les premières communications de James Braid sur ce sujet.

(3) Voir: Bersot; *loco cit.*, p. 119.— Pierre Janet; *L'automatisme psychologique. Essai de psychologie expérimentale sur les formes inférieures de l'activité humaine.* Bibliothèque de philosophie contemporaine, 2ᵉ édition, 1894, p. 377.— Jules Bois; *Le monde invisible*, 1902, p. 310.

mouvements sans contact dès 1827, quand il avait auprès de lui M<sup>me</sup> Hauff. On trouve des phénomènes du même genre dans tous les récits de maisons hantées ; il y en a qui remontent à des époques très éloignées et il existe des arrêts de divers Parlements résiliant des baux pour cette cause. On les critiquait à la fin du XVIII<sup>e</sup> siècle» (1).

Tout cela constitue la période *préhistorique* de la question.

En fait, c'est en 1847, en Amérique (au moment même où Braid désoccultait le magnétisme animal), dans le village d'Hydesville (Etat de New-York), que les nouveaux faits se révélèrent.

Une nuit, un M. Weekman entend frapper à sa porte, ouvre, ne voit personne, entend frapper encore, ouvre de nouveau sans rien voir et, fatigué de cette scène qui se renouvelle, quitte la maison. Il est remplacé par le D<sup>r</sup> John Fox et sa famille, composée de sa femme et de deux de ses filles, l'une de quinze ans, l'autre de douze». Ce sont les misses Fox qui deviennent les héroïnes de cette *maison hantée*, d'où est sorti tout le spiritisme,

Les bruits se reproduisent dans la maison, mystérieux, inexplicables ; les misses les attribuent naturellement à l'âme d'un individu décédé dans la maison et, «avec un courage au-dessus de tout éloge, engagent une conversation avec le personnage». Pour cela, «la fille aînée de M. Fox s'avise de frapper dans ses mains plusieurs fois en invitant le bruit à lui répondre. Il répond en effet. La mère survient et engage la conversation ; elle entend

---

(1) Maxwell ; *Les phénomènes psychiques. Recherches, observations, méthodes*. Bibliothèque de philosophie contemporaine, 1903, p. 260.

dire l'âge de ses enfants. — Si tu es un esprit, frappe deux coups. — Deux coups sont frappés. — Es-tu mort de mort violente ? — Deux coups. — Dans cette maison ? — Deux coups. — Le meurtrier est-il vivant ? — Deux coups. En convenant avec l'esprit qu'on récitera un alphabet et qu'il frappera pour désigner la lettre voulue, on apprit que l'interlocuteur s'appelait Charles Rayn, qu'il avait été enterré dans la maison même par le meurtrier, que sa femme était morte depuis deux ans et qu'il avait laissé cinq enfants encore tous vivants. Peu à peu, on convint avec lui de certaines abréviations pour causer plus vite et, quand la famille Fox déménagea pour se rendre à Rochester; l'esprit déménagea avec elle. Enfin, au bout de quelque temps d'un commerce assidu avec cet esprit, la famille Fox fut en état d'en évoquer d'autres. Les trois femmes conduisirent tout. En février 1850, on constate authentiquement les mouvements des tables où les esprits résident et autour desquelles on fait le cercle obligé, les mains sans bras qui frappent les assistants, la vue d'un fluide grisâtre et toute espèce de bruits, d'agitations et de phosphorescences dans la pièce où l'opération a lieu. La famille Fox se transporta alors à New-York, où l'attendaient les plus grands succès».

On discutait. Mais, comme dit JULES BOIS, «personne ne niait que ces demoiselles américaines ne fissent, au propre et au figuré, beaucoup de bruit. Partout où elles passaient, le vacarme suintait des murs».

Le juge EDWARDS, qui assistait aux expériences, fut frappé «de la connaissance que les esprits qu'il interrogeait avaient de ses propres pensées», de ses «plus secrètes pensées». «Grâce aux coups dans les murs et aux mouvements des objets, les esprits se mirent à prêcher en Amérique les vérités spirites». «Trois commissions de savants se déclarèrent vaincues. La population de l'Etat de New-York menaça de lyncher cette famille inquiétante. Il n'en fallait pas plus pour que le goût des tables parlantes traversât les mers!».

D'Amérique, la chose passa d'abord en Allemagne par une lettre d'un habitant de New-York à un habitant de Brême. On indiqua les procédés à employer et ce fut immédiatement appliqué.

«Plusieurs personnes se mirent autour d'une table dans la position cabalistique, de manière que le petit doigt de chaque personne touchât le petit doigt de la personne voisine, et l'on attendit. Bientôt les dames poussèrent de grands cris, car la table tremblait sous leurs mains et se mettait à tourner. On fit tourner d'autres meubles, des fauteuils, des chaises, puis des chapeaux, et même des personnes en faisant la chaîne autour de leurs hanches; on commanda à la table: *danse*, et elle dansa; *couche-toi*, et elle obéit; on fit sauter des balais, comme s'ils étaient devenus les chevaux des sorciers».

En France, ces faits furent annoncés par une brochure de Guillard : *Table qui danse et table qui répond*. Les expériences commencent en 1853 à Bourges, Strasbourg et Paris.

«Sous la pression des mains rangées autour d'elle avec méthode, la table ne se contenta plus de tourner et de danser, elle imita les diverses batteries du tambour, la petite guerre avec feux de file ou de peloton, la canonnade, puis le grincement de la scie, les coups de marteau, le rythme de différents airs».

Il faut lire dans Bersot le tableau de cet «âge héroïque des tables tournantes».

«Ce fut une passion et tout fut oublié. Dans un pays spirituel, dans des salons ordinairement animés d'une conversation piquante, on a vu, pendant plusieurs mois, des Français et des Françaises, qu'on accuse d'être légers, assis des heures entières autour d'une table, sérieux, immobiles, muets, les doigts étendus, les yeux obstinément fixés sur un même point et l'esprit obstinément fixé sur une même idée, dans une attente pleine d'angoisses, tantôt se relevant épuisés par des efforts inutiles, tantôt, si un mouvement se déclarait, si un craquement s'entendait, troublés et jetés hors d'eux mêmes, poursuivant le meuble qui fuyait. Il n'y eut pas d'autre occupation et d'autre conversation pendant tout un hiver. Il y eut un beau moment, le moment de la première ferveur, de la confiance et de l'enthousiasme qui font réussir. Quels triomphes modestes de ceux qui avaient du fluide ! Quelles humiliations de ceux qui n'en avaient pas ! Quel feu pour propager la religion naissante ! Quelle affection entre adeptes ! Quelle indignation contre les esprits forts ! ».

Avec des coups conventionnels, la table non seulement répondait *oui* et *non*, mais fit ensuite toutes les lettres de l'alphabet. Puis on attacha un crayon au pied d'une table légère qui écrivit. « Puis on se servit pour cet usage de guéridons plus petits, de simples corbeilles, de chapeaux et enfin de petites planchettes spécialement construites pour cet usage et qui écrivent sous la plus légère impulsion ».

On découvre alors que, dans ces expériences, le rôle de tous les assistants n'a pas la même importance. Certains comparses sont peu utiles, d'autres sont nécessaires ; on appelle ces derniers *médiums* : « personnes dont la présence, dont l'intermédiaire était nécessaire pour obtenir les mouvements et les réponses des tables parlantes ».

Les expériences se multiplient. Le médium opère seul : « sa main, entraînée par un mouvement dont il ne se rend pas compte, écrit, sans le concours de sa volonté ni de sa pensée, des choses qu'il ignore lui-même et qu'il est tout surpris de lire ensuite »...

« En ce temps-là », dit Jules Bois (c'est l'Évangile spirite qui s'inaugure), des expérimentateurs de marque se réunissent rue des Martyrs : notamment Tiedmen Marthèse, gouverneur de Java et cousin germain de la reine de Hollande ; l'académicien Saint-René Taillandier, professeur à notre Faculté des lettres ; Sardou père et fils, Flammarion... « Une simple table devint le réceptacle de tous les grands esprits de l'humanité. Galilée y coudoyait saint Paul et Voltaire se réconciliait avec Jeanne d'Arc ».

Un soir, « M. Sardou conduisit à une des séances du groupe M. Rivail, teneur de livres au journal *l'Univers* », d'autres disent ancien vendeur de contremarques. « Homme gros et pratique, il éclata de rire aux premiers coups frappés ». Puis il s'intéressa à la chose et un jour « les esprits déclarèrent : il faut que Rivail mette en ordre et publie nos révélations ». — Il accepte, devient l'apôtre de l'Église spirite sous le nom resté célèbre d'Allan Kardec et rédige le *Livre des esprits*. Il expose tout ce qu'il appelle la *philosophie spiritualiste* « selon l'enseignement donné par les esprits supérieurs à l'aide de divers médiums ». Ce livre, « dicté, revu et corrigé par les esprits », eut un très grand succès et, comme le fait remarquer Pierre Janet, devint, à partir de ce moment, le guide des esprits eux-mêmes, qui ne font plus que le commenter.

On fit alors parler et écrire tous les grands esprits, depuis Gutenberg jusqu'à Jean l'Evangéliste.

Camille Flammarion vient de raconter (1) quelques-unes de ses séances (1861) chez Allan Kardec.

« On se réunissait tous les vendredis soirs au salon de la Société (parisienne des Etudes spirites), passage Sainte-

---

(1) Camille Flammarion ; Les forces naturelles inconnues, à propos des phénomènes produits par les médiums. *La Revue*, 1906, p. 188.

Anne, lequel était placé sous la protection de Saint-Louis. Le président ouvrait la séance par une invocation aux bons Esprits... Après cette invocation, un certain nombre de personnes assises à la grande table étaient priées de s'abandonner à l'inspiration et d'écrire... On ne faisait aucune expérience physique de table tournante, mouvante ou parlante. Le président ALLAN KARDEC déclarait n'y attacher aucune valeur. A la même époque, et depuis plusieurs années déjà, mon illustre ami VICTORIEN SARDOU, qui avait quelque peu fréquenté l'observatoire, avait écrit, comme médium, des pages curieuses sur les habitants de la planète Jupiter et produit des dessins pittoresques et surprenants ayant pour but de représenter des choses et des êtres de ce monde géant. Il avait dessiné les habitations de Jupiter. L'une de ces demeures met sous nos yeux la maison de Mozart ; d'autres, les maisons de Zoroastre, de Bernard Palissy, qui seraient voisins de campagne sur cette immense planète... J'écrivis, de mon côté, des pages sur l'astronomie signées Galilée ».

Puis (1868) arrivent les phénomènes de matérialisation. « Grâce à l'intermédiaire obligé du médium, qui jouait ici un rôle assez difficile à préciser, on fit mouvoir des objets que personne ne touchait, on fit écrire des crayons qui se levaient et se dirigeaient tout seuls, on fit apparaître des écritures sur des ardoises enfermées dans des boîtes scellées; enfin, on fit voir aux fidèles stupéfaits des bras, des têtes, des corps qui apparaissaient dans l'air au milieu d'une chambre obscure... Tantôt on photographiait ces apparitions, tantôt on les moulait... M. REYMERS, de la *Revue spirite*, nous a envoyé gracieusement une caisse de pieds et de mains d'esprits, moulés avec de la paraffine »...

## 5. Période actuelle.

Tous les siècles sont égaux devant l'attrait du merveilleux. Il est certain qu'aujourd'hui on admet, on aime et on cherche le merveilleux avec autant d'ardeur que dans les siècles précédents.

J'ai déjà cité le livre de Jules Bois, dans lequel on trouvera le résumé de tout ce qui a été fait dans ces derniers temps, depuis les mages modernes comme le Sar Peladan-Merodack et les théosophes qui, ayant un jour besoin d'une pince à sucre, matérialisent, d'un geste aérien, une pince à cornichons (l'idée créatrice n'ayant pas été très nette dans l'esprit de l'opératrice, M$^{me}$ Blavatsky), jusqu'aux lucifériens, ironiquement représentés par Leo Taxil, Bataille et Diana Vaughan, — depuis les envoûtements d'amour et de haine jusqu'aux « marchands d'espoir », les devins et les chiromanciens comme M$^{me}$ de Thèbes, la Papesse du Tarot, la Voyante de la rue des Halles et le zouave Jacob « qui professait la theurgie », — depuis M$^{me}$ de Girardin passant les dernières années de sa vie avec les esprits de M$^{me}$ de Sévigné, de Sapho, de Molière, de Sedaine, de Shakespeare et Victor-Hugo, faisant parler les tables au bord de la mer, jusqu'à Victorien Sardou, construisant, grâce aux esprits, sur du papier, de petits palais en notes de musique, et la célèbre musicienne Augusta Holmès recevant des messages de l'au-delà, — depuis Paul Adam, souffrant « pendant plus d'un an des assauts d'une larve, qui lui dictait de troublants conseils », Jean Lorrain entraîné dans l'ombre par les « mains froides » des esprits et la reine Victoria pleurant à la mort du médium « qui la faisait s'entretenir avec le prince-consort », jusqu'à ces séances de spiritisme « médiocres et stercoraires » que Huysmans appelait « les goguenots de l'au-delà »!....

Si donc notre époque diffère des précédentes, ce n'est certes pas par un moindre entraînement pour le merveilleux ; c'est uniquement par la tendance à revêtir tout cela d'une apparence scientifique Du « surnaturel de pacotille » que nous avons aujourd'hui la caractéristique, dit Marcel Prévost (*Figaro* 26 août 1906), est « l'abus des prétentions scientifiques ».

Ce qui a changé, c'est le costume des augures et des prophètes. Avec la même dévotion, on acceptait autrefois les révélations des dieux et on accepte aujourd'hui celles de la science ou de ce qui en porte le titre et se présente en son nom.

Comme il avait ses temples et ses livres saints, le merveilleux a aujourd'hui ses journaux, ses revues, ses sociétés savantes et ses congrès. Il est l'objet de ce que l'on appelle, d'ailleurs très improprement, les *sciences psychiques*.

Tout ce qui paraît sous ce titre est immédiatement accepté avec respect, bientôt avec foi, par les esprits les plus réservés, malgré l'étrangeté et l'invraisemblance des faits. Tout ce qui porte l'étiquette scientifique fait partie du koran de notre $XX^e$ siècle.

Dès 1891, Paulhan (1) signalait (*le Nouveau mysticisme*), dans la formation d'un esprit nouveau, le rôle important joué par « un mysticisme qui, loin de repousser l'esprit de la science, la recherche volontiers ». Voilà la véritable caractéristique à ce point de vue: tous les siècles ont aimé le merveilleux, l'ont recherché, étudié ; le nôtre adapte à ce goût éternel des méthodes nouvelles et veut en faire un objet de science.

Il est certain que l'étude de l'occultisme a pris une allure beaucoup plus sérieuse et plus scientifique. Des

---

(1) Voir aussi : Paulhan ; Les hallucinations véridiques et la suggestion mentale. *Revue philosophique*, 1ᵉʳ novembre 1892.

hommes comme AKSAKOFF, W. CROOKES, DARIEX, DURAND DE GROS, GIBIER, DE GRAMONT, PIERRE JANET, O. LODGE, LOMBROSO, MAXWELL, MYERS, OCHOROWICZ, CHARLES RICHET, DE ROCHAS, SABATIER, STAINTON MOSES, R. WALLACE, DE WATTEVILLE, ZŒLLNER... ont apporté dans ces expériences l'esprit et la méthode positives.

En 1893, c'était bien un signe du temps et presque une révolution universitaire, j'ai accepté de présider, à la Faculté de Montpellier, une thèse sur les *Phénomènes psychiques occultes* (1). Il y avait peut-être quelque hardiesse à patronner ainsi un «Essai d'officialisation du merveilleux». Dans ce travail, ALBERT COSTE, avec une érudition très sûre, une critique très vive et un esprit littéraire très cultivé, mettait les choses au point, faisait «le procès-verbal de l'état actuel de la question».

Peu avant ce travail (1891), DARIEX, voulant établir et continuer en France l'œuvre de la *Société des recherches psychiques* (2), fondée à Londres, créait les *Annales des sciences psychiques*, qui n'ont cessé de paraître depuis et où l'on trouve la plus riche documentation sur toutes ces questions (3). Dans une Lettre-Préface qui ouvrait le

---

(1) ALBERT COSTE ; *Les phénomènes psychiques occultes. Etat actuel de la question*, 2ᵉ édit., 1895.

(2) Voir: ARTHUR HILL; La «Society for psychical Research». Un regard en arrière et un regard en avant. *Annales des sciences psychiques*, 1906, p. 721.

(3) Voir aussi, pour cette documentation, l'*Echo du merveilleux* de GASTON MÉRY, que je remercie, en passant, de son aimable accueil à mon article sur l'occultisme (Voir : l'*Echo du merveilleux*, 1906, p. 470).— CHARLES RICHET cite encore les journaux suivants : *Light* ou *Banner of Light*, la *Revue spirite*, la *Revue du spiritisme*, la *Revue des études psychiques*, *psychische Studien*, *Proceedings of the Society for psychical Research*. J'ajouterai : le *Bulletin de la Société d'études psychiques de Marseille* ou *Revue psychique du Sud-Est* et celui de Nancy, la *Revue scientifique et morale du spiritisme*, le *Bulletin de l'Institut général psychologique*...

premier numéro de cette publication, CHARLES RICHET disait : « il s'agit de faire passer certains phénomènes mystérieux, insaisissables, dans le cadre des sciences positives ».

Voilà en effet quel doit être l'objectif de la science dans ses rapports avec l'occultisme.

De l'historique qui précède ressort en effet cette conclusion que, si l'amour du merveilleux reste le même à travers les âges, la nature de ce merveilleux change constamment et que ces changements ne répondent pas à un mouvement circulaire avec retour à la même place (à la façon de l'écureuil), mais à un mouvement incessant de progrès en avant. La plupart des phénomènes étudiés comme occultes il y a un demi-siècle ne le sont plus aujourd'hui et sont devenus scientifiques. La science, qui n'est jamais finie, envahit tous les jours le domaine de l'occultisme dont les frontières reculent sans cesse et qui est ainsi comme la *terre promise* de la science.

Ainsi, de même que l'astrologie et l'alchimie sont aujourd'hui remplacées par l'astronomie et la chimie, bien des phénomènes qui autrefois appartenaient à la sorcellerie, c'est-à-dire à l'occultisme (anesthésies, convulsions, épidémies saltatoires...), ont définitivement pénétré dans la science et appartiennent aux psychoses, à l'hystérie ou au somnambulisme. Nous verrons (c'est un des buts de ce livre) que le magnétisme animal est devenu scientifique sous le nom d'hypnotisme, que les tables tournantes, le cumberlandisme avec contact, la baguette divinatoire, une série de phénomènes médianiques ont cessé d'être des phénomènes occultes...

On voit ainsi que, s'il y a toujours un occultisme, les phénomènes étudiés sous ce nom varient d'une époque à une autre et qu'il y a par conséquent intérêt à mettre de temps en temps la question au point, afin que le public ait un guide ou tout au moins un point de départ précis pour la lecture et la critique des innombrables publications qui paraissent tous les jours sur ces sujets.

Il est d'autant plus nécessaire d'établir ainsi le bilan actuel de l'occultisme que le public a de la tendance à généraliser hâtivement; de ce que beaucoup de phénomènes, autrefois occultes, sont aujourd'hui définitivement admis par la science positive, on conclurait volontiers au caractère également scientifique de tous les autres phénomènes occultes comme les matérialisations ou la télépathie.

SURBLED rappelle quelque part ce mot d'un mage : «l'hypnotisme nous sert de coin ; nous passerons tous derrière CHARCOT». Non. C'est là une erreur. N'entre pas dans la science qui veut. Le jour où un groupe nouveau de phénomènes occultes aura été analysé et fixé comme l'hypnotisme l'a été par CHARCOT, l'occultisme perdra un chapitre et la science positive en gagnera un. Mais ce travail de contrôle doit être fait, non en bloc pour tous les phénomènes occultes, mais en détail et successivement pour chaque groupe. Ni les travaux de CHARCOT sur l'hypnotisme, ni ceux de PIERRE JANET sur les tables tournantes ne justifient certaines affirmations des occultistes contemporains qui ont un retentissement considérable sur le grand public, comme en témoigne le récent jugement de Saint-Quentin, sur lequel je reviendrai.

Rien de plus utile que la délimitation précise du champ actuel de l'occultisme Car la base de toute science vraie est la connaissance des limites exactes de son domaine acquis, des *terres inconnues* à découvrir au delà et de la méthode avec laquelle chacun doit s'efforcer de reculer ces limites et de «désocculter l'occulte» (1).

---

(1) Cette expression heureuse est due à GOUDARD (*Bulletin de la Société d'études psychiques de Marseille*, mai-juin 1903, p. 48).

## III. CE QUE N'EST PAS L'OCCULTISME

6. Pour préciser encore la définition donnée plus haut de l'occultisme, il faut insister sur ce qu'il n'est pas et faire quelques distinctions nécessaires pour éviter les confusions.

Pour n'avoir pas précisé ces distinctions dans mon «Spiritisme devant la science», j'ai été fortement houspillé de divers côtés.

«Nous regrettons, a dit BECKER(1), que M. le D' GRASSET, pour parler du spiritisme, ait cru devoir prendre les renseignements, non chez les spirites, mais dans l'ouvrage de PAPUS intitulé l'*occultisme et le spiritualisme*. Il est vraiment étrange de constater qu'un professeur se trompe à ce point ; car enfin les théories spirites ne sont point celles des occultistes, et il est déplorable de voir une semblable confusion s'établir presque officiellement».

Et PAPUS (2): «dès le début de son travail, GRASSET commet une confusion qui se retrouvera dans toute son étude ; c'est la classification erronée des écoles spiritualistes. Faute de patience pour se reconnaître dans un domaine, nouveau pour lui, le professeur va mêler dans une même salade les occultistes, les spirites et même les catholiques psychistes comme GASTON MÉRY... J'entends déjà les récriminations que va s'attirer l'auteur, pour avoir donné un de nos ouvrages comme exposé de la doctrine spirite !!! mais je suis *un occultiste*, cher professeur, une horreur d'occultiste en style spirite».

Ces critiques ne m'ont pas beaucoup ému parce que

---

(1) BECKER ; *Revue scientifique et morale du spiritisme*, juin 1903, p. 735.
(2) PAPUS; *L'initiation*, mars 1903, p. 243.

je crois que la question n'en est encore qu'à l'étude des faits. On se demande encore ce qui existe ou ce qui n'existe pas et le moment ne me paraît pas venu de choisir, dans la «salade» des théories proposées, celle qui convient le mieux. Mais il y a un fait certain et que je reconnais, c'est qu'on ne précise jamais assez le sens des mots que l'on emploie.

### 7. Science traditionnelle des mages, théosophie, spiritisme.

Il est tout d'abord facile de voir que le sens dans lequel je prends le mot *occultisme* est différent de celui que lui donne Papus (le docteur Encausse) dans son *Traité élémentaire de science occulte* (1).

Pour cet auteur et ceux qui pensent comme lui (2), l'occultisme « partout identique dans ses principes » est un «code d'instruction» qui «constitue la science traditionnelle des mages». C'est «une tradition de très haute antiquité dont les théories n'ont pas varié dans leur base essentielle, depuis plus de trente siècles».

Dans l'introduction de son livre sur *l'occultisme et le spiritualisme* (3), le même auteur expose bien ses principes et l'origine de la science occulte.

«La voie, dit-il, qui nous a conduit à nos conceptions

---

(1) Papus ; *Traité élémentaire de science occulte*, mettant chacun à même de comprendre et d'expliquer les théories et les symboles employés par les anciens, par les alchimistes, les astrologues, les E∴ de la V∴, les kabbalistes. 7ᵉ édition, 1903.

(2) C'est dans ce même sens que le mot *occultisme* est pris dans le livre de Emile Laurent et Paul Nagour ; *L'occultisme et l'amour*, 1902.

(3) Encausse (Papus) ; *L'occultisme et le spiritualisme. Exposé des théories philosophiques et des adaptations de l'occultisme*. Bibliothèque de philosophie contemporaine, 1902.

actuelles, concernant l'Homme, l'Univers et Dieu, est loin d'être nouvelle, puisqu'elle se rattache à ces idées enseignées dans les temples d'Egypte dès 2600 avant Jésus-Christ et qui ont constitué plus tard le platonisme et, en grande partie, le néoplatonisme... Beaucoup de ces chercheurs se sont adressés à cette antique philosophie des Patriarches, des Initiateurs égyptiens de Moïse, des Gnostiques et des Illuminés chrétiens, des Alchimistes et des Rose-Croix, qui jamais n'a varié dans ses enseignements à travers les siècles et qui explique aujourd'hui aussi facilement les faits du spiritisme et de l'hypnose profonde qu'elle expliquait, lors de la dix-huitième dynastie égyptienne, les rapports du *Khâ* et du *Khou*, du corps physique et du corps lumineux dans leur action sur le *Baï*, sur l'Esprit intelligent. Cette philosophie est connue actuellement sous le nom d'occultisme».

Ce groupe de connaissances sort évidemment du cadre ordinaire de nos sciences.

Quand on s'efforce de discuter les titres d'un groupe de nos connaissances à l'existence scientifique, même éventuelle, on ne peut admettre, comme moyens de démonstration, que l'observation, l'expérimentation, la déduction ou l'induction.

Comme le dit très bien MAXWELL (1), «l'analogie et les correspondances n'ont pas dans la logique ordinaire la même importance... D'autre part, il ne me paraît pas prudent de considérer comme l'expression de la vérité l'interprétation ésotérique des livres hébraïques. Je ne vois pas pourquoi j'aurais abandonné la croyance en leurs affirmations exotériques pour celle de leurs gloses talmudistes et kabbalistes. J'ai peine à croire que les Rabbis du moyen âge, ou leurs prédécesseurs, contemporains d'Esdras, aient eu une notion plus exacte de la

---

(1) MAXWELL; *loco cit.*, p. 5.

nature humaine que nous-mêmes. Leurs erreurs en physique ne sauraient être cautions valables de leur exactitude en métaphysique. La vérité ne saurait être utilement cherchée dans l'analyse d'un livre très beau, mais très vieux».

«L'occultiste, dit Jules Bois, ne peut pas se résigner à n'être, comme tout le monde, qu'un chercheur modeste et simple, un fidèle expérimentateur» (1).

Je ne m'occuperai pas non plus de la *théosophie*. Ce «curieux mouvement mystique que les enseignements de M<sup>me</sup> Blavatsky, du colonel Olcott et de M<sup>me</sup> Annie Besant ont fait naître en Europe et en Amérique» n'est qu'une sorte de religion (une *religion irréligieuse* dit Jules Bois), mais n'a rien à voir avec les procédés de la science positive.

Dans mon esprit, le mot «occulte» n'a donc rien de commun avec les mots «dissimulé», «réservé aux initiés», «ésotérique», «hermétiste»....

On peut étudier les phénomènes occultes, jusqu'aux plus complexes comme les matérialisations, sans être occultiste au sens que je viens d'indiquer et sans être théosophe. On peut également les étudier sans être *spirite*.

C'est là une seconde distinction à faire : il ne faut pas confondre le spiritisme avec l'occultisme (tel que je le définis).

Le spiritisme est une *théorie* (que je discuterai plus

---

(1) «En fait, ajoute le même auteur (*loco cit.*, p. 60), je ne crois pas plus, pour les avoir approchés, à l'influence qu'aux connaissances scientifiques de petites sociétés mystiques qui datent toutes de la dernière moitié du dix-neuvième siècle malgré leur jactance d'ancienneté légendaire... Tirer les vieilles épées rouillées. s'ajuster les masques désuets et suants du carnaval, répéter des formules incomprises et des rites sans vie, ne peut mener à rien».

loin) (1) admise par certains auteurs pour expliquer les *faits* de l'occultisme. Mais on peut étudier les faits sans adopter cette théorie. On peut faire tourner les tables, on peut être médium, on peut même essayer des transmissions de pensée ou des matérialisations, sans évoquer les esprits. Un des buts principaux de ce livre est précisément de prouver la nécessité, qui s'impose à tous les chercheurs sérieux, d'étudier séparément les théories et les faits.

## 8. Surnaturel et miracle.

Enfin la question du *surnaturel* est, elle aussi, absolument distincte de la question de l'occultisme. Le surnaturel, non seulement n'est pas de la science (ce qui le rapproche de l'occulte), mais il *n'en sera jamais*, et ne peut pas en être ; ce n'est pas du préscientifique (et par là il se sépare absolument de l'occulte).

Comme je l'ai dit ailleurs, le surnaturel n'appartient pas à la biologie et n'est pas par suite de mon domaine. J'ai toujours été grand et convaincu partisan de la séparation complète entre nos divers modes de connaissances. C'est affaire aux théologiens et non aux biologistes de dire et de discuter si, dans un certain nombre de cas plus ou moins analogues à ceux que j'étudie ici, il y a eu intervention d'êtres surnaturels : anges, démons, divinité.

Goupil (2) «ne comprend pas» cette manière de voir et la combat : «tout d'abord, dit-il, les théologiens ne sont pas plus avancés que nous et ils n'ont pas démontré

---

(1) Troisième partie. A. Chapitre VII.
(2) Goupil ; *Quelques notes sur l'exposé de M. Grasset «le spiritisme devant la science»*.

l'existence du surnaturel. On ne comprend pas le surnaturel… ».

C'est précisément parce qu'on ne comprend pas *scientifiquement* le surnaturel que je ne veux pas m'en occuper, ne voulant faire œuvre que de science positive. Que les théologiens aient ou non démontré l'existence du surnaturel, ceci n'est plus mon affaire, puisque je sépare la théologie et la biologie.

Tout chapitre qui, du domaine de la théologie, passe dans celui de la biologie, cesse par là même d'appartenir au surnaturel. Donc, je peux maintenir que la question des anges et des démons reste une question théologique et pas du tout une question biologique. *La biologie l'ignore.*

Je peux par suite maintenir ces «cloisons étanches» entre nos divers groupes de connaissances, ces *Limites de la biologie* (1) auxquelles je tiens d'autant plus qu'elles m'ont valu des horions et des sarcasmes dans des camps philosophiques bien opposés, de la part de LE DANTEC (2) et de GASTON MÉRY (3) par exemple.

Je tiens d'ailleurs à faire remarquer qu'en parlant ainsi je ne crois en rien diminuer la valeur de nos connaissances sur le surnaturel. Je dis seulement que cette

---

(1) *Les limites de la biologie.* Bibliothèque de philosophie contemporaine, 4ᵉ édition, avec une Préface de PAUL BOURGET, 1906.

(2) FÉLIX LE DANTEC; *Les limites du connaissable, la vie et les phénomènes naturels.* Bibliothèque de philosophie contemporaine, 1903, p. 121. — Dans la Revue philosophique (septembre 1906, p. 271), LE DANTEC annonce «l'intention de reprendre cette discussion» (sur le monisme) «avec plus de détail, dans un ouvrage plus volumineux», où il passera «successivement en revue les objections… du livre de M. GRASSET : *Les limites de la biologie,* au premier chapitre duquel j'ai déjà répondu (et auquel j'ai été probablement seul à répondre, si j'en crois la préface de la deuxième édition)».

(3) GASTON MÉRY ; *L'Echo du merveilleux,* 15 février et 1ᵉʳ juin 1903. — GABRIEL CARAMALO ; *Ibidem,* 15 mars 1903.

connaissance est d'un ordre différent de l'ordre scientifique et qu'un miracle susceptible d'être, un jour ou l'autre, scientifiquement expliqué ne serait plus un miracle; que par suite *le surnaturel et le miracle* (1) *ne sont ni scientifiques ni préscientifiques*, qu'ils ne rentrent donc pas dans les phénomènes occultes que j'étudie dans ce livre (2).

Le terrain me paraît être maintenant bien nettement circonscrit et défini. Je limite l'occultisme à l'étude des phénomènes qui 1° n'appartiennent pas encore à la science, 2° peuvent sans contradiction logique en faire partie plus tard. D'un mot, c'est le *merveilleux préscientifique*.

---

(1) Le miracle, d'après SAINT THOMAS, «est une intervention libre de Dieu, c'est ce qui est fait par Dieu *en dehors du cours normal de la nature*» (*L'action franciscaine*. Citat. Echo du merveilleux, 15 décembre 1904, p. 480). Comme la science n'étudie et ne connait que ce qui est «dans le cours normal de la nature», le miracle est bien, par définition, hors de la science d'aujourd'hui et de toujours.
(2) Voir plus loin (Troisième partie. A. Chapitre IX) ce que je dis encore de l'indépendance de l'occultisme par rapport aux diverses doctrines philosophiques et religieuses.

# CHAPITRE DEUXIÈME

## DIFFICULTÉS QUE PRÉSENTE L'ÉTUDE DES PHÉNOMÈNES OCCULTES

I. — Complexité du déterminisme des expériences.
    9. *Les phénomènes occultes ne peuvent pas être reproduits à volonté.*
    10. *Cependant ce déterminisme expérimental existe et doit par suite être recherché.*
II. — Fraudes des médiums.
    11. *Fraudes en général.*
    12. *Fraudes volontaires et conscientes.*
    13. *Espiègles et névrosés.*
    14. *Exemples de fraudes. Fraudes inconscientes.*
    15. *Conclusions. Précautions à prendre.*

## I. COMPLEXITÉ DU DÉTERMINISME DES EXPÉRIENCES

### 9. Impossibilité de reproduire a volonté les phénomènes occultes.

On voit, par le chapitre précédent, combien les questions de l'occultisme intéressent tout le monde, combien l'attention est attirée de tous côtés sur leur constatation et leur critique.

Pourquoi donc ce travail de contrôle n'est-il pas encore fait et terminé ? Comment y a-t-il encore de l'occulte, alors que beaucoup de ces faits sont affirmés et ont été observés, non seulement par des hommes d'une absolue et indiscutée bonne foi, mais par des hommes qui, comme William Crookes et Charles Richet par exemple, sont de vrais savants, savent ce que doivent être une méthode et une expérience scientifiques (ils l'ont prouvé par leurs découvertes dans d'autres domaines de la science)? En quoi et pourquoi la question apparaît-elle donc si difficile ?

La raison de cela est simple. C'est que les phénomènes occultes ne peuvent pas être reproduits à volonté et que par suite on ne peut pas leur appliquer les procédés habituels et rigoureux du contrôle scientifique.

D'abord il faut un médium, c'est-à-dire un individu particulier, à aptitudes spéciales. On ne peut donc pas, à tout coup, avec n'importe qui, faire une expérience dans un laboratoire, quelque bien outillé qu'il puisse être. De plus, quand on a le médium, l'expérience ne réussit pas toujours; il y a une contingence dans les résultats, une complexité, et, disons-le, un mystère dans le déterminisme, qui multiplient les échecs et enlèvent aux réussites une partie de leur valeur.

MAXWELL, qui, plus que tout autre, s'efforce de soumettre l'étude de ces phénomènes à la «discipline scientifique», reconnaît qu'au moins en apparence ces phénomènes sont «rebelles à cette discipline».

On peut en effet *observer*, mais non *expérimenter*. «Pour expérimenter, il faut connaître les conditions de fait dont l'existence et la réunion ont pour conséquence un autre fait ; or, nous ne connaissons que très imparfaitement ces conditions de fait, antécédents nécessaires du phénomène cherché. Nous sommes dans la situation de l'astronome qui peut placer son œil à l'oculaire de sa lunette et observer le ciel, mais qui ne peut provoquer la production d'un phénomène céleste déterminé». Ajoutons que la comparaison n'est valable qu'en l'appliquant à la période où l'astronomie n'était pas encore une science mathématique.

Si les savants «veulent *a priori* établir les conditions

de leurs expériences, ils risquent fort de n'avoir aucun résultat appréciable» (1).

Charles Richet (2), lui aussi, déclare que «la difficulté d'avoir des expériences précises l'a «longtemps embarrassé» et il ne craint «pas de dire que maintenant encore, après de longues années d'études, elle» lui «paraît des plus sérieuses. De fait, à mesure qu'on multiplie les précautions, les mensurations, les contrôles, il semble qu'on atténue l'intensité des phénomènes... Les instruments scientifiques sont en effet rarement en usage dans les expériences... Il ne faut pas oublier que l'introduction d'une instrumentation nouvelle dans un cercle où s'étaient pratiquées antérieurement, sans instruments, des expériences régulières, apporte tout de suite un très grand trouble et que, par ce fait même, dans la plupart des cas tout phénomène cesse aussitôt... *Tout changement aux habitudes des séances paralyse pour un temps les phénomènes...* L'immixtion d'une personne nouvelle dans les cercles spiritiques apporte, dit-on, le même trouble que l'introduction d'un appareil nouveau... Il est même possible que la mentalité des expérimentateurs exerce une influence décisive sur la marche des phénomènes. Le scepticisme, le doute, le manque de confiance dans les médiums apportent peut-être une sorte d'action paralysante... L'autre objection, non moins grave, c'est que, dans des conditions identiques, les résultats ne sont pas toujours identiques ; de sorte que l'expérience ne peut pas être répétée à volonté... Le spiritisme n'est pas encore arrivé à la période scientifique d'expérimentation. Cette incertitude des conditions jette l'incertitude sur la science même.»

---

(1) Maxwell ; *loco cit.,* p. 1, 13, 27.
(2) Charles Richet ; Faut-il étudier le spiritisme ? *Annales des sciences psychiques,* 1905, p. 1, 23.

## 10. Ce déterminisme expérimental existe cependant et doit par suite être recherché.

La constatation de Charles Richet est très juste et j'ai tenu à montrer avec quelle conscience elle est faite par ceux qui paraissent le plus indulgents à l'occultisme. C'est bien là une difficulté très réelle dans l'étude de l'occultisme. Mais ce n'est pas une difficulté insurmontable, une fin de non recevoir définitive.

Si ces phénomènes existent vraiment, ils ont leur déterminisme. Ce déterminisme est complexe, encore inconnu; mais il existe, si ces faits sont réels. Il ne faut donc pas désespérer de le découvrir. En tous cas, on a le droit de le rechercher.

Pour expliquer cette impossibilité actuelle d'expérimenter sur ces phénomènes, Maxwell dit : « on veut convaincre en indiquant les conditions précises de l'expérience ; les gens que l'on veut convaincre ainsi sont justement ceux qui sont le plus mal préparés à juger des conditions où les expériences psychiques se réalisent. Ce sont des physiciens ou des chimistes et la *matière vivante ne réagit pas comme la matière inorganique ou comme les substances chimiques.*» Rien de plus juste. Elle réagit différemment, mais elle réagit fatalement, elle aussi ; donc, avec un déterminisme précis.

Il y a bien des phénomènes biologiques dont on connaît le déterminisme et qu'on sait reproduire. Toute la physiologie est basée sur l'expérimentation, plus encore que sur l'observation. Le déterminisme biologique est évidemment beaucoup plus complexe et par suite plus difficile à analyser que le déterminisme physicochimique. Mais il n'est pas inaccessible aux procédés d'étude de la science positive. Charles Richet le sait et l'a démontré plus que quiconque.

Même, parmi les phénomènes biologiques, les phénomènes psychiques, qui sont beaucoup plus complexes, peuvent être scientifiquement étudiés.

Papus (1) oppose, par les caractères indiqués plus haut, le fait psychique au fait physiologique. Ceci n'est exact que si on fait du mot psychique un synonyme d'occulte. Mais c'est là un sens que je me refuse à accepter (2). Je crois plus sage de laisser aux mots «psychisme» et «psychique» leur ancien sens traditionnel et classique : j'appelle psychiques un acte, un phénomène... dans lesquels il y a de la pensée, de l'intelligence. C'est dire que je ne donne pas à ce mot le sens qu'il a dans le titre du livre de Maxwell (3) ou des *Annales* de Dariex.

En conservant ainsi au mot psychique son sens étymologique, on ne peut plus l'opposer au mot scientifique. Car on peut bien dire qu'il y a aujourd'hui une étude expérimentale et scientifique du psychisme, des fonctions et des faits psychiques, voire même des centres psychiques.

D'ailleurs, ce qui s'est passé pour l'ancien occultisme (celui que j'étudierai dans la deuxième partie de ce livre), pour les phénomènes, autrefois occultes, aujourd'hui «désaffectés», est singulièrement instructif. Pour l'hypnotisme, pour les tables tournantes, pour le cum-

---

(1) Papus ; *loco cit.*, p. 436.
(2) Voir : *Le psychisme inférieur. Etude de physiopathologie clinique des centres psychiques*. Bibliothèque de philosophie expérimentale, 1906, p. 7.
(3) Ailleurs (*Annales des sciences psychiques*, t. XIV, 1904, p. 276), Maxwell déclare que le mot «études psychiques» est une «expression mauvaise» et qu'«il faudrait qu'on en cherchât une meilleure». Et Charles Richet, dans son Discours d'installation de la *Society for psychical Research* (*Revue de l'hypnotisme*, 1905, p. 258), a proposé le mot, dont j'ai déjà parlé, de *métapsychisme, métapsychique*, par analogie avec métaphysique.

berlandisme avec contact... il faut bien un sujet, un médium, et cependant on est arrivé à en connaître le déterminisme expérimental et à les faire entrer dans la science positive.

En tous cas, il ne faut pas se lasser de le redire parce que là est le nœud de la question, l'existence des phénomènes occultes ne sera scientifiquement et définitivement établie que quand on aura fait pour eux ce que Charcot et Bernheim ont fait pour l'hypnotisme, quand on en aura fixé le déterminisme.

Il y a trois ou quatre ans, Charles Richet m'écrivait : «j'ai par devers moi, depuis quelques mois, quelques faits qui me semblent défier toute critique. *Ils n'ont qu'un tort, c'est d'être non répétables* et uniques, de sorte que ce n'est pas encore le moment scientifique et je ne les publie pas.»

On ne saurait mieux dire. Il faut arriver à la constatation du fait *scientifiquement répétable* ; jusque là il n'y a rien de fait.

## II. FRAUDES DES MÉDIUMS

### 11. Fraudes en général.

Une autre difficulté, grave entre toutes, vient encore décourager les travailleurs : ce sont les *fraudes* des médiums.

Il ne faut rien exagérer et il serait ridicule de poser d'emblée, comme un axiome, que tous les médiums fraudent et surtout de dire qu'ils fraudent toujours, alors même qu'ils sont convaincus d'avoir fraudé quelquefois. Mais enfin il est certain que les fraudes existent et sont fréquentes.

Elles sont d'ailleurs de deux genres : les unes sont

*conscientes* et volontaires, les autres sont involontaires et *inconscientes*. MAXWELL en admet aussi de *mixtes* : il y en a en effet de *conscientes involontaires*.

Ainsi certains sujets veulent tromper, trompent sciemment. D'autres trompent uniquement par leur psychisme inférieur désagrégé dans la transe : ce sont des fraudeurs polygonaux. Toute personne d'absolue bonne foi qui fait tourner une table est un fraudeur inconscient. Enfin d'autres trompent polygonalement, mais s'en aperçoivent avec leur centre supérieur O.

On voit que, dans certains de ces cas, je détourne le mot *fraudes* de son vrai sens. Il n'y a fraude, à proprement parler, que s'il y a *intention* de tromper. Or, il est évident que le médium qui trompe uniquement avec son polygone n'a aucune intention de tromper ; de même pour l'escamoteur qui dissimule, de son mieux, son truc, mais ne prétend pas faire de l'occultisme et ne dissimule pas qu'il a un truc.

Je maintiens le mot, avec ces réserves, parce qu'il est bon de grouper dans un même chapitre toutes ces causes d'erreur, qui sont le plus tenace cauchemar de tous ceux qui étudient ces phénomènes.

## 12. FRAUDES VOLONTAIRES ET CONSCIENTES.

La fraude volontaire et consciente est celle du professionnel des foires et des représentations, du prestidigitateur, de tous ceux qui ont des trucs. Dans le paragraphe de la lecture de la pensée (1), je parlerai de quelques expériences faites dans ces conditions.

Comme ces trucs sont souvent très difficiles à reconnaître par le spectateur, alors même que le prestidigita-

---

(1) Troisième partie. B. Chapitre XI. I.

teur lui-même en avoue l'existence (1), toutes les expériences faites avec des sujets de ce genre, avec les professionnels des foires ou des théâtres, sont *a priori* frappées de suspicion.

Je rappellerai quelques faits, restés célèbres à ce point de vue.

En 1892, le *Daily Telegraph* raconta les expériences absolument extraordinaires faites à l'Alhambra de Londres par ANNIE ABBOTT (2) *the little Georgia Magnet*, qui mettaient «en évidence» chez ce sujet «un pouvoir qui l'eût certainement conduite au bûcher si elle eût vécu au temps de l'Inquisition». Le «petit aimant» secoue violemment de droite et de gauche une chaise et un homme vigoureux qui résiste; six hommes ne peuvent pas la soulever de terre. Prenant une queue de billard entre ses mains ouvertes, elle se met sur un pied et sept hommes, saisissant la queue de billard, tentent vainement de lui faire perdre l'équilibre... — Le Dʳ HENRI GOUDARD

---

(1) Les gens de mon âge se rappellent l'armoire des frères DAVEMPORT et, vingt ans avant, BABINET (Des tables tournantes au point de vue de la mécanique et de la physiologie ; les sciences occultes au XIXᵉ siècle, les tables tournantes et les manifestations prétendues surnaturelles au point de vue de la science d'observation. *Revue des Deux Mondes,* 15 janvier et 1ᵉʳ mai 1854) disait : «n'est-il pas plus étonnant de voir retirer d'un chapeau qu'on remet à un escamoteur une omelette ou un gros lapin vivant que de produire un mouvement dans une table légère...». — Sur ces expériences que les frères DAVEMPORT attribuaient aux esprits et dont le mécanisme fut dévoilé par ROBERT HOUDIN, voir : ROUBY ; Bien-Boa et Ch. Richet ; *Bulletin médical d'Alger*, 1906, p. 668.

(2) Voir : Une femme étrange. *Annales des sciences psychiques*, 1892, p. 60.— HENRI GOUDARD ; A propos de miss Abbott (the little Georgia Magnet). *Ibidem*, 1895, p. 49.— OLIVER LODGE ; Sur les tours de force de miss Abbott connue sous le nom de «the Georgia Magnet». Réplique au Dʳ H. GOUDARD; *Ibidem.*, p. 99.— H. GOUDARD; Notes et réflexions complémentaires sur miss Abbott. *Ibidem*, p. 174.— JAMES HYSLOP ; A propos de Mrs Abbott. *Ibidem*, p. 305.

GRASSET; *L'occultisme.*

assiste à ces expériences au Casino de Paris, les contrôle de très près et conclut que c'est là un médium actif entrant volontairement en transe et conservant, dans cette transe, les apparences de la veille, les relations normales avec le milieu ambiant et une grande puissance magnétique.

Oliver Lodge a soumis tous ces «tours de force de miss Abbott» à une analyse très scientifique et est arrivé à démontrer que dans ces expériences il n'y avait absolument rien d'occulte ni de magnétique : tout était dû à la force et à l'habileté du sujet. Cela appartient à la prestidigitation, non à l'occultisme.

Hyslop, après une étude très consciencieuse du cas, a confirmé les assertions de Lodge et conclu plus sévèrement : «je ne m'étendrai pas davantage sur ces tours. J'en ai dit assez pour démontrer leur caractère frauduleux et l'on ne peut que regretter que des hommes comme le D' Charcot aient été complètement dupés, au point de supposer que Mrs Abbott exerçait une influence hypnotique inconsciente sur ceux avec qui elle expérimentait. Ses tours sont simplement de vulgaires et grossières manières de jongler avec les lois ordinaires de la mécanique. D'après mes expériences, il n'y a aucun doute que Mrs Abbott ne pratique couramment le mensonge ; car je l'ai prise sur le fait nombre de fois. Cela seul devrait discréditer ses prétentions, même si nous ne pouvions expliquer ces tours.»

Kellar(1), prestidigitateur très connu, vers 1895, en Amérique et ailleurs, fait des expériences d'écriture directe avec le médium anglais W. Eglinton, imite avec

---

(1) Voir : Lévitation. *Annales des sciences psychiques*, 1895, p. 243. Information. *Ibidem*, p. 318.— Michel Petrovo-Solovovo ; A propos du prestidigitateur Kellar. *Ibidem*, p. 373.

grand succès l'écriture sur ardoises et finalement se fait «fort d'imiter n'importe quel phénomène médianimique après l'avoir vu trois fois».

Un des plus célèbres exemples de prestidigitateur ayant parfaitement imité les phénomènes médianiques est certainement DAVEY(1). Il a surtout fait des écritures directes sur l'ardoise.

HODGSON a spécialement décrit les trucs de DAVEY (que je ne peux décrire ici et que l'on trouvera dans le mémoire cité en note) dans les trois groupes suivants d'expérience : 1° l'écriture sur la surface supérieure d'une ardoise appliquée sous la table ; 2° l'écriture sur la surface supérieure de l'ardoise de dessous, quand deux ardoises étaient placées ensemble sur la table ; 3° l'écriture dans l'ardoise fermée à clé de DAVEY. HODGSON décrit notamment «la méthode habituelle qu'employait DAVEY pour substituer l'une de ses ardoises fermées à clé à l'autre» dans ce troisième type d'expérience, qui était son «invention favorite». — Parlant de ces expériences avec les ardoises, «c'est un phénomène trop facile à frauder, dit MAXWELL, pour que j'aie jusqu'à présent essayé sérieusement de l'obtenir... J'ai moi-même, il y a fort longtemps, produit artificiellement ce genre de manifestation en fixant un crayon dans un trou sous la table et en mettant l'ardoise en mouvement. Avec un peu d'habitude on arrive à très bien écrire.»

DAVEY a frauduleusement aussi produit des raps et des matérialisations. HODGSON décrit une séance, bien instructive, dans laquelle lui-même (HODGSON) fit le compère,

---

(1) Voir : RICHARD HODGSON ; Comment M. Davey a imité par la prestidigitation les prétendus phénomènes spirites. Trad. MARCEL MANGIN ; Annales des sciences psychiques, 1894, p. 167, 235, 287 et 355.— MAXWELL ; loco cit., p. 263.

entrant pieds nus, soulevant la boîte à musique en l'air, frappant le plafond avec un long bâton, touchant la main des assistants avec sa propre main (préalablement trempée dans l'eau froide), faisant raisonner un gong, faisant un fantôme avec un masque entouré de mousseline enduite de peinture lumineuse, faisant lui-même un second fantôme avec un turban et une fausse barbe et un livre lumineux... et il publie le récit palpitant de cette même séance par un spectateur naïf qui était sorti convaincu qu'il avait assisté à une vraie séance de matérialisation.

Dans le même travail, HODGSON parle aussi de W.-S. DAVIS, de New-York, qui « a donné quelques séances considérées comme particulièrement remarquables par divers spiritualistes de New-York et de Brooklyn et dont de courts récits ont paru dans quelques journaux spiritualistes ». Il « exprima le désir de donner une séance dans des conditions rigoureuses de contrôle et de la laisser juger par un comité. Cette offre fut acceptée. » L'expérience eut lieu, réussit très bien. Le compte rendu en fut publié sous le titre « Un succès ». Or, DAVIS déclara lui-même que tout avait été de la supercherie et il dévoila ses trucs. Il décrivit notamment la manière de se faire attacher et de se détacher comme les frères DAVEMPORT...

Tous ces prestidigitateurs en imposent tellement aux spectateurs et leurs expériences ressemblent tellement à celles des médiums que certains croyants (comme T. W. dans *Light* du 24 octobre 1891) affirment, « sans tergiversation, que les prestidigitateurs ont utilisé le spiritisme physique. T. W. fait allusion au tour de la pièce de monnaie de Bosco, qu'il semble considérer comme impliquant la médiumnité »; et, en parlant du fameux prestidigitateur DUPUY, il dit : « j'ai vu des expériences il y a quelques années et... je crois qu'il ne fait guère un tour sans être aidé ou supplanté par une force invisible ».

De ces déclarations que Hodgson déclare « absurdes », je conclus simplement que les prestidigitateurs peuvent admirablement imiter et reproduire les phénomènes occultes (1).

### 13. Espiègles et névrosés.

A côté des prestidigitateurs et escamoteurs avoués, il y a les espiègles et les hystériques qui trompent pour se moquer ou par maladie. Tels: le professeur Bianchi qui « pour s'amuser de son confrère Lombroso » a « lui-même fraudé un phénomène » dans une séance avec Eusapia Paladino ; et l'étudiant en médecine observé par Maxwell, qui était un fraudeur incorrigible (2).

Il faut évidemment se méfier énormément, dans ces expériences, de toutes les *névroses à mensonges* et à tromperie : l'hystérie est au tout premier rang dans ce groupe.

---

(1) *Fait divers.* — « Un spirite, bien connu en Angleterre, M. Corney, se trouvait seul dans une chambre avec un médium quand, aux côtés de ce médium, il vit s'élever dans l'air une colonne de fumée qui se changea en femme, traversa la pièce, prit une pomme sur la table, la mangea et disparut. M. Corney raconta dans les journaux ce fait intéressant. Un prestigiditateur, M. Mashenyn, paria deux cents livres que, par les seules ressources de son art, il répéterait en public la scène que le spirite n'avait vue que dans le particulier. M. Corney tint le pari. Au jour dit, devant une salle comble qui n'y put rien comprendre, le magicien transforma en croqueuse de pomme une colonne de fumée». *Journal des Débats,* 19 octobre 1906. Je pense qu'il s'agit là des expériences de l'archidiacre Colley dont je reparlerai dans la 3ᵉ partie, chapitre X, III, 83, β, γ, 2°.

(2) Maxwell ; *loco cit.*, p. 302.

14. Exemples de fraudes. Fraudes inconscientes.

Conscients, inconscients ou mixtes, nombreux sont les médiums que l'on a convaincus de fraude, au moins dans un certain nombre d'expériences.

Le 17 décembre 1904, est morte en Allemagne Anna Rothe (1), le « médium aux fleurs », célèbre par ses apports de fleurs et de fruits. La police prussienne et l'empereur Guillaume lui avaient fait intenter un procès retentissant, dans lequel il a été démontré qu'elle avait fraudé, au moins dans un grand nombre de circonstances. D'ailleurs «jamais elle ne consentit à se soumettre à l'examen de commissions scientifiques, dont le verdict affirmatif aurait pourtant eu pour elle une si grande valeur au moment des attaques d'une violence inouïe auxquelles elle fut en butte». Les « pouvoirs médianiques » qui disparurent dans la prison reparurent ensuite : « raps, transe, apports de fleurs, même à son lit de malade », jusqu'à trois semaines avant sa mort.

Le médium australien Bailey (2) avait réussi, dans son pays, des apports si extraordinaires que la *Société d'études psychiques* de Milan l'a fait, à ses frais, venir en Europe. L'organe de la Société *Luce e ombra* a rendu compte des expériences faites dans cette ville.

C. de Vesme, qui a soumis ces expériences à une critique rigoureuse, constate que cette « série de dix-sept

---

(1) Voir : La mort d'Anna Rothe. *Annales des sciences psychiques*, 1904, p. 388. Comment mourut M<sup>me</sup> Rothe (cancer de l'œsophage). *Ibidem*, 1905, p. 53. Le président Sulzer. *Ibidem*, p. 571.

(2) Voir : Cesar de Vesme ; Etude critique des séances du médium Ch. Bailey, à Milan et à Rome. *Annales des sciences psychiques*, 1905, p. 218. L'examen archéologique des objets «apportés» dans les séances de Bailey. *Ibidem*, p. 308. Un peu de polémique au sujet de Bailey. *Ibidem*, p. 309, et 1906, p. 396.

séances, paraissant s'être déroulées dans les meilleures conditions, n'a guère laissé derrière elle que de l'incertitude et de la défiance ». BAILEY opérait toujours dans l'obscurité et n'a jamais voulu être déshabillé complètement avant les séances, craignant, disait-il, de prendre froid (1). « Une fois, en Australie, il se laissa dévêtir complètement et il en est tombé malade ». On ne l'a jamais ligoté ; on l'enfermait dans un sac en satin noir très léger avec des manches, lui laissant les bras libres. Un jour, à Rome, en le touchant tout le long de son corps, on crut découvrir une « substance dure » que BAILEY « déclara être une loupe qu'il avait depuis des années déjà ». Or, jamais, dans les comptes rendus de la Commission de Milan, il n'est question de cette loupe. D'ailleurs on avait oublié, à Rome, de rechercher, à la fin de la séance, si la loupe existait encore ou non. Des objets apportés dans certaines séances se dématérialisaient ensuite : et jamais on n'a fouillé BAILEY après la séance. Les oiseaux qu'il « apporte » de l'Inde sont asphyxiés ou morts ; on ne peut pas obtenir des animaux n'existant pas en Italie ; la pâte que l'esprit d'une femme hindoue apporte « est complètement composée de farine, de celle qui sert à faire le pain ordinaire ». Une inscription babylonienne attribuée au roi Sargon (600 ans avant Jésus-Christ) est ensuite datée de 750 ou 760 avant Jésus-Christ (soit 150 ans avant le règne de son auteur) ; des tablettes de terre cuite avec des caractères babyloniens et des monnaies anciennes de l'Egypte et de l'Inde sont reconnues, au *British Museum*, pour n'être que des imitations ou des pièces « sans rareté et sans valeur, que l'on pouvait se procurer pour quelques sous... ».

---

(1) C. DE VESME juge sévèrement ce médium «qui, après nous être venu des antipodes pour nous montrer la soi-disant merveilleuse faculté qui lui a été accordée par le ciel, recule dans son sublime apostolat par crainte d'un rhume de cerveau».

Quand on veut multiplier les précautions de surveillance, on a des séances déplorables. Après l'une d'elles, BAILEY « prétextant des affaires de famille » repartit pour l'Australie (1)... On comprend qu'ANTONIO FOGAZZARO, le romancier italien qui assista à plusieurs de ses séances, ne trouva pas « sérieuses » les manifestations médianiques ainsi obtenues (2).

SLADE (3), « l'un des plus célèbres médiums parus dans la deuxième moitié du siècle dernier », a fait des expériences avec AKSAKOFF, qui « déterminèrent la conversion des professeurs ZŒLLNER, W.-E. WEBER, SCHEIBNER, E.-H. FICHTE » et furent « suivies de polémiques restées fameuses dans les fastes du spiritisme et auxquelles participèrent des hommes comme WUNDT, HELMHOLTZ, etc. ».

Il avait pour spécialité l'écriture directe sur les ardoises. HODGSON a montré qu'il employait des trucs analogues à ceux de DAVEY. Un jour, à Londres, « le médium venait à peine de placer sous la table l'ardoise, lorsque LANKESTER la lui arracha des mains et constata qu'elle contenait déjà de l'écriture ». Ce fut le point de départ d'un procès qui a fait beaucoup de bruit.

---

(1) A son passage à Londres on avait préparé des séances concluantes. « Après avoir accepté les conditions de contrôle rigoureux qu'on lui proposait, BAILEY aurait déclaré que le temps lui manque pour se soumettre à ces expériences ».

(2) Je dois dire cependant que la *Revue scientifique et morale du spiritisme* trouve insuffisamment prouvée l'accusation de fraude et continue à penser que « les séances de Milan sont valables et constituent une magnifique démonstration du phénomène des apports ».
— Voir sur ce même médium, dans mon chapitre X, le paragraphe des apports à grande distance.

(3) Voir : HODGSON ; Travail cité sur Davey, p. 304. La mort du médium Slade. *Annales des sciences psychiques*, 1905, p. 569.

CHARLES ELDRED (1), de Clowne, a réussi de curieuses matérialisations, avec d'autant plus de garanties qu'il n'était « évidemment pas un médium professionnel ».

A Clowne, devant M. et M$^{me}$ LETORT, à chacune des séances, « Arthur, le frère du médium, mort depuis longtemps, et son principal inspirateur, se matérialisant effectivement, allait et venait de la salle au cabinet en notre présence. Il resta parmi nous, chaque soir, pendant une durée de dix à quinze minutes. Il nous montra ses bras nus, nous donna des poignées de main, nous fit toucher ses magnifiques vêtements blancs et se promena à travers la pièce. » Il remit deux « lumières d'esprit... disques lumineux, ressemblant à de l'albâtre, une substance dure ayant la dimension, à peu de chose près, d'une pièce de cinq francs ». Parfois il se dématérialisait et semblait « sombrer dans le parquet... A chaque séance, huit à neuf esprits se matérialisèrent ». Dans l'un d'eux, M$^{me}$ BOSSET reconnut sa mère; dans d'autres, M. LETORT reconnaît sa vieille nourrice, son enfant... Plusieurs photographies sont prises (2). — A Nottingham, avec le même médium, le contre-amiral W. USBORNE MOORE voit matérialiser une de ses proches parentes récemment décédée qui avait antérieurement manifesté le désir de lui apparaître...

Mais CHARLES ELDRED était devenu un professionnel

---

(1) Voir : Une séance de matérialisation avec le médium Eldred en Angleterre. *Annales des sciences psychiques*, 1905, p. 558. Le démasquement du médium Eldred. *Ibidem*, 1906, p. 184.— M$^{me}$ ELLEN LETORT et C. DE VESME; Les fraudes des médiums. A propos du démasquement d'Eldred. *Ibidem*, p. 292. Photographies de spectres. *Echo du merveilleux*, 1905, p. 362. Séances de matérialisations. *Ibidem*, 1906, p. 73. Les trucs de M. Eldred. *Ibidem*, p. 124. A propos du médium Eldred. *Ibidem*, p. 147.

(2) L'une d'elles est publiée en tête de l'*Echo du merveilleux* du 1$^{er}$ octobre 1905.

« assisté par un *manager* », et le 5 mars 1906 il a été démasqué par le docteur ABRAHAM WALLACE. Sur les indications d'un « psychomètre clairvoyant » M. BRAILEY, on examina de près la chaise sur laquelle ELDRED faisait ses expériences et l'on trouva « dans la partie postérieure un petit trou de serrure profondément enchâssé et enfoui au milieu de l'étoffe... on fit faire une clef qui ouvrit la serrure et on put prendre une photographie qui montre le compartiment secret, qui mesure quinze pouces sur deux (environ quarante centimètres sur cinq) ». Dans une séance, « on trouva la petite armoire remplie des articles nécessaires pour simuler des formes spirites. On trouva une tête de maille avec un masque couleur de chair ; six pièces de belle soie blanche de la Chine, d'une longueur totale de treize mètres ; deux pièces d'un drap noir très fin, destinées sans doute aux prétendues dématérialisations ; trois barbes de formes différentes, deux perruques, une blanche et l'autre grise, une espèce d'armature en métal que l'on pouvait étendre en toute direction et qui, couverte d'étoffe, devait représenter la seconde forme humaine ; une petite lampe électrique avec quatre mètres de fil qui permettait au médium de produire des lumières spirites à l'intérieur du cabinet alors qu'il était dehors ; un flacon d'odeur, des épingles, etc. ».

A la même époque (1), une mésaventure analogue est

---

(1) Trois médiums à matérialisations ont «été pris en fraude, dans l'espace de quelques mois : M. CHAMBERS au milieu de décembre dernier, M. ELDRED le 5 et M. CRADDOCK le 11 mars ; il y a là de quoi faire réfléchir tous les investigateurs sérieux des phénomènes psychiques» (M⁰ ELLEN LETORT et C. DE VESME ; *loco cit.*, p. 292).

arrivée à CRADDOCK (1), qui «est un autre des médiums à matérialisations les plus connus en Angleterre».

Le lieutenant-colonel MARK MAYHEW a d'abord soupçonné la fraude avant de la démasquer (2). «Une ou deux formes s'approchèrent de M. MAYHEW prétendant être des parents qu'il n'avait jamais eus ; un enfant s'avança vers sa femme en l'appelant mère, alors qu'elle n'a jamais perdu d'enfant». Aux mêmes moments, d'autres spectateurs étaient plus confiants et plus naïfs. «A un moment, une dame, voyant une forme venir à elle, s'écria, s'adressant à son mari : regardez, voici votre père ! Le mari répondit : c'est bien lui ! Puis, se reprenant : non c'est ma mère !»

Dans la séance finale, on annonça d'abord l'esprit d'une dame qui était non seulement vivante, mais présente. Puis, «à un certain moment, une forme ayant sur sa lèvre supérieure une moustache blanche haut retroussée s'approcha du lieutenant-colonel qui la saisit fortement par les bras. Le fantôme se débattit violemment et, ne parvenant pas à se dégager, entraîna son agresseur dans le cabinet. M. MAYHEW, sachant que M. CARLETON était muni d'une petite lampe électrique, lui cria de faire la lumière : et c'est ainsi que l'on reconnut que le prétendu fantôme était bien M. CRADDOCK lui-même». M. MARK MAYHEW et le contre-amiral MOORE (qui l'assistait dans cette séance) étaient d'ailleurs et sont restés «parfaitement convaincus de la vérité des principales croyances des spirites» (3).

---

(1) Voir : Après Eldred, Craddock. *Annales des sciences psychiques*, 1906, p. 320. Le procès du médium Craddock. *Ibidem*, p. 448. Découverte d'un autre fraudeur. *Echo du merveilleux*, 1906, p. 125. Le procès Craddock. *Ibidem*, p. 249.

(2) Il paraît que c'est la troisième fois que le médium a été «attrapé».

(3) Ceci n'est dit que pour donner à leur témoignage toute sa

A la suite de ces faits, le colonel Mayhew a poursuivi Craddock devant le tribunal de police d'Edgware à Londres, «invoquant un article de la loi édictée par Georges IV, qui considère comme un coquin et un vagabond (*a rogue and a vagabond*) quiconque a recours à certains stratagèmes subtils de divination et prétend évoquer les esprits de personnes décédées». Le 21 juin 1906, le tribunal a condamné «Craddock à une amende de dix livres sterling ou à un mois de prison. L'accusé devra en outre payer cinq livres et cinq shellings pour les frais du procès».

A propos de Craddock, Paul Mathiex (1) rapporte les trois faits suivants.

En 1894, Mistress Williams, médium américain venue à Paris, matérialise un docteur à la barbe fluviale accompgné de sa fille vêtue d'une robe blanche. «M. Leymarie, de la *Revue spirite*, donna un signal et, tandis qu'un spectateur saisissait le manager, deux autres s'emparaient des apparitions. Un quatrième faisait de la lumière… Alors l'on vit M. Paul Leymarie luttant avec Mrs Williams qui poussait des cris sauvages et se débattait furieusement : c'était elle qui, en maillot noir, affublée d'une perruque et d'une fausse barbe, faisait l'apparition du docteur. La jeune fille qui accompagnait celui-ci n'était autre qu'un masque, d'où pendait un long voile, et que tenait Mrs Williams de sa main gauche, tandis que de la main droite, elle tirait une corde qui correspondait avec un appareil lumineux lui permettant

---

valeur ; de même que les sources auxquelles nous empruntons tous ces faits démontrent la haute moralité et la parfaite bonne foi de tous ceux qui s'occupent aujourd'hui *sérieusement* de ces questions

(1) Paul Mathiex ; Les faux médiums. *Echo du merveilleux*, 1906, p. 249.

d'obtenir les feux de couleurs différentes qui accompagnaient les apparitions» (1).

«Aux États-Unis, Miss Cadwed, un médium non moins célèbre que cette Mistress Williams, fut démasquée, dans des circonstances identiques, par des rédacteurs du journal *le World*».

«Le colonel Albert de Rochas... avait un médium, Valentine, dont la propriété était de dégager des lueurs mystérieuses... Au cours d'une séance qui avait lieu dans une pièce obscure, alors que des lueurs jaillissaient et couraient dans la nuit, le colonel de Rochas fit soudain jouer un appareil électrique et l'on s'aperçut que Valentine agitait en tous sens ses pieds déchaussés, préalablement imprégnés de phosphore».

Le médium Ebstein (2), dit le *Daily Telegraph* (14 novembre 1905), spirite américain, «s'apprêtait à faire paraître les esprits des trépassés, devant des Berlinois sympathiques à sa tentative, dans un hôtel bien connu. L'assistance attendait, plongée dans d'épaisses ténèbres, quand tout d'un coup la lumière électrique se ralluma et apprit alors aux spectateurs ce qui devait servir à représenter l'esprit : un mannequin badigeonné de peinture lumineuse».

M<sup>me</sup> Piper (3) est le médium dont les révélations ont permis à Hodgson d'écrire ses *Aperçus d'un autre monde* et un Rapport dont le *Light* disait que c'est, «de

---

(1) Voir : Dariex ; Le flagrant délit de la célèbre Mrs Williams. *Annales des sciences psychiques*, 1894, p. 333.

(2) Armand Bussy ; La question spirite et les médecins. *Medicina*, 1906, p. 23.

(3) Voir : Marsa ; A propos des expériences de M. Hodgson avec M<sup>me</sup> Piper. *Annales des sciences psychiques*, 1896, p. 212. — A. Erny ; M<sup>me</sup> Piper et ses expériences (opinions diverses). *Ibidem*, 1899, p. 110. — Maxwell ; *loco cit.*, p. 276.

l'avis général, le plus important qui ait été soumis à l'appréciation de la *Société des recherches psychiques».*

L'absence de fraude dans tous les cas n'a pas été démontrée d'une manière certaine. «Podmore croit qu'il peut y avoir de grandes présomptions de fraude... A Paris, le D$^r$ Berillon a fait les plus expresses réserves sur M$^{me}$ Piper». Et Maxwell demande pourquoi Hodgson ne traite pas Eusapia «comme il traite M$^{me}$ Piper, dont les erreurs et les efforts pour tirer les vers du nez de ses clients ne l'ont pas détaché ?... Est-ce parce qu'il croit que chez la célèbre américaine il n'y a pas de fraude consciente ni inconsciente et que seul défunt Phinuit était responsable des inexactitudes et des mensonges...?»

J'emprunte encore au même auteur (1) les exemples suivants de fraude des médiums.

M$^{me}$ Sidgwick, son mari et ses amis, pour obtenir des phénomènes physiques (raps et mouvements sans contact), «se sont adressés à Eglinton, à Slade (2), pour obtenir l'écriture sur l'ardoise, à M$^{lles}$ Wood, Fairlamb et à un autre médium nommé Haxby pour les matérialisations. Les deux premières ont donné des phénomènes bien suspects, pour ne pas dire pis : quant à Haxby, il fraudait impudemment... J'ai eu l'occasion d'assister, dans une grande ville d'Allemagne, à une séance de matérialisation : il était clair que le médium personnifiait l'unique apparence que j'aie vue.» Je crois que M$^{lle}$ Fairlamb, M$^{lle}$ Wood «et un troisième, qui a été plus tard l'objet de discussions assez vives, ont été surpris par divers expérimentateurs, au cours d'une séance,

---

(1) Maxwell ; *loco cit.*, p. 263.
(2) Voir plus haut, p. 48.

dans des postures qui permettaient de suspecter leur bonne foi».

MILLER (1) a fait à San-Francisco des expériences de matérialisation absolument remarquables. Il fait écrire à M. DE ROCHAS pour que celui-ci veuille bien venir en Californie contrôler ses expériences : on lui paierait son voyage aller et retour en première classe et il serait l'hôte du baron et de la baronne ZIMMERMANN. La catastrophe de San-Francisco survient sur ces entrefaites, détruit une partie des objets d'art dont MILLER fait commerce. Le médium vient alors en Europe pour refaire son approvisionnement et donne des séances à Londres et à Paris. Dans cette dernière ville, DELANNE et DE VESME assistent à une séance suspecte, dans laquelle le médium n'est pas fouillé, ses mains ne sont pas tenues par un expérimentateur connu, la lumière est très peu vive. DE VESME indique une série de trucs *possibles*, alors DELANNE propose à MILLER une séance «tout à fait démonstrative» et y convoque DE VESME et CHARLES RICHET. MILLER accepte d'abord, mais puis refuse et renvoie l'argent. « Il ne veut plus être suspecté », dit-il. Comme l'a remarqué DE VESME, loin de couper court aux soupçons, sa décision ne peut que les faire naître chez les personnes mêmes qui étaient d'abord les mieux dispo-

---

(1) Voir : VAN DER NAILLEN ; Les expériences de matérialisation du médium Miller. Lettre à M. DE ROCHAS ; *Revue spirite* et *Echo du merveilleux*, 1905, p. 276. — C. DE VESME ; Miller à Paris. Récit d'une séance de matérialisation. *Annales des sciences psychiques*, 1906, p. 501. Miller et la presse spirite française. *Ibidem*, p. 591. = Voir dans la troisième partie (chapitre X, III, 83, β, γ) ce que je dis des récentes expériences de Miller d'après GASTON MÉRY. — Voir aussi : SAGE ; Miller. *Les nouveaux horizons de la science et de la pensée*, 1906, p. 457.

sées envers lui. Après l'étrange décision de M. MILLER, comment ne pas se sentir portés à interpréter défavorablement aussi ses tergiversations envers le colonel DE ROCHAS qui l'avait pourtant lancé en Europe et jugeait ses facultés dignes d'être soumises à l'étude d'un groupe de savants qu'il avait constitué dans ce but?» (1).

Enfin (2) EUSAPIA PALADINO dont les transes ont été observées et étudiées par des savants de tout premier ordre (3) a été, elle aussi, surprise fraudant, notamment à Cambridge (4).

En août 1895, dans la maison de MYERS, la *Société des recherches psychiques de Londres* a «eu la malechance de

---

(1) «Dans la *Revue spirite,* M. le commandant M. (LÉOPOLD DAUVIL) se montre même un tantinet plus sévère envers M. MILLER ; il fait d'ailleurs remarquer que M. le lieutenant-général FIX, M. le docteur MOUTIN, M. DE WATTEVILLE, docteur ès sciences, M. J. GAILLARD, ex-député de Vaucluse, tous spirites, qui ont assisté à quelques-unes ou à toutes les séances, n'ont pas été convaincus. Il paraît que, même parmi les dames spirites qui ont assisté aux expériences en question, il y en a beaucoup qui sont devenues bien incrédules à ce sujet. Seulement, M. le docteur DUSART paraît, par contre, assez convaincu». — C. DE VATTEVILLE a écrit à l'*Echo du merveilleux* (1906, p. 331) que ses «conclusions au sujet des faits» qu'il a «pu observer pendant deux séances de M. MILLER ne sont pas conformes à celles» de M. et de M$^{me}$ LETORT (*Echo du merveilleux*, 1$^{er}$ et 15 août, 1$^{er}$ et 15 septembre 1906).

(2) Voir aussi ce que je dis plus loin des récentes expériences de la villa Carmen (Troisième partie. B. Chapitre X, III) et du médium de Narbonne (Troisième partie. B. Chapitre XI, III).

(3) Voir plus loin : Troisième partie. B. Chapitre XI, II.

(4) Sur les fraudes d'EUSAPIA PALADINO, voir : XAVIER DARIEX. Que doit-on penser des phénomènes médianimiques d'Eusapia Paladino ? *Annales des sciences psychiques*, 1896, p. 65 ; OCHOROWICZ; Question de la fraude dans les expériences avec Eusapia Paladino. *Ibidem.* p. 79 ; MAXWELL; *loco cit.*, p. 263, 269 et suiv ; ALBERT DE ROCHAS; *L'extériorisation de la motricité,* 4$^{e}$ édit., 1906, p. 201.

ne voir que de la fraude pendant vingt séances». Sidgwick et Hodgson insistent «sur les trucs à l'aide desquels on pouvait reproduire une partie des phénomènes que l'on avait observés avec Eusapia ; le principal de ces trucs est la substitution des mains permettant au médium de rendre libre l'une de ses mains que les contrôleurs croient encore tenir» (1). Dans une communication (11 octobre 1895) à l'assemblée générale de la Société, Sidgwick affirme «que le médium avait employé ou tenté d'employer ces divers trucs dans les expériences de Cambridge qui devaient être considérées comme entachées de fraude». Myers «confirma les appréciations de Sidgwick». Lodge admettait aussi la fraude dans une des séances auxquelles il a assisté : «dans cette séance elle donna une seule de ses mains à tenir à deux personnes (on n'assura le contrôle que par le contact d'une seule main), tandis que l'autre main était libre».

Ce qui a amené la *Society for psychical Researches* à ne pas insérer le compte rendu de ces expériences dans ses mémoires et à décider qu'à partir de ce moment elle ignorerait ce que ferait Eusapia comme elle ignore «ce que font les autres personnes adonnées à ce métier malhonnête».

Cette appréciation est exagérée et ce jugement est antiscientifique. Il n'est pas justifié dans son point de départ.

De ces exemples de fraudes des médiums (quelque nombreux qu'ils puissent être), il serait faux de conclure

---

(1) Dariex et Marcel Mangin ont constaté le fait dans une expérience ultérieure à Paris. Ces genres de fraude avaient été d'ailleurs déjà discutés en 1892 par Torelli (Milan), en 1893 par Charles Richet et en 1894 par Bronislas Reichman (Varsovie).

Grasset ; *L'occultisme.*

qu'un médium, convaincu de fraude dans certains cas, fraude nécessairement dans tous les cas (1); de même qu'il serait faux d'en conclure que tous les médiums fraudent.

La seule chose à conclure (et elle est déjà très importante) c'est que la fraude est extrêmement fréquente chez les médiums et parfois très difficile à dépister. Ceci n'est, je crois, contesté par personne. «Tous ceux qui ont beaucoup expérimenté, dit Dariex, et beaucoup manié ces sensitifs que l'on appelle médiums savent... que tous les médiums — ou presque tous — sont coutumiers de truquer». Et Ochorowicz: «il ne faut pas oublier que la fraude est inséparable du médianisme, comme la simulation est inséparable de l'hypnotisme».

Seulement pour maintenir cette assertion il faut laisser au mot *fraude* le sens général (et inexact) que nous lui avons donné, avec tout le monde ; c'est-à dire qu'il faut admettre des fraudes *inconscientes*, des fraudes dont le médium *n'est pas responsable*. C'est là l'erreur de Cambridge. Les expériences y prouvent bien la fraude, mais pas la responsabilité d'Eusapia et par suite ne justifient pas la disqualification du médium, déclaré «malhonnête».

---

(1) «On peut poser en principe, dit Flammarion (article cité de la *Revue*, p. 29 et 329), que les médiums de profession trichent tous, mais ils ne trichent pas toujours... L'impression résultant de la lecture de l'ensemble des procès-verbaux (d'Eusapia) n'est pas absolument satisfaisante et laisse, d'ailleurs, place entière à la curiosité. D'autre part, je puis dire que, depuis quarante ans, presque tous les médiums célèbres sont passés par mon salon de l'avenue de l'Observatoire, à Paris, et que *je les ai à peu près tous surpris trichant*. Ce n'est pas qu'ils trichent toujours et ceux qui l'affirment sont dans l'erreur. Mais, sciemment ou inconsciemment, ils portent avec eux un élément de trouble dont il faut constamment se défier et qui place l'expérimentateur en des conditions diamétralement contraires à celles de l'observation scientifique.»

Voici par exemple un fait qui prouve l'irresponsabilité d'Eusapia : un jour le médium appelle Lodge, Myers et Ochorowicz pour entendre «des coups dans la table». Ils arrivent et constatent facilement que «c'était elle-même qui frappait à l'aide de sa bottine. Lorsque je lui fis cette observation, dit Ochorowicz, elle recula un peu, tout en niant le fait. C'est étrange tout de même, dit-elle ; quelque chose pousse mon pied vers la table. *Sentite! Sentite!...* Elle était tellement sûre du phénomène qu'elle insista afin que je lie son pied avec le mien à l'aide d'un cordon. Et quand cela fut fait, je sentis qu'elle tirait le cordon en tordant ses pieds ; elle le tournait de façon à pouvoir frapper la table avec son talon. C'était évident pour tout le monde sauf pour elle-même... J'ai vu des médiums taper avec leur poing sur la muraille, devant les témoins, tout en prétendant que c'était l'esprit qui tapait. Un étudiant en droit, médium d'ordre inférieur, s'appliqua, en vue de tout le monde, un soufflet, dont il était très effrayé. Il n'était pas en transe constante et il s'obstinait à nous convaincre que c'était l'esprit de Xanthippe, la femme de Socrate, qui lui avait infligé cette admonestation. — Ce sont là des fraudes polygonales, sur le mécanisme psychologique desquelles je reviendrai dans la deuxième partie (1).

A ces fraudes inconscientes le médium est en quelque sorte poussé par la force de son automatisme désagrégé par la transe. De Rochas avertissait parfois Eusapia qu'elle allait frauder (2). «Le docteur suédois Poul

---

(1) Deuxième partie. Chapitre IV.
(2) Maxwell le dit très bien : les expérimentateurs doivent aider le médium dans sa résistance à la suggestion de la fraude et «non lui laisser toute facilité pour dépenser cette énergie qui tend à se réaliser en mouvements musculaires. Cela a été une des erreurs de M. Hodgson».

BJERRE, dans son livre *le cas Karin*, raconte que le médium KARIN, dans une séance où les coups attendus ne se firent pas entendre, se leva, n'y pouvant plus tenir et, à la vue de tous les assistants, frappa lui-même le parquet».

De même que la position fatidique autour d'une table qu'on veut faire tourner transforme certains assistants en fraudeurs insconscients, de même la transe transforme le médium en fraudeur. C'est dans ce sens que C. DE VESME a pu écrire «que l'exercice de la médiumnité peut engendrer de sérieux dangers pour la moralité de certaines personnes qui s'y adonnnent en des circonstances fâcheuses».

Quand ils trompent ainsi inconsciemment, les médiums trompent *bêtement*. A propos de l'histoire d'ELDRED que j'ai racontée plus haut (p. 49), M<sup>me</sup> LETORT et C. DE VESME font remarquer que la fameuse chaise saisie à Londres «semble avoir été commandée exprès pour être envoyée chez M. RONALD BRAILEY, où le médium l'a laissée quinze jours, exposée à l'examen de tous ses critiques» ; et, avec cela, «il savait qu'il était soupçonné par ce monsieur et par d'autres».

Dans beaucoup de cas de fraude, la responsabilité du médium est nulle ou atténuée. Mais il y a aussi des cas dans lesquels un médium, jusque-là honnête, cesse de l'être : c'est quand il devient professionnel, exploité par un manager ou un barnum. Alors il faut réussir à tout coup, tenir tous les jours les promesses du programme affiché et, s'il le faut, on fraude. C'est ce qui peut être arrivé pour bien des médiums chez lesquels on constate deux parties différentes dans leur vie médianimique.

## 15. CONCLUSIONS. PRÉCAUTIONS A PRENDRE.

En tous cas, par un mécanisme ou par un autre, il est

constant que les fraudes sont très fréquentes dans les expériences avec les médiums. «Or, dit Charles Richet(1), l'expérimentation avec des imposteurs est très compliquée et les conclusions qu'on en peut déduire bien fragiles. S'imagine-t-on un prestidigitateur habile, exécutant ses tours dans l'obscurité devant des personnes qui croient à la sincérité de tout ce qui leur est donné ? On aurait à inscrire de bien plus grandes merveilles encore que celles du spiritisme».

Je ne crois cependant pas qu'il soit, pour cela, nécessaire de fonder, comme en Amérique, une *Antifakirs*(2) *Society* pour démasquer les médiums tricheurs. Mais il est nécessaire de se rappeler dans l'expérimentation un certain nombre de préceptes que je résumerai ainsi :

1° Il faut beaucoup et toujours se méfier des médiums professionnels, et de ceux qui ont un barnum. Hodgson ose même donner cet «avertissement, tout spécialement aux membres américains : c'est que presque tous les médiums professionnels forment une bande de fourbes vulgaires, plus ou moins ligués les uns aux autres. Associées, cà et là, avec cette bande, se trouvent d'autres personnes qui ont été ou veulent être médiums professionnels et qui sont également peu dignes de confiance». «Sidgwick déclarait que pour lui toute expérience faite avec ces médiums suspects était d'avance irrévocablement condamnée ; et cette opinion peut se soutenir, ajoute Charles Richet. Mais on peut aussi, avec quelque apparence de raison, défendre l'opinion contraire »;

2° Comme l'a très bien remarqué Maxwell (3), il faut

---

(1) Charles Richet ; *Annales des sciences psychiques*, 1905, p. 36.
(2) «Dans plusieurs États de l'Amérique, les spirites appellent *fakirs* les médiums qui trichent». (*Annales des sciences psychiques*, 1906, p. 392).
(3) Maxwell ; *loco cit.*, p. 267.

se méfier des médiums qui réussissent toutes leurs expériences et obtiennent à tout coup les résultats prévus et annoncés. Il faut qu'il y ait de temps en temps quelques «mauvaises séances»;

3° Il faut, si possible, opérer en pleine lumière et, si c'est absolument impossible, avoir un dispositif qui permette toujours de refaire brusquement la lumière à un moment absolument inattendu par le médium. On a beaucoup insisté sur les graves dangers que l'on fait courir au médium en *empoignant* les fantômes. Nous avons vu que ces *Spirit-grabbers* ont parfois démasqué des fraudeurs. On aura recours à ce moyen final quand on aura déjà conçu de graves soupçons sur l'honnêteté du médium;

4° Il est bon d'éprouver la suggestibilité du médium, c'est-à-dire la facilité plus ou moins grande avec laquelle il obéit aux suggestions extérieures quand il est en état de transe, la facilité avec laquelle on pourrait, sans qu'il s'en doute, lui faire faire une fraude...

5° Enfin et par desssus tout, dans le contrôle de ces expériences, il faut se rappeler avec C. DE VESME qu'un phénomène «ne revêt pas une valeur scientifique» dès qu'il ne «peut être expliqué au moyen d'un truc». Il ne suffit donc pas de rechercher si un fait observé n'a pas été *produit par la fraude*; il faut même se demander s'il s'est produit *dans des conditions telles qu'on ne puisse pas l'expliquer par l'hypothèse de la fraude.*

D'un mot, il ne faudrait pas que la connaissance de ces fraudes arrêtât, comme dit OCHOROWICZ, «l'étude, à peine commencée, des phénomènes médianiques» et décourageât «une grande partie de ceux qui ont été sur le point de l'aborder». Mais il faut que cette connaissance inspire une grande prudence et beaucoup de réserves dans la discussion et l'appréciation des faits de l'occultisme.

# DEUXIÈME PARTIE

## L'OCCULTISME D'HIER

CHAPITRE TROISIÈME. — LE MAGNÉTISME ANIMAL ET L'HYPNOTISME.

CHAPITRE QUATRIÈME.—LES MOUVEMENTS INVOLONTAIRES INCONSCIENTS : TABLES TOURNANTES, PENDULE EXPLORATEUR, BAGUETTE DIVINATOIRE, CUMBERLANDISME AVEC CONTACT.

CHAPITRE CINQUIÈME. — LES SENSATIONS ET LA MÉMOIRE POLYGONALES. FAUSSES DIVINATIONS : HALLUCINATIONS POLYGONALES ET CRISTALLOMANCIE ; RÉMINISCENCES ET FAUX JUGEMENTS POLYGONAUX.

CHAPITRE SIXIÈME. — L'ASSOCIATION DES IDÉES ET L'IMAGINATION POLYGONALES. MÉDIUMS ET ROMANS POLYGONAUX.

# CHAPITRE TROISIÈME

# LE MAGNÉTISME ANIMAL ET L'HYPNO-TISME

I. — 16. Historique. Braid, Charcot, Liébeault et Bernheim.
II. — L'hypnose et l'état de suggestibilité.
    17. *Définition* : désagrégation suspolygonale et malléabilité polygonale.
    18. *Moyens de provoquer et de faire cesser l'hypnose.*
III. — La suggestion.
    19. *Suggestions intrahypnotiques.*
        *a.* motrices.
        *b.* sensitives.
        *c.* psychiques et d'actes..
        *d.* modificatrices de la personnalité.
        *e.* dans les appareils habituellement soustraits à la volonté.
    20. *Suggestions posthypnotiques.*
        *a.* Suggestions au réveil.
        *b.* Suggestions à longue échéance.
        *c.* État psychique au moment de l'échéance et entre la suggestion et l'échéance.
        *d.* Suggestions portant sur la mémoire.
IV. — Applications a la médecine légale et a la thérapeutique.
    21. *L'hypnotisme et la suggestion devant la justice.*
        *a.* L'hypnotisé victime et accusateur.
        *b.* L'hypnotisé criminel et accusé.
        *c.* L'hypnotisé témoin.
    22. *L'hypnotisme et la suggestion au point de vue thérapeutique.*
        *a.* L'hypnotisme et la psychothérapie : psychothérapie supérieure et psychothérapie inférieure.
        *b.* Modes d'action, indications et contreindications de l'hypnotisme thérapeutique.
    23. *L'hypnotisme et la suggestion devant la morale.*
        *a.* Immoralité de l'hypnotisme extramédical.
        *b.* Moralité de l'hypnotisme médical.

## I. HISTORIQUE

16. J'ai laissé (p. 15) l'historique du magnétisme animal au moment (1840) de sa condamnation solennelle par l'Académie qui le met sur le même pied que la quadrature du cercle et le mouvement perpétuel. A ce moment même, entre en scène BRAID (1) qui inaugure l'*ère de désoccultation scientifique du magnétisme animal.*

BRAID ne connaissait le mesmérisme que par les livres et les journaux et était porté à tout attribuer à la supercherie ou à l'illusion, quand il assista, le 18 novembre 1841, à une séance donnée par un magnétiseur français LAFONTAINE. Cette première séance confirma ses préjugés; mais, six jours plus tard, à une seconde séance, son attention fut spécialement attirée par ce fait : l'impossibilité pour un patient d'ouvrir les paupières. Il considéra cela comme un phénomène réel, en chercha la cause physiologique et pensa l'avoir trouvée dans l'action du regard fixe et prolongé, paralysant les centres nerveux dans les yeux et leurs dépendances et détruisant l'équilibre du système nerveux.

---

(1) BRAID a publié en Angleterre un ouvrage intitulé : *Neurypnologie* ou *Traité du sommeil nerveux considéré dans ses relations avec le magnétisme animal et accompagné de nombreux cas de succès dans ses applications à l'amélioration et à la guérison des maladies*. Londres et Edimbourg 1843. Traduction française (1883) de JULES SIMON ; *Neurypnologie. Traité du sommeil nerveux ou Hypnotisme.* Ce livre renferme, outre le premier, un *Appendice* contenant le résumé des travaux ultérieurs de BRAID jusqu'en 1860 et envoyé à cette époque là à l'Académie des sciences de Paris et une *Préface* de BROWN-SÉQUARD. Cette même année (1860), BRAID mourut subitement d'une attaque d'apoplexie (à 65 ans), au moment où il préparait une seconde édition de son œuvre.

«Voulant démontrer ce fait, dit-il, je priai M. WALKER de s'asseoir et de fixer les regards sur le col d'une bouteille de vin assez élevée au-dessus de lui pour produire une fatigue considérable sur les yeux et les paupières, pendant qu'il regarderait attentivement. En trois minutes, ses paupières se fermèrent, un flot de larmes coula le long de ses joues, sa tête s'inclina, son visage se contracta légèrement, un gémissement lui échappa et à l'instant il tomba dans un profond sommeil, la respiration devint lente, profonde et sifflante... Non seulement cette expérience me donna la preuve que j'en attendais, mais encore... elle me donna à penser que j'avais la clef du secret du mesmérisme».

L'hypnotisme était trouvé. L'influence, plus ou moins occulte et mystérieuse, du magnétiseur disparaissait devant les résultats obtenus avec le col de la bouteille. Il n'était plus question de fluide animal, de volonté du magnétiseur. Toute l'action et tout l'intérêt se transportaient sur la seule personne du sujet endormi. L'intervention de BRAID, dit LASÈGUE (1), «a été magistrale, en ce que, déplaçant l'objectif, il a fait litière des anecdotes, rejeté les pouvoirs occultes et réduit le magnétisme aux proportions des sujets accessibles à la science».

A la suite de BRAID, les travaux se multiplient et je n'ai pas à les énumérer ici. Mais parmi les auteurs qui ont fait la question de l'hypnotisme, telle qu'elle existe aujourd'hui, il faut citer à part : d'un côté CHARCOT, de l'autre LIÉBEAULT et BERNHEIM.

CHARCOT a étudié l'hypnose en savant, a analysé les symptômes qui permettent de dépister la fraude et il a fait entrer triomphalement, avec lui, à l'Institut, ce

---

(1) CH. LASÈGUE ; Le Braidisme. *Revue des Deux Mondes*, 15 octobre 1881.

magnétisme animal qui en avait été dédaigneusement expulsé trente ans avant.

LIÉBEAULT et BERNHEIM ont montré le rôle immense de la suggestion dans la production de l'hypnose et dans le développement des phénomènes qui accompagnent ou suivent ce sommeil provoqué...

Je n'ai pas besoin d'insister pour résumer maintenant l'état de cette question qui est devenue un chapitre de neurobiologie (1).

## II. L'HYPNOSE ET L'ÉTAT DE SUGGESTIBILITÉ

### 17. DÉFINITION : DÉSAGRÉGATION SUSPOLYGONALE ET MALLÉABILITÉ POLYGONALE.

Par un procédé quelconque, on a endormi un sujet : l'état (hypnose) dans lequel se trouve alors le sujet n'est caractérisé ni par sa motilité, ni par sa sensibilité, ni par l'état de sa mémoire ou de sa conscience. Le seul caractère constant, spécifique, de l'hypnose est l'*état de suggestibilité* : un sujet, en hypnose, est, par définition, un sujet à qui on peut faire des suggestions.

Cela dit, on sait (2), depuis PIERRE JANET (3) surtout, que les actes psychiques se divisent en deux groupes :

---

(1) Voir : *L'hypnotisme et la suggestion*. Bibliothèque internationale de psychologie expérimentale normale et pathologique. 3ᵉ édit., 1907.

(2) Voir : *Le psychisme inférieur. Etude de physiopathologie clinique des centres psychiques*. Bibliothèque de philosophie expérimentale, 1906.

(3) PIERRE JANET ; *L'automatisme psychologique. Essai de psychologie expérimentale sur les formes inférieures de l'activité humaine*. Thèse de doctorat ès lettres. Paris, 1889, 2ᵉ, 3ᵉ et 4ᵉ éditions (1903). Bibliothèque de philosophie contemporaine.

les uns volontaires et conscients, les autres automatiques et inconscients. A ces deux groupes d'actes psychiques correspondent deux groupes de centres et de neurones psychiques, tous situés dans l'écorce cérébrale : les centres supérieurs (O de mon schéma, lobe préfrontal) et les centres inférieurs (centres polygonaux de mon schéma, zones d'association de FLECHSIG). A l'état physiologique, dans la vie ordinaire, l'entier psychisme collabore et participe à la direction générale; les deux ordres de centres psychiques intriquent et superposent leurs activités. Mais il y a des circonstances dans lesquelles les deux ordres de psychisme se séparent, se disjoignent, ne superposent plus leurs activités. La distraction et le sommeil naturel sont des exemples, faciles à observer et à étudier, de ces *désagrégations suspolygonales* physiologiques.

L'hypnose, ou sommeil provoqué, est un état extraphysiologique de désagrégation suspolygonale. Chez le sujet endormi, les centres supérieurs O sont annihilés, dorment, n'interviennent plus dans la vie active. Seul, le polygone garde son activité. Voilà le premier caractère de l'hypnose.

En second lieu, ce polygone du sujet endormi, ainsi séparé de son propre centre O, est extrêmement malléable et se laisse très facilement influencer par le centre O d'une autre personne, particulièrement du magnétiseur. La *suggestion* est précisément cette influence exercée par O du magnétiseur sur le polygone désagrégé du magnétisé.

Le sens du mot suggestion reste ainsi précis, étroit et scientifiquement circonscrit. Je ne fais pas de ce mot, comme BERNHEIM, un synonyme de toute influence d'un psychisme sur un autre ; je la distingue de la persuasion, du conseil, de l'enseignement, de la prédication... tous moyens qui s'adressent, non à un polygone désagrégé, mais à l'ensemble d'un psychisme complet et un. Quand j'écris ces lignes, par exemple, je me propose de convaincre le centre O de mes lecteurs, qui gardent leur libre examen et leur faculté de contrôle, et nullement à imposer ma manière de voir à leurs centres polygonaux, à la façon de l'hypnotiseur qui fait manger une pomme de terre crue à son sujet, en lui affirmant simplement que c'est une pêche exquise !

Voilà donc l'hypnose, ou état de suggestibilité, bien définie : *c'est un polygone émancipé de son propre centre O et obéissant à un centre O étranger.*

### 18. Moyens de provoquer et de faire cesser l'hypnose.

Tout le monde peut hypnotiser ; mais tout le monde n'est pas hypnotisable. Les hypnotisables sont surtout les nerveux, les impressionnables à l'état normal et les entraînés.

Tous les procédés d'hypnotisation reviennent à la fixation du regard (ou d'un objet brillant) et à la suggestion. Habituellement on combine les deux éléments : on fait fixer ses propres yeux par le sujet à endormir et on lui commande énergiquement de dormir. Il y a, chez certains sujets, des zones dites «hypnogènes», dont la pression entraîne le sommeil ; elles sont souvent créées par une suggestion, actuelle et antérieure.

On peut transformer le *sommeil naturel* en hypnose par la suggestion, chuchotée à l'oreille du dormeur.

Quand on fait de la suggestion *à l'état de veille*, on détermine d'abord, par suggestion, chez le sujet, un état de demi-hypnose, toujours un état de désagrégation suspolygonale et d'assujettissement du polygone du sujet au centre O de l'hypnotiseur.

Le sujet peut s'endormir par *autosuggestion*, le plus

souvent c'est en se rappelant inconsciemment une suggestion hypnogène antérieure ou sous l'influence d'une perturbation brutale du système nerveux.

Pour faire cesser l'hypnose, il est classique de souffler sur les yeux. Mais le vrai moyen est encore la suggestion. On commande au sujet de s'éveiller, soit immédiatement soit en attachant l'idée de son réveil à un point de repère que l'on fait apparaître bientôt après.

## III. LES SUGGESTIONS

19. SUGGESTIONS INTRAHYPNOTIQUES.

Je les divise en cinq groupes : *a*. motrices ; *b*. sensitives ; *c*. psychiques et d'actes ; *d*. modificatrices de la personnalité ; *e*. dans des appareils habituellement soustraits à la volonté.

### a. *Suggestions motrices.*

J'ordonne au sujet endormi de lever le bras, il le lève; de marcher, il marche; de s'asseoir, de prendre une attitude bizarre, de se mettre à genoux, de danser, il le fait sans se préoccuper des personnes qui l'entourent et devant lesquelles, avec son centre O, il ne consentirait jamais à exécuter des actes semblables. C'est la suggestion *verbale, par l'ouïe*.

Dans ce groupe rentrent les faits d'*imitation* (HEIDENHAIN) de mouvements *entendus* et les faits d'*écholalie* (BERGER).

Si la suggestion est *visuelle*, on a les mouvements vus et imités : le sujet reproduit servilement tout acte et toute parole du magnétiseur ; il ouvre la bouche, tire la langue comme lui. Quand l'un lève le bras droit, l'autre (en face de lui) lève le bras gauche : imitation *spéculaire* de DESPINE; *fascination* de BREMAUD. Ce sont les expériences dans lesquelles on *prend le regard* du sujet et on le dirige par *gestes.*

La suggestion peut être donnée par le sens musculaire (*kinesthésie*) : on provoque la continuation d'un mouvement commencé (CHARLES RICHET) ou d'une attitude (catalepsie suggestive de BERNHEIM).

La suggestion motrice peut être *négative*, c'est-à-dire aboutir à l'absence, à l'impossibilité d'un mouvement, à une paralysie. Ces paralysies suggérées ont été rapprochées par CHARCOT des paralysies psychiques, paralysies dépendant d'une *idée* de RUSSELL REYNOLDS (1869), paralysies par *imagination* d'ERB (1878). Ces paralysies suggérées sont plus ou moins limitées et peuvent être *systématisées*, le plus souvent en groupes physiologiques.

### b. *Suggestions sensitives.*

Pour chaque sens, on peut provoquer par suggestion des sensations simples ou des réunions plus ou moins complexes de sensations. Ainsi, pour la vue, une couleur ou un portrait ; pour l'ouïe, un son, un air ou des injures ; pour le goût et l'odorat, le goût du sucre (avec du sel), le goût d'une pêche (avec une pomme de terre crue), l'odeur d'une rose (avec un bâton) ; pour la sensibilité générale, une démangeaison ou une douleur ; pour la kinesthésie, un objet rond et résistant dans la main...

La suggestion *négative* peut porter sur un sens ou sur la sensibilité générale, être totale ou *partielle*. Dans ce dernier cas, on supprime la vue de certaines couleurs, de certains objets, la perception de certains sens ; on détermine l'anesthésie ou l'analgésie d'un membre ou d'un fragment de membre. Si elle est *systématisée*, on fait disparaître une personne présente : c'est de l'*électivité* négative.

Les *hallucinations* ainsi *suggérées* agissent physiologiquement comme si l'objet suggéré existait réellement (BINET et FÉRÉ). Ainsi, la pupille sera modifiée ; l'image visuelle sera déviée par la pression sur l'œil ou par le prisme, grossie par une loupe. Les lois de l'optique, de superposition des couleurs par exemple ou du contraste des couleurs s'appliquent aux images suggérées (PARINAUD). En somme, «l'objet imaginaire, qui figure dans l'hallucination, est perçu dans les mêmes conditions que s'il était réel»; il est *objectivé sur un écran*.

Dans les anesthésies suggérées, le plus souvent, l'impression sensitive, qui n'est pas perçue par O, arrive jusqu'au polygone et peut être utilisée par le sujet dans sa vie automatique. Ainsi un sujet, anesthésique des deux mains, se coiffera très correctement, enfoncera de longues épingles dans son chignon derrière sa tête ou, les yeux fermés, boutonnera et déboutonnera son habit; semblables aux enfants décrits par JOLLY et atteints d'amaurose hystérique, qui n'y voient pas, ne perçoivent aucune lumière et cependant évitent les obstacles placés inopinément devant eux, sans se conduire par le tact. C'est ainsi encore qu'un sujet à qui on a suggéré de ne pas voir le rouge, ne le voit pas, mais le superpose aux autres couleurs dans le disque de NEWTON en rotation, qu'il voit blanc comme tout le monde.

Quand un sujet a un rétrécissement du champ visuel, les impressions lumineuses arrivent cependant, dans la région obscure, jusqu'au polygone. Un malade de JANET avait une attaque dès qu'il voyait une petite flamme ; d'autre part, il avait un rétrécissement marqué du champ visuel ; quand on faisait arriver une allumette enflammée dans la partie aveugle de son champ visuel, il tombait en convulsion en criant «au feu! ».

A un sujet rendu anesthésique d'une main par suggestion on peut dire : vous répondrez *oui* quand vous sentirez et *non* quand vous ne sentirez pas. S'il ne se méfie pas, il obéit sans être un simulateur.

### c. *Suggestions psychiques et d'actes.*

La suggestion verbale est la plus simple. A une ménagère de son service, BERNHEIM dit : «levez-vous donc puisque vous êtes guérie. Faites votre ouvrage. — La voilà qui se lève, s'habille, cherche une chaise, grimpe sur l'appui de la fenêtre, ouvre celle-ci, trempe ses mains dans la cruche contenant la tisane qu'elle croit de l'eau destinée aux usages domestiques et se met à laver les vitres consciencieusement sur les deux faces. Puis, elle fait son lit ou balaie le parquet de la salle avec un balai qu'on lui apporte».

BINET et FÉRÉ disent à un sujet : «regardez ; vous avez un oiseau sur votre tablier. Aussitôt que ces simples paroles sont prononcées, elle voit l'oiseau, elle le sent sous ses doigts et quelquefois même elle l'entend chanter».

Les actes peuvent être très compliqués et montrent bien l'activité propre du polygone désagrégé dans l'hypnose.

Ces suggestions complexes peuvent être données aussi par la vue (prise du regard), par la sensibilité tactile et générale, par le sens kinesthésique....

### d. *Suggestions modificatrices de la personnalité.*

Sans entrer dans la discussion philosophique de l'idée de personnalité, *en fait*, on peut suggérer une personnalité nouvelle au polygone désagrégé d'un sujet hypnotisé et alors celui-ci, par l'activité propre de ce polygone et *avec ses seules ressources personnelles* pense et agit dans cette nouvelle personnalité.

On suggère à un sujet endormi qu'il est prêtre, général, paysan ou peintre, il pense et parle comme, *dans son esprit*, penserait ou parlerait un prêtre, un général, un paysan ou un peintre.

On a aussi, par suggestion, replacé un sujet dans sa propre personnalité dix ou quinze ans avant : son polygone vit alors et exprime la vie qu'il *se rappelle* de cet âge là.

Certains sujets ont ce que l'on appelle un *dédoublement* de la personnalité, c'est-à-dire que, suivant le moment, ils vivent leur personnalité normale et complète ou une personnalité anormale et purement polygonale. La célèbre malade d'Azam, Felida, est restée l'exemple classique de ce phénomène qu'Alexandre Dumas a décrit dans *Joseph Balsamo* : Lorenza Feliciani a deux existences distinctes ; dans l'une, elle adore, et dans l'autre, elle déteste Balsamo.

Dans le *somnambulisme*, spontané ou provoqué, le malade vit ainsi, dans la crise, une personnalité polygonale, différente de sa personnalité physiologique totale ; de même encore, dans l'*automatisme ambulatoire*, c'est avec son polygone qu'un sujet s'endort à Paris et se réveille à Brest, ayant voyagé, mangé... inconsciemment et involontairement.

L'*unité*, qui est le grand caractère de la personnalité humaine, n'est ni ruinée ni ébranlée par ces faits ; seulement il n'y a d'unité que pour la personnalité humaine vraie et supérieure : multiples au contraire et variées sont les personnalités polygonales, adventices, spontanées, morbides ou suggérées (1).

---

(1) Voir, plus loin, le paragraphe relatif aux transformations de la personnalité chez les médiums en transe (même partie, chapitre VI, II. 4).

### e. *Suggestions dans les appareils habituellement soustraits à la volonté.*

Ceci paraît d'abord irrationnel, impossible et paradoxal. En fait, le centre O de l'hypnotiseur prend sur l'organisme de l'hypnotisé une action beaucoup plus étendue que celle exercée par le centre O du sujet à l'état normal.

On peut purger par suggestion, agir par suggestion sur la menstruation et certaines autres hémorrhagies ; on a même, pas suggestion, fait des phlyctènes et de la vésication...

## 20. Suggestions posthypnotiques.

### a. *Suggestions au réveil.*

Les suggestions dites posthypnotiques ne sont posthypnotiques que pour l'exécution; elles sont intrahypnotiques pour la suggestion elle-même. C'est toujours dans l'hypnose qu'on formule la suggestion.

Toutes les suggestions que j'ai énumérées plus haut peuvent ainsi être données pour le *moment du réveil*. Il y a même des sujets (1) qui n'exécutent pas les suggestions pendant le sommeil et les exécutent fort bien au réveil.

Quand une suggestion est donnée dans ces conditions, au moment voulu, le sujet s'éveille, il a oublié l'hypnose et les ordres donnés dans cette hypnose, il exécute les ordres reçus dans le sommeil et qu'il a oubliés. C'est un exemple, très net, de mémoire polygonale ou inconsciente.

---

(1) Voir, dans mes *Leçons de clinique médicale*, 1<sup>re</sup> série, p. 633, l'histoire d'une malade de ce genre, que j'ai longuement observée avec mon regretté collègue Brousse.

L'état dans lequel se trouve le sujet au moment où il exécute la suggestion n'est certes plus l'hypnose (puisqu'il est éveillé), mais n'est pas non plus l'état normal de la veille complète et ordinaire. C'est un état d'*hypnose partielle* (Wundt), un état de désagrégation suspolygonale incomplète, mais suffisante pour que les souvenirs polygonaux émergent, s'imposent à l'attention du sujet et règlent ses actes (ce qui n'arrive pas en temps normal). Et, de fait, le centre O du sujet n'exerce ni contrôle ni inhibition sur les actes de cette période ; le sujet exécute l'ordre sans le vouloir et, s'il en a conscience, il est tout étonné de se voir agissant ainsi et ne comprend pas les motifs de cet acte.

Cependant ceci n'est pas absolu et la *résistance* du sujet à une suggestion n'est pas impossible, au moins dans un certain nombre de cas : elle peut se manifester dans le sommeil, au moment où la suggestion est donnée ; c'est alors une résistance purement polygonale : le polygone résiste avec ses données héréditaires et acquises en morale, religion, etc. ; elle peut aussi se manifester au réveil, au moment de l'exécution même de la suggestion ; dans ce cas, le polygone ne résiste pas seul ; O, désagrégé mais non absent, peut intervenir dans la résistance si la nature de l'ordre donné le heurte trop violemment dans ses principes et ses convictions.

### b. *Suggestions à longue échéance.*

On peut donner, dans l'hypnose, des suggestions à échéance très longue. Chez ma malade, étudiée avec Brousse, les deux échéances les plus longues ont été, l'une de 42 jours (26 septembre au 6 novembre), l'autre de 43 jours (18 janvier au 1$^{er}$ mars). Mais ces chiffres ont été bien dépassés. Bernheim cite un cas avec une durée de 63 jours (2 août au 3 octobre), Beaunis un avec une durée de 172 jours et Liégeois avec une durée d'un an.

c. *Etat psychique au moment de l'échéance et entre la suggestion et l'échéance.*

Quand l'heure de l'échéance a sonné, le sujet entre spontanément dans un état d'hypnose partielle analogue à celui dont j'ai parlé pour les suggestions au réveil même ; et l'ordre est exécuté automatiquement, par le seul polygone, en présence de O qui n'intervient pas, mais voit souvent les actes et en reste tout étonné, n'en connaissant pas les motifs.

Plus curieux à analyser est l'état dans lequel se trouve le [sujet entre la suggestion et l'échéance : il est éveillé et ne se rappelle pas du tout l'ordre donné, qu'il exécutera cependant fidèlement dans un temps donné. En réalité, l'ordre a été donné à son polygone désagrégé par l'hypnose et y est resté, dans la mémoire. A l'état de veille, ces souvenirs restent latents. Mais dans tous les états de désagrégation suspolygonale, ils reparaissent ; notamment dans le sommeil, ils doivent venir se présenter à l'esprit du sujet dont la mémoire est ainsi entretenue.

Dans la vie physiologique, ces *repérages* polygonaux sont fréquents. Non seulement nous nous éveillons souvent à l'heure que nous désirons, mais encore nous savons, sans y réfléchir chaque fois avec O, ce que nous avons à faire à tel jour de la semaine ou à telle date, et automatiquement, polygonalement, nous l'exécutons. On va à un marché, à une foire ou à un cours à un jour donné ; on fait maigre ou on va à la messe ou au temple tel autre jour. L'arrivée d'une date et d'une heure données éveille un souvenir polygonal correspondant. La vue, en distraction, du calendrier entretiendra dans la mémoire polygonale du sujet le souvenir de la suggestion à exécuter et, le jour même, la vue d'une horloge ou d'une montre lui rappelle, *toujours inconsciemment*, l'acte qu'*il faut* exécuter. C'est ce que Wundt appelle justement une «association mnémonique».

### d. *Suggestions portant sur la mémoire.*

Ce sont des suggestions psychiques, toujours post-hypnotiques dans leur réalisation.

La mémoire de l'hypnose au réveil dépend le plus souvent des suggestions faites dans le sommeil. L'amnésie suggérée peut être partielle et ne porter que sur certains détails de l'hypnose. Si au contraire on suggère la conservation, au réveil, de la mémoire de l'hypnose, on peut même suggérer au sujet de se rappeler les impressions que, par suggestion, il n'a pas eues : il se rappellera, au réveil, un objet que par suggestion, il n'avait pas vu dans le sommeil ; preuve que cette impression, non perçue, s'était tout de même emmagasinée dans une partie de ses centres psychiques inférieurs.

On peut aussi, par suggestion, *fausser* la mémoire d'un sujet ; ce qui est très important pour la médecine légale, dont je dois maintenant dire un mot.

## IV. APPLICATIONS A LA MÉDECINE LÉGALE ET A LA THÉRAPEUTIQUE

### 21. L'HYPNOTISME ET LA SUGGESTION DEVANT LA JUSTICE.

#### a. *L'hypnotisé victime et accusateur.*

Ce paragraphe comprend les actes criminels ou délictueux commis pendant l'hypnose ou grâce à l'hypnose sur les sujets endormis.

Le seul fait d'hypnotiser quelqu'un contre son gré ou sans son assentiment est délictueux, alors même qu'on n'aura pas profité du sommeil pour une suggestion ou un acte criminels. Dans l'hypnose, on peut aussi, sans commettre de crime sur le sujet, faire des suggestions regrettables, fâcheuses et préjudiciables au sujet.

L'hypnotiseur peut aussi abuser de l'hypnose pour commettre un crime sur le sujet : le plus souvent c'est l'attentat aux mœurs, le viol. Dans ce cas, l'hypnotiseur peut se servir simplement de l'état de passivité inerte dans laquelle il a plongé le sujet. Mais il peut aussi agir d'une manière plus complexe et, par la suggestion, faire accepter le crime par le sujet, c'est-à-dire «modifier les instincts de la femme de façon à affaiblir sa résistance morale, à produire chez elle un état de conscience nouveau dans lequel elle perd la notion du devoir» (BERNHEIM).
— Les autres crimes (vol, etc.) sont moins prouvés ou tout au moins on n'a pas des faits positifs à produire pour en établir l'existence.

La mission du médecin expert est extrêmement difficile dans ces cas : une femme accuse un individu de l'avoir endormie et de l'avoir violée dans l'hypnose, alors qu'elle était inconsciente. L'expert dira facilement si, dans le cas particulier, la chose est en effet possible. Mais il faut dire si la chose est vraie ou au moins très vraisemblable. Et le seul accusateur, suspect déjà par lui-même, le devient encore plus dans l'espèce par ce fait que c'est un sujet hypnotisable ou qui dit l'être, c'est en tout cas un sujet nerveux, impressionnable, le plus souvent hystérique (1). Dans ces cas, le sujet peut tromper consciemment ou inconsciemment (2).

b. *L'hypnotisé criminel et accusé.*

L'existence des *crimes de laboratoire* (ou crimes *expé-*

---

(1) Voir plus loin (c) ce que je dis de «l'hypnotisé témoin».
(2) Voir plus haut, p. 39, le paragraphe consacré aux *fraudes des médiums.*

*rimentaux*) dans l'hypnose n'est contestée par personne. Le crime réel, admis par l'Ecole de Nancy, est contesté par BROUARDEL, GILLES DE LA TOURETTE, DELBŒUF, VIRES. Je conclurai, pour ma part, comme je le faisais en 1889 (1) : «s'il n'y a pas eu encore, aux assises ou en police correctionnelle, d'exemple de suggestion criminelle, tant mieux ; félicitons-nous en. Espérons même qu'il n'y en aura jamais et souhaitons pour cela que la presse extra-médicale s'occupe peu de nous et de ces problèmes. Mais, si la suggestion criminelle est *possible* (pour moi, je l'admets absolument) cela suffit pour que le médecin se préoccupe de la question médicolégale» et pour qu'avec LIÉGEOIS on recommande «de ne jamais se laisser hypnotiser sans un témoin choisi et inspirant une confiance absolue» (2).

Ce qu'il importe de poser bien nettement, c'est que, si jamais un crime suggéré est réalisé — crime suggéré dans l'hypnose complète, — le sujet doit être déclaré irresponsable et toute la responsabilité (3) appartient à l'hypnotiseur.

L'hypnose peut aussi être incomplète et le sujet opposer une certaine résistance (voir plus haut p. 77). Dans ce cas, la responsabilité du sujet sera *atténuée* (4). Elle le sera aussi, mais à un moindre degré, chez un sujet hypnotisable pour des actes commis en dehors de toute

---

(1) *Revue de l'hypnotisme*, 1890, t. IV, p. 188.
(2) Voir, plus loin, ce que je dis (p. 87) de «l'hypnotisme et la suggestion devant la morale».
(3) Voir, sur l'idée médicale de responsabilité : Le problème physiopathologique de la responsabilité et La responsabilité atténuée. *Journal de Psychologie normale et pathologique*, 1905, t. II, p. 97, et 1906, t. III, p. 420.
(4) Sur la responsabilité atténuée, voir *Demifous et demiresponsables*. Bibliothèque de philosophie contemporaine, 1907, p. 230.

hypnose : le fait d'être hypnotisable est une tare, qui diminue la responsabilité du sujet qui en est porteur.

### c. *L'hypnotisé témoin.*

Je prends ici le mot «témoin» dans son sens le plus large ; c'est-à-dire que dans les témoignages de l'hypnotisé je comprends non seulement ses mensonges et ses faux témoignages, mais aussi ses dénonciations, déclarations, donations..., son intervention dans l'instruction et en général dans un procès.

Un sujet peut mentir ou tromper par son témoignage, en dehors de toute hypnose actuelle et spontanément sans suggestion spéciale. Quoique la chose soit discutée, il semble également possible qu'un sujet mente dans l'hypnose.

Plus importante pour la justice est la question des mensonges et faux témoignages suggérés. Dans ces cas, le faux témoin doit être déclaré irresponsable et l'hypnotiseur, puni (article 365 relatif à la subornation des témoins). Si l'hypnose n'a été que partielle, la responsabilité du faux témoin est simplement atténuée.

C'est sur les mêmes principes que l'expert se basera pour apprécier le rôle de l'hypnotisme dans les questions de testament ou de donation. Et je crois antiscientifique l'attendu suivant du tribunal de Lyon (1) : «attendu que la question de savoir si l'on peut, après avoir placé une personne dans l'état d'hypnose, lui imposer sa volonté, de telle sorte que, soit pendant le sommeil, soit au réveil, elle exécutera, comme une machine, les actes qui lui auront été commandés, est un problème scientifique, sur lequel la lumière n'est pas encore faite complètement ; que, s'il est une Ecole, celle dite de Nancy,

---

(1) Tribunal de Lyon, 20 juin 1895. Cour de Lyon, 17 juin 1896. *Revue de l'hypnotisme*, 1898, t. XII, p. 59.

qui..., il en est une autre, celle dite de la Salpêtrière, qui... et qu'à côté de ces deux écoles ainsi divisées... il est même des médecins, des savants pour lesquels les phénomènes hypnotiques ou les effets du magnétisme n'existent pas ; attendu qu'en cet état, le tribunal ne saurait, sans une certaine inquiétude, trancher une question si grave et si troublante...». Nous sommes loin du jugement de Saint-Quentin (1).

Quant à l'hypnotisme comme *moyen d'instruction*, rien de plus répréhensible. Voici les conclusions de LIÉGEOIS : 1. la justice n'a pas le droit de faire hypnotiser un prévenu pour obtenir de lui, par ce moyen (2), des aveux ou des dénonciations auxquels il se refuse dans son état normal, c'est-à-dire quand il jouit de son libre arbitre ; 2. si un accusé ou la victime d'un crime le demandaient, il y aurait lieu, au contraire, de recourir à ce procédé pour en tirer des indications que les requérants croiraient devoir leur être favorables ; 3. même conclusion pour des actes civils, contrats de toute nature, obligations, prêts d'argent, acquis de suggestion hypnotique; et pour des donations ou des testaments». Encore ne faut-il avoir recours à ce moyen que très prudemment, se rappelant que le mensonge dans l'hypnose n'est pas impossible, et par conséquent exclusivement dans des «circonstances exceptionnelles» (LADAME).

---

(1) Voir, plus loin, troisième partie, B, chapitre XI, III.
(2) «Cette sorte de *question* serait aussi peu justifiée que l'ancienne» (CULLERRE).

## 22. L'HYPNOTISME ET LA SUGGESTION AU POINT DE VUE THÉRAPEUTIQUE (1).

### a. *L'hypnotisme et la psychothérapie : psychothérapie supérieure et psychothérapie inférieure.*

La *psychothérapie* (2) (le mot est de Hack Tuke) est le traitement des maladies par les moyens psychiques, traitement, non *de* l'esprit, mais *par* l'esprit. L'hypnotisme et la suggestion ont ouvert de tels horizons à la psychothérapie et ont tellement absorbé l'attention médicale et du public qu'on a cru pouvoir remplacer toute la psychothérapie par la thérapeutique suggestive.

Alors à cette psychothérapie ainsi comprise on a demandé les effets les plus disparates, voire même les plus contradictoires et on a provoqué une discussion très grave.

Les uns (Bérillon, Binet) voient dans cette thérapeutique psychique le moyen de fortifier la volonté des sujets et de développer leur spontanéité et en font la base de la pédagogie et de l'éducation. Les autres disent avec Duprat que traiter un malade par ces moyens psychiques, c'est contribuer à la ruine de sa personnalité et à l'établissement du règne de l'automatisme.

Pour répondre à ces objections, supprimer ces contradictions et mettre les choses au point, il suffit de ne plus jamais parler de psychothérapie sans faire des distinctions nécessaires entre les divers moyens psychiques, entre les divers procédés de cure psychique, sans établir notamment dans la psychothérapie une division

---

(1) Voir : *Thérapeutique des maladies du système nerveux.* Encyclopédie scientifique, p. 84 (tout le chapitre III).

(2) Voir : La psychothérapie. *Revue des Deux Mondes*, 15 septembre 1905, p. 350.

toute naturelle, qui correspond à la division des deux psychismes (voir plus haut p. 68) et permet d'étudier à part une *psychothérapie inférieure* et une *psychothérapie supérieure* et sans préciser pour chacune de ces médications psychiques des indications et des contreindications distinctes, des effets et des actions thérapeutiques différents.

La psychothérapie inférieure s'adresse au seul psychisme inférieur du sujet, à son polygone dissocié ; la psychothérapie supérieure, au centre O ou plutôt à l'ensemble des deux psychismes restés unis. L'action sur la volonté et sur le moi supérieur est toute différente dans ces deux méthodes thérapeutiques : la psychothérapie inférieure aide plutôt à la disjonction des deux psychismes, tandis que la psychothérapie supérieure développe la volonté et accroît l'action et l'influence du moi supérieur.

b. *Modes d'action, indications et contreindications de l'hypnotisme thérapeutique.*

Pour agir sur le seul polygone d'un sujet il faut le dissocier de son centre O. L'hypnotisme est le meilleur moyen pour cela. La psychothérapie inférieure se confond donc avec la thérapeutique par l'hypnotisme.

L'hypnotisme peut agir de deux manières ou par deux procédés en thérapeutique : par le sommeil provoqué lui-même (1) (hypnose) ou par la suggestion à laquelle il rend le sujet accessible. On agit le plus habituellement par ce second moyen (qui n'est d'ailleurs jamais complètement absent dans l'hypnose).

L'action thérapeutique fondamentale de la suggestion est une action *substitutive*. Tout revient à l'implantation

---

(1) Voir : Du sommeil provoqué comme agent thérapeutique (thérapeutique suggestive). *Semaine médicale*, 1886, p. 206.

par l'hypnotiseur, dans le polygone du sujet, d'une idée de guérison qui remplace l'idée de maladie. Si la chose se fait très vivement, c'est la méthode *perturbatrice*. Si elle se fait lentement, c'est la méthode *correctrice*. C'est toujours le *remplacement de l'idée morbide par l'idée suggérée*.

Cette psychothérapie inférieure n'a aucune action sur les maladies mentales (ou de O), ni même sur l'élément vraiment mental des maladies; ni sur la désagrégation suspolygonale, sur l'instabilité mentale, sur la tendance morbide qu'ont certains sujets à dissocier leurs centres psychiques et à laisser leur polygone vagabonder et rêver à sa guise sans le contrôle du psychisme supérieur. Elle ne rétablit pas l'unité et la collaboration des psychismes; au contraire. L'hypnotisme crée ou accentue la désagrégation suspolygonale; c'est pour cela qu'il est souvent un révélateur de l'hystérie. Il diminue l'unité normale de la personnalité du sujet et facilite sa disjonction par désagrégation suspolygonale. — De là découlent les *contreindications* de ce procédé thérapeutique.

L'*indication* capitale de l'hypnotisme en thérapeutique est fournie par les localisations précises, étroites et tenaces, des névroses et spécialement de l'hystérie. Comme le disait déjà Blocq en 1889, il faut, pour appliquer thérapeutiquement l'hypnotisme dans un cas donné, il faut juger que les inconvénients liés pour le malade à un excès de suggestibilité ne sont pas comparables à ceux que lui font éprouver certains troubles tels que l'aphonie, la paralysie, la contracture par exemple, auxquels on a affaire et dont on peut espérer la débarrasser par ce procédé.

## 23. L'HYPNOTISME ET LA SUGGESTION DEVANT LA MORALE.

### a. *Immoralité de l'hypnotisme extramédical.*

De tout ce qui précède, on peut conclure que l'hypnotisme n'est pas inoffensif. Il peut développer chez le sujet une disposition névropathique plus ou moins latente, provoquer même l'explosion d'une névrose, faciliter l'accomplissement d'actes, sinon criminels ou délictueux, du moins répréhensibles... On peut dire que l'unanimité reconnaît les inconvénients (sinon les dangers) de l'hypnotisme *extramédical*.

La société ne doit donc pas rester indifférente devant cet hypnotisme extramédical ; elle doit le surveiller et, s'il y a lieu, le réglementer. D'où cette conclusion que j'ai formulée ailleurs : il est désirable qu'on étudie, en France, une loi pour supprimer les représentations publiques d'hypnotisme et réglementer les séances privées extramédicales.

De plus, l'hypnotisme restant un moyen médical ne doit être permis qu'aux médecins et, par suite, la pratique de l'hypnotisme par une personne non diplômée doit être considérée et réprimée comme exercice illégal de la médecine. Il faut poser en principe que l'hypnotisme ne peut être appliqué que par un médecin ou sur une ordonnance précise et sous la responsabilité d'un médecin.

### b. *Moralité de l'hypnotisme médical.*

Si l'hypnotisme a des inconvénients ou même des dangers, il partage cette particularité avec tous les moyens thérapeutiques vraiment actifs (chloroforme, opium...). Ces inconvénients n'empêchent donc nullement l'emploi de ce moyen, dans un but thérapeutique, par un médecin qui en connaît la technique et les effets et sait poser ses indications et ses contreindications. Je m'inscris donc nettement contre cette phrase de Desjardins prononcée à l'Académie des sciences morales et politiques (au milieu des applaudissements unanimes, paraît-il): «l'hypnotisé n'a pas le droit de se laisser hypnotiser; il n'a pas le droit d'asservir à la fois le corps et l'âme, de livrer à un maître impitoyable et tout-puissant l'individu tout entier; il n'a pas le droit d'abdiquer son humanité». On ne devrait donc jamais se laisser chloroformiser.

Je crois que l'homme a moralement le droit d'aliéner momentanément sa liberté dans le but de mieux assurer le développement ultérieur de cette liberté; il a le droit d'abdiquer momentanément sa personnalité dans le but de sauvegarder précisément le libre fonctionnement ultérieur de cette personnalité. La maladie est évidemment une entrave au fonctionnement régulier de la liberté et de la personnalité du sujet; sa vie morale ultérieure peut être entièrement bouleversée, déviée, empêchée par cette maladie. Si, en abdiquant momentanément sa liberté et sa personnalité entre des mains sûres, il pense pouvoir libérer son entière vie ultérieure, il n'a pas seulement le *droit*, mais j'estime qu'il a le *devoir* de le faire. Il est moral d'accepter et de solliciter une diminution temporaire de la vie morale et personnelle, si c'est dans le but d'accroître, de rendre possible ou plus facile le fonctionnement ultérieur de cette même vie.

L'hypnotisme appartient au groupe des actes qui ne sont ni moraux ni immoraux par essence dans toutes les circonstances particulières, au groupe des actes qui, n'étant pas immoraux nécessairement, ne le deviennent que si leur *fin*, leur but et leur résultat sont immoraux. En d'autres termes, l'hypnotisme n'a rien d'immoral en soi si son but est moral. Donc, l'hypnotisme médical et thérapeutique est moral (1).

On trouvera peut-être d'une longueur exagérée le chapitre consacré à redire des choses très classiques aujourd'hui et ressassées partout.
Mais il m'a paru utile et instructif de montrer l'importance *sociale* qu'a cette question devenue scientifique, mais qui appartient bien à l'*occultisme d'hier*. Quelle perte pour la *science de l'homme*, pour la *neurobiologie humaine*, si les savants de la seconde moitié du dernier siècle n'avaient pas passé outre à la condamnation de l'Académie et avaient réellement classé cet occultisme, loin de leurs préoccupations et de leurs recherches, à côté de la quadrature du cercle et du mouvement perpétuel.

---

(1) Je reviendrai sur l'hypnotisme et la suggestion devant la *religion* dans la troisième partie (A, chapitre IX).

# CHAPITRE QUATRIÈME

## LES MOUVEMENTS INVOLONTAIRES INCONSCIENTS : TABLES TOURNANTES, PENDULE EXPLORATEUR, BAGUETTE DIVINATOIRE, CUMBERLANDISME AVEC CONTACT.

I. — La fonction motrice du polygone : *mouvements involontaires et inconscients.*
    24. *Historique.*
    25. *Exemples* : distraction, somnambulisme, automatisme ambulatoire, hypnose…
    26. *Influence réciproque de l'idée et du mouvement.*
II. — Les tables tournantes.
    27. *Réalité du fait.*
    28. *Explications du fait.*
    29. *Analyse psychologique de l'expérience.*
    30. *Conditions pratiques de réussite.*
    31. *Inégale aptitude des divers sujets.*
III. — 32. Le pendule explorateur.
IV. — 33. La baguette divinatoire.
V. — 34. Le cumberlandisme avec contact.

## I. LA FONCTION MOTRICE DU POLYGONE : MOUVEMENTS INVOLONTAIRES ET INCONSCIENTS

### 24. Historique.

Le 13 mai 1853, en pleine vogue des tables tournantes, le *Journal des Débats* publia une lettre de Chevreul à Ampère, qui avait paru vingt ans auparavant dans la

*Revue des Deux Mondes* (1) et qui se rapportait à un fait antérieur d'une vingtaine d'années.

Vers 1813 donc, on s'était beaucoup occupé du pendule explorateur (dont je reparlerai plus loin) (2). CHEVREUL fit des expériences et conclut « que la pensée d'un mouvement à produire peut mouvoir nos muscles, sans que nous ayons ni la *volonté* ni la *connaissance* de ce mouvement». Voilà l'entière doctrine des mouvements inconscients et involontaires lancée par CHEVREUL en 1833 et rééditée en 1853 (3).

La même année (1853), ARAGO parle dans le même sens à l'*Académie des Sciences* de Paris et FARADAY *à la Société royale* de Londres. Puis viennent les publications de BABINET dans la *Revue des Deux Mondes* et de l'abbé MOIGNO dans le *Cosmos*.

En 1855, paraît une brochure que PIERRE JANET a trouvée sur les quais : *Seconde lettre de Gros-Jean à son Evêque au sujet des tables parlantes, des possessions et autres diableries*. L'auteur montre très bien comment le sommeil disjoint d'abord le lien qui, à l'état normal, unit l'idée à la volonté et au moi ; puis, dans les tables tournantes, la rupture momentanée et partielle du lien hiérarchique, la suspension plus ou moins complète, plus ou moins prolongée, de l'action de la volonté sur l'organisme, sur la sensibilité, sur l'intelligence qui conservent toute leur activité. Il analyse le psychisme de la personne qui fait tourner la table, qui reçoit une ques-

---

(1) E. CHEVREUL; Lettre à M. Ampère sur une certaine classe de mouvements musculaires. *Revue des Deux Mondes*, 1ᵉʳ mai 1833.

(2) Voir dans ce même chapitre : III, 32.

(3) CHEVREUL a publié, en 1854, un livre (*De la baguette divinatoire, du pendule dit explorateur et des tables tournantes*) dont MAXWELL a fait une importante critique (*Annales des sciences psychiques*, 1904, p. 276 et 337).

tion et y répond sans l'intervention de la volonté libre et réfléchie...

C'est avec les travaux de Pierre Janet que la question entre réellement dans la phase scientifique actuelle.

### 25. Exemples de mouvements involontaires et inconscients.

Quand Archimède sort de son bain et parcourt la ville en criant *Euréka*, tous les mouvements qu'il fait pour maintenir son équilibre et marcher sont involontaires et insconscients. Quand Xavier de Maistre décide d'aller à la Cour et se retrouve à la porte de Madame de Haut-Castel, quand il met ses bas à l'envers et sans M. Joanetti sortirait sans épée, il agit involontairement et insconsciemment.

Cela arrive à chacun de nous dans la vie normale, en état de *distraction*. En pensant à autre chose ou en parlant, on marche dans la rue, en évitant les obstacles, les passants et les automobiles ; s'il y a une marche à descendre, un ruisseau à franchir, on le fait ; s'il commence à pleuvoir, on ouvre adroitement son parapluie, on le dirige contre le vent et la pluie, on évite les parapluies des passants que l'on croise ; si on rencontre une dame, on descend du trottoir, on la salue s'il y a lieu, etc., etc.

Et tous ces actes ne sont pas des réflexes élémentaires comme le soulèvement de la jambe quand on percute le tendon rotulien. Ce sont des actes coordonnés, réglés, *psychiques*, mais involontaires et inconscients.

La désagrégation suspolygonale peut être moins complète et alors les mouvements sont moins complètement involontaires et inconscients ; mais enfin ils sont encore automatiques et polygonaux à un degré plus ou moins complet : tels sont les actes d'*habitude*, d'*instinct*, de *passion*, par *entraînement grégaire*...

Dans le *sommeil* naturel, bien des personnes parlent, crient, s'agitent dans leur lit, s'asseoient... Ce sont là encore des mouvements involontaires et inconscients. Mais ils sont bien plus nets et très coordonnés dans le *somnambulisme*. Lady Macbeth, dans la grande scène de SHAKESPEARE, s'habille adroitement, écrit correctement, marche sans trébucher, sans heurter les personnes qu'elle ne voit pas. Comme dit le médecin à la dame suivante, le somnambule jouit des bienfaits du sommeil et agit comme s'il était éveillé. A un certain point de vue même, il agit mieux que s'il était éveillé : il peut se promener sur un toit et parcourir une corniche sans vertige, n'ayant pas la notion du danger et avec un équilibre instinctif et automatique bien supérieur à l'équilibre conscient et averti de l'état de veille.

Bien curieux aussi sont les cas d'*automatisme ambulatoire*. On voit ces sujets, non seulement marcher dans les rues en évitant les obstacles et sans éveiller l'attention de personne, mais prendre une voiture ou monter en chemin de fer, régulièrement, avec un billet pris au guichet, manger en route, etc. Tout cela toujours inconsciemment et involontairement.

J'ai parlé, dans le chapitre précédent, des *suggestions* intra et posthypnotiques. Tous les mouvements (et ils sont souvent complexes et très multipliés) que le sujet accomplit ainsi dans l'hypnose (complète ou partielle) sont encore involontaires et inconscients.

La démonstration expérimentale est donc faite : il y a, en physiologie et en physiopathologie, c'est-à-dire en neurobiologie humaine, en dehors des mouvements volontaires et conscients (connus de tous temps), des mouvements involontaires et inconscients, bien connus et analysés depuis les travaux de PIERRE JANET.

26. Influence réciproque de l'idée et du mouvement.

Ces mouvements involontaires et inconscients ou automatiques sont psychiques comme les autres ; leur point de départ est dans les neurones corticaux comme pour les autres. Seulement c'est dans les neurones du psychisme inférieur, au lieu d'être dans les neurones du centre O. Ils sont soumis aux mêmes lois que tous les mouvements.

Il y a une de ces lois qu'il est bien utile de connaître pour notre étude actuelle : c'est la loi des rapports *réciproques* que ces *mouvements* ont avec l'*idée*.

On est habitué à voir l'idée précéder et motiver le mouvement. Ceci est très vrai. Il y a même, à des degrés divers suivant le tempérament, chez certains sujets une tendance très grande à réaliser leurs idées par des mouvements ou des actes. A propos des médiums, je reviendrai sur cette proposition que j'énonce simplement ici comme une loi physiologique.

Mais, entre l'idée et l'acte on peut aussi voir le rapport inverse, c'est-à-dire l'acte peut précéder et provoquer l'idée.

Ainsi on fait naître dans le polygone d'un sujet hypnotisé des idées de colère ou de prière en donnant à ses membres l'attitude qui exprime ordinairement ces états psychiques. Chez certains malades atteints de lésion organique du cerveau, une crise spasmodique de pleurs fait naître des idées tristes (1).

La chose est vraie en dehors de l'hypnose et de la

---

(1) Voir ma leçon sur Ceux qui sont tristes parce qu'ils pleurent et ceux qui pleurent parce qu'ils sont tristes. *Province médicale*, 1905, N° 2.

pathologie nerveuse, comme le prouve ce passage célèbre de DUGALD STEWART, cité par BINET et FÉRÉ : « de même que toute émotion de l'âme produit un effet sensible sur le corps, de même, lorsque nous donnons à notre physionomie une expression forte, accompagnée de gestes analogues, nous ressentons à quelque degré l'émotion correspondante à l'expression artificielle imprimée à nos traits. M. BURKE assure avoir souvent éprouvé que la passion de la colère s'allumait en lui à mesure qu'il contrefaisait les signes extérieurs de cette passion, et je ne doute pas que, chez la plupart des individus, la même expérience ne donne les mêmes résultats. On dit, comme l'observe ensuite M. BURKE, que lorsque CAMPANELLA, célèbre philosophe et grand physionomiste, désirait savoir ce qui se passait dans l'esprit d'une autre personne, il contrefaisait de son mieux son attitude et sa physionomie actuelles, en concentrant en même temps son attention sur ses propres conditions ».

« SAINT FRANÇOIS DE SALES n'a-t-il pas écrit que dans les moments de sécheresse, il convient quelquefois de piquer son cœur par quelque contenance et mouvement de dévotion extérieure ?... et, ajoute GEORGES DUMAS (1), les psychologues modernes n'ont-ils pas souvent répété qu'exprimer un sentiment, c'est déjà partiellement le ressentir ».

Cette loi des rapports *réciproques* entre le mouvement et l'idée s'applique à l'activité du psychisme inférieur comme à l'activité de O.

La connaissance, bien scientifiquement établie aujourd'hui, de ces mouvements involontaires et inconscients et de leurs lois a permis de rendre scientifique toute une partie de l'occultisme que je vais passer en revue.

---

(1) GEORGES DUMAS ; Comment aiment les mystiques chrétiens. *Revue des Deux Mondes*, 15 septembre 1906, p. 319.

## II. LES TABLES TOURNANTES

### 27. Réalité du fait.

Il faut d'abord bien poser, comme un fait acquis, que les tables tournent réellement dans certains cas, alors qu'autour de la table, il n'y a, les mains appuyées dessus, que des gens d'absolue bonne foi, c'est-à-dire des personnes ne poussant pas volontairement et ne sentant pas qu'elles poussent involontairement. Le temps n'est plus où l'on pouvait dire que c'était toujours là une illusion ou une fumisterie.

J'ai fait moi-même autrefois des expériences très serrées avec plusieurs de mes collègues dans un laboratoire de la Faculté et je peux affirmer que personne ne poussait la table *volontairement* et *consciemment*, et cependant elle tournait, parfois avec une extrême vitesse. Nous avons fait tourner des chapeaux, des assiettes. Je me rappelle l'histoire d'une jeune fille sceptique à qui je contais cela, qui posa ses mains dans la position voulue sur une assiette (elle seule, sans chaîne fermée) et qui, très peu après, à sa profonde terreur, vit l'assiette se mettre à tourner rapidement. Nous avons fait déplacer la table sur ses roulettes vers un mur ou un angle de la pièce, nous lui avons fait soulever un pied, frapper des coups, répondre par suite en langage spirite aux questions posées...

La table tourne donc sans jonglerie ni tromperie, sans diablerie ni évocation d'esprits quelconques. Aucun des assistants ne croit et ne sent qu'il pousse. Et cependant on pousse, mais involontairement et inconsciemment.

## 28. Explication du fait.

Dans le livre que j'ai déjà cité (1), CHEVREUL «assure que son expérience personnelle lui démontra que l'action musculaire inconsciente *peut* expliquer» le mouvement des «tables tournantes, frappantes et parlantes». En conséquence, dit-il, « la faculté de faire frapper une table d'un pied ou d'un autre une fois acquise, ainsi que la foi en l'intelligence de cette table, je conçois comment une question adressée à la table éveille, en la personne qui agit sur elle, sans qu'elle s'en rende compte, une pensée dont la conséquence est le mouvement musculaire de faire frapper un des pieds de la table conformément au sens de la réponse qui paraît la plus vraisemblable à cette personne».

FARADAY paraît être le premier qui se soit ingénié pour mettre directement en évidence les mouvements des mains des opérateurs. Entre la main et la table il interpose des plaques de carton très lisses, unies par un mastic à demi-dur, la dernière (sur la table) étant garnie d'un papier de verre : après la rotation de la table, les disques supérieurs avaient glissé sur les inférieurs dans le sens de rotation de la table. L'impulsion partait donc des mains. Les disques inférieurs auraient plus glissé que les supérieurs si l'impulsion était partie de la table.

Une autre fois, il place du mica entre la main et la table. Si le mica était collé à la table, elle tournait ; le mica restant libre, elle ne tournait pas.

Autre expérience : un disque interposé entre la main et la table était fixé à la courte branche d'une aiguille, dont

---

(1) Voir : MAXWELL, Travail cité des *Annales*, p. 351.

la longue branche marquait, en les amplifiant, les moindres mouvements du disque. Avant que la table tournât, l'aiguille décelait des mouvements dans le disque.

A la même époque (1854), Strombo d'Athènes fait l'expérience suivante : on recouvre la table d'une couche de talc très mobile, les doigts des expérimentateurs glissent sur la table et ne parviennent pas à lui communiquer le mouvement.

Donc, les mains remuent. Seulement, comme dit Janet avec de Mirville, il n'était peut-être pas bien «nécessaire d'inventer tant d'appareils pour nous prouver que la main du médium remue ; nous nous en doutions bien un peu. Les meilleurs médiums sont ceux qui n'ont pas besoin de tables et qui tiennent eux-mêmes le crayon et tout le monde peut voir les mouvements de leur main. Ce qu'il nous faut expliquer, c'est de quelle manière ce mouvement peut être involontaire et inconscient, tout en restant cependant intelligent».

Donc, le fait est bien constaté des mouvements involontaires et inconscients. Il ne me paraît pas avoir été inutile d'établir la *réalité scientifique* de ces mouvements. La chose est en soi fort intéressante et, il y a cinquante ans, choquait bien des idées courantes. On comprend d'ailleurs comment, avant ces travaux, ces mouvements qu'on ne voulait pas et dont on ne se doutait pas pouvaient exalter l'imagination et faire aisément naître l'idée de divination ou de sorcellerie et comme cela devait tenter les jongleurs et les escamoteurs.

## 29. Analyse psychologique de l'expérience.

Il faut encore analyser d'un peu plus près les phénomènes psychiques dans ces expériences.

Un certain nombre de personnes, toutes égales, sont autour d'une table, les mains dans la position classique faisant la chaîne. Le centre O de tous les assistants est sérieux, ne se moque pas ; on ne cause pas. Ceci est important. — Chez chacun, O met son polygone en *expectant attention*, c'est-à-dire que la séance commencée librement, volontairement, va se continuer polygonalement. O a présidé à l'installation ; il constatera tout à l'heure les résultats, s'il y en a ; mais actuellement il se désintéresse de toute direction et de tout contrôle, il s'abstrait et le polygone va, seul, présider à la suite de l'expérience.

Au bout d'un certain temps, souvent très court, d'un des polygones part (à l'insu de O) un mouvement involontaire et inconscient : un des assistants, plus nerveux que les autres, entraîné par l'idée de rotation de la table (la seule que O ait imposée et maintienne au polygone), un des assistants pousse sans le vouloir et sans le savoir.

Alors tous les autres polygones ou un certain nombre d'autres, sollicités par ce commencement de mouvement de la table, poussent aussi et poussent dans le même sens, toujours inconsciemment et involontairement, avec une énergie considérable et croissante.

A ce moment (c'est le troisième temps), O, stupéfait, voit tourner la table, sans se rendre compte, même après, que c'est son polygone désagrégé qui est l'agent de ce curieux phénomène et le moteur réel de la table...

Le phénomène est donc caractérisé, en somme, par deux choses : 1° désagrégation du polygone qui, lancé par O, n'est plus dirigé par lui et agit par son activité propre (la désagrégation est surtout complète pour les voies de retour, c'est-à-dire pour les voies qui, quand elles sont perméables, rendent consciente à O l'activité polygonale) ; 2° mouvements spontanés, inconscients et involontaires, de ce polygone ; mouvements aboutissant au déplacement de la table que O constate sans se rendre compte du mécanisme de production.

On voit que la désagrégation suspolygonale n'est pas tout dans le phénomène.

La désagrégation suspolygonale est commune à bien des états différents ; c'est le second élément concomitant qui différencie ces divers états, les uns des autres. Ici le second élément est constitué par ces petits mouvements très légers qui se superposent et arrivent à produire de gros effets, tout en restant inconscients et involontaires, c'est-à dire que O, après avoir mis le polygone dans l'état voulu, se désintéresse de la question et attend le résultat après avoir rompu les chaînes de communication avec ce polygone (1).

30. Conditions pratiques de réussite.

On comprend par là la nécessité des conditions qui ont toujours été requises pour la bonne réussite de ces expériences.

Si tout le monde doit être de bonne foi, il faut aussi qu'on y porte du sérieux et de l'attention. Si un O quelconque, sceptique, fait des plaisanteries, détourne l'attention des autres, les polygones ne sont plus dans cet état tout spécial d'*expectant attention*, qui est indispensable pour la réalisation du mouvement initial et pour la production ultérieure des autres mouvements imitateurs et consécutifs.

Il est curieux à ce point de vue de relire les règles données par les grands adeptes des tables tournantes

---

(1) Voir encore, sur ce point : Th. Flournoy; Note sur une communication typtologique, et de Luzemberger; A propos des communications typtologiques. *Journal de Psychologie normale et pathologique*, 1905, t. II, N° 6, p. 481.

comme AGÉNOR DE GASPARIN (1) : pour gouverner «fermement la table», il faut être «confiant». «Apportez ici toute votre intelligence et toute votre attention ; n'y apportez pas un esprit de doute, d'analyse, de soupçon malveillant à l'égard des choses et des personnes. Vous seriez glacé et vous glaceriez». Si les tables rencontrent autour d'elles «des préoccupations ou des excitations nerveuses, elles se mettent à bouder». «Surtout point d'expériences de salon. Les succès sérieux y sont impossibles. Au milieu des distractions, des causeries, des plaisanteries, les opérateurs perdent immanquablement toute leur puissance fluidique». Les témoins ne doivent ni se mêler à la chose ni «faire pendant sa durée une seule observation à haute voix». Il faut des «opérateurs dont l'action fluidique soit éprouvée». Il faut «charger un des expérimentateurs de diriger les opérations et de donner seul le signal des commandements. Si tout le monde s'en mêle, rien n'ira».Il faut réunir et concentrer les pensées; «on ne réussit qu'en les concentrant». Il y a des personnes dont la présence entrave les expériences ; il faut les éliminer. Il faut éviter les distractions. Si chacun pense à autre chose, on n'obtient rien. S'il s'agit d'un nombre pensé à faire réaliser, celui qui le connaît doit fortement penser; «les autres n'ont rien de mieux à faire que d'oublier la table»...

On voit bien là la distinction entre les polygones qui doivent faire le mouvement initial provocateur et les polygones qui doivent obéir passivement et suivre simplement le mouvement commencé.

---

(1) COMTE AGÉNOR DE GASPARIN ; *Des tables tournantes, du surnaturel en général et des esprits.* 2ᵉ édit., 1855, t. I, p. 83.

## 31. INÉGALE APTITUDE DES DIVERS SUJETS.

Pour simplifier l'analyse psychologique de l'expérience, j'ai d'abord supposé que tous les acteurs de la scène sont égaux devant la table. On les suppose en effet ainsi quand on commence des expériences.

Mais dès qu'on a fait un certain nombre d'essais, on se rend bientôt compte que, s'il y a des personnes qui paralysent la table et font échouer les séances, il y en a d'autres au contraire qui les font réussir plus facilement et plus rapidement que les voisins.

Il y a un polygone qui commence le mouvement, ai-je dit ; les autres ne font que suivre. On voit donc, dans ces réunions d'égaux, apparaitre la diversité des polygones. Autrefois on aurait dit que les différents sujets sont inégaux en puissance fluidique ou magnétique. Aujourd'hui on dit qu'il y a des polygones plus ou moins disposés à entrer en mouvement. Nous voyons poindre le *médium* que nous étudierons plus loin (1).

Pour le moment, je constate simplement ce fait qui frappe tous ceux qui font des expériences de ce genre : l'inégale aptitude de chacun à faire tourner les tables. Dans une société on découvre une ou plusieurs personnes dont la présence dans la chaîne est un sûr garant du succès complet et prompt : ce sont de petits médiums qui poussent plus vite que les autres, qui donnent plus facilement le branle aux autres. Souvent on découvre des sujets qui se suffisent à eux-mêmes et agissent seuls : ce sont de vrais médiums.

---

(1) Chapitre IV de cette même deuxième partie.

## III. LE PENDULE EXPLORATEUR

32. Le pendule explorateur (GERBOIN, CHEVREUL) (1) est formé d'un corps lourd pendu à un fil flexible. C'«est un instrument qui sert à la divination depuis un temps immémorial». On tient, avec deux doigts, le fil suspendu au-dessus de certains corps et, quoique le bras soit immobile, le pendule oscille. On réalise facilement l'expérience en suspendant un bouton ou un anneau à un fil ; on attache le fil au pouce et le bouton pend dans un verre. On fixe son attention et, sans mouvements apparents du pouce, le bouton frappe le verre (2).

«Les anciens, et certains de leurs modernes imitateurs, se servaient d'un anneau au milieu d'un cercle sur lequel étaient inscrites les lettres de l'alphabet. L'anneau frappait successivement diverses lettres et formait des mots. Au XVIII° siècle et au commencement du XIX°, on prétendit que l'anneau se mouvait de diverses manières lorsqu'il était tenu au-dessus de certaines substances ; que son mouvement cessait lorsqu'on interposait un écran entre l'anneau et la substance examinée. Certains expérimentateurs croyaient trouver la cause du mouvement de l'anneau dans une action de la substance expérimentée».

CHEVREUL a analysé le fait de près en variant les expériences. D'abord il voit la chose réussir au-dessus de l'eau, d'un bloc de métal ou d'un animal vivant ; plus tard sur une cuvette contenant du mercure, une enclume, divers animaux. Au contraire, sur le verre, la résine, les oscillations diminuent et s'arrêtent. Il étudie alors le fait

---

(1) Voir : MAXWELL ; Travail cité des *Annales*, p. 283.
(2) C'est l'*odomètre* d'HERBERT MAYO.

plus attentivement, appuie de plus en plus son bras sur le support : le mouvement diminue et cesse quand les doigts sont appuyés (quelle que soit la substance placée au-dessous). Puis il fait l'expérience les yeux bandés et alors l'effet différent des diverses substances en présence n'a plus d'action sur la production ou la cessation des oscillations dès que la vue de ces substances est supprimée.

«Il tira de ces expériences la conclusion que le mouvement du pendule était produit par une action musculaire involontaire. L'idée du mouvement suffisait à le réaliser inconsciemment». Il avait d'ailleurs « un souvenir, vague à la vérité, d'avoir été dans un état tout particulier, lorsque ses yeux suivaient les oscillations que décrivait le pendule qu'il tenait à la main».

Et CHEVREUL ajoute ce passage, encore cité par MAXWELL : «entre les doigts d'une personne de bonne foi le pendule frappait un certain nombre de coups conformément, selon moi, à une pensée qui n'était pas une volonté, mais une simple présomption de l'heure réelle ; ou bien, si la présomption n'existait pas, une circonstance indépendante d'une conjecture déterminait le nombre des coups : par exemple quelque disposition physique des doigts qui ne durait qu'un moment, une circonstance fortuite dont l'expérimentateur ne se rendait pas un compte exact. Ce que je dis n'est point une vague allégation. Ce sont des faits observés sur moi-même».

Il va sans dire que, comme je vais le redire pour la baguette divinatoire, je ne discute là et je n'enlève, avec CHEVREUL, à l'occulte que le *mécanisme immédiat* du pendule explorateur. La question de la divination est indépendante et plus générale. Mais il a été démontré par CHEVREUL et il reste démontré que les mouvements du pendule explorateur n'appartiennent plus à l'occultisme et sont définitivement classés par la science dans le chapitre des mouvements involontaires et inconscients.

## IV. LA BAGUETTE DIVINATOIRE

33. La baguette divinatoire est une baguette de coudrier en forme de fourche, qui sert à découvrir les sources, les trésors dissimulés et même les traces des criminels.

«Le devin, car ce n'est qu'une personne privilégiée qui peut se servir de cet instrument, prend dans ses deux mains les deux branches de la fourche et s'avance sur le terrain qu'il doit explorer, en ayant soin de ne pas bouger volontairement les bras. Si, sur un point du parcours, la baguette oscille, s'incline jusqu'à tordre les poignets du devin qui ne peut résister, c'est là qu'il faut fouiller, pour trouver les sources et les trésors» (1).

«Avant la défense de M. le cardinal LE CAMUS, dit LE BRUN (2), l'usage en était très commun dans le Dauphiné. Beaucoup de gens de la campagne, hommes, garçons et

---

(1) PIERRE JANET; *loco cit.*, p. 367.

(2) LE BRUN. Citat. BERSOT; *loco cit.*, p. 99. Dans *La fille de Jorio* (trad. HERELLE, édition de *l'Illustration*, acte II, scène II, p. 16), GABRIEL D'ANNUNZIO met en scène un «chercheur de trésors» :

ALIGI. — ... Et toi, Malde, avec ta petite fourche, tu peux découvrir où sont les trésors cachés aux pieds des morts qui sont morts il y a cent ans, mille ans, n'est-ce pas?...

(Malde et Anna Onna... s'arrêteront pour regarder le chercheur de trésors, rongé par sa pensée de dessous terre, tenant à la main une branche effeuillée d'olivier, qui se terminera par une petite fourche et sera garnie d'une petite boule de cire à l'extrémité la plus robuste...).

GRASSET; *L'occultisme.*

filles, vivaient du petit revenu de leur baguette ; et une infinité de différends touchant les limites se terminaient par cette voie ; on avait volontiers recours à ces juges qui portaient en leur main la justice et toutes les lois de leur tribunal .. Pour découvrir les choses les plus cachées de près ou de loin, on consultait la baguette sur le passé, le présent et l'avenir. Elle baissait pour répondre *oui* et elle s'élevait pour la négative».

Il faut lire dans le livre de GASPARIN (1) l'histoire curieuse du fameux AYMAR connu par son habileté à trouver les sources, les bornes et les métaux cachés. Après un assassinat commis à Lyon (1692), le lieutenant criminel le fit appeler. On le place dans une cave où avait eu lieu le crime : il est ému, son pouls se précipite et la baguette (tenue par les deux extrémités de la partie fourchue) se met à tourner rapidement ; guidé par la baguette, il suit les rues où sont passés les meurtriers, sort de la ville par le pont du Rhône, suit la rive gauche ; dans une maison il affirme le stationnement des assassins ; la baguette tourne sur une bouteille vide, dont ils avaient bu le contenu. Puis il va au Rhône, trouve leur trace sur le sable et s'embarque. Il aborde dans une série de villages, parcourt les hôtels et reconnaît le lit où avaient couché les meurtriers, la table sur laquelle ils avaient mangé. A travers mille péripéties, il arrive enfin à Beaucaire, où, dans un cachot, parmi une quinzaine de prisonniers, il désigne le bossu dont les aveux ne tardèrent pas à confirmer ces indications. «Le plus sûr de l'affaire, dit BERSOT (2), est qu'il y eut un malheureux de dix-neuf ans, qui, dénoncé par la baguette, fut roué vif à Lyon».

D'ailleurs AYMAR ne fut pas toujours aussi heureux.

---

(1) AGÉNOR DE GASPARIN ; *loco cit.*, t. II, p. 126.
(2) BERSOT ; *loco cit.*, p. 101.

Après de nombreux succès, s'accumulent les échecs retentissants : à Paris, chez le prince de Condé, à l'hôtel des Guises et surtout à Chantilly, où il ne reconnaît pas la rivière qui passe sous une voûte et ne peut distinguer diverses boîtes fermées contenant : l'une de l'or, l'autre de l'argent, une autre du cuivre, une autre des pierres, une autre rien. En fin de compte, il finit misérablement.

Maxwell (1) raconte comment Chevreul a été amené à étudier ces phénomènes.

«L'Académie avait, le 4 mars 1853, nommé une commission de trois membres pour examiner un Mémoire de M. Riondet sur la baguette divinatoire employée à la recherche des eaux souterraines. Chevreul fut chargé du Rapport ; l'Académie renvoya quelque temps après à cette commission une lettre de M. Kœppelin relative aux tables-tournantes... Ayant donné depuis longtemps une explication de la baguette et du pendule et son explication ayant été étendue par d'autres aux mouvements des tables, Chevreul s'abstint de déposer son Rapport, pour ne pas être à la fois juge et partie. Il fit connaître cependant son opinion au public...». Il étudie et critique les faits attribués à Jacques Aymar, à Bléton, aux demoiselles Martin et Ollivet, aux sieurs Expié, Barde, de Pernan...

Si, dans tout ce groupe des sourciers et des chercheurs de trésors, je mets de côté les farceurs et les trompeurs, il reste encore une catégorie de gens sincères, qui ne font volontairement aucun mouvement. Ceux-là font des mouvements involontaires et inconscients, mouvements automatiques ou polygonaux.

---

(1) Maxwell ; Travail cité des *Annales*, p. 281. — Voir aussi son livre cité sur les *Phénomènes psychiques*. p. 226.

Des indices tirés de diverses circonstances donnent au sujet la pensée que là est le trésor ou la source. Sans que le sujet le veuille, sans qu'il s'en doute, sa pensée passe dans ses doigts et la baguette tourne.

Comme l'ont justement conclu, de longues expériences, Sollas et Edw. Pease, «tout dépend de la perspicacité ordinaire du devin et la baguette n'y est pour rien... L'action de l'objet caché ne porte pas sur la baguette, mais sur l'esprit du devin».

Comme dans le pendule explorateur et dans les tables tournantes, le premier point de départ de l'acte polygonal est dans O, qui concentre sa pensée sur une chose. O met le polygone en synergie avec sa pensée ; il le met dans l'état où il doit être pour provoquer le mouvement, mais il ne donne pas l'ordre volontaire du mouvement. Ce mouvement se produit «tout seul», machinalement' par le polygone, sans que O se rende compte de son origine. L'idée de faire tourner la baguette est polygonale ou inconsciente ; le mouvement a lieu involontairement. O le voit et tire ses conclusions.

A ces idées, qui sont celles de Chevreul complétées par les travaux de Pierre Janet, Maxwell a fait deux graves reproches.

D'abord, à moi personnellement, il me reproche (et en ceci il a parfaitement raison) de n'avoir pas cité Barrett, « professeur de physique expérimentale au Collège royal des sciences pour l'Irlande », qui « a publié dans les *Proceedings of the Society for psychical Researches* (t. XIII, p. 2-282 et t. XV, p. 130-315) un long Rapport sur ce sujet qu'il a étudié en homme compétent et sincère ». J'ignorais, en effet, ce travail (comme beaucoup d'autres travaux) et je m'en excuse.

En second lieu, Maxwell me reproche de m'en tenir «à une théorie vieillie et indéfendable aujourd'hui, si l'on tient compte des faits». Ici, je demande à présenter une observation.

Je croyais avoir bien indiqué que, dans ce paragraphe, je ne m'occupais que d'élucider le *mécanisme immédiat* de la rotation de la baguette, sans étudier la divination en général et sans étudier les aptitudes spéciales du sourcier. Si l'on comprend bien ce que j'ai voulu étudier, je ne vois pas les objections que l'on peut faire à cette théorie.

MAXWELL nous dit lui-même que BARRETT, dont le travail a tant d'importance, «reconnaît le caractère probablement automatique des mouvements de la baguette», que, pour lui (BARRETT), «le mouvement de la baguette est dû à une action musculaire inconsciente; qu'elle rentre dans les automatismes moteurs provoqués par des perceptions inconscientes...». C'est tout ce que je voulais dire et je trouve que ceci avait déjà de l'importance.

Pour comprendre cette importance, il faut se reporter à cinquante ans en arrière, à l'époque où la baguette appartenait à l'occultisme. On « consultait la baguette», on pensait que la source ou le trésor agissait sur la baguette. Eh bien, aujourd'hui la question est sortie de l'occultisme et entrée dans la science, parce qu'on sait que la baguette n'est directement mise en mouvement ni par une source ni par un trésor, ni par un fluide ou une influence occulte quelconque, mais uniquement par le psychisme du chercheur.

Maintenant, dans cette question devenue scientifique, qu'on recherche pourquoi certains sujets ont plus de flair que d'autres pour découvrir une source ou un trésor, c'est une autre affaire, indépendante de la première. C'est tellement indépendant que certains sourciers, comme BLÉTON, se passent le plus souvent de la baguette. Les deux questions sont donc bien distinctes et indépendantes. Quand on étudie le mécanisme des tables tournantes ou de l'écriture automatique, on n'a pas la prétention de résoudre l'entière question de la divination ou des prémonitions.

Donc, je crois pouvoir maintenir que la théorie de CHEVREUL reste vraie pour la baguette divinatoire. Elle fait rentrer ce fait, occulte jusque-là, dans le domaine des faits physiologiques scientifiquement connus. Elle est *vieille*, mais pas si *vieillie* que cela ; je l'estime même plutôt *rajeunie* par toutes les études récentes ; en tous cas, elle reste parfaitement et scientifiquement *défendable*.

Maintenant, il y a une autre question à résoudre : c'est celle de l'aptitude *psychique* spéciale en vertu de laquelle certains sujets peuvent découvrir une source.

Un principe à poser, c'est que «n'est pas sourcier qui veut» (1) ; tous les polygones ne sont pas capables de cette fonction, comme nous avons vu que tout le monde ne fait pas tourner les tables et comme nous allons voir que tout le monde ne réussit pas le cumberlandisme.

Pour SURBLED, les sourciers *pressentent* les sources. Si, comme dit PIERRE WEBER, le pressentiment n'est que le «calcul inconscient et rapide des probabilités», il ne s'agit toujours que d'une fonction polygonale. Pour LAURENT, «un bon sourcier doit réunir la connaissance empirique réelle des terrains à une faculté d'abstraction que peuvent favoriser soit l'hystérie, soit la volonté, et qui se rencontre fréquemment chez les gens rendus méditatifs par la vie solitaire, habitués à laisser errer leur

---

(1) Le *Lokalanzeiger* de Berlin (28 août 1906) raconte de curieuses expériences de recherche de sources ou d'objets cachés, très bien réussies, à Wilhelmshohe par le prince HANS VON CAROLATH, tandis que L'Empereur échoua complètement dans ses tentatives.

rêverie sous la vague conduite d'impressions à peine perceptibles. Cette vie d'isolement mène tout naturellement au grand développement de l'automatisme psychologique».

Tous les faits (et ils doivent être nombreux) qui rentrent dans ces explications sont bien scientifiques et ne sont plus occultes. Si certains faits (comme ceux de BARRETT) «révèlent l'existence, chez certaines personnes, de facultés *transcendantales*» plus ou moins obscures et mystérieuses, ceci appartient encore à *l'occultisme d'aujourd'hui* que j'étudie dans la troisième partie (1).

## V. LE CUMBERLANDISME (2) AVEC CONTACT

34. Les expériences, bien connues, des *liseurs de pensée* peuvent être faites par des professionnels (dans des représentations) ou par des amateurs. Certains de mes collègues actuels, pendant leur internat, les réussissaient fort bien.

On cache un objet à l'insu du sujet, qui a les yeux bandés. Une personne, qui sait où est l'objet, entre en communication avec le sujet, en lui touchant la main ou la tempe. Cette personne directrice pense fortement à l'endroit où est l'objet ; le sujet y va droit et découvre l'objet.

---

(1) Voir : R. WARCOLIER ; prof. W.-F. BARRETT ; Expériences avec la baguette divinatoire. *Annales des sciences psychiques*, 1906, p. 745.

(2) «Cet exercice est appelé, en Angleterre, où il est très répandu, le *willing game*, le jeu du vouloir, et, en France, la lecture des pensées ou le *cumberlandisme*, du nom de celui qui l'a introduit il y a quelques années» (PIERRE JANET).

Ceci peut être varié à l'infini : on pense un acte à accomplir, un numéro à trouver...

D'abord il n'y a là rien de l'hypnotisme ou de l'hypnose, comme certains le croient. Il n'y a ni clairvoyance ni vue à travers un bandeau. Cela peut aussi n'être pas une jonglerie.

On réussit très bien, en dehors de tout acrobatisme, sans professionnels, entre gens, tous d'absolue bonne foi. Ce sont encore là des mouvements automatiques, involontaires et inconscients, polygonaux.

Le sujet directeur concentre fortement sa pensée sur l'acte à exécuter et sa pensée passe alors, sans qu'il s'en doute, dans ses doigts. Le centre O du directeur pense énergiquement ; alors son polygone entre en activité, à l'insu de O, réalise des mouvements et, par des pressions ou des attractions inconscientes et involontaires, dirige mécaniquement le sujet qui a les yeux bandés.

J'ai fait moi-même quelques expériences et, les yeux bandés, me suis très bien rendu compte des pressions ou des attractions que le doigt du directeur exerçait à l'insu de ce même directeur.

Aussi faut-il, pour la réussite, que le *directeur* soit très *actif*, pense très fortement à l'acte désiré et que le *dirigé* soit très *passif*, c'est-à-dire annule son centre O et laisse son polygone obéir automatiquement aux impulsions du polygone directeur.

Parfois le mouvement du dirigé s'arrête ; il hésite, est désemparé. C'est que le directeur a momentanément cessé de penser au but. Si le directeur est distrait ou pense à autre chose, le dirigé ne reçoit plus d'impression et s'arrête, hésite ou se trompe.

Aussi les qualités requises pour être bon directeur sont-elles toutes différentes des qualités requises pour être un bon dirigé. Elles sont inverses. L'un doit être un autoritaire, un actif ; l'autre, un passif, un soumis (celui-ci ne doit pas, bien entendu, analyser le mécanisme de l'expérience, comme je l'ai fait dans les expériences citées plus haut). Tout le monde ne réussit pas aussi bien : les uns réussissent mieux dans l'un des deux rôles, tandis que les autres réussissent mieux dans l'autre. Il y a d'ailleurs des personnes beaucoup plus disposées que d'autres.

Pierre Janet cite même Osip Feldmann qui réussissait en interposant entre le directeur et le dirigé une troisième personne inerte et ignorante du but à atteindre, qui touchait les deux autres et qui évidemment, sans le vouloir et à son insu, transmettait elle-même ces mouvements du directeur au dirigé.

Chez le directeur, pourquoi les actes de pression sont-ils inconscients, en même temps qu'involontaires? Quand son polygone agit, pourquoi O ne s'en aperçoit-il pas, alors que d'habitude il s'aperçoit des mouvements polygonaux?

On fixe l'attention volontaire du directeur sur une idée, un but; par là même ce directeur devient *distrait* de son polygone (à la façon d'Archimède dans son bain), surtout si c'est un sensoriel (visuel ou auditif), ne faisant pas habituellement grande attention à ses images motrices et n'y faisant plus attention du tout quand O est fortement fixé sur quelque chose.

C'est donc encore l'émancipation du polygone par un mécanisme toujours analogue : distraction, attention de O concentrée sur une idée. C'est encore de la désagrégation psychique, suspolygonale.

A l'appui de cette manière de voir, Pierre Janet fait remarquer que l'expérience réussit d'autant mieux que le sujet à mouvements inconscients est naturellement dans un état plus voisin de la désagrégation psychique (de la misère psychologique), comme l'est par exemple un hystérique anesthésique.

De plus, il faut que le polygone du directeur soit aussi naturellement très moteur, gesticulant facilement et volontiers (comme nous verrons que fonctionne celui des médiums).

Chez le sujet dirigé, les choses se passent aussi dans le polygone. Il pourra s'en apercevoir en O s'il s'analyse (comme je l'ai indiqué plus haut) ; mais il peut aussi obéir automatiquement sans se rendre compte. Il peut même n'avoir aucune conscience de ce qu'on lui fait faire et qu'il exécute très bien.

De plus, chose remarquable, dans ce cas d'inconscience de l'acte exécuté, on peut plus tard hypnotiser le sujet et parfois, dans l'hypnose, celui-ci retrouve le souvenir de l'acte qu'on lui a fait exécuter et dont il n'avait pas eu conscience en O.

C'est donc un acte automatique du polygone qu'on oublie dans la vie psychique normale et complète, mais dont on retrouve le souvenir dans une autre scène de la vie polygonale isolée, comme dans certains rêves on retrouve le souvenir des rêves précédents et comme dans certaines crises de somnambulisme ou d'hypnotisme on retrouve le souvenir des crises antérieures.

C'est la personnalité polygonale qui se souvient d'elle-même, toutes les fois qu'elle s'émancipe du contrôle et de l'inhibition de O.

Dans tous les faits de lecture de pensée dont je viens de parler et dont j'ai esquissé la théorie, il y a toujours *contact* quelconque entre le directeur et le dirigé.

On voit les analogies, très réelles, qu'il y a entre les faits de cumberlandisme et les tables tournantes. Il s'agit toujours de mouvements involontaires et inconscients et dans les deux cas il y a des polygones plus ou moins actifs, un directeur et un dirigé (ou plusieurs).

Au même groupe de phénomènes paraissent appartenir les expériences faites avec le cheval Hans (1), qui « répond aux questions qu'on lui pose touchant l'arithmétique, les affaires les plus simples de l'existence, etc. Hans répond en frappant de son pied un certain nombre de coups, correspondant à la place qu'une lettre occupe dans l'alphabet ou un chiffre dans la numération — justement comme l'on pratique avec les tables spirituques .. La commission présidée par le professeur Stumpf, de Berlin, déclare n'avoir rien remarqué dans le cheval qui puisse s'approcher de la raison. Hans agit d'après des signes qui lui sont faits par son maître. Ces signes sont exécutés d'une manière inconsciente ; car la bonne foi de M. von Hosten paraît être hors de doute ». Le polygone de M. von Hosten dirige le cheval Hans, à l'insu de son O, comme le directeur mène le dirigé dans les expériences de cumberlandisme.

Oskar Pfungst, psychologue de l'Université de Berlin, a de nouveau étudié le phénomène de très près et démontré que Hans fait du cumberlandisme par la vue. « Dès le début de ses recherches, M. Pfungst crut remarquer que M. von Hosten produisait de petits mouvements variés aussitôt que le cheval avait donné le nombre de coups de sabots nécessaire. Mais d'autres — le comité par exemple — ne percevaient pas ces mouvements. Et M. von Hosten, inconscient de leur production, les niait. C'est pourquoi M. Pfungst imagina et fit construire un appareil grâce auquel les mouvements les plus délicats exécutés dans n'importe laquelle des trois

---

(1) Voir : Le verdict de la Commission scientifique sur le merveilleux cheval Hans. *Annales des sciences psychiques*, 1904, p. 384. — Stumpf; Société d'hypnologie et de psychologie, 27 décembre 1904. Discussion : Bérillon, Lionel Dauriac, Binet-Sanglé. *Archives générales de médecine*, 1905, p 251. «Der kluge Hans». *Annales des sciences psychiques*, 1906, p. 781.

dimensions par la personne qu'on y faisait prendre place étaient immédiatement enregistrés et amplifiés sur un cylindre. Ceci fait, M. Pfungst joua le cheval », une autre personne (dans l'appareil) faisait le dresseur. « M. Pfungst répondit fort bien et il n'eut pas de peine à faire voir enregistrés, en gros caractères, sur le cylindre, après l'expérience, les petits signes sur lesquels il s'était guidé pour répondre... Si le cheval a les yeux bandés ou si, par quelque autre moyen, il est mis hors d'état de voir l'interrogateur, il est hors d'état de répondre... (Hans) observe seulement, et de très près, et il interprète les signes involontaires qu'on lui prodigue sans le savoir ». C'est du cumberlandisme par la vue.

# CHAPITRE CINQUIÈME

## LES SENSATIONS ET LA MÉMOIRE POLYGONALES. FAUSSES DIVINATIONS : HALLUCINATIONS POLYGONALES ET CRISTALLOMANCIE; RÉMINISCENCES ET FAUX JUGEMENTS POLYGONAUX.

I. — 35. Sensibilité et mémoire polygonales.
   36. *Sensibilité du polygone.*
   37. *Mémoire du polygone.*
   38. *Faits récemment désoccultés qui dépendent de cette fonction polygonale.*
II. — Hallucinations polygonales et cristallomancie.
   39. *Hallucinations polygonales.*
   40. *Cristallomancie.*
      a. Description du phénomène et historique.
      b. Technique.
      c. Analyse psychologique.
III. — Réminiscences et faux jugements polygonaux.
   41. *Réminiscences polygonales.*
      a. Dans la distraction.
      b. Dans le rêve.
      c. Devant le cristal.
      d. A l'état de veille.
      α. Distraction et veille.
      β. Sommeil et veille.
   42. *Sensation de «déjà vu», «déjà éprouvé» ou de fausse reconnaissance.*
      a. Diverses attitudes de O devant ces reviviscences polygonales.
      b. Description du «déjà vu».
      c. Analyse psychophysiologique du phénomène.
   43. *Pathologie de la mémoire polygonale.*
      a. Hypermnésie polygonale.
      b. Amnésies générales avec conservation de la mémoire polygonale.
      c. Amnésies polygonales.

## I. SENSIBILITÉ ET MÉMOIRE POLYGONALES

35. Ce que j'ai dit plus haut (chapitre III) de l'hypnotisme prouve bien déjà que le polygone a une *sensibilité* et une *mémoire*. Les sensations perçues dans l'hypnose par le sujet endormi et l'exécution, plus ou moins tardive, des suggestions données dans le sommeil prouvent bien que le polygone *perçoit* et *enregistre* des sensations.
Ceci mérite d'être précisé et généralisé.

### 36. Sensibilité du polygone.

La *sensation* est le phénomène psychique produit par l'arrivée d'une impression centripète aux neurones supérieurs de la conscience. En s'associant, les sensations produisent l'*image* et entraînent le *plaisir* ou la *douleur* ou une *émotion* (*joie, tristesse*).

Ces phénomènes supposant le plus souvent l'intervention nécessaire de la conscience ne peuvent pas se produire dans le psychisme inférieur. Il n'y a donc pas, à proprement parler, de sensation polygonale.

Mais il y a des impressions centripètes qui pénètrent jusqu'au psychisme inférieur sans le dépasser, sans atteindre O, sans devenir conscientes et qui produisent dans les neurones du polygone un phénomène analogue à celui que l'on appelle sensation quand il se passe dans les neurones de O.

La preuve de ce phénomène polygonal est donnée, non par l'autoobservation qui est impossible ici par définition, mais par les faits de mémoire que j'étudierai plus loin et par des mouvements, des manifestations extérieures liées à cette impression centripète, dont la production démontre ainsi l'existence de cette *sensation polygonale*, sensation inconsciente à laquelle GERDY faisait allusion, quand il disait, dès 1846 : « il faut s'habituer à comprendre qu'il peut y avoir sensation sans perception de la sensation».

Ces sensations inconscientes, en s'associant, donnent naissance à des images polygonales et même à des émotions inconscientes, qui ne sont perçues par O qu'à la fin tardivement : le sujet devient triste *sans savoir pourquoi*.

Ces sensations polygonales peuvent être étudiées non seulement dans l'hypnose (voir plus haut, p. 72), mais encore dans la distraction, dans le somnambulisme, dans l'automatisme ambulatoire (voir plus haut, p. 93) et aussi dans le cumberlandisme et même les tables tournantes et probablement la baguette divinatoire. C'est par les sensations polygonales que l'on peut faire naître ou aiguiller les rêves dans le sommeil naturel : un bruit de cloche devient ainsi «un glas funèbre qui sera celui d'un être aimé ou le vôtre». Une bougie allumée sera un incendie «qui aura été allumé par le feu du ciel ; il vous enveloppera et vous serez en grand péril» (1). Les impressions viscérales peuvent, de la même manière, pénétrer, dans le sommeil, jusqu'au polygone et diriger les rêves. Une mauvaise digestion fait rêver à des plaies intérieures ; un vertigineux rêve chute, navigation, escarpolette ; un dyspnéique rêve de bête, de monstre qui pèse sur sa poitrine.

Un rêve peut ainsi révéler un état somatique particulier, inconnu jusque-là. De là dérivaient, pour les anciens, les interprétations divinatrices et, pour les moder-

---

(1) Voir : ALFRED MAURY ; *Le sommeil et les rêves. Etudes psychologiques sur ces phénomènes et les divers états qui s'y rattachent*. 4ᵉ édit., 1878.

nes, les déductions séméiologiques des rêves. GALIEN raconte déjà qu'un jeune homme rêva qu'il avait une jambe de pierre et fut, peu après, frappé d'une paralysie du même côté. VASCHIDE et PIERON (1) ont montré que dans beaucoup de rêves il y a ainsi un substratum physique, un trouble pathologique que le rêve aide à découvrir.

Cette même sensibilité polygonale est encore révélée dans certaines maladies. Ainsi un hystérique anesthésique *ne perçoit pas* mais *utilise* les sensations ; celles-ci pénètrent donc jusqu'à des neurones psychiques (polygone) (2). De même encore, l'aphasique qui lit à haute voix sans comprendre ne voit ce qu'il lit qu'avec ses neurones polygonaux.....

### 37. MÉMOIRE DU POLYGONE.

On a beaucoup trop étendu le sens du mot *mémoire*. RENAUT(3) en fait une faculté de tous les neurones (4). CHARLES RICHET décrit comme une sorte de mémoire *élémentaire* la persistance de l'excitabilité, après une excitation, dans la moelle de la grenouille. SOLLIER(5) compare le neurone qui se souvient au barreau aimanté qui fixe son aimantation et l'évoque toutes les fois qu'il se

---

(1) VASCHIDE et PIERON ; *La psychologie du rêve au point de vue médical*. Actualités médicales, 1902.

(2) Voir à la p. 177 de mon *Psychisme inférieur* une série d'expériences qui prouvent que, dans ces cas, les impressions, non perçues par O, arrivent bien jusqu'au polygone.

(3) RENAUT ; Le neurone et la mémoire cellulaire. *Annales des sciences psychiques*, 1899, p. 261.

(4) Le « neurone est une cellule avant tout sensible et qui se souvient ».

(5) PAUL SOLLIER ; *Le problème de la mémoire. Essai de psychomécanique*. Bibliothèque de philosophie contemporaine, 1900.

retrouve en présence de la limaille de fer. De même pour van Biervliet (1), «toutes les parties solides ou semisolides de l'organisme retiennent aussi bien, peut-être mieux, que l'écorce cérébrale». Il montre la mémoire du rachis; «les germes se souviennent... la mémoire est répandue dans tout notre corps».

C'est là une exagération qui dénature complètement le sens du mot mémoire.

Comme l'a très bien remarqué Pitres (2), on ne sait «vraiment pas pourquoi on s'est arrêté en si belle voie, pourquoi on n'a pas dit que l'inertie d'un muscle isolé de ses nerfs moteurs était une amnésie de la contractilité et la gangrène d'un membre l'amnésie de sa nutrition!».

Il faut réserver la mémoire aux neurones *psychiques*. Seulement il ne faut pas dire avec Sergi que la mémoire est «la reviviscence des états de conscience». Il y a une mémoire inconsciente, une mémoire des phénomènes inconscients, une mémoire polygonale : les neurones du psychisme inférieur ont, eux aussi, de la mémoire.

J'ai déjà cité des preuves de cette mémoire dans l'hypnose. De même, dans la *distraction*, on peut acquérir des souvenirs qui pénètrent et se gravent dans le polygone à l'insu de O. Ces souvenirs reparaissent alors sous forme d'actes automatiques dans des périodes ultérieures de distraction. Certaines personnes retrouvent, dans un *sommeil* ultérieur, les souvenirs du sommeil précédent et retrouvent leurs rêves d'un sommeil à l'autre, alors que, dans l'intervalle des sommeils, à l'état de veille, toute trace de souvenir de ces rêves a disparu. Ainsi Mme de Rachilde continue son rêve, d'un sommeil à l'au-

---

(1) Van Biervliet ; *La mémoire*. Bibliothèque internationale de psychologie expérimentale normale et pathologique, 1902.

(2) Pitres ; L'aphasie amnésique et ses variétés cliniques. *Progrès médical*, 1898.

tre, comme les numéros d'un feuilleton (1). On observe souvent aussi cette mémoire *alternante* dans le *somnambulisme*, dans l'*ivresse*....

Le plus important pour le but que nous poursuivons ici est de bien connaître les lois de cette mémoire polygonale et notamment les règles de l'*évocation* de ces souvenirs polygonaux.

Dans les exemples cités jusqu'ici, les souvenirs polygonaux se retrouvaient d'une crise à l'autre d'un même état de désagrégation suspolygonale, d'une crise de somnambulisme à l'autre ou d'une crise d'hypnose à l'autre. Ils peuvent aussi se retrouver d'une crise d'un premier état donné de désagrégation suspolygonale dans une crise d'un second état, non similaire, de désagrégation suspolygonale.

Ainsi la reviviscence se fera d'une crise d'hystérie dans une crise d'hypnose, d'une crise de somnambulisme dans une crise de distraction (écriture automatique), d'un état de distraction dans un sommeil naturel ou dans la vision du cristal (2), du sommeil naturel dans l'hypnose ou réciproquement.

Dans l'hypnose, AUGUSTE VOISIN (3) ordonne à un sujet d'assassiner à son réveil une femme couchée dans un lit voisin et de tout oublier. Eveillé, le sujet y va, poignarde un mannequin couché à la place indiquée. Des magistrats, qui avaient assisté à l'expérience, ne purent obtenir de lui ni l'aveu de l'acte ni le nom du complice

---

(1) Voir : PAUL CHABANEIX ; *Le subconscient chez les artistes, les savants et les écrivains.* Thèse de Bordeaux, 1897.
(2) Voir plus loin II de ce même chapitre.
(3) AUGUSTE VOISIN ; Les suggestions criminelles posthypnotiques. *Revue de l'hypnotisme,* 1891, t. V, p. 382.

qui l'avait suggéré. Mais, trois jours après, le sujet revenait à la Salpêtrière. Sa physionomie portait les traces d'une souffrance morale et de l'insomnie qu'il se plaignait d'éprouver depuis ce temps. Il se plaignait de voir, la nuit, l'apparition d'une femme qui lui reprochait de l'avoir frappée d'un coup de couteau...

Enfin, à l'état de veille, O peut prendre possession et conscience d'un souvenir déposé à son insu dans son polygone, dans un état antérieur de désagrégation suspolygonale comme la distraction, le sommeil naturel ou provoqué, le somnambulisme... Et alors O réagit de différentes manières devant ce souvenir qui surgit pour lui à la façon d'un fait nouveau dont il ignore l'origine. Il peut rester anxieux, ou se croire l'inventeur de cette réminiscence...

38. Un certain nombre de faits, autrefois occultes, ont été désoccultés depuis que l'on connaît bien les fonctions psychiques inférieures que je viens de rappeler.

Je les diviserai en deux groupes : les *hallucinations* polygonales et la cristallomancie, les *faux jugements* par réminiscences polygonales. Les deux ordres de phénomènes conduisaient à de *fausses divinations*.

## II. HALLUCINATIONS POLYGONALES ET CRISTALLOMANCIE

### 39. HALLUCINATIONS POLYGONALES.

Seglas et beaucoup d'aliénistes considèrent l'hallucination comme une forme pathologique de la *perception*. Certainement il y a un phénomène de perception dans l'hallucination ; il y a perception d'une impression sans sujet extérieur réel correspondant. Mais il y a aussi un phénomène d'*imagination* qui est cause et point de départ de perception, phénomène d'*objectivation* qui est vraiment initial.

Ce qui est essentiel et caractéristique dans l'hallucination, ce n'est pas en effet la perception d'un objet purement imaginatif et inexistant, c'est de *croire* réel et *extérieur* cet objet perçu. Je m'imagine un cavalier sur son cheval ; je me le représente parfaitement avec les détails du costume et du harnachement ; je le vois. Seulement, je sais qu'il n'existe réellement pas ; ce n'est pas une hallucination. J'ai identiquement la même perception ; mais je crois que le cavalier existe réellement hors de moi : c'est une hallucination.

L'élément caractéristique de l'hallucination est donc l'arrivée à la perception d'une image qui s'est formée inconsciemment dans le polygone et s'y est formée avec une telle force d'objectivation que le centre percepteur croit à l'existence réelle et extérieure de cet objet de sa perception.

Ce centre de perception peut être et est le plus souvent O. Le polygone n'intervient alors que comme organe de formation de l'image. Mais la perception peut, elle aussi, s'exercer dans le polygone, qui forme alors, à lui tout seul, l'entière hallucination.

Ainsi, dans le sommeil, dans l'hypnose, dans le somnambulisme, dans la transe du médium, toutes les fois que le polygone est désagrégé de O, physiologiquement, extraphysiologiquement ou pathologiquement, c'est dans le polygone que se forme l'image et c'est le polygone qui la perçoit et l'extériorise avec assez de force d'objectivation pour la croire réelle.

Donc, dans toute hallucination, il y a, avant tout et surtout, un trouble de l'imagination polygonale. Mais il faut aussi une grande faiblesse de l'intelligence qui perçoit, quel que soit le groupe de centres psychiques qui perçoit. Ce second élément, qui est le point de départ des théories centrales intellectuelles de l'hallucination, est tellement réel que, dans certains cas graves, l'hallucination « revêt toutes les allures d'un véritable délire, dans le sens le plus général du mot » (SEGLAS).

Il y a donc toujours un peu de « faux jugement » dans l'hallucination. Il faudrait néanmoins se garder d'identifier l'hallucination et le faux jugement ; il y a, entre ces deux actes psychiques, la même différence qu'entre la perception et le jugement.

De même, il faut continuer à distinguer l'hallucination de l'illusion, quoique le plus souvent une certaine impression puisse être considérée comme ayant évoqué l'image hallucinatoire (c'est là le point de départ des théories périphériques ou sensorielles de l'hallucination). Mais l'impression *fait naître* l'hallucination, elle n'est pas elle-même faussement perçue comme dans l'illusion.

En somme, comme la plupart des symptômes psychiques, l'hallucination est un phénomène complexe dans lequel il y a un élément de sensation (ou d'impression) et un élément de perception ; mais le trouble intermédiaire de l'imagination semble être le principal et le plus caractéristique élément de l'hallucination en général.

On comprend que les hallucinations aient été souvent le prétexte et le point de départ apparent de révélations extranaturelles et de divinations, surtout quand elles sont inconscientes et polygonales, c'est-à-dire quand elles se développent chez un sujet qui n'est pas fou, dont le centre O n'est pas malade et qui par conséquent inspire confiance.

Je vais insister maintenant sur une des formes d'hallucination polygonale provoquée, qui a été le plus utilisée en occultisme.

## 40. Cristallomancie (1).

### a. *Description du phénomène et historique.*

Dans l'observation de maison hantée que j'ai publiée avec Calmette (2), le médium (Jeanne) et sa mère vont consulter une somnambule qui n'hésite pas : Jeanne est poursuivie par quelqu'un qui lui a « jeté un sort ». Pour lui faire connaître cette personne, la somnambule place devant Jeanne un verre rempli d'eau reposant sur une assiette blanche.

Regarde au fond du verre, dit-elle à Jeanne. — Je regarde; mais je ne vois rien. — Regarde mieux. Que vois-tu? — L'assiette blanche. — Regarde mieux. Tu n'y vois pas une figure? — Si; il me semble voir une tête. — Comment est-elle? — C'est une vieille, ridée, avec un bonnet noir, des dents gâtées, un nez camard. — Si tu la rencontrais, la reconnaîtrais-tu? — Oui. — Ce soir, à minuit, conclut la somnambule, faites-lui refaire l'expérience, elle vous dépeindra mieux cette vieille.

A minuit, on replace Jeanne devant le verre d'eau sur l'assiette blanche. Elle voit très nettement au fond du verre une vieille femme qu'elle décrit dans ses moindres détails, depuis son jupon sale, son tablier quadrillé, son corsage noir à raies rouges, jusqu'à ses bagues, dont une a une pierre grenat...

La famille retrouve facilement dans ce portrait une

---

(1) Voir: Pierre Janet ; *Sur la divination par les miroirs et les hallucinations subconscientes*. Conférence faite à la Société des Amis de l'Université de Lyon, juillet 1897, et *Névroses et idées fixes*, t. I, p. 407. — Gaston Méry; La vision dans le cristal. *L'Echo du merveilleux*, 1904, p. 441 et 461.

(2) *Leçons de clinique médicale*, 4° série, p. 374. Le spiritisme devant la science.

vieille femme qui avait déjà jeté un sort sur la grand'mère mourante. Toute la ville s'ameute contre cette sorcière et on l'eût certainement jetée à l'eau, si la somnambule n'avait prudemment conseillé de brûler un chat vivant : ce qui fut fait à onze heures du soir.

C'est dans une carafe posée sur une coupe d'or et placée dans le sombre enfoncement d'une tonnelle où quelques rochers factices figuraient une grotte qu'au dire d'ALEXANDRE DUMAS (1), Joseph Balsamo, le futur Cagliostro, fait voir à l'archiduchesse MARIE-ANTOINETTE, la future reine de France, l'avenir terrible qui l'attend et à la vue duquel la Dauphine, à genoux, essaie vainement de se relever, chancelle un instant, retombe, pousse un cri terrible et s'évanouit (2)...

JOSEPH, le ministre de Pharaon, fait mettre sa coupe d'argent dans le sac de Benjamin et charge l'intendant de sa maison de dire à ses frères : la coupe que vous avez dérobée est celle dans laquelle mon seigneur boit et *dont il se sert pour augurer* (3).

Le phénomène était donc « connu de la plus haute antiquité ; d'après VARRON, ce genre de divination venait de Perse. Au dire de PAUSANIAS, on le pratiquait à Palta,

---

(1) ALEXANDRE DUMAS ; *Joseph Balsamo. Mémoires d'un médecin.* Nouvelle édition en 5 vol., t I, p. 175.

(2) La Dauphine interroge d'abord sur ce qui arrivera à sa nouvelle famille. La famille royale se compose de trois princes : le duc de Berry (Louis XVI), le comte de Provence (Louis XVIII) et le comte d'Artois (Charles X). Ils règneront tous trois, dit Balsamo. Et cependant Marie-Antoinette aura un fils. Et elle poursuit l'interrogatoire : Comment mourra mon mari ? — Sans tête. — Comment mourra le comte de Provence ? — Sans jambes. — Comment mourra le comte d'Artois ? — Sans Cour. — Et moi ? — Joseph Balsamo secoue la tête, ne veut pas répondre ; puis, pressé, il finit par conduire l'archiduchesse devant la carafe, où elle s'évanouit de terreur.

(3) *La Genèse.* C. XLIV. 5.

dans le temple de Cerès. Suivant Spartien, Didius Julianus, lorsque Septime Sévère marchait contre lui, eut recours à la divination qui se pratique avec un miroir dans lequel des enfants dont les yeux ont été soumis à certains enchantements voient l'avenir. L'enfant qu'on avait choisi vit ainsi l'arrivée de Sévère et la retraite de Julianus, ce qui eut lieu en effet».

Dans tous les ouvrages sur les mages et les sorciers, dès le XVI° siècle, on parle de divination par les boules de verre. Dans l'Inde ancienne, les prêtres prédisaient l'avenir en faisant fixer une feuille d'arbre luisante attachée contre un mur.

Il y a un demi-siècle encore, en Egypte, un voyageur anglais a vu un enfant découvrir des voleurs par ce procédé. Il vit et décrivit Nelson avec son bras coupé; il se trompa seulement de côté pour le bras; ce qui se comprend puisqu'il voyait Nelson comme dans un miroir.

Chez les Grecs, on regardait l'eau d'une fontaine et des images apparaissaient (*hydromanie*), ou dans des vases pleins d'huile (*lecanomancie* : c'est ainsi qu'Ulysse interrogea Teresias), ou dans des miroirs (*catoptromancie*), ou dans des carafes pleines d'eau, des boules de métal poli, toutes sortes de verres (*cristallomancie*). Plus simplement, on regardait l'ongle de la main couvert d'un peu d'huile (*onycomancie*).

On prétend que François I$^{er}$, Catherine de Médicis, avaient dans leurs appartements des miroirs constellés (ornés d'étoiles) qui « leur servaient à découvrir les secrets de la politique, les menées de leurs ennemis, les conspirations ».

Au XVI° siècle, il y eut une sorte de petit cristal qui fit le tour de l'Europe entre les mains d'un Anglais, John Dee. Les personnages qui apparaissaient dans cette pierre magique causaient et renseignaient les individus ». Dans un long passage que reproduit Gaston Méry, Saint-Simon raconte les révélations faites, en 1706, au duc d'Orléans, le futur Régent, par un de ces « fripons de curiosités cachées dont M. le duc d'Orléans avait beaucoup vu en sa vie », qui « prétendit faire voir dans un verre rempli d'eau tout ce qu'on voudrait savoir ».

b. *Technique.*

Voici comment Pierre Janet décrit l'expérience que beaucoup de personnes peuvent réussir : d'après les auteurs anglais, dix personnes sur cinquante réussissent (ce chiffre parait exagéré à Pierre Janet).

Vous prenez une « boule de verre et vous la disposez dans des conditions particulières : le plus commode c'est de la placer dans un endroit qui ne soit ni complètement obscur, ni tout à fait lumineux ; il faut une certaine lumière légère qui vienne seulement caresser la boule. Voici le procédé classique : on se place en plein jour, on entoure le cristal d'écrans, de paravents ou d'étoffe noire, puis on installe le sujet commodément et on le prie de regarder fixement ».

Il ne faut pas qu'il s'endorme ; car ceci n'a rien à voir avec l'hypnotisme.

« Il n'aperçoit au début que des choses insignifiantes ; tout d'abord sa propre figure ; puis le reflet vague des choses environnantes, les couleurs de l'arc en ciel, un point lumineux, en un mot les reflets que présente d'ordinaire une boule de verre. Au bout d'un certain temps, les choses changent, c'est-à-dire que la boule s'obscurcit de plus en plus ; il ne distingue plus rien ; le reflet, les objets, tout s'efface ; tout devient sombre ; la boule semble se recouvrir d'une vapeur : c'est le bon moment. Le nuage s'épaissit de plus en plus et au milieu de ce nuage il voit apparaitre des dessins, des figures d'abord très simples, des étoiles, des lignes, par exemple des barres noires sur fond blanc, mais aussi quelquefois des lignes plus précises et plus intéressantes, comme des lettres, des chiffres. Au bout de quelques instants encore, il aperçoit des figures colorées, des personnages, des animaux, des arbres, des fleurs. Il regarde avec émotion. Il se complait dans ce petit spectacle, d'autant plus qu'il y a des variantes.

»Chez quelques personnes, les images sont immobiles ; chez d'autres, elles remuent, disparaissent, réapparaissent, se saluent, parlent : il y a même des sujets qui entendent ces conversations, ce qui devient tout à fait intéressant! Enfin quelquefois le phénomène est encore plus précis et plus compliqué» et prend chez certaines personnes un curieux caractère de fixité. La personne a beau détourner ses yeux du cristal ; si elle recommence l'expérience, elle voit la même vision. Dans ces cas, l'image gagne naturellement beaucoup en précision et peut être décrite avec de minutieux détails : c'est ce qui est arrivé à ma malade (citée plus haut, p. 126) qui revoyait toujours la même vieille femme, qu'elle décrivait avec une précision telle que tout Daïmonopolis la reconnaissait.

Certaines personnes «s'éloignent même de la boule pour aller chercher une loupe ; à leur retour, elles retrouvent le même spectacle, le regardent avec la loupe et voient les images se développer et les détails apparaître de plus en plus nets... J'ai même vu une personne, continue PIERRE JANET, qui pouvait faire sortir ces images de la boule, les objectiver sur un papier et suivre sur ce papier avec un crayon le dessin de son hallucination».

Voici enfin, pour compléter la description du phénomène, le résumé d'une autoobservation communiquée à GASTON MÉRY par l'intermédiaire du R. P. LESCŒUR.

Une jeune femme prit un verre d'eau, «appela à son

aide l'esprit Aracra» et dépeignit les personnes absentes sur lesquelles on l'interrogeait. Alors, dit l'auteur, «elle me demanda de regarder avec elle, persuadée que, me commandant de voir, je verrais. En effet, après quelques instants d'examen attentif (et sur un nouvel appel d'Aracra), une maison, sorte de petit château situé dans le lointain, des arbres, puis une personne m'apparurent graduellement; mais je n'aperçus que la moitié de la scène beaucoup plus complète pour la voyante... Une fois seule, je voulus tenter une nouvelle expérience. A mon extrême surprise, je vis se dessiner une tête de christ infiniment douloureuse. Je me retirai, poussant une exclamation d'étonnement; mais, regardant de nouveau, cette fois le visage d'un véritable *Ecce Homo* m'apparut de profil; puis il diminua peu à peu et s'évanouit. Cela avait duré à peine une minute».

C'est un phénomène de ce genre que Guy de Maupassant décrit dans *le Horla*, quand, regardant dans une glace, il ne s'y voit pas et a toute une hallucination prolongée.

c. *Analyse psychologique.*

Pierre Janet, qui décrit et analyse très bien ce phénomène, le considère comme une hallucination subconsciente.

C'est en effet une hallucination, qui se développe dans ce qu'on appelle le subconscient, c'est-à-dire dans le polygone désagrégé de son centre supérieur, mais à laquelle, au moins dans certains cas ou à certains moments, O peut assister et qui devient alors consciente.

Comme l'a dit un psychologue américain cité par Pierre Janet, Newbold, «le miroir incomplètement éclairé joue le rôle d'un excitant visuel» sur le polygone qui est en *expectant attention*; «il présente un espace vide et invite l'imagination à le combler».

O s'abstient, ne dit pas au polygone qu'il n'y a rien dans ce cristal (ce qu'il sait fort bien) ; sans contrôle de O, le polygone s'hallucine, fait son roman, voit différentes choses, fait des associations d'images, les associe, les fixe et forme l'hallucination définitive.

Cette hallucination, le polygone la forme seul, il peut la décrire à lui tout seul ; nous verrons plus loin qu'il retrouve souvent alors des souvenirs inconscients, antérieurement déposés dans le polygone. Mais O, qui n'est en rien intervenu dans la formation de l'hallucination et n'assiste pas à cette formation, peut, à un moment donné, découvrir cette hallucination dans son polygone, en avoir conscience, la prendre pour une réalité et collaborer à sa description.

Et alors ces révélations de l'imagination polygonale étonneront, passeront pour merveilleuses ou divinatoires, parce qu'elles révèlent aux assistants et au sujet lui-même des choses qu'il croyait ne pas savoir ou qu'on croyait inconnues de lui et qui étaient emmagasinées dans la mémoire inconsciente du polygone.

La conclusion de tout ceci est précise et ne doit être ni méconnue ni exagérée.

Comme la baguette divinatoire, comme la table tournante, la vision dans le cristal n'a rien d'occulte et d'extrascientifique en soi. C'est un phénomène qui rentre dans un groupe, déjà connu et analysé, de faits psychophysiologiques.

On peut maintenant ajouter que ceci n'explique pas les faits de divination ou de télépathie observés avec le cristal. Si ces faits existent, ils ne sont évidemment pas expliqués par l'activité polygonale ; mais ils ne dépendent pas du cristal, pas plus qu'ils ne dépendent de la baguette ou de la table.

La question générale de la télépathie, comme la question de la clairvoyance ou de la suggestion mentale, reste dans l'occultisme d'aujourd'hui, que nous étudierons dans notre troisième partie. Mais la cristallomancie n'appartient plus à l'occultisme, pas plus que la baguette divinatoire, le pendule explorateur ou la table tournante.

Voilà tout ce que je voulais prouver et la conclusion, ainsi précisée et réduite, est encore importante, puisque longtemps on a vu quelque chose de mystérieux et de supranaturel dans le fait même de la cristallomancie, et la lettre, citée plus haut, de la correspondante du R. P. Lescœur prouve qu'aujourd'hui encore certaines personnes ont de la tendance à trouver du merveilleux dans cette hallucination polygonale.

## III. RÉMINISCENCES ET FAUX JUGEMENTS POLYGONAUX

### 41. Réminiscences polygonales.

J'ai indiqué plus haut que le polygone a une mémoire et que les souvenirs inconscients emmagasinés dans ces neurones psychiques inférieurs peuvent, à un moment donné, se révéler à O, qui ignore leur origine et peut, dans certaines circonstances, les prendre pour une révélation supranaturelle, une divination ou une impression télépathique.

Le mot de *réminiscence* me paraît bien s'appliquer à ces souvenirs que le sujet retrouve, croyant les trouver et sans se rendre compte que ce sont des souvenirs.

Pour que O ignore ainsi l'origine de ces souvenirs, il faut qu'ils aient été acquis dans un état de désagrégation suspolygonale comme la distraction, le sommeil, l'hypnose.... Ils peuvent se révéler, soit à l'état de veille, soit dans un autre état de désagrégation suspolygonale semblable au premier ou différent de lui.

Les suggestions posthypnotiques, à plus ou moins longue échéance, rentrent dans ce groupe des réminiscences polygonales.

Voici quelques autres exemples qui démontreront la chose et en même temps la rendront plus claire.

**a.** *Réminiscences dans la distraction.*

Jules Soury a signalé à Pierre Janet un curieux passage de *Crime et châtiment* dans lequel Dostoïewski décrit admirablement cet emmagasinement inconscient des impressions dans la distraction et leur reviviscence ultérieure sous forme d'actes automatiques, dont l'origine reste inconsciente et apparaît par suite plus ou moins mystérieuse et occulte.

«J'allais chez vous, commença Raskolnickoff; mais comment se fait-il qu'en quittant le marché au foin, j'ai pris la perspective? Je ne passe jamais par ici, je prends toujours à droite au sortir du marché au foin; ce n'est pas non plus le chemin pour aller chez vous. A peine ai-je tourné de ce côté que je vous aperçois, chose étrange! — Mais, vous avez apparemment dormi tous ces jours-ci, répond Svidrigaïloff; je vous ai moi-même donné l'adresse de ce trackis et il n'est pas étonnant que vous y soyez venu tout droit. Je vous ai indiqué le chemin à suivre et les heures où l'on peut me trouver, vous en souvenez-vous? — Je l'ai oublié, dit Raskolnickoff avec suprise. — Je le crois ; à deux reprises, je vous ai donné ces indications; l'adresse s'est gravée machinalement dans votre mémoire et elle vous a guidé à votre insu. Du reste, pendant que je vous parlais, je voyais bien que vous aviez l'esprit absent» (1).

Evidemment Raskolnickoff avait «l'esprit absent», O

---

(1) Dostoiewski; *Crime et châtiment*, t. II, p. 219.

occupé à autre chose, quand Svidrigaïloff avait déposé tous ces renseignements dans son polygone. Et Raskolnickoff n'avait pas oublié, il s'était souvenu, mais avec son polygone qui avait seul reçu l'impression. O n'avait rien oublié, n'ayant rien appris.

Moins instruits, Svidrigaïloff et Raskolnickoff auraient vu là une force occulte qui les avait dirigés l'un vers l'autre.

b. *Réminiscences dans le rêve.*

Dans l'état de désagrégation suspolygonale qu'est le sommeil, dans le rêve, on retrouve parfois des souvenirs déposés dans le polygone dans cet autre état de désagrégation suspolygonale qu'est la distraction.

Ainsi MAURY voit en rêve, plusieurs jours de suite, « un certain monsieur à cravate blanche, à chapeau à larges bords, d'une physionomie particulière et ayant dans sa tournure quelque chose d'un angloaméricain ». Ce monsieur lui est absolument inconnu. Mais plus tard il le rencontre, absolument tel que, dans un quartier où il était allé souvent avant son rêve et où il l'avait certainement vu, sans s'en rendre compte.

Voilà qui donne au rêve l'apparence d'une divination ou d'une prémonition, alors qu'en réalité il s'agit seulement d'une résurrection des impressions inconsciemment reçues et emmagasinées.

Une autre fois, MAURY rêve l'association de trois noms propres avec les noms de trois villes de France ; il ne comprend pas ce rêve ; mais il retrouve ensuite un vieux journal où cette association figurait dans une annonce. Il l'avait lue distraitement, l'avait, à l'insu de O, retenue dans son polygone et dans la désagrégation suspolygonale du sommeil l'avait retrouvée.

Le sommeil peut révéler ainsi des souvenirs que le sujet a déposés, plus ou moins anciennement et plus ou moins distraitement dans son polygone et qu'il y a oubliés.

Delbœuf rêve le nom *asplenium ruta muralis* comme un nom familier. Au réveil, il ne peut pas se rendre compte d'où il a tiré ces mots qui ne lui rappellent rien, qui ont l'air d'être une création de son polygone. Longtemps après, il découvre ce nom *asplenium ruta muraria* écrit de sa propre main dans une collection de plantes qu'il avait faite sous la dictée d'un ami botaniste.

Brockelbank perd un couteau de poche, le cherche vainement, n'y pense plus. Six mois après, il en rêve, voit la poche d'un vieux pantalon abandonné où est son couteau. Il s'éveille, y va, le trouve. Divination ! Non. Souvenir polygonal réapparaissant dans le sommeil.

Myers, à qui j'emprunte ces derniers exemples (1), cite d'autres cas d'objets égarés et retrouvés en rêve, toujours par ce même mécanisme. La chose devient bien plus jolie, mais pas plus mystérieuse, quand le polygone agrémente sa ressouvenance d'un peu de roman.

Une fillette perd un petit couteau auquel elle tenait beaucoup et ne le trouve plus. Une nuit, elle rêve qu'un frère qu'elle avait perdu et beaucoup aimé lui apparaît et la conduit par la main à l'endroit précis où était le couteau. Elle s'éveille, y va et le trouve.

On prévoit combien il sera difficile d'empêcher cette enfant de croire à une révélation d'outre-tombe. Et cependant c'est un simple fait de réminiscence polygonale. On voit de quelles précautions il faut s'entourer, avec quel soin il faut faire l'enquête avant de déclarer supranaturelle une expérience.

---

(1) Myers ; *La personnalité humaine ; sa survivance, ses manifestations supranormales*. Traduction et adaptation du D$^r$ S. Jankelevitch. Bibliothèque de philosophie contemporaine, 1905.

c. *Réminiscences devant le cristal.*

Cette révélation d'un souvenir polygonal, dont O ignore l'origine parce qu'il a été recueilli en distraction, peut être faite par des états de désagrégation suspolygonale autres que le sommeil, par exemple la cristallomancie.

«M$^{lle}$ Goodrich Freer, raconte Myers, voit dans un cristal l'annonce de la mort d'une de ses amies, fait totalement étranger à son moi conscient d'ordinaire. En se reportant au *Times*, elle trouve, dans une feuille dont elle s'était servie pour protéger sa face contre la chaleur de la cheminée, l'annonce de la mort d'une personne portant le même nom que son amie; de sorte que, ajoute Myers, les mots ont pénétré dans le champ de sa vision, sans atteindre son esprit éveillé».

Voilà bien en effet toute l'explication de ce phénomène d'apparence divinatoire ou clairvoyante : en pensant à autre chose avec son O devant le feu, cette demoiselle a lu et retenu avec son polygone ce nom (qu'elle connaissait) dans le *Times* qui lui servait d'écran. Elle n'a eu aucune conscience, aucun souvenir conscient du fait. Mais quand son polygone a été de nouveau désagrégé par la contemplation du cristal, il a retrouvé ce nom, qui était celui d'une personne chère; il a dramatisé son souvenir et a fait apparaître dans le cristal la mort de cette amie.

d. *Réminiscences à l'état de veille.*

A l'état de veille, O peut aussi reprendre possession et conscience des souvenirs polygonaux, toujours sans se rendre compte de leur origine et de leur nature de souvenirs.

α. Distraction et veille.

Dans la distraction, la désagrégation est lâche et peu complète. Avec un rappel et un peu d'insistance, O peut prendre conscience d'une impression déposée dans son polygone.

Vous faites une question à une personne distraite. — Quoi? dit-elle. — Elle a entendu que vous l'interpelliez, mais n'a pas fait attention à la question posée. Sans répéter la question, vous insistez : réfléchissez ; je vous ai demandé quelque chose. — Ah! oui, reprend-elle. — Elle fait effort, retrouve votre question dans son psychisme inférieur et y répond.

De même, spontanément ou plus souvent sous l'influence d'une impression nouvelle et forte, O sort de sa distraction et, en même temps qu'il reprend la direction de l'entier psychisme, se retrouve un certain nombre de souvenirs polygonaux. A la porte de Madame de Haut-Castel, Xavier de Maistre reconnaît sa distraction.

Dans une conversation, on s'aperçoit, après coup, en O, d'un mot qu'on a inconsciemment substitué à un autre, déjà depuis un moment, une série de fois : c'est bien là encore un souvenir polygonal qui est saisi par O.

Le problème se complique, mais reste du même ordre, si, quand O recueille un souvenir polygonal, ce souvenir a déjà été modifié par un raisonnement polygonal, par une association inconsciente d'idées ou d'images.

Myers cite le cas d'un «étudiant en botanique qui, passant distraitement devant l'enseigne d'un restaurant, crut y lire les mots *verbascum thapsus*. Or, le mot qui y était imprimé réellement était *Bouillon* ; et le mot bouillon constitue la désignation française vulgaire de la plante verbascum thapsus. Il s'est produit ici, continue Myers, une transformation subliminale de la perception optique actuelle et les mots verbascum thapsus ont été le message envoyé au moi supraliminal distrait par le moi subliminal plus occupé de botanique que d'un dîner».

Nombreux sont les témoignages qui subissent cette transformation polygonale, par suite inconsciente, entre le crime et la cour d'assises. Que de faux témoins qui ne sont pas coupables, parce que leur fraude rentre dans ces fraudes inconscientes et involontaires, par suite non frauduleuses, que nous avons étudiées dans le second chapitre de la première partie (p. 39). La première impression, vraie et réellement reçue, est dénaturée par l'imagination polygonale (que nous étudierons dans le chapitre suivant) et les centres supérieurs l'expriment, consciemment et volontairement, sous cette forme nouvelle qui, à leur insu, est devenue absolument erronée. Vous pouvez affirmer avoir rencontré M. A à tel endroit et à telle heure, alors que vous y avez vu distraitement M. B et que la couleur des gants ou de la jaquette a associé l'idée de M. A à l'idée de M. B dans votre polygone, qui a finalement gardé le souvenir précis de M. A.

L'entraînement passionnel, l'entraînement grégaire, tous les états de semidésagrégation suspolygonale aboutissent ainsi à des raisonnements polygonaux dont les conclusions sont souvent extrêmement dangereuses quand O les soutient et les affirme, en toute sincérité, même sous la foi du serment.

Sans l'analyse psychophysiologique qui précède, on pourrait facilement attribuer à des influences supranaturelles et occultes ces apparitions et ces transformations, en apparence spontanées, d'impressions et d'idées dont l'origine reste inconsciente et par suite mystérieuse pour O.

β. Sommeil et veille.

Les réminiscences du sommeil à l'état de veille et réciproquement peuvent donner lieu à des interprétations du même ordre.

Le rappel de mémoire polygonale par O, du sommeil à la veille, «peut être provoqué par une impression sensorielle ayant un rapport plus ou moins direct avec le rêve; quelquefois le rappel est dû à une représentation visuelle ou auditive. Le mot *bourgeois* prononcé dans un rêve et prononcé le lendemain réveille le souvenir du rêve et fait vivre ce rêve pendant quelques instants. Un costume original vu à l'état de veille rappelle un rêve dans lequel une personne était apparue costumée de la même façon» (1).

Inversement, la mémoire de l'état de veille enjambe parfois sur le sommeil. Très souvent les souvenirs de la veille provoquent et dirigent le rêve suivant. Ces souvenirs dans le rêve peuvent prendre même toute l'apparence d'une hypermnésie vraie. «Cette intensité peut faire croire au miracle, dit encore Tissié. L'employé, cité par Abercrombié, se rappelle à l'état de sommeil un acte qu'il avait accompli neuf mois avant, à l'état de veille et le propriétaire de Bowland retrouve dans cet état un souvenir très important de sa jeunesse, cette hypermnésie avait été provoquée par une concentration d'esprit et un travail en dessous, à l'état de veille».

Ces faits se rapprochent beaucoup de ceux de Myers que j'ai rapportés plus haut (p. 136), dans lesquels le polygone désagrégé retrouve, dans le sommeil, des souvenirs polygonaux oubliés à l'état de veille.

---

(1) Tissié ; *Les rêves. Physiologie et Pathologie.* Bibliothèque de philosophie contemporaine. 2ᵉ édit., 1898.

## 42. Sensation de «déjà vu», «déjà éprouvé», ou fausse reconnaissance.

a. *Diverses attitudes de O devant les reviviscences polygonales.*

Variables sont l'impression que produit sur O la connaissance plus ou moins brusque d'un souvenir polygonal et les idées que fait naître dans O l'arrivée de ce souvenir, dont, jusque là, il ignorait l'existence en lui.

α. Dans le cas le plus simple (peu intéressant ici), le sujet reconnaît la nature et l'origine du souvenir sans être étonné ni trompé.

β. Parfois O hésite sur l'origine et la véritable nature de cette impression qui se révèle à lui brusquement. Au sortir du sommeil, par exemple, on se demande si on rêve, si on est éveillé, et si l'idée qui se présente à l'esprit est une réalité ou une rêverie.

Chez certaines personnes, cette hésitation est persistante. Un soldat, cité par Tissié, rêve qu'il passe en conseil de guerre et rend son sabre. Au réveil, il porte la main sur son sabre à côté de lui pour voir s'il y est encore.

γ. Le souvenir polygonal peut apparaître à O absolument comme une vraie réminiscence. O ne se doute alors pas du tout que c'est un souvenir et il se croit l'auteur de l'idée. L'acte inspiré en réalité par la mémoire semble un acte spontané des centres supérieurs.

C'est ce qui arrive à Raskolnickoff dans la scène citée plus haut de Dostoïewski. Il croit que c'est de son propre mouvement, spontanément, qu'il a pris à droite au sortir du marché au foin, alors qu'en réalité il n'a fait qu'obéir à un souvenir polygonal.

δ. Enfin, dans des cas plus compliqués, O, en éprouvant une sensation, la reconnaît parce que c'est un souvenir déposé par son polygone dans sa mémoire générale et, en même temps, il ne peut pas se rendre compte de l'origine de ce souvenir, du lieu et du temps où il l'a acquis. Il *reconnaît ainsi une chose qu'il n'a jamais vue.* Ces deux «évidences inconciliables», cette faillite de sa raison devant la reconnaissance d'une sensation non éprouvée déjà entraîne une *angoisse* toute spéciale, et le sujet éprouve alors la sensation bizarre que je vais exposer et analyser dans le paragraphe suivant.

**b.** *Description du «déjà vu»* (1).

Il ne faut confondre le «déjà vu» ni avec la réminiscence (dans laquelle il n'y a pas reconnaissance, dans laquelle il y a au contraire méconnaissance de l'origine mnésique de l'impression), ni avec le «déjà vu» des aliénistes, qui est une hallucination de O. Ainsi, un malade d'Arnaud retrouvait, dans sa mémoire, même le souvenir de la locomotive suspendue lors de l'accident de la gare Montparnasse (c'est-à-dire qu'il reconnaissait une chose qu'il n'avait certainement jamais vue, ni consciemment ni inconsciemment). Cette dernière forme constitue le délire *palingnostique* de Mendel, dans lequel «le malade croit reconnaître dans ce qu'il voit pour la première fois, dans un milieu tout à fait nouveau, des objets, des individus qu'il aurait déjà connus auparavant, un milieu

---

(1) Voir: La sensation du «déjà vu», sensation du «déjà entendu», du «déjà éprouvé», illusion de fausse reconnaissance. *Journal de Psychologie normale et pathologique*, 1904, t. I, N° 1.

dans lequel il se serait trouvé autrefois» (1). Ceci appartient à l'aliénation mentale et je ne m'en occupe pas ici.

Le «déjà vu» *physiologique* est au contraire vraiment un phénomène de psychisme inférieur.

Rien ne le décrit mieux que ce passage de l'autoobservation que Paul Bourget a bien voulu m'autoriser à publier: «... la sensation de fausse reconnaissance m'est très habituelle... Voici comment d'habitude cette fausse reconnaissance se produit. Quelqu'un prononce une phrase et, avant que cette phrase ne soit terminée, j'ai l'impression soudaine et irrésistible que j'ai déjà entendu les mêmes mots, dits par la même personne, avec le même accent. L'illusion va plus loin. Aussitôt, ma propre réponse, que je n'ai pas encore prononcée, me paraît avoir été entendue par moi. Ou, pour être plus précis, j'ai l'impression que j'ai déjà émis les sons que je vais émettre, et cela à mesure que je les émets. C'est alors et pendant que je parle que l'illusion arrive à son comble. Il me semble tout d'un coup que cette phrase et ma réponse s'accompagnaient d'émotions que je ne retrouve plus. C'est comme si tout un monde de sentiments parus allaient reparaître, qui ne reparaît pas et qui est là cependant. Je suis pris, malgré moi, d'une *angoisse* qui m'étreint dans mon rêve le plus fréquent, qui consiste à *voir*, bougeant et vivant, un ami que, même dans mon sommeil, je *sais* être mort. Pareillement, dans ces instants de fausse reconnaissance, je *sais* que les mots échangés entre la personne avec qui je cause et moi n'ont jamais été échangés auparavant. Je *sais* surtout que mes relations émotives avec cette per-

---

(1) Séglas; *Traité de Pathologie mentale de Gilbert Ballet*, p. 270.

sonne sont actuelles et je *sens* que ces mots ont déjà été dits... Cette *dualité d'évidences inconciliables* joue dans le champ de conscience, pendant un instant qui est d'ordinaire très court et qui me paraît infiniment long. Puis le phénomène cesse et j'ai physiquement la sensation que l'on a au sortir d'un accès d'absolue distraction... ».

### c. *Analyse psychophysiologique du phénomène.*

Dans tous ces faits, ou au moins dans la plupart, je crois que la reconnaissance est réelle ; le sujet reconnaît bien une impression perçue. Seulement, comme cette impression est arrivée dans sa mémoire générale à un moment où le polygone était désagrégé, il n'a pas eu conscience de l'arrivée de ce souvenir et ne peut comprendre quand et comment cette impression est parvenue une première fois à son cerveau.

Comme dit FERNAND GREGH (1), « vous sentez que vous vivez identiquement une minute que vous avez déjà vécue, mais *vous ne pouvez pas la situer dans votre passé* ».

C'est à propos de ces phénomènes que JULES LEMAITRE (2) dit très justement : « notre vie intellectuelle est en grande partie inconsciente ; continuellement les objets font sur notre cerveau des impressions dont nous ne nous apercevons pas et qui s'emmagasinent sans que nous en soyons avertis ».

Dans un récent travail, DROMARD et ALBÈS (3) ont émis, à

---

(1) FERNAND GREGH cité par LEROY ; *Etude sur l'illusion de fausse reconnaissance* identificirende Erinnerungstauschung de Kræpelin *chez les aliénés et les sujets normaux.* Thèse de Paris, 1898, N° 655.

(2) JULES LEMAITRE cité par CHARLES MÉRÉ ; La sensation du « déjà vu ». *Mercure de France*, 1903, t. XLVII, p. 73.

(3) DROMARD et ALBÈS ; Essai théorique sur l'illusion dite de fausse reconnaissance. *Journal de Psychologie normale et pathologique*, 1905, p. 216.

propos de l'illusion de fausse reconnaissance, des idées qu'il me paraît intéressant de rapprocher de celles que je viens d'exposer.

Ces auteurs appellent « invagination de l'attention » un état de distraction dans lequel O se désintéresse de l'extérieur, absorbé qu'il est par l'observation introspective et ils ajoutent : « dans cet état d'invagination de l'attention, que va-t-il se passer en présence d'une situation M ?

» En temps ordinaire, le psychisme inférieur (centres polygonaux) recueillerait une série de sensations fournies par M, et le psychisme supérieur (centre O) transformerait au fur et à mesure ces sensations en perception ; d'où il résulterait une représentation consciente de M, avec sentiment d'adaptation ou d'effort pour la prise de possession de la réalité.

» Au contraire, le cas échéant, il n'y a plus coopération des deux psychismes (centre O et centres polygonaux) pour la prise de possession de M. Le psychisme inférieur (centres polygonaux) emmagasine la représentation de M, sans le concours et à l'insu du psychisme supérieur (centre O) qui est occupé, comme nous le savons, à l'introspection et détaché de la réalité. La représentation emmagasinée de la sorte aura donc pour caractère d'être automatique, c'est-à-dire de ne s'accompagner d'aucun sentiment d'effort en vue d'une adaptation du moi au non-moi. Pendant ce temps, le psychisme supérieur (centre O) utilise son activité, contrairement à ce que l'on peut observer chez le rêveur ; seulement, au lieu d'appliquer cette activité sur M, il l'applique sur l'image de M recueillie par le psychisme inférieur (centres polygonaux) dans les conditions que nous venons de dire et avec les attributs que nous venons d'indiquer.

» Au total, l'opération envisagée dans son ensemble

comporte deux éléments : *a.* présence dans le subconscient d'une représentation de M emmagasinée en dehors de tout effort d'adaptation ; *b.* application de l'activité consciente à cette représentation de M...

» ... En résumé, *fixation automatique des représentations* d'une part et *application d'une activité consciente à ces représentations* d'autre part, telles sont les conditions dont doit dépendre, selon nous, l'illusion du *déjà vécu*. Ces conditions se trouvent réalisées dans certains états de distraction, quand ces états conduisent d'une manière inconsciente à une sorte d'invagination de l'attention, au lieu de se terminer purement et simplement par un retour à l'activité normale de l'esprit ».

### 43. PATHOLOGIE DE LA MÉMOIRE POLYGONALE.

Les divers phénomènes de mémoire polygonale dont je viens de parler correspondent à des états physiologiques ou tout au plus extraphysiologiques. Les états pathologiques de cette même mémoire peuvent aussi donner lieu à des phénomènes qu'une analyse incomplète pouvait classer autrefois parmi les mystérieux et les occultes.

#### a. *Hypermnésies polygonales.*

Je ne crois pas que la maladie puisse accroître la totalité de la mémoire : il n'y a pas d'*hypermnésie* pathologique générale et vraie. Mais, dans certains cas de *paramnésie* générale, la maladie peut donner à la mémoire polygonale une prédominance morbide très grande. C'est ainsi qu'il faut comprendre les hypermnésies suggérées dans l'hypnose.

D'ailleurs, dans tous ces cas, la faculté de mémoire polygonale n'est pas accrue. Dans ces *hypermnésies polygonales*, on peut avoir seulement un *rappel* plus facile et une *fixation* plus profonde.

**b.** *Amnésies générales avec conservation de la mémoire polygonale.*

Dans l'amnésie générale il peut y avoir conservation de la mémoire polygonale. Le sujet présente alors, à l'état de veille, le même tableau que celui qui est atteint d'amnésie générale totale ; mais si on peut l'observer dans un état (spontané ou provoqué) de désagrégation suspolygonale, il diffère complètement des précédents : on retrouve et on révèle dans son polygone désagrégé le souvenir qui paraissait totalement disparu de son cerveau. On peut donc, chez ces amnésiques, réveiller les souvenirs disparus en interrogeant directement leur polygone émancipé, dans le sommeil par exemple, l'attaque d'hystérie, l'écriture automatique, l'hypnose...

Pierre Janet cite une malade qui, interrogée sur le nom de l'interne du service, ne le sait pas. On détourne son attention sur autre chose par une conversation ; on lui glisse un crayon dans la main et on lui dit d'écrire le nom de l'interne : elle l'écrit.

A chacun de nous il est arrivé d'avoir oublié l'orthographe d'un mot si on veut l'épeler et de la retrouver en écrivant le mot automatiquement.

L'exemple le plus typique du phénomène est la malade dont Charcot (1) a raconté l'histoire dans sa leçon du 22 décembre 1891. Après une crise violente, provoquée par une émotion, le 28 août 1891 elle oublie tout ce qui s'est passé depuis le 14 juillet au soir (amnésie rétrograde) et ne peut plus enregistrer et garder aucun

---

(1) Charcot ; Sur un cas d'amnésie rétroantérograde probablement d'origine hystérique. *Revue de médecine*, 1892, t. XII, p. 81.

souvenir (amnésie actuelle, rétroantérograde). « En réalité, les faits qu'elle oublie si vite à l'état de veille et qu'elle ne peut plus faire apparaître dans sa conscience, elle les a vraiment enregistrés. La preuve en est que, spontanément, elle a pu les faire connaître, la nuit, dans son sommeil. Nous l'avons fait observer par ses deux voisines de lit et nous avons ainsi appris qu'elle rêvait tout haut et que, dans ces rêves, elle faisait parfois allusion aux événements des jours précédents, évoquant ainsi dans son sommeil des souvenirs qu'elle est incapable de faire revivre à l'état de veille. Mais la preuve en est surtout dans le fait suivant : cette femme, que nous avons pu hypnotiser, retrouve dans le sommeil hypnotique la mémoire de tous les faits écoulés jusqu'au moment présent, et tous les souvenirs ainsi enregistrés inconsciemment revivent dans l'hypnose, associés, systématisés, ininterrompus, de manière à former une trame continue et comme un second moi, mais un moi latent, inconscient, qui contraste étrangement avec le moi officiel dont vous connaissez l'amnésie profonde ».

BERNHEIM (1) avait déjà démontré, par plusieurs faits, qu'on peut, dans l'hypnose, réveiller des souvenirs qui paraissent complètement effacés. Il a montré qu'on peut aussi de la même manière rappeler des hallucinations négatives, c'est-à-dire effacer dans l'hypnose des amnésies antérieurement suggérées : suggéré dans ce sens, le sujet se rappellera tout ce qu'il est sensé n'avoir ni senti, ni vu, ni entendu.

On comprend combien, avant toutes ces études, il était

---

(1) BERNHEIM ; *Hypnotisme, suggestion, psychothérapie*, 1891, p. 133.

facile, avec un peu d'imagination, de voir dans ces faits la preuve d'une force occulte ou d'un fluide mystérieux.

### c. *Amnésies polygonales*.

Enfin, dans certains cas, l'amnésie peut porter exclusivement sur les idées polygonales : la vie psychique inférieure est alors très troublée, tandis que la vie psychique supérieure, consciente et volontaire, fonctionne relativement bien.

Pierre Janet fait remarquer justement qu'avec ces amnésies, l'hystérique ne devient pas stupide comme il devrait l'être et comme il le serait s'il était amnésique total. L'intelligence, le raisonnement sont conservés, quoique le fonctionnement intellectuel soit ordinairement lié à l'intégrité de la mémoire. L'intelligence supérieure, en O, n'est pas atteinte parce que, dans ces cas, l'amnésie est exclusivement polygonale...

# CHAPITRE SIXIÈME

## L'ASSOCIATION DES IDÉES ET L'IMAGINATION POLYGONALES. MÉDIUMS ET ROMANS POLYGONAUX.

I. — L'association des idées et l'imagination polygonales.
    44. *Généralités, définitions et analyse.*
    45. *Le polygone et l'inspiration.*
II. — Les médiums.
    46. *L'extériorisation motrice des idées polygonales.*
    47. *Définition du médium.*
    48. *Les transes. Rapports des médiums avec la famille névropathique.*
    49. *Transformations de personnalité. Les personnalités médianimiques et les esprits familiers des médiums.*
    50. *Les degrés de la médiumnité.*
III. — Les romans polygonaux des médiums.
    51. *Les romans d'Hélène Smith.*
        *a.* Cycle royal.
        *b.* Roman martien.
    52. *Le roman martien de M$^{me}$ Smead.*
IV. — Conclusions.
    53. *Réalité de l'imagination polygonale.*
    54. *Limites de l'imagination polygonale.*
        *a.* Caractères inférieurs des romans polygonaux.
        *b.* Infériorité des conceptions polygonales en général.
    55. *Les produits de l'imagination polygonale des médiums simulent facilement des communications exogènes supranaturelles.*

## I. L'ASSOCIATION DES IDÉES ET L'IMAGINATION POLYGONALES

### 44. GÉNÉRALITÉS, DÉFINITIONS ET ANALYSE.

Il est impossible d'admettre avec CLAPARÈDE (1) que par *association* on doit toujours entendre «association des faits de conscience». Il faut dire «association des faits psychiques». Car, s'il y a une association des idées et des images déposées dans la conscience (centres conscients O), il y a aussi une association des idées et des images déposées dans les centres inconscients polygonaux.

Cette association polygonale obéit aux mêmes lois que l'association supérieure et démontre l'*activité* propre des centres psychiques inférieurs. Devant les idées et les images venues de l'extérieur, les neurones ne sont nullement passifs. Provoqués par une idée ou une image nouvelles, les centres évoquent dans la mémoire des souvenirs ayant quelque rapport avec l'impression provocatrice ; ce sont les centres qui associent comme ce sont les centres qui font attention et qui se souviennent. Les idées et les images ne s'appellent pas mutuellement comme l'aimant attire la limaille : la nature propre du sujet intervient dans la fonction.

Avec raison, CLAPARÈDE trouve «franchement insuffisante» l'opinion de RABIER d'après lequel la raison de l'association est dans l'idée antécédente. Il appelle «force d'association» cet élément actif propre, duquel, toutes

---

(1) CLAPARÈDE ; *L'association des idées*. Bibliothèque internationale de psychologie normale et pathologique, 1903.

choses égales d'ailleurs, dépend l'évocation d'une nouvelle idée.

Pour l'*imagination*, personne ne nie plus l'activité propre des centres neuroniques. Personne ne veut plus assimiler uniquement l'imagination à une «imagerie mentale». BAIN montre dans l'imagination la «constructivité», la «fonction constructive, plastique ou poétique, au sens étymologique du mot». RIBOT (1) étudie l'imagination «créatrice» et DUGAS (2) conclut que l'imagination est le concours difficilement réalisé de deux qualités distinctes, la puissance d'objectivation et la force combinatrice.

L'imagination revient en somme à deux éléments: l'*objectivation* et la *création*.

J'ai déjà donné des preuves d'association d'idées ou d'images et d'imagination polygonales dans la distraction (étudiant en botanique de la page 138), dans le sommeil (3) (rêves), dans l'hypnose (4), dans le somnambulisme...

---

(1) RIBOT ; *Essai sur l'imagination créatrice*. Bibliothèque de philosophie contemporaine, 1900.

(2) DUGAS ; *L'imagination*. Bibliothèque internationale de psychologie normale et pathologique, 1903.

(3) Dans un rêve, MAURY marche sur une *route* : route éveille l'idée de *kilomètre* ; de là, il passe à *kilogramme* et se trouve sur la *balance* d'un épicier ; puis il arrive à l'île de *Gilolo* où l'épicier lui dit qu'il se trouve ; il voit alors une fleur *lobelie*, puis le général *Lopez* et finit par faire une partie de *loto*.

(4) CHARLES RICHET (*L'homme et l'intelligence*, p. 178) dit à une malade de Beaujon : «venez avec moi ; nous allons sortir et voyager. — Et alors, successivement, elle décrivait les endroits par où elle passait ; les corridors de l'hôpital, les rues qu'elle traversait pour se rendre à la gare, puis elle arrivait à la gare ; et, comme elle connaissait tous les endroits, elle indiquait avec assez d'exactitude les détails des lieux que son imagination et sa mémoire également surexcitées lui représentaient sous une forme réelle.

C'est l'association inconsciente ou polygonale qui explique l'association dite *médiate* ou *latente* (HAMILTON) (1).

HOBBES «raconte qu'au milieu d'une conversation sur la guerre civile d'Angleterre, quelqu'un demanda tout à coup combien valait le denier romain et que le lien qui nouait ces deux idées (à savoir : la guerre civile sous Charles I$^{er}$, Charles I$^{er}$ livré par les Ecossais pour deux cent mille livres sterling, Jésus-Christ livré par Judas pour trente deniers), que ce lien n'a pu être retrouvé qu'après un peu de réflexion».

«FÉRÉ raconte qu'un malade souffrant de migraine avait associé l'idée de Jeanne d'Arc au mot biscuit : ce mot avait éveillé successivement l'idée d'une assiette de biscuits disposés en quadrilatères superposés, puis celle du bûcher et enfin celle de Jeanne d'Arc».

«N'arrive-t-il pas parfois que, pensant à quelqu'un, on voit tout à coup surgir l'image d'une autre personne ; et l'on se rend bien compte que c'est un rapport de ressemblance qui est à la base de l'association ; mais on est incapable de trouver quel est le caractère commun qui constitue la ressemblance de ces deux personnes ou ce n'est qu'au bout de quelques instants qu'on y parvient».

De ces associations médiates on peut rapprocher les phénomènes de synopsie, qui sont «parfois le résultat

---

Puis, brusquement, on pouvait la transporter dans un site éloigné qu'elle ne connaissait pas, au lac de Côme, par exemple, ou dans les régions glacées du Nord. Son imagination, livrée à elle-même, s'abandonnait alors à des conceptions qui ne manquaient pas de charmes ou qui intéressaient toujours par leur apparente précision; toujours nous étions surpris par la vivacité avec laquelle elle percevait les sensations imaginaires».

(1) Voir: CLAPARÈDE; *loco cit*.

d'une association sous-jacente, dont le chaînon médiat serait, ainsi que le suppose Flournoy, un état affectif».

## 45. Le polygone et l'inspiration.

L'imagination polygonale est si réelle et joue un tel rôle dans la vie psychique générale qu'on a voulu en faire la base de l'*inspiration*.

Ribot déclare désigner sous le nom de «facteur inconscient» de l'imagination «ce que le langage ordinaire appelle l'inspiration».

Les défenseurs de cette doctrine ont été particulièrement frappés de la *brusquerie* avec laquelle arrive l'inspiration et de l'*inconscience* qui l'accompagne : il semble à l'inspiré qu'il reçoit une révélation du dehors, au point qu'il extériorise souvent l'origine (symbole de la muse).

Ces mêmes auteurs insistent aussi beaucoup sur le rôle du sommeil chez certains inspirés et citent par exemple, avec Chabaneix : Tartini, entendant dans son sommeil le diable qui lui joue la fameuse *Sonate du diable*, s'éveillant et l'écrivant ; Schumann recevant de Schubert dans le sommeil le thème en mi bémol majeur ; Coleridge composant dans le sommeil une pièce de vers... Mozart, décrivant sa manière de composer, dit : «tout cela, l'intervention et l'exécution, se produit en moi comme dans un beau songe très distinct».

Ribot développe cette théorie : «l'inspiration ressemble à une dépêche chiffrée que l'activité inconsciente transmet à l'activité consciente, qui la traduit». Et il conclut nettement : «ce qui semble acquis, c'est que la génialité ou du moins la richesse d'invention dépend de l'imagination subliminale, non de l'autre superficielle par nature et promptement épuisée. Inspiration signifie imagination inconsciente et n'en est même qu'un cas particulier. L'imagination consciente est un appareil de perfectionnement».

Malgré l'autorité de ses parrains, cette théorie polygonale de l'inspiration me paraît renverser en quelque sorte le rôle respectif des deux psychismes.

Sans doute dans l'activité polygonale il y a de la *constructivité* et de la *création* : les romans des médiums que nous étudierons tout à l'heure le prouvent bien. L'imagination polygonale est, elle aussi, complète, c'est-à-dire à la fois associatrice, objectivante et créatrice. Mais c'est dénaturer son rôle que de lui donner la première et exclusive place dans l'inspiration.

Les deux grands caractères «soudaineté, impersonnalité» invoqués par les auteurs pour démontrer la nature inconsciente de l'inspiration ne prouvent rien, ni pour ni contre la théorie polygonale. Ce sont là des caractères mystérieux qui peuvent se présenter dans les psychismes, dans le supérieur comme dans l'inférieur. Ce sont des associations rapides et neuves dont nous ne voyons pas le mécanisme.

Ribot signale aussi les habitudes bizarres qu'ont certains auteurs pour faciliter l'inspiration (1) et ajoute: «tous ces procédés poursuivent le même but : créer un état physiologique particulier, augmenter la circulation cérébrale pour provoquer ou maintenir l'activité inconsciente».

Je veux bien que tout cela soit pour créer un état physiologique particulier, peut-être même pour augmenter

---

(1) « Marcher à grands pas, être étendu dans son lit, chercher l'obscurité complète ou la pleine lumière, tenir les pieds dans l'eau ou dans la glace, la tête en plein soleil, user du vin, de l'alcool, de boissons aromatiques, du haschisch et autres poisons de l'intelligence ». Ribot ; *Psychologie du sentiment* (citat. Chabaneix).

la circulation cérébrale et provoquer ou maintenir l'activité psychique. Mais pourquoi penser que cela provoque ou maintient mieux l'activité *inconsciente*? Pourquoi ces divers actes ne provoqueraient-ils pas ou ne maintiendraient-ils pas aussi bien l'activité de O ou toutes les activités psychiques à la fois ?

En fait, je crois que physiologiquement, chez les équilibrés, l'inspiration, l'imagination créatrice a pour organes, à la fois, les *deux* ordres de centres psychiques qui s'unissent dans une collaboration quotidienne. Dans la plupart des cas d'inspiration bien analysés on trouve la preuve de cette collaboration. «De cet amalgame, dit Goethe, de cette combinaison, cette chimie, *à la fois inconsciente et consciente*, il résulte finalement un ensemble harmonieux dont le monde s'émerveille». Rémy de Gourmont (1) reconnaît la collaboration des deux psychismes ; il proclame leur «concert», grâce auquel «s'achèvent la plupart des œuvres, d'abord imaginées soit par la volonté» (O), «soit par le rêve» (polygone).

Dans cette collaboration, *O crée*, le *polygone rumine* et contribue puissamment à trouver l'*expression*. Ribot parle très bien de cette «rumination inconsciente» ou polygonale.

Une théorie exclusive paraît également insoutenable pour placer en O seul ou dans le polygone seul le centre de l'inspiration. S'il y a désagrégation dans l'inspiration, ce n'est pas désagrégation suspolygonale entre O et le polygone, c'est plutôt désagrégation souspolygonale. Si le compositeur s'abstrait, ce n'est pas de lui-même (il concentre au contraire toutes ses forces psychiques), mais uniquement du monde extérieur.

---

(1) Rémy de Gourmont ; La création subconsciente. *La culture des idées*, 1900, p. 47.

Dans le psychisme normal de l'inspiration et de l'imagination créatrice, les deux ordres de centres interviennent donc. Si on veut analyser et essayer de distinguer le rôle respectif de chacun des psychismes, il faut dire que, chez chaque individu, O symbolise la personne créatrice et géniale du savant et de l'artiste, le polygone symbolisant l'extériorisation de la pensée supérieure, qu'il rumine, développe et exprime.

D'ailleurs, suivant le tempérament, la force absolue et relative des divers centres psychiques varie infiniment : certains ont dans leur polygone une force intellectuelle beaucoup plus forte que d'autres dans leur entier psychisme ; les uns sont plus polygonaux, d'autres plus O. Le rôle de l'élément polygonal dans l'inspiration sera évidemment très différent suivant le tempérament du sujet, suivant que l'inspiré sera un polygonal, un O ou un équilibré.

Et ainsi on voit que l'analyse des tempéraments physiologiques classés d'après l'association et l'imagination polygonales est le complément indispensable de l'étude du rôle des psychismes dans le mécanisme de la création imaginative et de l'inspiration.

Il y a enfin un dernier argument qui prouve bien que l'élément polygonal n'est pas tout dans l'inspiration. Si la théorie de Ribot était vraie, le maximum d'inspiration se trouverait dans les œuvres purement polygonales comme celles des médiums. Et en effet, Ribot cite, à l'appui de sa thèse, comme exemple d'imagination créatrice subliminale le roman martien d'Hélène Smith, le médium de Flournoy. Or, nous allons voir précisément dans les paragraphes suivants combien pauvre et puérile est l'inspiration dans ces cas.

## II. LES MÉDIUMS

46. L'EXTÉRIORISATION MOTRICE DES IDÉES POLYGONALES.

Nous avons vu déjà que certaines personnes font mieux tourner les tables que d'autres, certains sont de meilleurs directeurs et d'autres de meilleurs dirigés dans le cumberlandisme, n'est pas sourcier qui veut... voilà une première idée sommaire du médium. Le médium est un sujet qui réussit mieux que d'autres ces diverses expériences d'occultisme.

Pour préciser la chose et faire l'analyse psychophysiologique du médium, il faut d'abord rappeler le rôle du polygone dans l'extériorisation d'une idée, d'un processus psychique donné et les lois de cette extériorisation motrice des idées polygonales.

PAULHAN (1) a très bien fait ressortir le rôle de l'automatisme dans l'exécution d'une décision. Il montre que la délibération et la décision se distinguent en général de l'automatisme, tandis que «dans l'exécution, l'automatisme reprend le dessus». Si, par moments, l'exécution cesse d'être automatique, c'est qu'elle a besoin, pour être continuée, de nouvelle délibération et de nouvelle décision. «Une fois que j'ai décidé de sortir de chez moi, je suppose, le reste s'ensuit à peu près spontanément... Sans presque y penser, sans nouvel acte de volonté (supérieure), je passe mon pardessus, je mets mon chapeau, je regarde le temps pour savoir si je dois

---

(1) PAULHAN ; *La volonté*. Bibliothèque internationale de psychologie expérimentale normale et pathologique, 1903.

prendre un parapluie, j'ouvre la porte, je la referme et je descends mon escalier. Une fois la décision prise, tous ces phénomènes s'ensuivent automatiquement comme sa conséquence logique et, je peux le dire, comme sa conclusion organique».

Partant de cette première loi que tout processus psychique volitif a une tendance à se traduire par un mouvement, par un acte (1), Ribot classe les idées en trois groupes, suivant que leur tendance à se transformer en acte est forte, modérée ou faible et même, en un certain sens, nulle.

1° Le premier groupe comprend les états intellectuels extrêmement intenses, les idées «qui nous touchent», c'est-à-dire qui s'accompagnent de phénomènes sensitifs (idées avec émotion, passion) ; 2° dans le deuxième groupe sont les idée courantes, ordinaires, à action extériorisante moyenne ; 3° le troisième (action extériorisante minima) comprend les idées abstraites.

On peut résumer cela en disant que les impulsions les plus fortes viennent du psychisme polygonal, les moyennes des deux psychismes unis et les plus faibles des centres O séparés et fonctionnant seuls. Ce qui revient à dire que le psychisme polygonal est bien plus près de l'acte moteur que le psychisme supérieur.

Je vais utiliser ces données pour la définition et l'analyse psychophysiologique du médium.

## 47. Définition du médium.

Il est établi que le psychisme inférieur se manifeste

---

(1) Je n'ai besoin ici que de cette formule, mais il est bon de rappeler que, comme je l'ai dit plus haut (p. 94), la loi réciproque est également vraie, c'est-à-dire que les actes moteurs font naître la disposition psychique correspondante.

volontiers par des actes, également inconscients. Mais devant cette facilité d'extériorisation tous les polygones ne sont pas égaux. Le médium est un sujet dont le polygone est plus actif, s'extériorise plus facilement, que celui des autres hommes ; ou du moins il réalise plus vite son psychisme en actes. Si on veut me passer la hardiesse de la comparaison, je dirais que ce sont des *polygones plus méridionaux*.

On sait en effet qu'à tort ou à raison nous passons, dans le Midi, pour « bouger » volontiers, pour gesticuler beaucoup et surtout pour exprimer nos pensées avec nos doigts. Avec nous réussit toujours l'expérience de la crécelle. A dix Méridionaux, demandez ce qu'est une crécelle, neuf feront immédiatement avec la main le mouvement de faire tourner quelque chose. De même si on leur demande ce que veut dire le mot « compact ». A des degrés divers, tout le monde est Méridional à ce point de vue.

Mais enfin il y a des polygones qui extériorisent plus vite et plus fort leur état intérieur : ce sont ceux-là qui font réussir les expériences de tables tournantes, qui dirigent le mieux dans le cumberlandisme...

Avec ces médiums on peut alors faire des expériences d'ordres divers. Ordinairement on leur pose des questions : leur polygone pense une réponse plus ou moins compliquée et l'exprime, toujours inconsciemment et involontairement.

Multiples sont les procédés qu'emploiera le médium pour exprimer sa réponse.

Primitivement on plaçait, et on peut encore placer, le médium à sa table : il répond alors en se servant des pieds de la table comme interprètes et des coups frappés comme alphabet.

Mais pour des conversations prolongées et des médiums exercés, le procédé est long et laborieux, comme exécution et comme traduction et interprétation: ces coups frappés sont l'enfance de l'art.

Alors on a mis un crayon à un pied de table et le médium a répondu aux questions posées en écrivant par ce procédé encore bien compliqué. Puis on a remplacé la table par une planchette munie d'un crayon: c'était déjà bien plus facile. Il y en a qui écrivent avec une toupie, une corbeille à bec...

Enfin on a fini par mettre le crayon directement dans la main du médium et le crayon a marché tout seul, ou du moins a écrit à l'insu de O du sujet et sans que O le voulût: c'est l'écriture automatique très bien étudiée chez les hystériques et chez certains sujets en simple état de distraction; c'est l'écriture par un polygone désagrégé. Le médium écrira à l'endroit, à l'envers, en écriture spéculaire....

D'autres dessinent: la main errant au hasard, on trouve, dessinée, la maison habitée par Mozart dans la planète Mars, toute en notes de musique; la *Revue spirite*, en 1876, offrit en prime à ses abonnés un dessin médianimique, représentant une tête de christ.

L'activité polygonale des médiums ne se borne pas à pouvoir faire mouvoir des tables, des planchettes ou des crayons. On peut parler avec son polygone. Il y a des médiums qui parlent: langage automatique, involontaire et inconscient.

A côté de ces médiums écrivants et des médiums parlants, il y a aussi des médiums gesticulants: aux questions posées « ils répondent par des mouvements du corps, de la tête ou de la main ou en promenant le doigt sur les lettres d'un alphabet avec une extrême vitesse »(1).

---

(1) BERSOT; *loco cit.*, p. 130.

La machine à écrire doit être un instrument commode pour certains de ces médiums. — Beaucoup miment les personnages dans lesquels ils s'incarnent ou qu'ils incarnent.

Le *New-York Herald* (1) a parlé d'un médium pianiste et d'un médium harpiste. On dit à l'oreille de M^me Mac Allister Spencer de Chicago le nom d'un grand compositeur du passé. « Et, sur-le-champ, M^me Spencer exécuta, à plusieurs reprises, une improvisation dans la manière du maître défunt ». Elle « a la conviction qu'elle est inspirée par l'esprit de Mozart » et ajoute : « quelque temps après que m'était venu le don étrange d'improviser sur le piano sans jamais avoir appris, voilà que ma sœur exprime le désir de jouer de la harpe. Elle n'avait jamais de sa vie touché cet instrument. Mon père lui en acheta un et elle se mit immédiatement à jouer comme si elle avait pratiqué cet instrument depuis de nombreuses années. Souvent nous jouons des duos et, sans entente préalable entre nous, nous improvisons en parfait accord sur le piano et la harpe ».

On voit combien sont nombreux et variés les moyens qu'ont les médiums d'extérioriser les idées de leur polygone désagrégé.

En somme, d'après tout ce qui précède, les médiums apparaissent comme des sujets dont la vie et l'activité polygonales sont particulièrement intenses et se désagrègent facilement de leur vie et de leur activité psychiques supérieures.

« Les médiums, dit Pierre Janet, quand ils sont parfaits, sont des types de la division la plus complète dans laquelle les deux personnalités s'ignorent complètement

---

(1) *Echo du merveilleux*, 1904, p. 397. Traduit du *Light*, 1904, p. 485.

et se développent indépendamment l'une de l'autre».
C'est très juste, mais peut-être incomplet. Le polygone
du médium est bien séparé de O. Mais il faut ajouter
que, chez le médium en fonction, si O se repose de son
côté, son polygone a au contraire une très grande activité personnelle.

Cette activité polygonale est déjà évidente dans plusieurs des expériences que j'ai citées. Elle devient bien
plus évidente quand, au lieu de répondre simplement à
une question posée, le médium développe lui-même les
scènes auxquelles il assiste. C'est ce que nous verrons
dans les dédoublements de personnalité (p. 173) et
surtout dans les romans des médiums (paragraphe V
du même chapitre).

Donc, chez le médium, il y a à la fois désagrégation
suspolygonale et très grande activité polygonale. C'est
le degré de cette activité polygonale qui fait la valeur du
médium,

*Le médium est donc un sujet doué d'une vive imagination polygonale, en même temps que d'une grande puissance de désagrégation suspolygonale* (1).

---

(1) Il est intéressant de rapprocher de cette conception du médium la manière de voir récemment exposée par PAPUS (*L'initiation. Echo du merveilleux*, 1906, p. 400), en rappelant d'abord que l'auteur place dans le grand sympathique le psychisme inférieur, inconscient ou polygonal : «physiologiquement, l'état médianimique est caractérisé par la prédominance du système nerveux du grand sympathique sur le système nerveux conscient. A mesure que le système du grand sympathique prend pour lui une partie de la force destinée au système conscient, la tension des centres de la vie organique augmente et l'intensité des fonctions cérébrales diminue. Quand la prise de force du sympathique devient encore plus considérable, le fonctionnement des centres cérébraux s'arrête et il y a sommeil... Ce qu'on a appelé la conscience subliminale, l'inconscient, etc., est justement le remplacement de la conscience cérébrale par l'intelligence du nerf grand sympathique».

## 48. LES TRANSES DES MÉDIUMS. RAPPORTS AVEC LA FAMILLE NÉVROPATHIQUE.

Le médium n'est pas constamment dans cet état de désagrégation suspolygonale propre au succès des expériences. Quand il veut donner une séance, il faut qu'il se mette dans cet état particulier : il se met en *transe*. Il dédouble en quelque sorte sa personnalité. Il supprime momentanément sa personne O et ne vit plus, au moins en apparence, que par son polygone.

Cet état est très bien décrit par CHARLES RICHET (1) dans ces passages cités par PIERRE JANET : «la conscience de cet individu persiste dans son intégrité apparente ; toutefois, des opérations très compliquées vont s'accomplir en dehors de la conscience, sans que le moi volontaire et conscient paraisse ressentir une modification quelconque. Une autre personne sera en lui qui agira, pensera, voudra, sans que la conscience, c'est-à-dire le moi réfléchi, conscient, en ait la moindre notion».

«Ces mouvements inconscients ne sont pas livrés au hasard ; ils suivent, au moins lorsqu'on opère avec certains médiums, une vraie direction logique, qui permet de démontrer, à côté de la pensée consciente, normale, régulière, du médium, l'expérience simultanée d'une autre pensée collatérale qui suit ses périodes propres et qui n'apparaîtrait pas à la conscience, si elle n'était pas révélée au dehors par ce bizarre appareil d'enregistrement».

Quand le médium est ainsi en transe, son activité po-

---

(1) CHARLES RICHET ; La suggestion mentale et le calcul des probabilités. *Revue philosophique*, 1884, t. II, p. 650, et *Les mouvements inconscients. Hommage à M. Chevreul,* 1886.

lygonale éclate avec une intensité extraordinaire : les sensations s'associent, s'enchaînent, se manifestent à l'extérieur, de sorte que le médium a des hallucinations et les extériorise par des mouvements divers.

Cet état de crise d'hyperactivité polygonale est évidemment anormal, extraphysiologique. PIERRE JANET a consacré tout un chapitre important de son livre (p. 404) à montrer les analogies qui rapprochent la transe du médium et les crises de somnambulisme spontané ou provoqué.

D'abord, dit-il, la plupart des médiums, sinon tous, présentent des phénomènes nerveux et sont des névropathes, «quand ce ne sont pas franchement des hystériques».

Dans mon observation (déjà citée) de maison hantée, la séance, dans laquelle le médium a répondu aux questions posées sur la vieille, a été interrompue par une violente crise d'hystérie. Cette jeune fille a d'ailleurs séjourné (février 1902) dans mon service de Clinique médicale à l'hôpital Saint-Éloi, et mon chef de clinique, le docteur CALMETTE et moi, avons nettement constaté qu'elle était hystérique : trois grandes crises d'hystérie dans le service, petites crises de boule avec quelques mouvements convulsifs, anesthésie conjonctivale et pharyngée, ovarie bilatérale avec sensation de strangulation à la pression, anesthésies variables et transitoires avec utilisation possible des sensations non perçues (avec la main gauche anesthésiée elle apprécie la forme des objets et les reconnaît), allochirie, rétrécissement du champ visuel avec dyschromatopsie, dermographisme...

PIERRE JANET cite de nombreux exemples analogues, empruntés à MIRVILLE, MYERS, SILAS, BARAGNON...

CHARCOT a publié l'observation de toute une famille qui devint hystérique après des pratiques de spiritisme. Ce qui prouve la réciprocité des relations entre l'hystérie et la médiumnité.

Si les expériences de spiritisme peuvent être suivies de manifestations névrosiques, réciproquement on peut aussi par suggestion, dans certains cas, transformer une crise d'hystérie en crise de spiritisme avec des actes automatiques.

La transformation peut aussi se faire spontanément : les crises de spiritisme et les crises de somnambulisme s'enchevêtrent alors et se succèdent.

Un médium s'endort sur la table et il faut le magnétiser pour le faire sortir de ce somnambulisme.

Dans le spiritisme, comme dans le somnambulisme, il y a souvent électivité. De même qu'un sujet en somnambulisme n'entend que certaines personnes, n'obéit qu'à certaines voix, de même le médium n'opère pas devant tout le monde, n'exécute que certains ordres. PIERRE JANET cite des exemples de la chose.

Plusieurs médiums finissent par la folie, ce qu'ALLAN KARDEC appelle «la subjugation».

GILBERT BALLET (1) a publié l'observation de sujets, qui devenus spirites après une représentation ou après avoir consulté des occultistes, sont tombés dans un délire chronique (2).

En somme, les rapports entre la médiumnité et les accidents nerveux sont incontestables. On peut dire que *les*

---

(1) GILBERT BALLET et DHEUR ; Sur un cas de délire de médiumnité. Société médicopsychologique. *Annales médicopsychologiques*, 1903, t. XVIII, p. 264. — GILBERT BALLET et MONIER VINARD ; Délire hallucinatoire avec idées de persécution, consécutif à des phénomènes de médiumnité. *Ibidem*, p. 271. (*Revue neurologique*, 1904, p. 304 et 447).

(2) Récemment encore, les journaux parlaient d'une famille que la pratique du spiritisme a conduite à l'aliénation mentale.

*médiums appartiennent à la famille névropathique*, et, pour mieux préciser, que la transe du médium est de l'automatisme verbal, graphique ou gesticulant, comme le somnambulisme est de l'automatisme ambulatoire.

## 49. Transformations de personnalité. Les personnalités médianimiques et les esprits familiers des médiums.

Les transformations de personnalité sont le phénomène prédominant dans les transes des médiums et rien ne les rapproche mieux des crises de somnambulisme ou d'hypnose.

Un médium évoque l'âme de Napoléon, écrit des messages sous sa dictée. «Tout d'un coup, le médium, qui parlait librement pendant que sa main écrivait, s'arrête brusquement; la figure pâle, les yeux fixes, il se redresse, croise les mains sur sa poitrine, prend une expression hautaine et méditative et se promène autour de la salle dans l'attitude traditionnelle que la légende prête à l'empereur». Puis il tombe dans un sommeil profond.

Le médium était devenu Napoléon, c'est-à-dire était passé de son état de médium à un de ces états de somnambulisme avec transformation de la personnalité qu'on connaît et décrit si bien, depuis Charles Richet, dans le somnambulisme provoqué.

Directement, dans sa transe, sans passer au somnambulisme, le médium incarne successivement une série de personnages.

Rien de démonstratif à ce point de vue comme l'observation suivante de M$^{me}$ Hugo d'Alésy pour montrer les incarnations successives d'un médium, c'est-à-dire les changements de personnalité ou objectivations de types, absolument comme dans le somnambulisme provoqué. Cette observation a été empruntée par Pierre Janet à la *Revue spirite.*

« M^{me} Hugo d'Alésy est un excellent médium, elle prête sa main avec complaisance à tous les esprits qui désirent entrer en relations avec nous. Grâce à elle, un grand nombre d'âmes, Eliane, Philippe, Gustave et bien d'autres ont écrit des messages sur leurs occupations dans l'autre monde. Mais cette dame a en outre une propriété bien plus merveilleuse: elle peut prêter aux esprits non seulement son bras, mais sa bouche et tout son corps ; elle peut disparaître elle-même pour leur céder la place et les laisser s'incarner dans son cerveau. Il suffit pour cela de l'endormir un peu, un magnétiseur s'en charge : après une première période de somnambulisme ordinaire où elle parle encore en son nom, elle se raidit un instant ; puis, tout est changé. Ce n'est pas M^{me} Hugo d'Alésy qui nous parle, c'est un esprit qui a pris possession de son corps.

»C'est Eliane, une petite jeune personne avec une prononciation légèrement précieuse, un brin de caprice, un petit caractère qu'il faut manier délicatement. — Nouvelle contracture et changement de tableau : c'est Philippe ou M. Tétard qui chique et qui boit du gros vin, ou l'abbé Gérard qui veut faire des sermons, mais qui trouve la tête lourde et la bouche amère à cause de l'incarnation précédente, ou M. Aster un grossier personnage obscène qu'on renvoie bien vite, ou bien un bébé, une petite fille de trois ans : comment t'appelles-tu, ma mignonne ? — Zeanne. — Et que veux-tu ? — Va cercer maman et mon ti frère et papa. — Elle joue et ne veut plus partir. Nouvelle contracture et voici Gustave. Ah ! Gustave mérite qu'on l'écoute. On lui demande de faire de la peinture, parce qu'il était rapin de son vivant. Ecoute bien, répond-il par la bouche de ce pauvre médium qui dort toujours, il faut du temps pour brosser quelque chose qui ait du chien ; ce serait trop long, on se ferait des cheveux pendant ce temps-là... J'ai essayé tant de fois de me manifester, mais pour cela il faut des fluides ; pour communiquer sur la terre avec les copains, c'est très difficile ; là-haut, on est comme les petits oiseaux ; mais, sur la terre, c'est plus ça. Ah ! c'est embêtant d'être mort ! »

Pierre Janet fait remarquer, en passant, que c'est là une réflexion fréquente dans la bouche des esprits.

« Gustave continue : pourtant on n'a plus un tas de choses qui ne sont pas amusantes ; on n'a pas à aller au bureau, on n'a pas à se lever matin, on n'a pas de bottes avec des cors aux pieds ; mais je ne suis pas resté assez sur la terre, je suis parti au moment où j'allais m'amuser ; si je reviens sur la terre, je veux être peintre ; j'irai à l'Ecole des Beaux-Arts pour chahuter avec les autres et rigoler avec les petits modèles. Sur ce, je vous souhaite le bonsoir.

»Qui va venir après Gustave ? Parbleu, le poète Stop pour finir, parce que Stop veut dire : arrête. Celui-là est mélancolique et dit d'un ton chantant : mon âme avait besoin d'amour et je cherchais sans en trouver ; si j'avais eu un peu plus de temps, je vous aurais mis cela en vers ; je sais bien que ça perd à être en prose ; mais, vu l'heure avancée, j'ai pris ce que j'avais de plus court.

»Après cette séance qui a dû être fatigante, on réveille le médium qui se retrouve être M^me Hugo d'Alésy comme devant».

Comme le dit très bien Pierre Janet, ce sont là absolument les observations de types objectivés et les changements de personnalité décrits par Charles Richet et bien d'autres dans l'hypnotisme et le somnambulisme provoqué.

C'est à ces dédoublements de personnalité ou à ces formations de personnalités nouvelles dans la transe des médiums qu'il faut rattacher les *esprits familiers* qu'ont la plupart des médiums et qui viennent les diriger.

Comme exemple de ce fait, important pour la psychologie du médium, je citerai d'abord M<sup>lle</sup> COUESDON (1), qui émancipe son polygone très facilement et sans effort. « Elle vous parle tout naturellement et très raisonnablement ; puis, après un bout de conversation… elle vous dit : je sens que mes yeux vont se fermer ; l'ange va vous parler. Et, en effet, ses yeux se ferment, sa voix, sans changer de timbre, devient plus grave et la personnalité psychique qui a pour nom *ange Gabriel* vous parle en un langage où les mots terminés par la consonance *é* reviennent souvent, de manière à constituer des fausses rimes». C'est du langage automatique avec écholalie pour la lettre *é*. C'est son polygone émancipé que M<sup>lle</sup> COUESDON considère comme une individualité nouvelle et distincte d'elle-même et qu'elle appelle ange Gabriel.

MRS PIPER (2), que je citerai comme second exemple, célèbre médium américain que PAUL BOURGET a visité près de Boston, entre en transe beaucoup plus péniblement : elle «défait ses cheveux, gémit, tord ses doigts, pousse de profonds soupirs, a des contorsions du torse». A ce moment, quand elle est dans son état second, qui est un état de polygone désagrégé et émancipé, c'est le D<sup>r</sup> Phinuit qui vient habiter son corps, se substitue à sa

---

(1) Voir: XAVIER DARIEX ; Le cas de M<sup>lle</sup> Couesdon. *Annales des sciences psychiques*, 1896, p. 124.

(2) Voir : MARSA ; A propos des expériences de M. Hodgson avec M<sup>rs</sup> Piper, et MARCEL MANGIN ; Compte rendu analytique des expériences de M. Hodgson avec M<sup>rs</sup> Piper. *Annales des sciences psychiques*, 1896, p. 222, et 1898, p. 231.

propre personnalité, se sert de ses organes, s'exprime par sa bouche. C'est son polygone émancipé et agissant par son activité propre que Mrs Piper considère comme l'esprit du D^r Phinuit décédé. Il y a du reste aussi des « esprits amis » que le D^r Phinuit consulte avant de parler par la bouche de Mrs Piper. Parfois quelqu'un de ces esprits amis ne se contente pas de souffler Phinuit, mais prend sa place dans le corps du médium. Parfois même, chose plus curieuse, le polygone désagrégé se dédouble, c'est-à-dire se transforme partiellement en Phinuit, partiellement en un autre esprit. Ainsi, dans certaines expériences, Phinuit parlait par la bouche de Mrs Piper, pendant qu'un esprit autre écrivait avec la main droite du même médium. On a même vu les deux mains de Mrs Piper en transe écrire simultanément, inspirées chacune par un esprit différent, pendant que Phinuit se servait de la voix du même médium.

Bien curieuse est cette dissociation des centres polygonaux en trois groupes distincts: les centres de la parole, les centres de l'écriture avec la main droite et les centres de l'écriture avec la main gauche (1).

Ces substitutions passagères ou partielles d'un esprit accidentel à l'esprit familier peuvent aboutir au changement de cet esprit familier. Ainsi, en 1892, mourut Georges Robinson ou Georges Pelham, avocat, qui s'était beaucoup occupé de littérature et de philosophie. C'était un incrédule qui considérait une vie future comme inconcevable. Deux ans avant sa mort, il avait déclaré à un ami que s'il mourait avant lui et s'il existait encore après sa

---

(1) Ce dernier détail montre que nous avons bien des centres polygonaux dans les deux hémisphères et que ce n'est pas (comme le supposent certains auteurs) l'hémisphère droit qui est le siège exclusif du psychisme inférieur, alors que l'hémisphère gauche serait le centre du psychisme supérieur.

mort, « il ferait tout son possible pour prouver le fait de cette continuation d'existence ». Quatre mois après sa mort, Mrs Piper étant en transe chez un ami intime de ce Robinson, Phinuit déclara que Georges Robinson désirait communiquer. A partir de ce moment, cet esprit assista à la plupart des séances de Mrs Piper, comme un second esprit familier.

Le célèbre médium de Flournoy, Hélène Smith (1) (dont je citerai plus loin les romans polygonaux), a, elle aussi, un guide, un esprit qui se révèle à elle et la dirige par des coups de table ou des révélations directes.

Au début, pendant cinq mois, le seul guide est Victor Hugo. Il fait à Hélène des petits vers de mirliton ou de cantique.

> L'amour, divine essence, insondable mystère,
> Ne le repousse point, c'est le ciel sur la terre.
> L'amour, la charité seront ta vie entière ;
> Jouis et fais jouir, mais n'en sois jamais fière.

Puis, pendant une période de transition d'environ un an, la protection de Victor Hugo devient impuissante à défendre Hélène contre les invasions d'un intrus nommé Léopold, qui aurait eu avec le médium de mystérieuses relations dans une existence antérieure.

La période de lutte est curieuse. Victor Hugo est là, Hélène est tranquille. Tout d'un coup un esprit s'annonce, c'est Léopold. Il dit tout de suite : je suis seul ici, je veux être le maître ce soir. Et, de fait, tandis que Victor Hugo veut tenir Hélène éveillée, Léopold veut l'endormir. Ni

---

(1) Voir : Flournoy ; *Des Indes à la planète Mars. Etude sur un cas de somnambulisme avec glossolalie*, 1900. Nouvelles observations sur un cas de somnambulisme avec glossolalie. *Archives de psychologie de la Suisse romande*, 1901, t. I, p. 301.

la douleur ni les paroles dures ne font lâcher la partie à Léopold. Il taquine tout le monde, enlève sa chaise à Hélène qui tombe lourdement sur le plancher et se blesse au genou. Léopold prend peu à peu une autorité croissante et finit par supplanter totalement Victor Hugo qui, battu, disparaît.

En étudiant les romans polygonaux des médiums, nous retrouverons les incarnations ultérieures de cet esprit familier d'Hélène Smith.

Ces faits montrent bien que dans tous les cas (transes de médium d'une part, crises de somnambulisme ou d'hypnose de l'autre) ces dédoublements ou ces transformations de personnalité sont des phénomènes polygonaux.

Comme je l'ai déjà indiqué plus haut (p. 75), la seule personnalité vraie reste O, toujours identique à lui-même. Les personnalités polygonales changent suivant l'inspiration du moment, la suggestion extérieure ou interne : ce sont des personnalités extraphysiologiques ou même pathologiques.

Dans tous les cas où il n'y a pas d'aliénation mentale, c'est-à-dire si O n'est pas malade en lui-même, ces personnalités morbides sont constituées par un certain degré de désagrégation suspolygonale et par des états divers, mais spéciaux, du polygone plus ou moins complètement émancipé de son O.

Un médium, dans lequel un esprit vient s'incarner, qui se transforme en cet esprit, est un sujet qui change de personnalité. Mais, comme dans l'hypnotisme, c'est la personnalité polygonale qui change, qui s'adapte aux hypothèses successivement soufflées ou inventées.

Le centre O de M<sup>me</sup> Hugo d'Alésy reste ce qu'il était avant la transe et se retrouve au réveil sans changement (1). Mais, pendant la transe, le polygone de ce médium s'adapte successivement à diverses hypothèses, vit et réalise dans ses actes automatiques ces diverses hypothèses et parle comme si le polygone était dirigé par un O de petite fille, un O de rapin ou un O de poète...

Je crois l'étude de ces faits de nature à éclairer la conception philosophique générale de l'idée de personnalité.

Aux philosophes, ces transformations et dédoublements de personnalité apparaissent tout d'abord comme illogiques et contradictoires. Qui dit individualité ou personnalité dit unité, indivisibilité, immutabilité ; et, dans tous ces phénomènes, il n'est parlé que de dédoublement, de multiplicité, de transformation.

Ainsi, d'un côté, DUPRAT (2) cite d'abord cette phrase de LACHELIER: « notre moi ne peut pas cesser d'*être* réellement le même ; mais il peut cesser de nous *paraître* le même ». Puis il se refuse à faire « la distinction du moi nouménal et du caractère phénoménal » et déclare : « la nature de notre moi peut être altérée à la longue, radicalement changée jamais ».

De l'autre côté, BINET (3) dit : « nous sommes faits de longue date par les habitudes du langage, par les fictions de la loi et aussi par les résultats de l'introspection, à considérer chaque personne comme constituant une unité indivisible. Les recherches actuelles modifient profondément cette notion importante. Il paraît aujour-

---

(1) Il n'en est plus de même quand le médium devient fou, comme dans les cas cités plus haut (p. 166) de GILBERT BALLET.

(2) DUPRAT ; *L'instabilité mentale. Essai sur les données de la psychopathologie*. Bibliothèque de philosophie contemporaine, 1899, p. 179.

(3) ALFRED BINET ; *Les altérations de la personnalité*. Bibliothèque scientifique internationale, 1892, p. 316.

d'hui démontré que si l'unité du moi est bien réelle, elle doit recevoir une définition toute différente. Ce n'est point une entité simple ; car, s'il en était ainsi, on ne comprendrait pas comment, dans des conditions données, certains malades, exagérant un phénomène qui appartient sans doute à la vie normale, peuvent manifester plusieurs personnalités distinctes ; ce qui se divise doit être formé de plusieurs parties ; si une personnalité peut devenir double ou triple, c'est la preuve qu'elle est un composé, un groupement, une résultante de plusieurs éléments».

J'admets pour ma part (et ceci me paraît permettre de concilier ces opinions d'apparence contradictoire) qu'il y a chez chacun une individualité polygonale et une individualité supérieure O. Cette dernière constitue seule la personne humaine, la personne supérieure, morale, consciente et responsable ; elle n'est altérée, modifiée, que dans les maladies mentales. Le polygone forme une individualité réelle, mais inférieure, bien suffisante pour faire les personnalités morbides que nous avons étudiées : l'activité polygonale suffit pour faire un général ou un archevêque, toujours à la façon du sujet que l'on transforme ainsi.

Normalement, à l'état physiologique, ces deux personnalités (O et polygone) collaborent et s'intriquent dans leur activité au point de ne faire qu'un et d'être inséparables : c'est la personne normale.

Chez les malades ou dans les états extraphysiologiques dont j'ai parlé, l'individualité polygonale apparaît séparée, distincte de la personnalité supérieure ; il y a alors apparence de dédoublement de la personnalité ; en réalité, c'est l'apparition d'une personnalité polygonale maladive, anormalement séparée, à côté de la personnalité O qui reste le moi identique et intangible. La personnalité polygonale désagrégée peut très bien, elle, subir des transformations : elle n'a pas la fixité de la personne O.

Il me semble que cette conception des phénomènes lève la contradiction signalée plus haut et donne satisfaction aux philosophes et aux médecins.

Avec Duprat, j'admets que le moi n'est pas radicalement changé dans ces expériences ; O reste intact tant qu'il ne s'agit pas d'aliénés. Avec Binet, j'admets que la personnalité se divise, en ce sens que nous en voyons naître une ou plusieurs nouvelles qui, pendant un temps plus ou moins long, peuvent occuper exclusivement la scène.

En même temps, comme Gyel (1), j'admets qu'on a confondu dans les troubles de la personnalité des faits disparates, différents, et je sépare les faits de dédoublement et d'alternative des faits de transformation.

En tous cas, il me semble qu'il est injuste de me reprocher, comme on l'a fait, de multiplier les obscurités dans cette question.

« Ce centre O, a dit Alfred Binet (2), que devient-il dans les dédoublements de personnalité analogues à ceux de Félida, qui vit, pendant des mois, tantôt dans une condition mentale, tantôt dans une autre ? Peut-on dire que l'une de ces existences est une vie automatique (polygonale, sans association de O) et que l'autre de ces existences est une vie complète (avec le polygone et O synthétisés) ? *Évidemment non*, et l'embarras de Grasset à s'expliquer sur ce point montre le défaut de la cuirasse qui existe dans sa théorie».

L' « évidemment non » que j'ai souligné ne me paraît pas si positivement démontré et ne paraît pas la seule

---

(1) Gyel ; *L'être subconscient*, 1899, p. 35.
(2) Alfred Binet ; *Année psychologique*, 1897, t. III, p. 642.

réponse possible à la question posée par Binet. C'est précisément cette distinction entre la vie polygonale et la vie psychique supérieure ou totale (1) qui me paraît être la seule explication possible de ces phénomènes bizarres. La conception du psychisme inférieur aide à comprendre ces phénomènes dans une large mesure. Elle laisse certainement encore bien des points dans l'ombre, mais elle n'aggrave certainement pas l'obscurité de ces questions.

50. Les degrés de la médiumnité.

Nous avons maintenant tout ce qu'il nous faut pour reprendre synthétiquement l'histoire psychophysiologique des médiums, pour analyser et exposer la psychologie du médium.

Pour faire cette analyse, il faut séparer et envisager successivement divers degrés de la vie médianimique, que résume le tableau suivant :

### PSYCHOPHYSIOLOGIE DU MÉDIUM

*1er degré*....... { Le médium fait tourner la table ou mouvoir un objet qu'il touche (pendule, baguette) : désagrégation suspolygonale, activité propre polygonale, très simple, sans intervention des assistants.

*2e degré*........ { Le médium obéit à un assistant dont il exécute les ordres : le polygone désagrégé (du médium) obéit à O de l'assistant.

---

(1) Rapprocher ce que Paulhan dit de la personnalité et du moi : «il est assez naturel que l'on appelle personnel un acte, une croyance où la personne a pris part... le moi semble... se tenir à part comme un être qui persiste, tandis que ses actes paraissent et disparaissent tour à tour, qui juge, qui choisit, qui décide». (*La volonté*. Bibliothèque internationale de psychologie expérimentale, normale et pathologique, 1903, p. 126).

Grasset; *L'occultisme.*

| | |
|---|---|
| 3° degré.......... | Le médium obéit à un autre médium : cumberlandisme, liseurs de pensées avec contact ; le polygone désagrégé du premier obéit au polygone désagrégé d'une autre personne : le premier au deuxième degré, le second au premier. |
| 4° degré.......... | Le médium répond à une question : son polygone désagrégé, au lieu d'exécuter passivement un ordre donné, répond en faisant acte d'activité propre. |
| 5° degré.......... | Le médium répond comme au quatrième degré ; mais il fait des réponses beaucoup plus compliquées, en parlant ou en écrivant. |
| 6° degré.......... | L'activité propre du polygone du médium est à son summum : spontanéité et imagination du psychisme inférieur ; romans polygonaux des médiums. |

1° *Premier degré.*

Au premier degré, le médium fait simplement tourner une table ou mouvoir un objet quelconque qu'il touche. J'ai déjà analysé plus haut ce premier degré, à propos des tables tournantes.

O met son polygone en expectant attention ; le polygone s'oriente sur l'idée exclusive de ce mouvement attendu ; ce polygone extériorise facilement son psychisme, son idée dominante (idée-force) et alors bientôt il pousse la table qui tourne ou appuie sur un côté pour en soulever le pied opposé.

O, après avoir lancé son polygone dans cette direction, s'est désintéressé, s'est désagrégé, a coupé la communication. Il n'assiste pas aux actes de son polygone, ne les enregistre pas, n'en a pas conscience, ne les contrôle pas, les ignore ; il s'aperçoit seulement du résultat quand il voit la table tourner.

A ce même degré initial et inférieur appartiennent aussi le pendule explorateur et la baguette divinatoire. O lance toujours son polygone sur une idée (l'idée de l'oscillation du pendule ou l'idée de la rotation de la baguette), puis se désintéresse ; et le polygone, de lui-même, par ses seules forces, avec ses connaissances et ses aptitudes spéciales (sourcier), fait tourner la baguette ou osciller le pendule.

Voilà le premier degré de la médiumnité, degré dans lequel les assistants n'interviennent en rien : c'est un acte polygonal, endogène ou intrinsèque, du médium.

2° *Deuxième degré.*

Au deuxième degré, le polygone du médium n'est plus livré à lui-même. L'assistant intervient, lui donne des ordres et le polygone obéit sans que O s'en doute.

O du médium s'est désagrégé de son polygone, a abdiqué son contrôle et sa direction, comme chez le médium du premier degré et même plus complètement qu'à ce premier degré. Seulement, au lieu de concentrer préalablement toute l'attention du polygone sur l'idée du mouvement qui doit se produire, il la concentre sur l'idée d'un ordre à recevoir passivement et à exécuter sans modification personnelle.

Le polygone du médium, ainsi émancipé et désagrégé de son propre O, attend l'ordre.

L'ordre arrive et le polygone répond. Frappez tant de coups : il les frappe ; soulevez tel pied de la table : il la soulève ; faites danser la table : il la fait danser.

Comme au premier degré, le polygone obéit directement, automatiquement, sans réflexion, même inférieure. Il obéit passivement, sans y mettre du sien et sans que son O propre se doute du mécanisme de cette obéissance dont il constate seulement les résultats.

3° *Troisième degré.*

Au troisième degré, les choses se passent de la même manière : le polygone du médium obéit encore à une autre personne. Seulement, ici, l'autre personne, au lieu d'être un assistant quelconque, est, elle aussi, un autre médium, qui donne des ordres par des procédés tout spéciaux : c'est le cumberlandisme, c'est le liseur de pensées avec contact.

Ici il y a deux médiums, dont la psychologie doit être étudiée séparément : un médium directeur qui reproduit notre premier degré et un médium dirigé qui reproduit notre deuxième degré.

Chez le médium directeur, les choses se passent comme au premier degré : O concentre fortement le psychisme polygonal sur l'objet à trouver ou le problème à résoudre ; le polygone, désagrégé de O, fait passer son psychisme dans ses doigts, il pense avec ses doigts, il gesticule sa pensée et, à l'insu de O, pousse ou attire le médium dirigé dans un sens ou dans un autre, jusqu'à ce qu'il ait résolu le problème posé.

Chez le médium dirigé, les choses se passent comme au deuxième degré. O se désagrège aussi de son polygone comme chez le médium directeur. Seulement ici, au lieu de mettre son polygone en concentration sur une idée donnée, il le met en expectant attention sur les ordres à recevoir du médium directeur. Le polygone du dirigé se laisse ainsi conduire par le polygone du directeur.

En somme, à ces trois degrés, le polygone obéit simplement sans faire acte propre d'activité personnelle.

Au premier degré (table tournante) et chez le directeur du troisième, il obéit à l'idée que son propre O lui a donnée ; au deuxième degré (table obéissante) et chez le dirigé du troisième, il obéit à une autre personne, au psychisme total d'un assistant ou au polygone d'un autre médium directeur.

### 4° *Quatrième degré*.

Au quatrième degré, un élément nouveau vient s'ajouter : c'est l'acte psychique propre, plus développé, du polygone du médium. Au lieu d'obéir à un ordre donné par un assistant, il répond à une question posée par un assistant. C'est toujours polygonal et par suite automatique, mais c'est plus intelligent, plus psychique, plus personnel.

Ici il n'y a qu'un médium. L'assistant n'a besoin d'aucune aptitude ni d'aucune transe ; il n'a pas même besoin de concentrer sa pensée et de s'y maintenir. Il pose simplement sa question comme il la poserait au premier venu.

Le médium, lui, comme le dirigé du troisième degré, désagrège son polygone de son O et le polygone désagrégé, isolé, réduit à ses propres forces, attend la question qui va être posée. La question arrive et le polygone répond avec la table, faisant frapper un coup ou deux, suivant qu'il veut dire *oui* ou *non*.

C'est toujours un acte polygonal : le polygone du médium répond directement, automatiquement, avec les ressources de son propre psychisme, sans que son O propre connaisse et suive cette activité.

O du médium enregistre seulement les résultats et peut être tout aussi étonné que les assistants eux-mêmes de la réponse de son polygone.

Y a-t-il un esprit ? Est-ce celui d'une personne morte ? Cette personne est-elle enterrée ici ? Le polygone du médium répond *oui* ou *non*, sans intervention de O. De sorte que le médium, dans son O conscient, apprend de son polygone qu'il y a un esprit, que la personne est morte et où elle est enterrée.

On voit donc, à ce degré, le psychisme propre du polygone apparaître. Le polygone n'obéit plus passivement à un ordre donné ; il intervient ; il répond à une question dont la réponse n'est pas fatale. Son individualité psychique apparaît nettement et son activité propre éclate.

5° *Cinquième degré.*

Au cinquième degré, le médium répond aux questions en parlant et en écrivant ; les réponses deviennent souvent beaucoup plus compliquées. Ce n'est plus *oui* ou *non*. Ce sont des phrases.

Le mécanisme reste absolument le même que pour le degré précédent. Seulement le psychisme en devient plus compliqué, tout en restant automatique, comme tout acte polygonal, c'est-à-dire que O du médium n'assiste pas plus intimement à l'expérience que les assistants et il est tout surpris, après, quand il lit ou qu'on lui raconte ce que son polygone a écrit ou dit.

Ceci est tellement vrai que «l'abbé ALMIGNANA a grand'-peine à répondre aux sottises que lui adresse sa propre main et ne s'explique pas comment il peut se trouver en lui deux êtres aussi antipathiques l'un à l'autre».

PIERRE JANET cite aussi des médiums, étudiés par MYERS, qui ne peuvent pas se relire, sont obligés de prier l'esprit d'écrire plus lisiblement ou bien se trompent en lisant le message.

On voit combien, à ces degrés successifs, le polygone du médium se désagrège de plus en plus, montre plus d'indépendance et une activité propre plus grande.

Voici un exemple des réponses que fera le polygone d'un médium dans une séance de ce degré (1).

On l'interroge sur les astres. — Les astres ressemblent absolument au nôtre, c'est-à-dire à la terre. — Y a-t-il de l'air dans la lune ? — Il n'y a pas d'air dans la lune ; sans cela, les hommes y seraient déjà allés. Mais Dieu ne veut pas qu'on sorte de sa sphère. — Comment sont

---

(1) SURBLED ; *Spirites et médiums. Choses de l'autre monde*, 1901, p. 36.

les habitants de la lune? — Ils sont comme vous. Seulement ils ne peuvent vivre avec de l'air et vous, vous ne pouvez pas vivre sans air. — Y a t-il des habitants dans le soleil? — Oui. — Comment ne brûlent-ils pas? — Dieu leur a donné un corps qui supporte toujours la chaleur...

Tout cela n'est pas très fort, parce que ce médium n'en sait pas plus. Mais enfin il y a là du psychisme; il déballe tout ce que sait son petit polygone. C'est du psychisme (inférieur), tout en étant de l'automatisme.

Au même degré appartiennent les médiums (et ils sont nombreux) qui donnent des consultations médicales. On leur pose des questions sur les maux dont on souffre et leur polygone répond le diagnostic et le traitement tels qu'il les conçoit. Certains guérisssent avec la main si leur polygone se croit ce pouvoir.

Agissent encore de la même manière ceux des «marchands d'espoir», des devins qui sont de bonne foi. On pose des questions à leur polygone et leur polygone, raisonnant le cas de son mieux, fait la réponse qui lui paraît la plus vraisemblable suivant les données du problème. Cela peut tomber juste.

De même encore, les vrais sourciers qui ont réellement une faculté spéciale pour découvrir les sources rentrent dans cette catégorie : leur polygone répond avec ses ressources personnelles à la question posée.

6° *Sixième degré.*

Dans tout ce qui précède il y a déjà pas mal de psychisme. Seulement c'est toujours du psychisme provoqué ; le polygone ne se met en activité que pour répondre à des questions posées:

Au sixième degré, le psychisme polygonal du médium en transe devient plus compliqué et surtout plus spontané.

L'assistant ne pose pas de question au médium. Celui-ci se met en transe spontanément ou sur la prière de quelqu'un. Puis on laisse toute liberté à ce polygone émancipé et on le laisse dire, écrire ou faire ce qu'il veut.

Pour réussir une expérience de ce degré, il faut que le polygone du médium ait de l'*imagination*. Jusqu'ici il avait dû avoir de l'*intelligence* et de la *mémoire* pour combiner les réponses à faire aux questions posées. Maintenant il lui faut de la spontanéité, de la vivacité dans les associations d'idées et d'images.

A ce degré, la séance est d'autant plus intéressante que le polygone du sujet a plus d'imagination.

S'il en a beaucoup, on peut arriver à des productions considérables. Bersot raconte qu'en 1853 on a imprimé à la Guadeloupe *Juanita*, nouvelle par une chaise, suivie d'un proverbe et de quelques œuvres choisies du même auteur.

Cette chaise n'était que le porte-voix ou le porte-plume d'un polygone de médium doué d'une vive imagination.

Pour bien montrer jusqu'où peuvent aller les produits de l'imagination chez un médium de ce degré, il faut connaître les romans polygonaux que certains d'entre eux construisent et dont l'étude est assez importante pour que je leur consacre un paragraphe spécial.

## III. LES ROMANS POLYGONAUX DES MÉDIUMS

### 51. Les romans d'Hélène Smith.

Hélène Smith est le célèbre médium de Genève qu'a si admirablement étudié le professeur Flournoy dans un livre que j'ai déjà cité plus haut et auquel j'ai emprunté tout ce paragraphe. Rien ne montrera mieux à la fois l'étendue et les limites de l'imagination des médiums que le résumé des deux principaux romans polygonaux de ce médium: le cycle royal et le roman martien.

a. *Cycle royal.*

J'ai dit plus haut (p. 172) comment Hélène Smith avait pour esprit familier, après Victor Hugo, un certain Léopold qui restait un personnage imprécis, assez vague ; on ne savait pas bien de qui il était la réincarnation.

Hélène donnait des séances chez M<sup>me</sup> B. qui faisait depuis longtemps du spiritisme et pour laquelle un des désincarnés les plus fréquents était Joseph Balsamo. On sait que c'est là le nom vrai de Cagliostro. Sur cet étrange personnage s'est établie une légende le représentant comme ayant eu de grandes relations avec Marie-Antoinette et ayant joué un rôle important dans la préparation de la Révolution française. Cette légende a été lancée et très accréditée dans le grand public par Alexandre Dumas dans un livre qui s'appelle d'abord *Mémoires d'un médecin* et plus tard *Joseph Balsamo*.

Un jour, chez cette dame B. que fréquentait l'esprit de Joseph Balsamo, Léopold désigna à Hélène une carafe. M<sup>me</sup> B. pensa immédiatement à une scène célèbre de la vie de Cagliostro, « la fameuse scène de la carafe entre Balsamo et la Dauphine au château de Taverney », et présenta à Hélène une gravure détachée d'une édition illustrée d'Alexandre Dumas représentant cette scène (1).

On conçoit combien cette scène, qui est une œuvre de pure imagination d'Alexandre Dumas, impressionne ceux qui en voient le caractère divinatoire et l'allure supra-

---

(1) J'ai déjà raconté cette scène plus haut (p. 126) comme exemple de cristallomancie.

naturelle. En même temps qu'elle montrait cette image à Hélène, Mme B. émit l'idée que le guide d'Hélène (Léopold) pourrait bien être l'esprit de Joseph Balsamo, sous un faux nom. Et en effet, peu après, dans une séance, Léopold dit par la table que son vrai nom était Joseph Balsamo.

Comme corollaire, Mme B. démontra à Hélène qu'elle devait être elle-même la réincarnation du médium du grand magicien Cagliostro : Lorenza Feliciani. Et en effet, Hélène se crut pendant quelques semaines l'incarnation de Lorenza Feliciani.

Mais plus tard, une autre dame démontra à Hélène que cette réincarnation était impossible, Lorenza Feliciani n'ayant jamais existé que dans l'imagination d'Alexandre Dumas. Et alors Hélène déclara, par la table, qu'elle était, non plus Lorenza Feliciani, mais Marie-Antoinette.

C'est ainsi que commence le roman royal d'Hélène Smith.

N'est-ce pas déjà joli et instructif ce début et cette génération, par une série de suggestions, de cette double personnalité : Joseph Balsamo et Marie-Antoinette ? Dans cette période initiale, cette histoire de médium ressemble à une histoire d'hypnotisme ; cette transe, au début, ressemble à une séance d'hypnose suggestive.

Mais, à la suite, l'imagination polygonale du médium apparait plus personnelle et se donne libre carrière.

Tout serait à citer dans le roman royal d'Hélène pour bien montrer ce que peut l'activité polygonale d'un médium et les limites que cette activité ne peut pas franchir.

Léopold apparaît alors à Hélène, habillé à la mode du XVIII$^e$ siècle, avec une figure à la Louis XVI, au milieu de son laboratoire et de ses ustensiles d'alchimiste sorcier ou en médecin débitant des élixirs secrets aux malades ou philosophant de haut en mauvais vers qui rappellent ceux de son prédécesseur Victor Hugo.

Il cause d'abord avec la table, puis (sur le conseil de FLOURNOY) avec la main ou un seul doigt ; puis il dicte des messages à HÉLÈNE qui écrit ; puis il écrit directement par la main d'HÉLÈNE.

Il écrit avec l'orthographe du XVIII° siècle, mettant *o* au lieu de *a* dans « j'aurais ». Puis il parle, par la voix même d'HÉLÈNE, qui prend alors une voix caverneuse et profonde avec accent italien. A ces moments, HÉLÈNE « se redresse fièrement, se renverse même légèrement en arrière, tantôt ses bras croisés sur sa poitrine d'un air magistral, tantôt l'un d'eux pendant le long du corps, tandis que l'autre se dirige solennellement vers lé ciel avec les doigts de la main dans une sorte de signe maçonnique toujours le même ».

HÉLÈNE a sur sa cheminée un portrait de Cagliostro, extrait d'une vie de Joseph Balsamo, dans cette attitude.

Elle grasseye, zézaye, prononce tous les *u* comme des *ou*; emploie de vieux mots : fiole au lieu de bouteille, omnibous au lieu de tramway. Elle tient ordinairement les paupières baissées ; elle « s'est cependant décidée à ouvrir les yeux pour laisser prendre un cliché au magnésium ».

FLOURNOY a pris la peine de rechercher et a trouvé des manuscrits et une signature de Balsamo et a montré les dissemblances absolues qui les séparent de l'écriture de ce même Balsamo réincarné dans le Léopold d'HÉLÈNE SMITH : ces autographes ont été publiés dans le livre de FLOURNOY.

Pour la parole, HÉLÈNE prend bien l'accent italien : son père, qui était Hongrois polyglotte, parlait souvent italien avec ses amis. Mais Balsamo-Léopold refuse de répondre aux questions qu'on lui pose en italien : HÉLÈNE ne connaissait pas cette langue.

Quant aux consultations médicales de Balsamo-Léopold, ce sont des remèdes populaires de bonne femme, dans la connaissance desquels la mère d'HÉLÈNE était très experte.

Voilà le premier personnage du « beau poème subliminal » (1) (comme dit FLOURNOY) que construit HÉLÈNE dans son polygone en transe. Voici maintenant le second : Marie-Antoinette.

L'incarnation ne se manifesta d'abord que par des récits dans la langue ordinaire de la table. Puis HÉLÈNE personnifia la reine dans des pantomimes muettes, dont Léopold précisait le sens par des indications digitales.

L'année suivante (car toute cette évolution dure fort longtemps), elle parle son rôle et, encore un an après, elle écrit.

Il faut (toujours avec FLOURNOY) distinguer dans cette incarnation deux groupes de phénomènes ou de caractères : 1° l'objectivation du type général de souveraine ou du moins de très grande dame ; 2° la réalisation des caractères individuels de Marie-Antoinette d'Autriche.

Le premier point ne laisse presque rien à désirer. Le polygone d'HÉLÈNE a évidemment son idée complète d'une reine et l'exprime fort bien. Il faut voir, dans ces

---

(1) A cette époque, on fit, à Genève, une chanson intitulée « les exploits du subliminal », sur l'air de la chanson de BÉRANGER « Hommes noirs, d'où sortez-vous ? », qui commence ainsi :
    L'hypothèse de Flournoy
    Me trouble et me rend perplexe :
    L'homme aurait un second moi
    De nature fort complexe.
  Au moi naturel ce moi sous-jacent
  Damerait l' pion... et, c'est renversant !
  Se travestirait, changerait de sexe...
  Certes, pour un moi, ça n'est pas banal.
    Cet original (bis)
  A reçu le nom de « subliminal ».

cas, « la grâce, l'élégance, la distinction, la majesté parfois, qui éclatent dans l'attitude et le geste d'HÉLÈNE. Elle a vraiment un port de reine..., ses jeux de mains avec son mouchoir réel et ses accessoires fictifs : l'éventail, le binocle à long manche, le flacon de senteur fermé à vis qu'elle porte dans une pochette de sa ceinture, ses révérences; le mouvement plein de désinvolture dont elle n'oublie jamais, à chaque contour, de rejeter en arrière sa traîne imaginaire... » (1).

Ne croirait-on pas lire les scènes de suggestion et de personnalité suggérée dans l'hypnose, si bien étudiées et décrites par CHARLES RICHET et tant d'autres ?

Beaucoup moins parfaite est l'objectivation de cette reine particulière : Marie-Antoinette.

FLOURNOY a publié des autographes de MARIE-ANTOINETTE et des autographes de la même reine réincarnée dans HÉLÈNE : il n'y a aucune ressemblance.

Seulement (et ceci reste bien joli comme intensité de psychisme polygonal), HÉLÈNE écrit alors *instans, enfans, étois...* comme au XVIIIᵉ siècle.

Quand elle parle Marie-Antoinette, HÉLÈNE prend un accent étranger, mais qui est plutôt l'accent anglais que l'accent autrichien.

D'ailleurs (autre détail curieux), à l'état de veille, mais surtout dans les états autres que celui de reine, l'écriture, l'orthographe et l'accent de Marie-Antoinette se glissent momentanément au milieu d'une autre vie.

Le polygone d'HÉLÈNE commet aussi quelques erreurs historiques, excusables d'ailleurs.

La veille de sa mort, dans sa prison, Marie-Antoinette-Hélène adresse de touchantes exhortations à une dame présente qu'elle prend pour la princesse de Lamballe. Or, celle-ci avait été massacrée trois mois avant.

---

(1) Mieux que Madame Sans-Gêne.

Les scènes se passent en général au Petit Trianon et les mobiliers décrits sont « toujours du pur Louis XVI ».

Les personnages interlocuteurs sont d'abord Balsamo-Léopold «mon sorcier» ou «ce cher sorcier», puis Louis-Philippe d'Orléans (Egalité) et le vieux marquis de Mirabeau qu'elle voit incarnés dans deux spectateurs réellement présents, M. Eugène Demole et M. Auguste de Morsier.

Elle aperçoit un de ces messieurs : « oh ! Marquis, vous êtes ici et je ne vous avais point encore aperçu ! » Et elle engage la conversation avec ces messieurs qui soutiennent de leur mieux leur rôle. Elle mange et boit avec eux.

Un jour même, elle accepte de Philippe-Egalité une cigarette et la fume (ce qu'elle ne fait jamais à l'état de veille). Un assistant remarque que c'est là une habitude invraisemblable que Marie Antoinette n'a pu prendre qu'après sa mort. Ultérieurement elle n'accepte plus le tabac que dans la tabatière.

Ces messieurs se permettent parfois de lui tendre des pièges. Si le piège est grossier, elle l'évite avec beaucoup d'art.

Ainsi, si Mirabeau ou Egalité lui parlent de téléphone, de bicyclette ou de locomotive, elle reste interdite avec un grand naturel et manifeste de l'inquiétude sur l'état mental de ses interlocuteurs.

Mais elle n'échappe pas à de petites erreurs plus difficiles à dépister. Elle emploie les mots *dérailler* (au figuré), *mètre* ou *centimètre*. Les mots *tramway* et *photographie* n'ont soulevé son étonnement qu'au bout d'un certain temps : elle les avait d'abord laissé passer.

Comme les sujets hypnotisés, Hélène ne voit que ces messieurs ; elle ne voit pas les autres assistants. Cependant elle les évite quand elle marche (comme les somnambules).

Dans ce roman royal d'HÉLÈNE, je relèverai encore quelques scènes qui intéresseront davantage à Montpellier. Ce sont celles dans lesquelles le médium Marie-Antoinette évoque notre grand Barthez.

BARTHEZ eut le titre de médecin du duc d'Orléans (le père de Philippe-Égalité) et le titre, purement honorifique, de médecin consultant du roi. Il est peu probable qu'il ait jamais rencontré MARIE-ANTOINETTE et surtout qu'il en ait été amoureux.

Quand il apparaît avec Marie-Antoinette dans les séances d'HÉLÈNE, il regrette les jours où il guettait le passage de la reine sur le boulevard du Temple et ne cesse de répéter: où sont-ils ces jours, où, trottinant sur le boulevard du Temple, je n'avais qu'un seul but et désir, celui de voir passer votre carrosse et d'y surprendre votre ombre? où sont ils ces jours, où sont-ils ces instants de bonheur, où mon âme pour quelques heures était *si tant* ravie ?

HÉLÈNE, en réincarnant Barthez, paraît se représenter les petits jeunes gens qui, dans les rues de Genève, regardent sortir les demoiselles de magasin plutôt que notre grand chancelier de l'Université de Montpellier. Elle lui communique même son propre style ; car « si tant ravi » se retrouve dans la correspondance d'HÉLÈNE, tandis qu'on ne le trouve pas dans les livres de BARTHEZ.

LEMAITRE a même pris la peine de comparer l'écriture des messagers médianimiques de Barthez avec des autographes vrais de ce médecin, communiqués par KUHNHOLTZ-LORDAT, fils adoptif de LORDAT, et n'a trouvé aucune ressemblance.

D'après LORDAT, BARTHEZ était d'une taille au-dessus de la médiocre. HÉLÈNE, dans ses visions, le trouve d'une taille plutôt grande.

Hélène signe Barthes ; il s'appelait Barthez. Ce qui pourrait s'expliquer en admettant que le savant docteur «a pu oublier l'orthographe exacte de son nom, depuis tantôt un siècle (1) qu'il est désincarné»....

Il y a beaucoup d'intelligence et d'*apparence* d'invention et de création dans ce roman royal. Il y en a peut-être encore plus dans son roman martien, non moins finement analysé par le même professeur Flournoy.

### b. *Roman martien.*

C'est un roman qui se passe dans la planète Mars.

On sait combien, vers 1892, on s'est occupé de la planète Mars, de la question de savoir si elle est habitée ou non, de la question des communications à établir quelque jour avec ses habitants. Dans des publications très lues (à Genève en particulier, autour d'Hélène), Camille Flammarion avait étudié les conditions d'habitabilité de Mars et avait prophétiquement décrit la merveille que serait dans l'avenir l'établissement de communications entre les habitants de la Terre et ceux de Mars. On parlait aussi beaucoup à ce moment des fameux canaux de Mars et des «inondés» de cette planète, et de tout cela beaucoup dans le milieu où vivait Hélène.

En 1894, Hélène donne des expériences chez le professeur Lemaitre, en présence d'une dame (gravement malade des yeux) qui, ayant perdu son fils Alexis, trois ans auparavant, demande à ce qu'on évoque ce fils. Dès la première séance, Alexis arrive en effet, accompagné de Raspail qui donne pour les yeux de la mère un traitement de camphre (comme dans son *Manuel de la santé*).

Le mois suivant, dès le début de la transe, Hélène voit, dans le lointain et à une grande hauteur, une vive lueur;

---

(1) Le siècle y est complètement aujourd'hui (octobre 1806).

elle se sent balancée, puis est dans un brouillard épais, bleu, puis rose vif, gris, noir. Elle flotte. Puis elle voit une étoile qui grandit, devient plus grande qu'une maison. Hélène sent qu'elle monte et la table dit : Lemaitre, ce que tu désirais tant !

Hélène, qui était mal à l'aise, se trouve mieux ; elle distingue trois énormes globes, dont un très beau. — Sur quoi est-ce que je marche? demande-t-elle. Et la table répond : sur une terre, Mars.

C'était bien la réalisation du rêve de Lemaitre qui, l'été précédent, avait dit à un familier d'Hélène: ce serait bien intéressant de savoir ce qui se passe dans d'autres planètes.

Et alors voilà Hélène qui décrit toutes les choses qu'elle voit dans Mars : «des voitures sans chevaux ni roues, glissant en produisant des étincelles ; des maisons à jets d'eau sur le toit ; un berceau ayant en guise de rideaux un ange en fer aux ailes étendues... Les gens sont tout à fait comme chez nous, sauf que les deux sexes portent le même costume formé d'un pantalon très ample et d'une longue blouse serrée à la taille et chamarrée de dessins».

Dans une vaste salle de conférence, Raspail enseigne et, au premier rang des auditeurs, est Alexis.

Voilà comment est né, par Lemaitre et la dame malade des yeux, qui a perdu son fils, ce roman martien qui se développe alors, après une longue période (15 mois) d'éclipse et de rumination polygonale.

Raspail disparaît. Alexis occupe le premier plan. Il avait parlé français d'abord ; maintenant il ne le sait plus, le comprend, mais parle uniquement le martien.

Dans une première séance, Hélène soutient une longue conversation avec une femme imaginaire, qui veut la faire entrer dans un bizarre petit char sans roues ni cheval. Cette femme lui parle un langage tout à fait étrange.

GRASSET ; *L'occultisme.*

Léopold, qui est toujours là comme le compère dans une Revue, explique par le petit doigt «que c'est la langue de la planète Mars, que cette femme est la mère actuelle d'Alexis réincarné sur cette planète et parlera elle-même le martien».

Hélène monte dans un char, arrive à Mars et décrit les salutations à l'arrivée dans ce pays ou plutôt les mime : «gestes baroques des mains et des doigts; chiquenaudes d'une main sur l'autre, tapes ou applications de tels et tels doigts sur le nez, les lèvres, le menton... révérences contournées, glissantes, et rotation des pieds sur le plancher».

Et le roman continue avec certaines scènes très émouvantes comme celle où la mère d'Alexis, voyant son fils dans Hélène, s'agenouille en sanglotant devant elle; et son fils, par la bouche d'Hélène, la console en martien, avec des gestes si doux et des inflexions de voix si tendres que la pauvre mère en est transportée.

Hélène décrit et dessine des paysages martiens (les dessins sont reproduits dans le livre de Flournoy): un pont rose avec des barrières jaunes plongeant dans un lac bleu et rose pâle, rivages et collines rougeâtres, sans verdure; tous les arbres sont dans des tons rouge brique, pourpres et violets.

Elle décrit et dessine les habitants, Astané par exemple : teint jaune, cheveux bruns; sandales brunes; rouleau blanc à la main. Costume panaché or, rouge et bleu; ceinture et bordure rouge brique.

Puis il y a la foule «anonyme et confuse» qui occupe le fond des visions martiennes, «ne diffère de celle de notre pays que par la grande robe commune aux deux sexes, les chapeaux plats et les sandales liées aux pieds par des courroies».

Ces habitants ont à leur disposition des instruments

(qu'elle décrit et dessine aussi) qui lancent des flammes jaunes et rouges et leur servent pour voler dans les airs.

Elle dessine aussi la maison d'Astané. Une série d'images fixe la flore de Mars, toujours sans trace de vert.

«Ces spécimens, ainsi que les arbres disséminés dans les paysages, montrent que la végétation martienne ne diffère pas essentiellement de la nôtre, sans en reproduire cependant aucun échantillon nettement reconnaissable».

Ce qui a été évidemment le plus intéressant dans ces expériences, ce sur quoi je dois insister, c'est la *langue martienne*, si bien étudiée et analysée par FLOURNOY et V. HENRY (1).

Au début, cette langue est rudimentaire, mal faite; c'est un «pseudomartien», un «galimatias désordonné», «une puérile contrefaçon du français, dont elle conserve en chaque mot le nombre des syllabes et certaines lettres marquantes».

C'est «analogue au baragouinage par lequel les enfants se donnent parfois dans leurs jeux l'illusion qu'ils parlent chinois, indien ou sauvage».

Il faut une demi-année pour la «fabrication subliminale d'une langue proprement dite».

Quand la langue fut faite, il fallait la comprendre et pouvoir la traduire, avoir un dictionnaire.

Pour cela, FLOURNOY écrivit à Léopold «une lettre où, au milieu de considérations sur la haute importance scientifique des phénomènes présentés par M<sup>lle</sup> SMITH», il faisait «appel à sa toute science en même temps qu'à sa bonté pour qu'il voulût bien» lui accorder des éclaircissements sur cette langue curieuse.

---

(1) V. HENRY ; *Le langage martien*.

Deux jours après, Hélène, en transe, écrivit automatiquement la réponse en dix-huit alexandrins, dont voici les cinq derniers :

> Quand son âme mobile aura pris la volée
> Et planera sur Mars aux superbes couleurs !
> Si tu veux obtenir d'elle quelques lueurs,
> Pose, bien doucement, ta main sur son front pâle
> Et prononce bien bas le doux nom d'Esenale !

Ainsi fut fait ; et Esenale, le nom martien d'Alexis réincarné, donna la traduction des mots et des phrases, quand on l'invoquait ainsi dans les visions martiennes.

La composition de la langue martienne fut d'ailleurs complète et comprit une écriture spéciale, des caractères spéciaux qui, après perfectionnement, se fixèrent aussi dans une forme définitive ou au moins très prolongée, chaque lettre martienne ayant d'ailleurs son équivalent exact dans l'alphabet français.

Flournoy a ainsi patiemment reproduit, traduit et analysé quarante et un textes martiens ; et il est arrivé à démontrer que le martien n'est «qu'un travestissement enfantin du français».

Il faut cependant bien voir tout d'abord qu'à ce moment le martien est une langue, non un simple jargon ou baragouinage de sons quelconques dits au hasard. Ce sont des mots, des mots qui expriment des idées et le rapport des mots aux idées est constant ; la signification des termes martiens est constante.

Cette langue a même ses consonances, son accent, ses lettres de prédilection..., ce qui fait qu'on la reconnaît quand Hélène la parle (alors même qu'on ne la comprend pas). Ainsi, par rapport au français, il y a surabondance des *é* ou *ê* et des *i* et rareté des diphtongues et des nasales.

C'est donc une langue et on peut même dire «une langue naturelle en ce sens qu'elle est automatiquement

enfantée, sans la participation consciente de M^lle Smith».
Ce n'est pas une invention volontaire, par plaisanterie
ou jonglerie.

Voici cependant ce qui prouve que cette langue n'est
pas *neuve*, que c'est une modification enfantine et puérile du français.

D'abord, «le martien se compose de sons articulés qui,
tous, tant consonnes que voyelles, existent en français».
Or, cela n'arrive jamais : dans les langues géographiquement les plus voisines de la nôtre (à plus forte raison
dans les plus éloignées), il y a toujours quelques sons
spéciaux à chacune d'elles (allemand, anglais, espagnol...). «La langue de la planète Mars ne se permet pas
de pareilles originalités phonétiques». S'il y a une différence, le martien serait plus pauvre que le français : il
lui manquerait quelques sons articulés.

De même pour l'écriture : tous les caractères martiens et tous les caractères français se correspondent
absolument deux à deux.

De plus, dans le martien, il y a des masses «d'équivoques, d'exceptions, d'irrégularités, qui font qu'une seule
et même lettre revêt des prononciations très différentes
suivant le cas et que réciproquement un même son s'écrit
de diverses manières, sans qu'on puisse apercevoir aucune explication rationnelle pour toutes ces ambiguïtés».

Tout cela est identique en français.

En d'autres termes, on rencontre «dans ce prétendu
idiome extraterrestre une collection de singularités et
de caprices... dont la réunion, lorsqu'on y réfléchit, défie
l'œuvre du hasard et constitue un signalement auquel il
est impossible de se méprendre».

Cela conduit bien à cette conclusion : «le martien n'est
que du français déguisé».

Si on cherche, des textes connus, à dégager une grammaire martienne, on voit de même que «les règles de cette grammaire, si jamais elle voit le jour, ne seront guère qu'un décalque ou une parodie de celles du français».

En français, il y a des mots uniques à sens divers : ainsi, la préposition *à* et le verbe *a*, l'article et le pronom *le*... Les mêmes analogies auditives «sans égard pour le sens véritable» se retrouvent dans le martien.

Ainsi *à* et *a*, analogues de son, mais si différents de sens en français, se rendent en martien par le même mot *é*; *le* (article ou pronom) est toujours *zé*; *que* (aux multiples emplois et aux sens variés) est toujours *ké*.

Plus fort encore : notre mot *si* devient *ii* dans l'acception *oui* comme dans l'acception *tellement*.

Dans les phrases, l'ordre des mots est absolument le même en martien qu'en français. Et cela jusque dans les détails : la division ou l'amputation de *ne pas*, ou l'introduction en martien d'une lettre initiale comme *t* de *quand reviendra-t-il?* (kevi berimir *m* heb).

Cette possibilité de traduction juxtalinéaire, cette correspondance absolue mot pour mot, est «un fait extraordinaire et sans exemple dans les langues d'ici-bas. Car, continue Flournoy, il n'en est pas une, que je sache, où chaque terme de la phrase française se trouve rendu par *un* terme, ni plus ni moins, de la phrase étrangère».

De plus, une notable proportion de mots martiens «reproduit d'une façon suspecte le nombre de syllabes ou de lettres de leurs équivalents français et imitent parfois jusqu'à la distribution des consonnes et des voyelles».

Il devient de plus en plus clair que «cet idiome fantaisiste est évidemment l'œuvre naïve et quelque peu puérile d'une imagination enfantine» (lisez : polygonale), «qui s'est mis en tête de créer une langue nouvelle et qui, tout en donnant à ses élucubrations des apparences baroques et inédites, les a coulées sans s'en douter dans les moules accoutumés de la seule langue réelle dont elle eût connaissance».

Car les mots en eux-mêmes sont aussi différents que possible des mots français. L'auteur a prévu le dictionnaire, mais pas la grammaire.

«Le procédé de création du martien paraît consister simplement à prendre des phrases françaises telles quelles et à y remplacer chaque mot par un autre quelconque fabriqué au petit bonheur».

La suite de l'histoire du roman martien est encore bien curieuse et bien confirmative de ces déductions.

FLOURNOY, pensant qu'il a suffisamment analysé le martien et commençant à trouver que cela devient monotone, dit à HÉLÈNE toutes ces objections sur l'authenticité du martien et ses preuves. HÉLÈNE résiste d'abord; mais, au bout d'un certain temps, elle répond en quelque sorte à ces objections en perfectionnant ou au moins en compliquant sa langue martienne, qu'elle place alors dans une autre planète innomée: c'est le *cycle ultra-martien*, avec un personnage nouveau, Ramié. C'est dix-sept jours après la suggestion de FLOURNOY qu'HÉLÈNE réalise cette nouvelle incarnation de son beau roman polygonal.

La puissance pathogène de la suggestion apparaît lumineuse. «J'avais, dit FLOURNOY, accusé le rêve martien de n'être qu'une imitation, vernie aux brillantes couleurs orientales, du milieu civilisé qui nous entoure. Or, voici un monde d'une bizarrerie affreuse, au sol noir, d'où toute végétation est bannie et dont les êtres grossiers ressemblent plus à des bêtes qu'à des humains. J'avais insinué que les choses et les gens de là-haut pouvaient bien avoir d'autres dimensions et proportions que chez nous; et voici que les habitants de ce globe arriéré sont de vrais nains, avec des têtes deux fois plus larges que hautes, et des maisons à l'avenant. J'avais fait allusion à l'existence probable d'autres langues, relevé la richesse du martien en *i* et en *é*, incriminé sa syntaxe et son *ch* empruntés au français. Et voici une langue absolument nouvelle, d'un rythme très particulier, extrêmement riche en *a*, sans aucun *ch* jusqu'ici, et dont la construction est tellement différente de la nôtre qu'il n'y a pas moyen de s'y retrouver».

Vraiment admirable est cette *expérimentation* de FLOURNOY venant merveilleusement compléter ses *observations* pour montrer que tout est roman polygonal chez HÉLÈNE, roman polygonal lancé et dirigé par les suggestions (1).

52. LE ROMAN MARTIEN DE Mme SMEAD (2).

Avec le médium Mme SMEAD (pseudonyme), le professeur HYSLOP a observé et analysé avec beaucoup de soin, lui aussi, un autre roman martien dont il montre bien, comme FLOURNOY, le point de départ subliminal ou polygonal.

Les « communicateurs » sont les enfants (morts) du médium.

«On obtint d'abord le dessin d'une carte géographique très détaillée, qui donnait le nom de zones en lesquelles la planète aurait été divisée... Les gens y sont plus grands et il n'y en a point autant que sur cette terre... (ils) sont plutôt semblables à des Indiens... Ils coupent de grands canaux d'un océan à l'autre et de grandes étendues

---

(1) Je ne crois pas devoir insister sur les autres romans astraux d'Hélène: uranien, lunaire... La démonstration me paraît très suffisante.

(2) HYSLOP; La médiumnité de Mme Smead. *Annales des sciences psychiques*, 1906, p. 461.

d'eau». Les navires (*seretrevir*), faits de troncs d'arbres, portent des noms (*Cristiril*). Une autre fois, est dessiné un «temple maison des chiens». Les hommes «portent un habit et un pantalon... les femmes, des chemises à sac et des chapeaux ridicules. Leurs cheveux leur tombent sur le dos. Les hommes les soulèvent et gardent des cheveux longs sous leur chapeau. «La planchette a tracé «la figure d'une robe garnie de dentelle, avec des fleurs éparses au-dessus en ordre symétrique. Quand le dessin fut terminé, l'indication des couleurs fut donnée en marge; c'étaient des variations de rose, blanc, vert, jaune, brun et lavande».

On eut aussi la description d'une horloge martienne (*triveniul*), d'un navire aérien très singulier et de formes ingénieuses.

La planchette dessina aussi un observatoire martien sur une montagne, à travers laquelle il y avait «des espèces de tunnels se terminant d'un côté presque en forme de pipe». HYSLOP fait remarquer «une curieuse coïncidence entre ce dessin et l'un dont il est question dans le cas de FLOURNOY... HÉLÈNE SMITH dessina, elle aussi, un observatoire martien contenant un tunnel». M<sup>me</sup> SMEAD affirma ne pas connaître le livre de FLOURNOY; mais ce livre *se trouvait dans la maison*. Comme la sincérité de M<sup>me</sup> SMEAD paraît hors de doute, il semble certain qu'elle l'avait parcouru distraitement, inconsciemment, son polygone en emmagasinant les images à l'insu de O.

HYSLOP conclut cette partie de son travail par le passage suivant, que je me permets de citer en entier, parce qu'il exprime complètement la doctrine exposée dans ce livre.

«Les personnes qui s'occupent des études psychologiques et psychiques n'auront pas de peine à reconnaître la vraie nature de ces phénomènes. Il n'y a aucune preuve qu'ils soient réellement ce qu'ils prétendent être» (spiritiques). «Dans ces conditions, la seule hypothèse qui ait du fondement est celle qui se rapporte à la personnalité seconde» (personnalité polygonale). «On trouve dans les dessins même exécutés par la planchette des indications qui appuieraient cette thèse, alors même que d'autres preuves manqueraient. Par exemple, l'impossibilité mécanique du navire aérien, la confusion évidente entre le propulseur et le gouvernail, le défaut général de ces élucubratious inconscientes, consistant à placer dans les autres planètes des phénomènes trop semblables à ceux de la terre pour ne pas être suspects; tout ceci met les *communications* martiennes absolument en dehors de la catégorie des révélations spirites, si des preuves meilleures ne viennent point confirmer leur nature transcendantale».

## IV. CONCLUSIONS

### 53. Réalité de l'imagination polygonale.

De tout ce chapitre il résulte d'abord la preuve de l'activité propre du psychisme inférieur, activité propre qui s'affirme par l'association des idées et des images, par l'imagination polygonale dont j'ai donné, ce me semble, bien des exemples démonstratifs.

Nous avons vu le rôle que jouent la suggestion et l'inspiration exogène dans la naissance et les débuts des romans des médiums. Mais une fois lancé sur une voie donnée, le polygone désagrégé du médium en transe a imaginé tout le reste par ses propres forces.

Cette imagination polygonale, si brillamment démontrée chez les médiums, apparaît aussi dans l'hypnose et dans d'autres états extraphysiologiques de désagrégation suspolygonale. Elle apparaît même à l'état physiologique, dans le rêve ou «dans des états de conscience crépusculaire».

Miss Frank Miller (1) a publié des faits très intéressants à ce point de vue. Très autosuggestive, en même temps qu'excellente autoobservatrice, Miss Miller eût put faire un très bon médium : «la simple vue d'un linge conique sur sa tête, en évoquant ses souvenirs de statues égyptiennes, la plonge dans une sorte d'hallucination cenesthésique, totale, véritable commencement d'un changement de personnalité». Flournoy ajoute: «médium spirite, M$^{lle}$ Miller se trouverait certainement être la réincarnation de quelque princesse (voire de plusieurs) de l'antiquité historique et préhistorique et elle n'eût pas manqué de nous fournir d'intéressantes révélations sur ses préexistences égyptienne, assyrienne et même aztèque».

Il faut lire en particulier son observation IV intitulée «*chiwantopel*, drame hypnagogique», qu'elle commence ainsi : «les phénomènes de frontière (*borderland phenomena*), ou, si vous préférez, les compositions du cerveau dans l'état crépusculaire (*half-dream*) m'intéressent particulièrement et je crois que leur investigation minutieuse et intelligente ferait beaucoup pour éclaircir les mystères et dissiper la superstition des soi-disant *esprits*. C'est à ce titre que je vous envoie un cas qui, entre les mains d'une personne très soucieuse de l'exacte vérité ou n'éprouvant pas de scrupule à se laisser aller aux broderies et aux amplifications, aurait parfaitement pu donner lieu

---

(1) Miss Frank Miller ; Quelques faits d'imagination créatrice subconsciente. *Archives de psychologie*, 1905, t. V, p. 36, avec une introduction de Flournoy.

à quelque roman fantaisiste capable de rivaliser avec les cycles fictifs de vos médiums».

« Le morceau II est l'histoire d'un petit poème que M{^lle} M. rêva de grand matin pendant un voyage sur mer. Réveillée au même instant par un appel de sa mère, elle lui raconta immédiatement son rêve, puis voulut en prendre note ; mais le temps de chercher un crayon et la distraction due à la présence de sa mère suffirent déjà à rendre incertain le souvenir de plusieurs passages. Quelques mois après, se trouvant de loisir, elle reprit sa pièce et la modifia avec le sentiment de se rapprocher tout à fait du texte rêvé primitif... on peut considérer comme probable qu'un travail subconscient de correction a dû s'exercer dans l'intervalle sur la poésie du premier jet pour l'amener à sa seconde forme notablement plus parfaite». Voilà bien l'imagination créatrice, la mémoire et la rumination polygonales !

Dans le fragment III il s'agit « d'une poésie qui surgit et s'imposa automatiquement à M{^lle} MILLER pendant une nuit en chemin de fer, dans cet état spécial, intermédiaire entre la veille et le sommeil, trop connu de tant de voyageurs, las et hébétés, qui sont toujours sur le point de s'endormir sans arriver cependant à se perdre complètement de vue ». Le dernier exemple « est une sorte de petit drame lyrique qui s'est déroulé spontanément dans son imagination, en images visuelles et auditives, pendant la phase hypnagogique précédant le sommeil complet ».

Et FLOURNOY termine en rappelant, à ce sujet, « la jolie étude de psychologie du rêve, trop peu connue, où STEVENSON a laissé l'aveu de tout ce qu'il devait à la collaboration anonyme des mystérieux petits lutins (*the little people, the Brownies*) qui ébauchaient si gentiment dans l'ombre les œuvres du romancier et lui fournirent gratis tant de précieuses scènes toutes faites. Aux lutins ou génies de STEVENSON, comme à la muse des poètes classiques, nous autres, gens sérieux, préférons substituer quelque savant principe, tel que l'association mécanique des idées, le dynamisme nocturne des neurones, l'activité polygonale du psychisme inférieur, le facteur inconscient ou le subliminal, etc... On est ainsi ramené au problème des variations et modalités diverses de la personnalité humaine, sur lequel les observations de faits précis, en s'accumulant, finiront bien par faire la lumière sans qu'il soit besoin — ainsi que l'a excellemment compris Mlle MILLER — de recourir aux hypothèses, enfantines et compliquées à la fois, qui règnent dans les milieux spirites».

54. LIMITES DE L'IMAGINATION POLYGONALE.

Si tous les faits que j'ai cités prouvent d'une façon péremptoire la réalité de l'existence de l'imagination polygonale, ils démontrent également les limites et l'infériorité de cette imagination.

a. *Caractères inférieurs des romans polygonaux.*

Par tous les détails que j'ai donnés sur le cycle royal d'HÉLÈNE SMITH et sur les romans martiens d'HÉLÈNE SMITH et de Mme SMEAD, on a pu voir déjà combien peu ces élucubrations polygonales étaient neuves, originales, créées, combien elles étaient enfantines et erronées.

HYSLOP a bien montré que sur les planètes (Jupiter en particulier, «le ciel des enfants») toutes les indications communiquées au médium «décelaient l'influence de l'instruction reçue jadis par Mme SMEAD... Il s'agissait probablement de souvenirs des instructions reçues à l'école du dimanche, complétées par une imagination puérile au sujet de ce que peuvent être les étoiles».

Je n'ai pas indiqué toutes les contradictions et les

impossibilités qu'on peut relever dans le roman martien d'Hélène Smith.

Léopold, en Mars, sait d'abord le français, puis il l'oublie totalement, plus tard il le retrouve assez pour traduire le martien.

Mort en juillet 1891, il a, en 1896, cinq ou six ans, « alors que les années de cette planète sont presque doubles des nôtres ».

Voilà qui a échappé à Hélène comme toutes les questions scientifiques sur Mars qu'elle ignore absolument. Rien notamment sur ces fameux canaux qui ont tant préoccupé les astronomes. Rien sur la biologie et la sociologie en Mars : on y vit comme sur la terre ; les mœurs en sont comme les nôtres. « Il y a moins de distance entre les mœurs martiennes et notre genre de vie européen qu'entre celui-ci et la civilisation musulmane ou les peuples sauvages ».

On peut étendre à tous ces romans polygonaux ce que dit Flournoy de son médium.

« C'est une bonne et sage petite imagination de dix à douze ans, qui trouve déjà suffisamment drôle et original de faire manger les gens de là-haut dans des assiettes carrées avec une rigole pour le jus, de charger une vilaine bête à œil unique de porter la lunette d'Astané, d'écrire avec une pointe fixée à l'ongle de l'index au lieu d'un porte-plume, de faire allaiter des bébés par des tuyaux allant directement aux mamelles d'animaux pareils à des biches... Rien des *Mille et une Nuits*, des *Métamorphoses d'Ovide*, des *Contes de fées*, ou des *Voyages de Gulliver* (1);

---

(1) Rien non plus des si curieux romans de H.-G. Wells et plus spécialement de ses romans martiens l'*Œuf de cristal* et la *Guerre des mondes* : les habitants ont ici la forme de poulpes rampants invertébrés et se nourrissent des vertébrés à station verticale ; mais

pas trace d'ogres, de géants ni de véritables sorciers dans tout ce cycle. On dirait l'œuvre d'un jeune écolier à qui on aurait donné pour tâche d'inventer un monde aussi différent que possible du nôtre, mais réel, et qui s'y serait consciencieusement appliqué, en respectant naturellement les grands cadres accoutumés, hors desquels il ne saurait concevoir l'existence, mais en lâchant la bride à sa fantaisie enfantine sur une foule de points de détail, dans les limites de ce qui lui paraît admissible d'après son étroite et courte expérience ».

b. *Infériorité des conceptions polygonales en général.*

Les romans médianimiques, dont je viens de montrer les caractères d'infériorité, peuvent être considérés comme la manifestation la plus élevée et la plus brillante de l'imagination polygonale. Ils sont cités par RIBOT comme les meilleurs exemples et les meilleures preuves de l'élément subconscient ou inconscient de l'inspiration. Et on voit ce qu'ils valent !

A plus forte raison, l'infériorité éclatera-t-elle dans toutes les autres manifestations de l'imagination polygonale.

Toutes les fois que l'imagination polygonale est *lâchée*, elle est vraiment la «folle du logis», «maîtresse d'erreur ou de fausseté», comme dit PASCAL.

Rien de bête et d'illogique comme la plupart des rêves. Même dans l'hypnose, nous avons vu combien sont limitées les ressources imaginatives d'un sujet que l'on

---

ils réalisent surtout cette conception philosophique très élevée de l'auteur que ces êtres sont supérieurs par le développement extrême de leur cerveau aux dépens des appareils inférieurs de la digestion et de la génération.... (Voir : CHARLES DERENNES ; H.-G. Wells et le peuple marsien. *Mercure de France*, 1ᵉʳ mars 1907, p. 48).

transforme en prédicateur ou en général. Il réalise un Bossuet ou un Napoléon très modestes, souvent ridicules, toujours à la taille de son polygone. Dans le premier paragraphe de la troisième partie, je donnerai de nouvelles preuves de ce principe en discutant l'hypothèse spirite.

On comprend que je ne veuille attribuer au psychisme inconscient qu'un rôle de second plan dans l'inspiration et dans la grande imagination créatrice, et on comprend que je tienne à maintenir à ce psychisme son qualificatif d'inférieur.

Au Congrès de Grenoble (1902), GILBERT BALLET, tout en trouvant intéressante la distinction entre les psychismes supérieur et inférieur, trouve l'inférieur plutôt supérieur, puisqu'il représente une sorte de perfectionnement du supérieur, qu'il est l'aboutissant des acquisitions du supérieur; on est bien plus fort quand on joue du piano avec son polygone que quand, au début, on en joue péniblement avec le centre O.

C'est dans le même sens que GOUDARD(1) a dit : «est-il bien réellement *subalterne* ce monde caché qui fonctionne sans relâche, qui suit sa voie, sa direction logique, parallèlement à la conscience?» C'est encore l'idée de RIBOT dans sa théorie de l'inspiration (2).

Je réponds à cela : l'éducation du polygone est faite par O ; donc O reste supérieur. L'activité polygonale isolée est consécutive à l'activité simultanée des deux psychismes.

---

(1) GOUDARD ; *Bulletin de la Société d'études psychiques de Marseille.* 1903, p. 48.

(2) «Dans ces conditions, on ne peut dire si, chez le sujet ordinaire, chez chacun de nous, la partie subliminale de notre personnalité est décidément supérieure ou inférieure à la partie supraliminale qui nous est connue». HENRY DE VARIGNY ; Causerie scientifique du *Temps. Indépendance belge*, 31 décembre 1904.

Mais la force vraiment créatrice et l'autorité de contrôle et de haute direction appartiennent toujours à O, qui reste le centre supérieur de l'activité intellectuelle élevée.

C'est donc bien l'activité de O qui reste supérieure à l'activité polygonale ou automatique.

55. Les produits de l'imagination polygonale des médiums simulent facilement des communications exogènes supranaturelles.

La dernière et la plus importante conclusion de ce chapitre est que cette imagination polygonale, par son libre jeu chez le médium en transe, peut produire des résultats si extraordinaires, d'apparence si originale, d'origine si inconsciente, qu'on peut très facilement les prendre pour des *communications* exogènes, ayant leur origine hors du sujet ; et, comme facilement on objective et on matérialise une cause extérieure d'un phénomène important, on attribuera volontiers ces romans polygonaux à des révélations d'outre-tombe, à des évocations d'esprits réincarnés.

Combien naturel est le raisonnement d'Hélène Smith ou de M<sup>me</sup> Smead attribuant réellement à de véritables habitants de Mars tous les renseignements qu'elles donnaient en transe et qu'*elles auraient été incapables de donner à l'état de veille*, hors de la transe. C'est là, à mon avis, le plus grand résultat des études récentes sur le psychisme inférieur : non seulement le polygone désagrégé garde une grande activité psychique, mais même dans certains cas, chez certains sujets (médiums), par le fait même de cette désagrégation, il acquiert la faculté d'une hyperactivité remarquable et d'une production imaginative beaucoup plus grande.

Grasset ; *L'occultisme.*

Comme le dit très bien FLOURNOY (1), «le moi inconscient des médiums est pleinement capable de forger de toutes pièces des produits ayant les meilleures apparences de communications de l'au-delà et il ne s'en fait pas faute»; et le même auteur met très bien en relief cette «vérité trop oubliée dans certains milieux : c'est que chez des personnes parfaitement normales et bien portantes (au moins selon toutes les apparences), le simple fait de s'adonner aux pratiques médiumiques peut rompre à leur insu l'équilibre psychique et engendrer une activité automatique dont les produits simulent de la façon la plus complète des communications venant de l'au-delà, bien qu'ils ne soient en réalité que les résultats du fonctionnement subliminal des facultés ordinaires du sujet».

---

(1) FLOURNOY; Genèse de quelques prétendus messages spirites. *Revue philosophique* et *Annales des sciences psychiques*, 1899, p. 200 et 216.

# TROISIÈME PARTIE

## L'OCCULTISME D'AUJOURD'HUI

RÉSUMÉ DE LA DEUXIÈME PARTIE. OBJET ET PLAN DE LA TROISIÈME PARTIE.

### A. *LES THÉORIES.*

CHAPITRE SEPTIÈME. — LE SPIRITISME.

CHAPITRE HUITIÈME. — LES RADIATIONS PSYCHIQUES : PERISPRIT, CORPS ASTRAL, FORCE PSYCHIQUE RADIANTE.

CHAPITRE NEUVIÈME. — INDÉPENDANCE DE L'OCCULTISME ET DE TOUTES LES DOCTRINES PHILOSOPHIQUES OU RELIGIEUSES.

### B. *LES FAITS.*

CHAPITRE DIXIÈME. — FAITS DONT LA DÉMONSTRATION, SI ELLE EST POSSIBLE, PARAIT EN TOUS CAS LOINTAINE.

    I. Télépathie et prémonitions.
    II. Apports a grande distance.
    III. Matérialisations.

CHAPITRE ONZIÈME — FAITS DONT LA DÉMONSTRATION PARAIT MOINS ÉLOIGNÉE ET EN TOUS CAS DOIT ÊTRE RECHERCHÉE TOUT D'ABORD.

    I. Suggestion mentale et communication directe de la pensée.
    II. Déplacements voisins sans contact ; lévitation ; raps.
    III. Clairvoyance.

# RÉSUMÉ DE LA DEUXIÈME PARTIE.
# OBJET ET PLAN
# DE LA TROISIÈME PARTIE

56. J'ai essayé de démontrer dans la deuxième partie que les travaux récents sur le Psychisme inférieur ont désocculté et rendu scientifiques beaucoup de phénomènes qui étaient considérés comme occultes jusques dans ces derniers temps.

L'étude de l'état de suggestibilité de certains polygones désagrégés par l'hypnose a enlevé à l'occultisme le gros chapitre du magnétisme animal ; l'étude de la motilité involontaire et inconsciente du polygone a rendu scientifiques l'écriture automatique, les tables tournantes, la baguette divinatoire (1), le pendule explorateur, le cumberlandisme avec contact ; l'étude de la sensibilité et de la mémoire polygonales a désocculté bien des faits de fausse divination, ramenés à des hallucinations ou à des réminiscences du psychisme inférieur ; enfin l'étude de l'association des idées et de l'imagination polygonales a ramené à une origine intrinsèque et naturelle beaucoup de phénomènes médianimiques paraissant antérieurement supranaturels.

L'étude du psychisme inférieur a donc nettement déplacé et fait reculer les limites de l'occultisme. Mais elle n'a pas supprimé l'occultisme.

---

(1) Voir encore, sur la baguette divinatoire : Un discours du professeur BARRETT sur l'histoire et le mystère de la baguette divinatoire. *Annales des sciences psychiques*, 1907, t. XVII, p. 147.

Le but de cette troisième partie est précisément de montrer, de passer en revue et de discuter ce qui reste encore occulte, de faire l'étude critique de l'occultisme d'aujourd'hui.

Je crois que le seul moyen de faire sérieusement cette étude critique est d'envisager séparément et successivement les *théories* et les *faits* : faute de faire cette distinction, on tombe habituellement dans une confusion inextricable de raisonnements (1).

Les théories ne sont pas du tout nécessairement inféodées aux faits ; les faits ne sont pas solidaires des théories. Il ne faut donc pas combattre ou étayer les faits avec des raisonnements qui s'adressent aux théories.

Comme l'a très bien dit Charles Richet (2), «l'absurdité d'une hypothèse ne doit pas faire nier les faits sur lesquels elle repose... Rien n'est plus contraire à une logique, même élémentaire, que de nier un phénomène parce que les hypothèses construites sur ce phénomène paraissent peu vraisemblables». Et inversement, l'existence ou l'inexistence d'un fait ne se déduira pas de cette seule constatation qu'il est en conformité ou en contradiction avec une théorie donnée.

Je vais donc envisager successivement les théories et les faits en répétant d'avance que les conclusions de la première de ces études ne permettront nullement de présager les conclusions de la seconde.

---

(1) «Il y a toujours à distinguer dans le spiritisme les faits et la doctrine et c'est pour n'avoir pas fait cette séparation nécessaire que la confusion règne dans tant d'esprits». Surbled ; *Spirites et médiums. Choses de l'autre monde*, 1901, p. 166.

(2) Charles Richet ; Faut-il étudier le spiritisme? *Annales des sciences psychiques*, 1905, p. 33.

## A. LES THÉORIES

57. Classification des théories. Plan de leur étude.

Les principales théories qui ont habituellement cours dans les publications sur l'occultisme peuvent être groupées sous deux titres : le *spiritisme* et les *radiations psychiques* (périsprit, corps astral, force psychique radiante).

A cette étude des théories se rattache une question que j'examinerai dans un chapitre distinct (le neuvième) : celle des *rapports de l'occultisme avec les diverses doctrines philosophiques ou religieuses.*

# CHAPITRE SEPTIÈME

## LE SPIRITISME

I. — Définition et exposé de la doctrine spirite.
    58. *Sens du mot spiritisme.*
    59. *Exposé de la théorie.*
II. — Discussion de la théorie spirite.
    60. *Invraisemblance de cette théorie.*
    61. *C'est au spiritisme à faire sa preuve.*
    62. *Les idées exprimées dans les transes sont celles des médiums et non celles des esprits évoqués.*
    63. *Erreurs des médiums. Les esprits trompeurs.*
    64. *Désaccord des spirites entre eux.*
III. — 65. Conclusions.

## I. DÉFINITION ET EXPOSÉ DE LA DOCTRINE SPIRITE

### 58. Sens du mot spiritisme.

Je prends ici le mot *spiritisme* dans son sens étymologique, c'est-à-dire son sens vrai et étroit.

Dans les premières éditions de ce livre (*le Spiritisme devant la science*), j'avais pris le mot dans un sens plus large, englobant sous ce nom tout l'occultisme, tous les faits occultes. J'ai déjà dit plus haut (p. 27) qu'on me me l'avait reproché et on a eu raison.

Maxwell (1), lui aussi, nous a reproché, à Pierre

---

(1) Maxwell; *loco cit.*, p. 229.

Janet et à moi, le sens que nous donnions au mot spiritisme. «Le spiritisme est une religion (1), non une science. C'est l'*explication systématique* de tout un ensemble de faits encore mal connus, mais ce n'est pas l'affirmation simple de ces faits... Le spiritisme, c'est-à-dire l'ensemble des doctrines métaphysiques fondées sur les révélations des esprits, ne saurait, actuellement au moins, être considéré comme appartenant à la biologie».

Je me range à cette manière de voir et redonne, cette fois, au mot spiritisme son vrai sens de *théorie*.

J'appelle donc *spiritisme* la théorie qui attribue à des *esprits* les divers phénomènes de l'occultisme et de la médiumnité; je veux dire des esprits désincarnés, de personnes décédées, qui, sur l'appel du médium, se réincarnent momentanément dans sa personne et lui dictent des messages et des communications.

Je précise bien le sens de ce mot *esprits* parce qu'au singulier il est plus vague ou plutôt a un autre sens. Dire qu'il y a de l'*esprit*, c'est-à-dire du *psychisme* dans les phénomènes médianimiques, c'est dire une banalité que personne ne conteste. Il n'est pas besoin d'être spirite pour admettre que les expériences faites avec les médiums sont des expériences psychiques.

Flournoy (2) pose très bien la question quand il dit, après

---

(1) «Le spiritisme est, à bien dire, une religion, la religion des esprits» (Surbled; Spirites et médiums. Choses de l'autre monde, p. 165). «Le spiritisme n'est qu'une des nombreuses religions qui sont venues à leur heure pour répondre à un besoin de l'humanité... Le spiritisme n'est que l'explication systématique des phénomènes». (Mme Laura Finch; Spiritisme et théosophie. Du droit d'évoquer les morts. Annales des sciences psychiques, 1905, p. 279).

(2) Flournoy; Travail cité des Annales des sciences psychiques, 1899, p. 208.

avoir rapporté l'histoire intéressante d'un médium M^me Z:
«le message de M. R., retraçant en une petite composition, qui ne manque pas d'un certain cachet, les derniers moments de sa vie d'ici-bas, son passage à l'autre monde et ses premières impressions dans sa nouvelle existence, suppose incontestablement un *esprit* comme auteur. A plus forte raison encore la série de communications de la même origine prétendue, qui se sont succédé pendant plusieurs jours sous le crayon de M^me Z et portent, toutes, l'empreinte de la même personnalité. La question est seulement de savoir si le principe de cette systématisation prolongée et croissante doit être cherché dans un esprit réellement indépendant et différent de M^me Z elle-même, comme le prétend le spiritisme et comme elle penche à l'admettre, — ou si, au contraire, il ne fait qu'un avec elle, en sorte que la personnalité qui se manifeste dans ces messages se réduirait à une fonction temporaire, un acte, une projection ou création momentanée de son être individuel, au même titre que les personnages que nous voyons et qui nous parlent en rêve sont un produit de nous-même».

Le sens est donc bien précisé : ce que nous allons étudier sous le nom de spiritisme, c'est la théorie qui attribue les phénomènes occultes à l'évocation des esprits.

### 59. Exposé de la théorie.

Ce sens est d'ailleurs précisé par l'exposé de leur doctrine, fait par les spirites eux-mêmes.

«Depuis cinquante ans, dit Léon Denis (1) dans un livre

---

(1) Léon Denis ; *Dans l'invisible. Spiritisme et médiumnité. Traité de spiritualisme expérimental. Les faits et les lois. Phénomènes spontanés. Typtologie et psychographie. Les fantômes*

dont le titre déjà en dit long, une communication intime et fréquente s'est établie entre le monde des hommes et celui des esprits. Les voiles de la mort se sont entr'ouverts... Les âmes ont parlé... (Dans l'expérimentation) il n'est pas de succès possible, pas de résultat assuré sans l'assistance et la protection d'en haut... En rapetissant le spiritisme, en lui imprimant un caractère exclusivement expérimental... on réussit surtout à se mettre en rapport avec les éléments inférieurs de l'au-delà, avec cette foule d'esprits arriérés, dont l'influence funeste enveloppe, opprime les médiums, les pousse à la fraude, répand sur les expérimentateurs des effluves malfaisants et, souvent, avec eux, l'erreur et la mystification. . Par les dispositions d'esprit qu'on apporte dans les expériences, on attire à soi les esprits légers, qui pullulent autour de nous... Les modes de correspondance qui relient les hommes vivants sur la terre s'étendent peu à peu aux habitants du monde invisible, en attendant qu'ils atteignent, par des procédés nouveaux, les familles humaines qui peuplent les terres de l'espace... Le spiritisme n'est pas seulement la démonstration, par les faits, de la survivance; c'est aussi la voie par où les inspirations du monde supérieur descendent sur l'humanité. A ce titre, il est plus qu'une science ; c'est l'enseignement du ciel à la terre... En réalité, il y a deux spiritismes. L'un nous met en communication avec les esprits supérieurs et aussi avec les âmes chères que nous avons connues sur la terre et qui firent la joie de notre exis-

---

*des vivants et les esprits des morts. Incorporations et matérialisations des défunts. Méthodes d'expérimentation. Formation et direction des groupes. Identité des esprits. La médiumnité à travers les âges.* Paris, 1904. — Voir aussi : EDMOND DUPOUY ; *Sciences occultes et physiologie psychique,* 1898 (l'entier chapitre «phénomènes spiritiques», p. 151).

tence... Puis, il y a un autre genre d'expérimentation, frivole, mondain, qui nous met en contact avec les éléments inférieurs du monde invisible et tend à amoindrir le respect dû à l'au-delà... Le vaste empire des âmes est peuplé d'entités bienfaisantes et malfaisantes; elles s'étagent à tous les degrés de l'échelle infinie, depuis les âmes les plus basses et les plus grossières, celles qui confinent à l'animalité, jusqu'aux nobles et purs esprits, messagers de lumière, qui vont porter à tous les rivages du temps et de l'espace les radiations de la pensée divine...».

On voit qu'il y a bien là toute une théorie, une vraie doctrine qui veut tout expliquer dans la médiumnité, jusqu'à ses erreurs et ses fraudes.

C'est la doctrine qui a été lancée dès 1847 en Amérique (voir plus haut, p. 16) et dont ALLAN KARDEC a écrit l'Évangile rédigé «selon l'enseignement donné par les esprits supérieurs à l'aide de divers médiums».

Le spiritisme tout entier, dit GABRIEL DELANNE (1) dans un livre qui promet dans son titre des *preuves absolues de nos communications avec le monde des esprits*, «le spiritisme tout entier, expérimental et philosophique, est basé sur la possibilité que nous avons de communiquer avec les esprits, c'est-à-dire avec les âmes des personnes qui ont vécu sur la terre», et l'auteur espère démontrer dans son livre «que la médiumnité véritable est bien due à l'action des intelligences désincarnées».

Enfin le docteur LAPPONI (2) «archiatro della santita di

---

(1) GABRIEL DELANNE ; *Recherches sur la médiumnité. Etude des travaux des savants. L'écriture automatique des hystériques. L'écriture mécanique des médiums. Preuves absolues de nos communications avec le monde des esprits*. Paris, 1902.

(2) DOTT. GIUSEPPE LAPPONI ; *Ipnotismo e spiritismo. Studio medicocritico*. Roma, 1906. — Tous les passages que je cite de ce

Leone XIII e di Pio X » dit : « dans les phénomènes spiritistes nous sommes forcés de voir des phénomènes d'ordre surnaturel... Il paraît indispensable d'admettre, comme cause des faits analysés, des êtres immatériels, qui, par ces singuliers phénomènes, nous attestent et nous prouvent leur existence ». Il est « philosophiquement croyable et même presque logiquement indéniable qu'au-dessus de l'homme il y ait, dans les séries des êtres créés, d'autres êtres plus parfaits que lui et par là même plus intelligents et dotés aussi de puissance physique également plus grande... C'est à ces êtres que, dans notre misérable langage, nous autres humains donnons le nom d'esprits... Parmi ces êtres, il s'en trouve qui, une fois leur existence accomplie sur la terre, laisseront leur corps dans le monde sensible et s'en iront avec ce qui forme l'étincelle et le principe opérant, l'*esprit* de leur vie vers des régions plus sereines... Entre la magie et la nécromancie des temps passés et le spiritisme des temps modernes, nous ne trouvons aucune différence substantielle; nous y voyons au contraire des ressemblances qui nous font conclure à l'absolue identité.... Le spiritisme est une manifestation d'activité d'un ordre préternaturel ».

## II. DISCUSSION DE LA THÉORIE SPIRITE

Je crois que rien n'est moins bien bien démontré que cette doctrine du spiritisme, cette « explication systématique » des faits occultes par les esprits.

---

livre m'ont été gracieusement traduits par Miss Rix. (Il vient de paraître une traduction française chez Perrin, peu avant la mort de LAPPONI).

## 60. Invraisemblance de cette théorie.

D'abord cette évocation des esprits est absolument *invraisemblable*.

« Je ne crois pas, dit A. Morin, qu'après avoir eu l'esprit de se débarrasser des entraves du corps humain, une âme soit assez bête pour se fourrer dans un morceau de bois et manifester sa présence par des exercices d'équilibre aussi absurdes ».

Babinet, qui cite ce passage, calcule qu'au moment où il écrit il y a, en Amérique, 60.000 médiums à la disposition desquels tous les morts plus ou moins illustres doivent constamment se tenir. Il faut ajouter qu'à la vérité ces périodes d'hyperactivité posthume sont compensées par de longues périodes de chômage.

Lapponi fait très justement remarquer que, depuis le début des expériences, l'éducation des esprits s'est perfectionnée et qu'ils ont une merveilleuse facilité pour s'adapter au milieu,

« En tout ceci, dit-il, il y a quelque chose d'étrange. On dirait que les esprits ont dû eux-mêmes étudier les moyens de se manifester et de se perfectionner dans la façon de vivre de leurs semblables par des leçons prises en famille dans l'autre monde... Un autre fait non moins surprenant est la facilité avec laquelle les esprits savent adapter leurs goûts à ceux des gens qui les cultivent (*dei loro devoti cultori*). On dirait que, comme l'antique Pythonisse prenait parti pour le roi Philippe en rendant ses oracles, les esprits aujourd'hui partagent les opinions de ceux qui les consultent : pieux avec les personnes pieuses, aimants avec ceux qui aiment les leurs, politiciens avec les politiciens, hommes d'affaires avec les commerçants, savants avec les érudits, vulgaires et grossiers avec le vulgaire. Pour cette raison, en Angleterre, les esprits sont sceptiques, parleurs, *avveduti*; en Allemagne, mystiques, théoriciens, transcendants ; et, en France, libertins, généreux, sans soucis, frivoles. Aux Etats Unis d'Amérique, ils sont positifs, dogmatiques, courageux et proclament la métempsycose, pendant qu'autre part, et spécialement parmi nous en Italie, ils se déclarent panthéistes, athées, matérialistes ».

Diminuant lui-même la force de ces objections, LAPPONI essaie de démontrer que cela ne constitue pas une réfutation absolue du spiritisme. C'est juste. Mais on peut bien dire que cela en démontre tout au moins l'*invraisemblance*.

## 61. C'EST AU SPIRISTISME A FAIRE SA PREUVE.

Une doctrine invraisemblable peut être cependant vraie. Mais pour être admise, elle doit faire sa preuve. Il faut, pour que nous les admettions malgré leur invraisemblance, que les esprits donnent de leur présence et de leur identité des preuves nombreuses et irréfutables.

FLOURNOY [1] dit que, pour une critique complète d'une expérience médianimique, il faudrait « montrer d'abord que le contenu du message a pu venir du médium et ensuite qu'il n'a pas pu venir d'ailleurs ». Je renverserai la proposition et je dirai qu'il faut, pour démontrer le spiritisme, que les spirites démontrent d'abord que le contenu du message n'a pas pu venir du médium et ensuite qu'il est certainement venu d'ailleurs.

Comme le dit encore très bien FLOURNOY, « pour peu que l'on trouve dans le médium la raison suffisante d'un message, on n'est pas autorisé à invoquer par dessus le

---

[1] FLOURNOY ; Travail cité des *Annales des sciences psychiques*, 1899, p. 201.

marché, ne fût-ce qu'à titre d'hypothèse, un autre agent, différant du médium et faisant double emploi avec lui».

Il faut donc que le spiritisme fasse sa preuve. Or, il ne la fait guère, il ne la fait pas souvent.

«A vrai dire, dit Charles Richet (1), — car il faut être juste même avec ceux qui ne le sont pas — les spirites mettent à rude épreuve la patience des savants. Leurs affirmations sont dénuées de preuves ; leurs recherches sont aussi peu méthodiques que possible ; ils mêlent la doctrine à l'expérience ; les prières poétiques aux mesures précises, les conseils de morale aux conditions d'observation ; ils admettent la bonne foi et la bonne observation de tous et ils ont le plus souvent l'apparence de gens dont la conviction est faite d'avance, au lieu qu'elle devrait être la conclusion de leurs expériences».

## 62. Les idées exprimées dans les transes sont celles des médiums et non celles des esprits évoqués.

Voici le véritable et principal argument contre le spiritisme.

Pour faire la preuve de leur existence et de leur identité dans les séances médianimiques, les esprits devraient penser et parler comme les hommes qu'ils représentent, tandis qu'en réalité ils ne pensent et parlent que comme les médiums eux-mêmes, qui apparaissent alors comme les auteurs uniques des messages exprimés.

Le passage cité plus haut (p. 222) de Lapponi établit très bien la chose. Si les évocations sont devenues plus parfaites et plus faciles, si les esprits s'adaptent au mi-

---

(1) Charles Richet : Article cité des *Annales des sciences psychiques*, 1905, p. 12.

lieu évocateur, c'est que l'expérience tout entière dépend uniquement du médium et non du personnage évoqué.

La chose a frappé tout le monde. Pierre Janet l'a admirablement fait ressortir en parlant des messages que les esprits plus ou moins illustres envoient à la terre par les médiums.

« Comment les lecteurs de ces messages ne se sont-ils pas aperçus que ces élucubrations, tout en présentant quelques combinaisons intelligentes, sont, au fond, horriblement bêtes et qu'il n'est pas nécessaire d'avoir sondé les mystères d'outre-tombe pour écrire de semblables balivernes. Corneille, quand il parle par la main des médiums, ne fait plus que des vers de mirliton et Bossuet signe des sermons dont un curé de village ne voudrait pas pour son prône. Wundt, après avoir assisté à une séance de spiritisme, se plaint vivement de la dégénérescence qui a atteint, après leur mort, l'esprit des plus grands personnages ; car ils ne tiennent plus que propos de déments et de gâteux. Allan Kardec, qui ne doute de rien, évoque tour à tour des âmes qui habitent des séjours différents et les interroge sur le ciel, l'enfer et le purgatoire. Après tout, il a raison ; car c'est là un bon moyen d'être renseigné sur des questions intéressantes. Mais qu'on lise la déposition de M. Samson ou de M. Jobard, de ce pauvre Auguste Michel ou du prince Ouran, et l'on verra que ces braves esprits ne sont pas mieux informés que nous et qu'ils auraient grand besoin de lire eux-mêmes les descriptions de l'enfer et du paradis, données par les poètes, pour savoir un peu de quoi il s'agit... Ce serait vraiment à renoncer à la vie future, s'il fallait la passer avec des individus de ce genre ».

Parlant également des communications transmises par les tables de la part des esprits, Surbled (1) dit de même :

---

(1) Surbled ; *Spirites et médiums. Choses de l'autre monde.* 1901, p. 31.

« le plus souvent ce sont des notions vulgaires, des lieux communs qui nous arrivent d'outre-tombe... Une telle évocation serait saisissante si elle était effective, si l'on voyait un Galilée, un Copernic surgir de l'autre monde pour nous enseigner. Mais le fait du médium citant devant nous tel savant du passé et lui servant d'organe n'a rien d'extraordinaire et devient même suspect, si l'on remarque une frappante concordance entre les idées de ce médium et celles des personnages évoqués : on dirait qu'il ne traduit pas leurs pensées, mais qu'il les leur prête en travaillant d'imagination avec l'aide d'une bonne mémoire. Les expressions trahissent l'homme ». Et l'auteur cite cette phrase de SANTINI : « dans la même séance, l'esprit de Voltaire par exemple s'exprimera comme un charretier, si le médium (ou simplement l'opérateur) appartient à cette classe sociale ou toute autre similaire ; et, dix minutes après, comme un homme du monde, si l'évocateur est une personne distinguée, instruite, bien élevée ».

Racontant récemment ses anciennes expériences avec ALLAN KARDEC, CAMILLE FLAMMARION (la *Revue*, 1906, p. 189) a bien montré que ce n'est pas un Esprit habitant JUPITER qui a dicté à VICTORIEN SARDOU son message signé « BERNARD PALISSY, sur *Jupiter* », pas plus que GALILÉE n'était pour quelque chose dans les messages que FLAMMARION signait inconsciemment de ce nom.

Cette invraisemblance, cette étrangeté, cette vulgarité, cette puérilité des communications médianimiques se retrouvent dans la plupart des expériences, même récentes.

« Abailard, l'illustre et malheureux époux d'Héloïse, vient de publier un volume d'Entretiens d'outre-tombe (1)

---

(1) *Entretiens posthumes du philosophe Pierre de Bérenger (dit Abailard)*, in-8°. (GEORGES MALET; Entretiens posthumes d'Abailard avec deux Parisiennes. *Echo du merveilleux*, 1906, p. 246).

par l'intermédiaire de deux femmes aimables et d'un dévoué disciple ». D'abord Annette, la femme de chambre, puis M^me de V. évoquent un esprit, qui ne veut se faire appeler d'abord que Pierre, mais puis finit par avouer : Pierre c'est Abailard ; il se manifeste surtout quand M^me de V. s'est associé M^me Blanche C. « écrivain fort connu sous un pseudonyme cher aux lecteurs de romans-feuilletons... Je trouve en toi, ma chère Blanche, écrit Abailard, ce qu'Annette n'avait pas, ce dont elle manquait totalement, c'est-à-dire des notions d'orthographe et de français ». Il déclare que l'ouvrage, qu'il va dicter, sera « une preuve flagrante de l'intervention de l'invisible ; car, quoique vous soyez très intelligentes, leur ajoute t-il, il se rencontrera dans cet ouvrage des articles trop transcendantaux pour avoir été conçus par un esprit féminin, si évolué soit-il ». Et puis, malgré tout, « à part une écriture plus soignée, dont il faut faire honneur sans doute à la personnalité littéraire du médium, on n'y trouvera rien qui se différencie des ratiocinations spirites habituelles ».

Un groupe de spirites anglais a envoyé au *Temps* (1) une interview posthume du Prince impérial, de laquelle il résulte que, dans l'autre monde, Napoléon III a « conservé une maison parfaitement montée. Il a des domestiques et... une cour militaire aussi bien que civile. Ainsi l'au-delà ne serait que le miroir de notre monde sublunaire... Je demande à ne pas mourir, car ce n'est pas la peine de changer ! » On demande au Prince le numéro du régiment dans lequel il servait quand il a été tué : « je ne me rappelle pas. Je crois que c'était un régiment irlandais ». Et PIERRE MILLE ajoute : « si Napo-

---

(1) PIERRE MILLE ; Un message de l'au-delà. *Le Temps.* (*Annales des sciences psychiques*, 1906, p. 308).

léon 1er n'a pas mis son petit neveu aux arrêts pour avoir oublié le numéro de son régiment, c'est qu'il n'y a pas de discipline dans les armées de l'au-delà».

M. DI SANTA PRASSEDE (1) raconte «six séances psychiques qui eurent lieu cet été à la villa Albaro». Les divers esprits évoqués sont accompagnés d'un parfum. «La fillette naufragée embaumait la violette ; le capitaine Jones répandait une odeur de tabac; Abdul Azis fleurait l'essence de roses ; une âme invisible de jeune fille promenait sur le piano fermé des doigts pareils à des ailes de papillon ; cette âme distillait un parfum délicieux, inconnu, mais que M. DE SANTA PRASSEDE n'hésita point cependant à reconnaître pour le parfum de l'innocence. Tobie ne dégageait aucune odeur, mérite rare chez un chien ; mais, selon l'usage de sa race, il flairait les autres âmes de près. Abdul Azis, qui sentait la rose, décrivit avec bonne humeur le paradis de Mahomet». Napoléon «vint jouer une pasquinade assez misérable, évoquant la bataille de Wagram et imitant le bruit des balles qui viennent s'aplatir contre sa tabatière»...

Peut-être cette brochure n'est-elle qu'un pastiche ironique fait pour mystifier les naïfs (2). Mais ce que j'ai dit plus haut de médiums très sérieux peut bien être rapproché de ces séances grotesques.

La séance de M<sup>me</sup> HUGO D'ALÉSY notamment, que j'ai

---

(1) MARTINO DI SANTA PRASSEDE ; *Après la villa Carmen* (*Journal des Débats*, 2 août 1906).

(2) «On se demandait ce que pouvait être cette plaquette. En effet, on ne voyait pas bien si l'auteur avait voulu pondre une satire, sans y réussir, ou s'il est assez sot pour s'imaginer que les personnes s'occupant des études psychiques pourraient prendre au sérieux ces histoires. Des lettres qui nous viennent de Gênes nous permettent de croire que cette dernière hypothèse serait la seule vraie» (*Annales des sciences psychiques*, 1906, p. 592).

rapportée (p. 168) d'après PIERRE JANET (qui l'avait empruntée à la *Revue spirite*) n'est pas moins ridicule et ne porte pas plus l'empreinte de l'au-delà.

Le médium dont j'ai rappelé une expérience (p. 182) d'après SURBLED n'est pas plus intelligent quand il dit que les habitants de la lune sont comme nous, que seulement ils ne peuvent vivre avec de l'air, tandis que nous, nous ne pouvons pas vivre sans air.

Sur Mars, HÉLÈNE SMITH et M$^{me}$ SMEAD (qui sont cependant des médiums bien sérieux) ne nous ont pas apporté des révélations plus sensationnelles et moins invraisemblables. On retrouve toujours la mentalité propre du médium derrière les manifestations de Marie-Antoinette, de Cagliostro ou de l'habitant de Mars.

Les romans polygonaux des médiums les plus compliqués et les plus intelligents, quand ils sont bien analysés par des hommes comme FLOURNOY ou HYSLOP, ne contiennent rien qui ne fût antérieurement contenu dans le polygone désagrégé du médium en transe, rien qui ne vînt exclusivement de cette source intérieure, rien qui parût seulement provenir de l'au-delà.

Dans son travail déjà cité de la *Revue philosophique*, FLOURNOY montre que les «soi-disant communications spirites... sont un pur produit de l'imagination subconsciente du médium, travaillant sur des souvenirs ou des préoccupations latentes» et, à l'appui de cette opinion, il cite des faits bien remarquables.

Je résumerai le premier.

Un frère et le père de M$^{me}$ Z ont eu des rêves prophétiques, son fils a cultivé l'écriture automatique. Elle-même lit ALLAN KARDEC, GIBIER, etc., s'entraîne pendant un mois à des expériences de table, puis fait de l'écriture automatique et, «au bout de huit jours (21 avril), obtient les noms de parents et amis défunts, avec des messages philosophicoreligieux qui continuent les jours suivants. Le 24 avril, comme elle avait déjà écrit diverses communications, son crayon trace soudain le nom tout à fait inattendu d'un M. R, jeune Français de sa connaissance récemment entré dans un ordre religieux d'Italie». Cet esprit lui annonce qu'il est mort la veille, décrit sa dernière maladie, raconte qu'il est mort sans souffrances, qu'il a fait ses recommandations par lettres, qu'il s'est réveillé près de Dieu, auprès de parents et d'amis. «C'est votre père qui m'a amené vers vous, j'ignorais qu'on pût communiquer ainsi, j'en suis bien heureux. J'ai pensé tout de suite à ceux qui m'aiment et j'aurais voulu leur parler, mais je ne peux communiquer qu'avec vous. Je reste avec vous et je vous vois, mais je ne regarde que votre esprit...».

Rien de plus net que cette évocation précise qui se renouvela quotidiennement pendant près d'une semaine. Tout le monde aurait dû voir, dans ce fait, comme M$^{me}$ R, une preuve décisive du spiritisme, si, le 30 avril, n'était arrivée une lettre «de M. R, qui, loin d'être mort, se trouvait en parfaite santé» (1).

Quoiqu'il ne la trouve pas «très puissante», CHARLES RICHET (2) mentionne et discute cette objection au spiritisme «tirée de l'étrange caractère des personnalités».

«On dit par exemple qu'il est absurde que la personnalité d'Aristote revienne pour parler en français ou en anglais et donner des conseils aussi profonds que ceux-ci : *persévérez ; avec de la patience vous réussirez ;* ou: *demain vous aurez de meilleurs résultats.* Si par l'écriture

---

(1) Je reviendrai sur ce fait, plus loin, en étudiant la télépathie.
(2) CHARLES RICHET ; Travail cité des *Annales des sciences psychiques*, 1905, p. 32.

automatique cette personnalité donne des signes de sa soi-disant existence, elle écrit avec l'écriture du médium et fait les mêmes fautes d'orthographe que le médium même... S'il s'agit de personnalités moins illustres qu'Aristote, elles ont oublié certains faits caractéristiques, étant incapables par exemple de donner leur prénom et le nom de la ville où elles ont vécu. Phinuit, le contrôle de Mme PIPER, était un soi-disant médecin français de Metz, qui parlait en anglais et avait oublié le français, à force de soigner les nombreux Anglais habitant à Metz. On pourrait sans peine trouver quantité de pareilles inepties». Il y a, continue-t-il, «dans le spiritisme, des affirmations très invraisemblables : des esprits d'Anglais qui parlent français, des fantômes qui en se matérialisant matérialisent aussi leur chapeau, leur canne et leur lorgnon.... dans notre conception actuelle des choses, ce sont d'effrayantes absurdités».

Sans doute, CHARLES RICHET ne cite ces objections que pour ajouter qu'il n'y attache pas grande importance. Mais il les dédaigne en effet uniquement parce qu'il ne veut s'occuper que des *faits*. Il ne défend pas l'hypothèse de la survivance personnelle, il ne défend pas la *théorie* du spiritisme que j'étudie dans ce paragraphe.

«Il ne s'agit pas en ce moment, dit-il, de décider si c'est bien Aristote qui revient nous dire en français : *persévérez et ayez de la patience*. Il faut savoir si une intelligence se manifeste, suivant des modalités encore inconnues, dans des objets qui paraissent inertes, par l'intervention d'une force nouvelle insoupçonnée. Que le fait soit vrai ou faux, toute la question est là ; et il ne suffit pas que cette force prétende être Aristote pour que le fait d'une force intelligente soit nié, si ce fait en soi n'est pas niable. On peut contester qu'Aristote soit là ; on ne peut nier qu'il y ait une intelligence».

Nous sommes parfaitement d'accord. En séparant la

question de faits de la question de théorie, CHARLES RICHET a grandement raison de dire que l'objection formulée ci-dessus n'a aucune valeur contre les faits. Mais si, comme je le fais dans ce paragraphe, on étudie, non les faits, mais l'hypothèse spirite, cette objection garde une valeur puissante et il n'était pas indifférent de la voir si nettement formulée par CHARLES RICHET.

Pour qu'un esprit fasse réellement, dans une expérience, la preuve de sa présence et de son identité, il faudrait qu'il fournisse des renseignements absolument nouveaux, inconnus du médium. Je ne crois pas que le fait se soit jamais positivement produit.

Récemment on a prétendu que le docteur Hodgson, peu de temps après sa mort, avait tenu la promesse faite par lui à la *psychical Society* et était revenu donner ses impressions sur l'au-delà (1). «Le monde ne pouvait demander une preuve plus éclatante» (2).

Malheureusement, le professeur HYSLOP a démenti cette prétendue promesse (3) ; le docteur FUNK a dé-

---

(1) «Canius Junius en marchant au supplice dit à ses amis : vous me demandez si l'âme est immortelle ; je vais le savoir et, si je le puis, je reviendrai vous le dire» (Citat. MAXWELL ; *loco cit.*, p. 232).

(2) L'esprit du docteur Hodgson se serait manifesté? *Annales des sciences psychiques*, 1906, p. 124.

(3) Une prétendue promesse du docteur Hodgson. *Annales des sciences psychiques*, 1906, p. 392. HYSLOP ajoute que d'ailleurs étant donné «les rapports suivis que le docteur Hodgson a eus avec Mrs Piper au cours de vingt ans à peu près» il serait difficile d'accepter «comme des preuves bien sûres de supposés messages spirites venant de cette source et par cette voie». J'ajouterai cependant que le médium cité par le docteur FUNK était Mrs May Pepper «qu'il ne faut pas confondre avec la fameuse Mrs Piper, étudiée par M. Hodgson lui-même et qui a un même genre de médiumnité».

claré que «la nouvelle est absolument fausse» et ainsi la démonstration rêvée s'est effondrée.

MYERS «a proposé aux membres de la S. F. P. P. R. d'écrire sous pli cacheté, avant de mourir, un fait connu d'eux seuls, l'enveloppe ne devant être ouverte qu'après qu'un médium, se prétendant en communication avec l'esprit du mort, aurait cru lire le contenu de la lettre». L'expérience n'a pas encore été faite et MARCEL MANGIN a bien montré toutes les précautions dont il faudrait l'entourer pour qu'elle ne fût pas illusoire.

Dans un travail récent (la *Revue*, 1906, p. 39), CAMILLE FLAMMARION raconte que «M$^{me}$ WERNER, à laquelle une amitié de plus de trente ans (l') avait attaché, était morte depuis un an et (lui) avait maintes fois promis, avec l'intention la plus formelle, de venir, après sa mort, compléter (ses) recherches psychiques par une manifestation si la chose était possible». FLAMMARION essaya alors cette réincarnation avec EUSAPIA chez le docteur OSTWALT, gendre de M$^{me}$ WERNER. «Malgré tous nos efforts, dit-il, nous n'avons pu obtenir une seule preuve d'identité. Il eût été cependant très facile à M$^{me}$ WERNER d'en trouver une, comme elle nous l'avait si formellement promis. Malgré l'annonce, par les coups, d'une apparition nous permettant de la reconnaître, nous n'avons pu apercevoir qu'une forme blanchâtre, sans contours précis, même en faisant l'obscurité presque complète». Et il conclut : «... 2° ces phénomènes sont certainement produits par une force émanant du médium, car ils se passent tous dans son voisinage immédiat ; 3° cette force est intelligente ; mais il est possible que cette intelligence qui obéit à nos demandes ne soit pas autre que celle du médium ; 4° rien ne prouve que l'esprit évoqué ait eu là aucune action».

Je conclus donc ce paragraphe : les esprits n'ont pas

fait la preuve de leur présence réelle et de leur identité (1); les communications médianimiques des transes expriment simplement la pensée polygonale des médiums et ne nécessitent l'évolution d'aucun esprit.

## 63. ERREURS DES MÉDIUMS. LES ESPRITS TROMPEURS.

Une nouvelle preuve de la thèse exprimée ci-dessus est encore donnée par les *erreurs* que commettent très souvent les médiums dans leurs communications.

On trouvera dans le livre de MAXWELL (2) le navrant récit d'une erreur médianimique qui se termine presque en drame. M. V fait avec divers médiums et spécialement avec M$^{me}$ V des expériences très curieuses : raps, apports, déplacements d'objet, messages télépathiques ou divinatoires... Un jour, l'esprit ordonne de vendre à Paris par dépêche 6.000 fr. de rente 3 o/o et d'acheter par contre 10.000 fr. de rente italienne. Quoique M$^{me}$ V (femme d'agent de change) ne se fût jamais occupée d'affaires, «les termes mêmes employés pour dicter l'arbitrage indiquaient que l'opération était conçue par un

---

(1) Commentant un *Rapport* présenté à la *Société d'études psychiques* de Nancy le 24 octobre 1906 par M. X sur la question de l'identité des personnalités psychiques, GASTON MÉRY (*Echo du merveilleux*, 1907, p. 84) conclut : «j'ai lu attentivement le texte dont il s'agit, je l'ai analysé, je l'ai longuement médité et je suis obligé d'avouer à mon correspondant qu'il n'a point modifié mes idées sur la question. Je concède que les faits cités sont curieux et même, selon l'expression de mon correspondant, qu'ils sont impressionnants. Je crois cependant pouvoir établir qu'ils ne sont pas réellement des preuves. Ils ne sont même pas, à mon avis, des semblants de preuves. J'irai volontiers jusqu'à dire que, bien loin de démontrer la possibilité de l'identification des *esprits,* ils en démontrent au contraire l'impossibilité.»

(2) MAXWELL ; *loco cit.*, p. 232.

esprit habitué aux affaires de ce genre». L'esprit spéculait sur la hausse de l'italien et la baisse de la rente française ; tout cela se réalisa. L'esprit se charge alors de diriger les affaires de M. V. «Les affaires ne doivent plus te préoccuper, lui dit-il, elles sont les miennes. C'est moi qui m'en charge, tu n'as qu'à *obéir* et à me satisfaire pour être récompensé». En fait, «l'arbitrage marchait de mieux en mieux. Et, avec sa facilité de prévoir l'avenir, l'inconnu liquida au plus haut cours l'italien, tandis qu'il attendit quelques jours pour racheter plus convenablement son 3 o/o. C'était d'une prévision renversante et, avec un pouvoir pareil à son service, la fortune était sans limites. Le bénéfice résultant des deux opérations s'éleva à environ 3.000 fr.» dont l'esprit régla l'emploi lui-même et très sagement. Puis il fait adopter à M. V le «système dangereux des non-réalisations» : «au lieu de prendre ses bénéfices à chaque liquidation, il s'opposa désormais à toute réalisation». Le 1er janvier 1870, les cours assuraient un bénéfice de 30.000 fr. ; malgré ses supplications réitérées, l'agent de change ne put pas obtenir, de l'esprit, l'autorisation de réaliser. La quiétude de M. V resta absolue «lorsque éclatèrent les complications avec l'Allemagne». Dès le premier jour, n'écoutant que ses inspirations terrestres, l'agent de change veut liquider. L'esprit s'y oppose. «Voilà tes terreurs qui recommencent comme au moment de l'incident du Luxembourg. Eh bien, je t'affirme que la guerre n'aura pas lieu. Crois donc celui qui est le Maître et qui, depuis bientôt trois ans, ne t'a jamais trompé»... «Malgré ces affirmations, deux jours après, la guerre était décidée et, en s'emparant des lignes télégraphiques, le ministre au cœur léger acheva ma ruine, dit M. V car il me mettait dans l'impossibilité de communiquer avec Paris et, partant, de limiter ma perte». L'esprit devint «absolument muet»; il ne répondait à aucune des questions qu'on lui adressait. «Et pourtant la situation était des plus graves ; car vingt années de travail disparaissaient dans le gouffre».

Evidemment l'esprit avait failli dès que le polygone désagrégé de cette femme d'agent de change avait été débordé dans ses prévisions et trompé dans ses raisonnements par des événements qui dépassaient sa portée psychique.

Les erreurs de ce genre sont nombreuses et fréquentes, encore qu'on ait beaucoup plus de tendance à publier les succès que les insuccès dans les divinations médianimiques.

J'ai notamment résumé plus haut (p. 229) l'erreur de cet esprit qui avait raconté à M$^{me}$ Z (le médium de Flournoy) (1) tous les détails de la mort de M. R (qu'il réincarnait), alors que M. R était plein de vie...

Ce que Hyslop (2) appelle la *fumisterie d'Harrison Clarke* est aussi une curieuse histoire d'esprit trompeur qui en impose à l'honnête médium, M$^{me}$ Smead. Il raconte sa mort à telle bataille dans tel régiment, donne tous les détails et tout est reconnu ensuite absolument faux. Quand on lui indique quelqu'une de ses erreurs, il essaie de se rattraper...

Le plus souvent, les spirites convaincus ne se laissent pas ébranler par ces erreurs flagrantes et démontrées de leur médium.

L'agent de change de Maxwell reste convaincu que la tromperie a été voulue par l'esprit, que sa ruine avait été décidée et préparée par lui pendant deux ans et demi.

---

(1) Flournoy ; Travail cité des *Annales des sciences psychiques*, 1899, p. 199.

(2) Professeur Hyslop ; Travail cité des *Annales des sciences psychiques*, 1906, p. 479.

Et, à la fin, quand tout est consommé, il lui dit sévèrement : «voilà donc où vous vouliez en venir!». L'esprit confondu balbutie une réponse dans laquelle M. V n'entend que le mot *épreuves*.

Quand le second médium de FLOURNOY va chez le chef de son fils et reçoit la preuve positive et officielle de l'erreur commise par l'esprit, il n'abandonne pas sa croyance. Pendant que le chef parlait, «ma main sollicitée écrivait sur le bureau, toujours avec cette même lenteur exigée par les enroulements qui accompagnaient les lettres : je t'ai trompé, Michel, pardonne-moi !... Comment, cet esprit qui m'avait paru si bienveillant, que dans ma candeur j'avais pris pour mon guide, pour ma conscience même, me trompait pareillement ! C'était indigne !».

C'est ainsi qu'au lieu de voir dans ces faits la ruine de l'hypothèse spirite, les adeptes convaincus conservent leur foi en admettant les *esprits trompeurs*.

ALLAN KARDEC déjà admettait que certains esprits évoqués sont «légers, menteurs et malfaisants» (1). Tout récemment encore, à propos de CRADDOCK, les *Annales* disaient (2) : «nous devons toutefois refuser d'accepter comme des preuves — et même comme des indices — défavorables au médium la fausseté des indications fournies, par les entités qui se manifestent, sur leur identité. Tous les expérimentateurs ont constaté ces inexactitudes plus ou moins radicales dans les messages médianiques, sans qu'il soit possible d'en déduire que les phénomènes présentés par le médium sont objectivement frauduleux. Pour que ces inexactitudes puissent être admises comme des preuves contraires, il faudrait d'abord accepter cette thèse extraordinaire : que les messages

---

(1) Voir : *Echo du merveilleux*, 1906, N°⁸ 215 et 217.
(2) *Annales des sciences psychiques*, 1906, p. 323.

médianiques viennent toujours des esprits, et que ceux-ci sont bien toujours les personnalités qu'ils affirment être».

Il me paraît que, malgré tous ces efforts, l'objection contre la théorie spirite, tirée des erreurs médianimiques, conserve une grande force.

Pour prouver son existence, le spiritisme a besoin non seulement de dire toujours la vérité, mais encore de dire des vérités que les ressources ordinaires des psychismes terrestres ne peuvent pas suffire à développer. Si, au lieu de cela, ils trompent ou se trompent, où est la preuve de l'existence réelle des esprits? Comment admettre que les esprits trompent sur leur identité, jouent des comédies, organisent des farces pour perdre les humains, les ruiner ou se moquer d'eux? Si certains esprits évoqués sont trompeurs et malfaisants, comment se fier aux expériences de spiritisme en général ?(1).

Flournoy le dit très bien : «attribuer à un esprit trompeur, comme le font volontiers les spirites, les communications mensongères qui s'expliquent du reste par les dispositions psychiques du sujet, c'est pécher contre le principe méthodique qu'il ne faut pas multiplier les causes sans nécessité». « L'hypothèse des esprits mensongers» n'est qu'un «ingénieux expédient qui permet au spiritisme d'exploiter à son profit jusqu'aux communications formellement démenties par les faits. Dans le cas particulier, M$^{me}$ Z a longtemps pensé (et y incline encore *in petto*, je crois) que c'était vraiment quelque far-

---

(1) «La conclusion, c'est que toutes les expériences spirites sont pour le moins décevantes, puisque, si elles apportent une certitude sur la possibilité d'évoquer des esprits menteurs, elles ne fournissent qu'une présomption sur la possibilité d'évoquer des esprits sincères». Gaston Méry; Une protestation des spirites. *Echo du merveilleux*, 1906, p. 24.

ceur de l'au-delà qui lui avait joué la plaisanterie macabre de se faire passer pour M. R défunt». Mais il faudrait que cet « esprit indépendant» fût « merveilleusement au courant de tout ce que M$^{me}$ Z renfermait à ce moment-là dans son for intérieur, conscient ou subliminal, en fait de souvenirs, de préoccupations, de sentiments et tendances concernant M. R. Il a su choisir, pour en composer ses messages apocryphes, précisément ce qui pouvait le mieux cadrer avec les idées qu'elle se faisait de son jeune ami, l'impression qu'elle avait conservée de lui, le contenu de la correspondance échangée entre eux, etc. Cet habile faussaire, en d'autres termes, a dégagé de M$^{me}$ Z, pour s'en affubler, la notion complexe et systématique qu'elle possédait à cette époque de M. R et il n'y a rien ajouté qu'elle n'y eût tout naturellement ajouté elle-même par le jeu spontané de ses facultés d'imagination et de raisonnement. Il n'a fait que reproduire, comme dans un miroir fidèle, l'image de M. R, telle qu'elle flottait dans sa pensée, que traduire sur le papier, en secrétaire obéissant, ce que les rêves de sa fantaisie, les désirs ou les craintes de son cœur, les scrupules de sa conscience lui murmuraient tout bas au sujet de son ami absent. Mais en quoi donc alors cet esprit complaisant diffère-t-il de M$^{me}$ Z elle-même? Que signifie cette individualité indépendante, qui ne serait qu'un écho, un reflet, un fragment d'une autre et à quoi bon ce duplicatum de la réalité? N'est ce pas puéril et absurde d'inventer, pour expliquer une synthèse et une coordination psychologique, un autre principe réel de synthèse et de coordination, un autre individu ou esprit, en un mot, que celui-là même qui contient déjà tous les éléments à grouper et conformément à la nature duquel le groupement s'effectue? ».

## 64. Désaccord des spirites entre eux.

Un dernier argument contre le spiritisme peut être tiré du désaccord qui règne entre les différents groupes de spirites : on n'est pas en effet d'accord sur la réincarnation.

Maxwell (1) formule ainsi cette objection, qui lui «paraît irréfutable» contre «l'enseignement des esprits. Dans tous les pays du continent ils affirment la réincarnation. Ils indiquent souvent le moment où ils vont s'enfermer de nouveau dans un corps humain : ils racontent plus volontiers les avatars passés de leurs fidèles. En Angleterre au contraire, les esprits assurent qu'on ne se réincarne pas (2). C'est une contradiction formelle, absolue, inconciliable... Comment avoir une opinion acceptable? Qui dit la vérité? Les esprits continentaux ou les esprits anglosaxons? Il est probable que les messages spirites n'émanent donc pas de témoins bien informés. C'est à cette conclusion qu'arrive indirectement l'un des spirites les plus instruits et les plus éclairés, Aksakoff. Il reconnaît lui-même qu'on n'est jamais certain de l'identité de l'être qui se communique dans une séance spirite » (3).

Nous avons vu plus haut (p. 221) Lapponi admettre que

---

(1) Maxwell; *loco cit.*, p. 7.

(2) «Si le médium est d'origine anglaise ou américaine, l'esprit ne croit pas à la réincarnation ; il l'admet, au contraire, si le médium est Français ou Allemand ou Italien, dans les pays où l'influence d'Allan Kardec, avec la théorie de la réincarnation, est en honneur» (Charles Richet ; Travail cité des *Annales des sciences psychiques*, 1905, p. 33).

(3) A cette question : «est-il possible qu'un esprit évoqué donne des preuves de son identité?», Gaston Méry (*Echo du merveilleux*, 1906, p. 23) répond : «en ce qui me concerne, je ne le crois pas».

les esprits évoqués sont encore d'une autre espèce, esprits supérieurs à l'homme, ne représentant donc pas les morts qu'ils prétendent être...

## III. CONCLUSIONS

65. La conclusion paraît facile à déduire de tout ce qui précède.

La théorie du spiritisme (évocation des esprits pour expliquer les faits occultes) est invraisemblable. Il faudrait pour qu'on l'accepte qu'elle se présente avec des preuves positives.

Or, ces preuves positives n'ont pas encore été données.

Les communications médianimiques ne contiennent rien qui ne puisse provenir exclusivement du polygone désagrégé du médium (1) et ne portent aucune trace d'une influence extérieure.

Elles contiennent souvent des erreurs grossières et n'ont jamais pu parvenir à constituer un corps de doctrine sur l'au-delà, unanimement adopté par tous les spirites.

Comme le dit très bien FLOURNOY, « tout ce qui s'explique (dans le sens empirique et phénoménal du mot) par un individu donné, M. un tel ou M^me Z, par son passé, ses circonstances présentes, ses facultés connues, doit lui être attribué et ne saurait être mis gratuitement au

---

(1) On comprend dès lors que, dans tout le cours de ce livre, si nous conservons nécessairement le terme de médium, comme FLAMMARION nous ne l'employons plus jamais dans son «sens étymologique qui l'a créé lors des premières théories spirites, dans lesquelles on affirmait que l'homme ou la femme doué de ces facultés est un *intermédiaire* entre les esprits et les expérimentateurs».

GRASSET; *L'occultisme.*

compte d'un autre être, inconnu ». Les « soi-disant communications spirites... sont un pur produit de l'imagination subconsciente du médium, travaillant sur des souvenirs ou des préoccupations latentes... Même dans les cas où, faute d'informations suffisantes, on ne peut établir que les messages proviennent uniquement du médium, on est tenu de le présumer jusqu'à preuve du contraire. Et l'indication pratique qui en ressort, c'est qu'il est enfantin et imprudent de faire du spiritisme dans l'idée d'entrer en communication réelle et certaine avec les esprits désincarnés ».

Parlant des réponses de la table, CAMILLE FLAMMARION dit (la *Revue*, 1906, p. 37) : « l'esprit du médium et celui des expérimentateurs n'y sont sûrement pas étrangers : les réponses obtenues correspondent généralement avec cet état intellectuel, comme si les facultés des personnes présentes s'extériorisaient de leurs cerveaux et agissaient dans la table, en une complète inconscience des expérimentateurs ».

CHARLES RICHET, après avoir montré les absurdités du spiritisme, ajoute : « mais, si les faits sont réels, ce qui est possible après tout, je serai forcé de retourner la proposition et de déclarer que l'absurdité était la négation de ces faits ».

Il n'y a pas de proposition à retourner. L'absurdité serait de maintenir la *théorie* du spiritisme ou de conclure, de l'effondrement de la théorie, à la non existence des faits. Pour le moment, *je conclus contre la théorie du spiritisme, la question de la critique des faits restant entière.*

# CHAPITRE HUITIÈME

## LES RADIATIONS PSYCHIQUES : PERISPRIT, CORPS ASTRAL, FORCE PSYCHIQUE RADIANTE.

I. — Exposé de la théorie.
    66. *Forme occultiste de la théorie* : perisprit, corps astral.
    67. *Autres formes (scientifiques) de la théorie.*
        *a.* Radiations psychiques.
        *b.* Appareils pour les mesurer.
II. — Discussion de ces théories.
    68. *La plupart de ces théories n'ont pour preuve que les faits même d'extériorisation de la force qu'elles veulent expliquer.*
    69. *Les biomètres n'ont pas démontré l'existence d'une force irréductible aux autres formes connues de force (chaleur, électricité...).*
    70. *Si cette nouvelle force était prouvée, rien ne démontrerait encore que c'est vraiment un agent de communication entre deux psychismes séparés.*
III. — 71. Conclusions.

En face de la théorie spirite, il y a la théorie des *radiations humaines* qui, dans ses formes contemporaines, est certainement beaucoup moins irrationnelle et moins antiscientifique que la première.

## I. EXPOSÉ DE LA THÉORIE

**66. Forme occultiste. Perisprit. Corps astral.**

Dans sa forme occultiste, cette théorie a été exposée avec beaucoup de talent par le docteur Encausse (Papus) dans son livre déjà cité *L'Occultisme et le Spiritualisme*. C'est l'incarnation moderne, l'exposé en langage scientifique contemporain de la vieille doctrine occultiste, dont j'ai exposé plus haut (p. 28) les origines, si vénérables par leur antiquité.

Il y a entre le moi et le non-moi, entre l'esprit et le corps, un ou plusieurs *principes intermédiaires*.

En général, la Trinité domine toutes les divisions secondaires (doctrine de la Tri-Unité) : dans la nature il y a trois plans et dans l'homme *trois principes* ; c'est la théorie du *médiateur plastique*.

Chez l'homme, entre l'esprit immortel et le corps physique, il y a un intermédiaire qui a des organes et des facultés absolument caractéristiques. Ce principe intermédiaire, particulier aux occultistes, c'est «le *corps astral*, doublement polarisé, qui unit l'inférieur physique au supérieur spirituel».

L'homme est ainsi «comparé à un équipage dont la voiture représente le corps physique, le cheval le corps astral et le cocher l'esprit... Cette image nous indique bien le caractère du corps astral, véritable cheval de l'organisme, qui meut et ne dirige pas».

Ce cheval de l'organisme est représenté par le grand sympathique ; il dirige seul l'organisme dans le sommeil, quand le cocher dort.

«Le corps astral, étant la ménagère dans l'être humain, préside à l'élaboration de toutes les forces organiques», spécialement de la force nerveuse. Cette force nerveuse «agit vis-à-vis de l'esprit comme l'électricité vis-à-vis du télégraphiste, le cerveau matériel représentant le télégraphe».

Voilà le commencement, peu effrayant encore, de la théorie qui n'abuse encore que des images et des comparaisons (1). Mais voici qui est plus grave et qui est nécessaire pour faire la théorie de l'extériorisation.

Ce corps astral ou médiateur plastique (le cheval de l'organisme) «est lumineux quand il est vu indépendamment des organes matériels, ce qui revient à dire que ce principe peut rayonner autour du corps dans lequel il est normalement renfermé. Cette *sortie du corps astral*, suivant l'expression technique, peut être incomplète, c'est-à-dire partielle, ou totale». De là, les phénomènes occultes jusqu'aux matérialisations et aux télépathies.

Donc, ce corps astral «peut rayonner autour de l'individu, formant une sorte d'atmosphère invisible appelée *aura astral* et il peut même s'extérioriser complètement.

Ce principe intermédiaire est le corps lumineux (Khâ) des Egyptiens, le char de l'âme des Pythagoriciens, le médiateur plastique et le mercure universel des philosophes hermétiques, le corps astral de PARACELSE, ce dernier nom (adopté par ENCAUSSE PAPUS) ayant été donné parce que cet élément tire son principe de la substance interplanétaire ou astrale.

«Le corps astral est une réalité organique» ; on peut

---

(1) De même que le carbonate de soude unit l'huile et l'eau (ces deux contraires) pour en faire un savon parfaitement homogène, de même le corps astral unit l'huile spirituelle et l'eau matérielle et en fait un savon vital.

comparer cela à la photographie : «le plan astral n'est pour l'occultiste que le plan des clichés négatifs ou des moules dont les objets physiques ne sont que des épreuves tirées, chacune, à un plus ou moins grand nombre d'exemplaires, par des agents spirituels spéciaux».

De plus, dans le plan astral a lieu l'évolution d'un type au type immédiatement supérieur.

Ainsi, «le moule du corps d'un chien, par exemple, devient, après les souffrances d'une incarnation terrestre (ou physique sur une planète quelconque), le moule ou le corps astral d'un futur corps de singe».

«La réincarnation consiste, pour l'esprit, à revenir plusieurs fois sur le plan physique, sans nécessité de temps ou de lieu, c'est-à-dire que l'esprit peut venir soit dix ans, soit deux cents ans après la mort physique et que le retour peut avoir lieu sur une planète quelconque d'un système solaire matériel».

De plus, encore, on trouve dans le plan astral «des entités douées de conscience» : les *esprits* des spirites, les *élémentaires* des occultistes. «Ce sont les restes des hommes qui viennent de mourir et dont l'âme n'a pas encore subi toutes les évolutions».— «Les élémentaires sont donc des entités humaines évoluées, tandis que les *élémentals* n'ont pas encore passé par l'humanité».

Il y a donc plusieurs catégories d'esprits :

1° Les élémentals, inférieurs à la nature humaine, sont mortels, mais peuvent acquérir l'immortalité en s'élevant jusqu'à la nature humaine ; à cette catégorie se rattachent les *sylphes* (esprits de l'air), les *salamandres* (esprits du feu), les *ondins* (esprits de l'eau), les *gnomes* (esprits de la terre) des anciens et des Rose-Croix. Ce sont les esprits qui ne sont ni bons ni mauvais par eux-mêmes, «qui, dans les séances spirites, s'amusent aux dépens des assistants et des médiums, en se présentant comme Charlemagne ou Victor Hugo, au choix» ;

2° Les esprits égaux ou supérieurs à la nature humaine : élémentaires, esprits planétaires de la kabbale, les anges, les démons, les esprits astraux ; ils ont leur volonté propre et «ne viennent, lors des évolutions et conjurations, que s'ils le veulent bien ou s'ils y sont forcés».

A la mort, «le corps physique ou enveloppe charnelle retourne à la terre, au monde physique, d'où il était venu. Le corps astral et l'être psychique, éclairés par la mémoire, l'intelligence et la volonté des souvenirs et des actions terrestres, passent dans le plan astral, surtout dans les régions les plus élevées, où ils constituent un élémentaire ou un esprit».

«Supposez que votre reflet dans un miroir persiste, après votre départ, avec sa couleur, ses expressions et toutes ses apparences de réalité et vous aurez une idée de ce qu'on peut entendre par l'image astrale d'un être humain».

De plus, encore, «chaque objet peut raconter une partie des faits auxquels il a assisté». La psychométrie consiste à mettre un objet sur le front d'un sujet, dont «l'âme voit alors directement une série d'images qui se rapportent aux faits les plus importants auxquels a été mêlé l'objet».

De même pour l'être humain. «Chacun de nous porte autour de lui un rayonnement, invisible à l'œil de chair, mais perceptible pour l'âme entraînée». Ce rayonnement, c'est l'aura. D'où «l'enregistrement des idées dans l'invisible».

Il semble que nous perdons pied dans l'exposé de ces idées, mais je ne sors pas de mon sujet. Car il faut savoir que, dans les faits occultes, l'occultiste moderne ne voit pas l'action des esprits, mais seulement «une action à distance du corps astral du médium».

D'ailleurs, continue Encausse, «la substance constituant ces fluides qui entourent l'être évoqué a beaucoup d'analogie avec l'électricité. De là les pointes métalliques qu'on employait dans ces sortes d'évocation... (1). L'emploi de l'épée, de la coupe, du sceptre et des talismans, ainsi que les paroles proférées avec force, sont destinés à l'action sur l'astral de la nature et sur les êtres qui le peuplent».

Voilà un résumé de la doctrine occultiste dans sa synthèse la plus récente, tout imprégnée de la préoccupation d'en faire une chose scientifique.

«Encore une fois, dit Papus, rien n'est surnaturel dans tout cela; il n'y a là que du naturel, un peu plus élevé que celui que nous connaissons, et voilà tout... Plus on étudie, plus on peut se rendre compte qu'il n'y a rien qui aille à l'encontre des enseignements positifs de nos sciences actuelles» (2).

---

(1) Dans la maison hantée dont j'ai conté l'histoire avec Calmette, on écrit à l'*Echo du merveilleux* pour demander conseil et celui-ci répond : «le médium, en théorie générale, est une sorte de pile humaine qui produit une sorte d'électricité... le meilleur moyen de faire cesser les phénomènes est de transpercer l'air avec des pointes de fer, des épées par exemple, non pas, comme on le disait jadis, pour pourfendre les esprits, mais pour soutirer les nuages électriques produits par les médiums, comme on soutire, avec les paratonnerres, les nuages électriques en suspension dans l'air». Et, de fait, quelques jours après, les bruits et les déplacements ayant recommencé, le grand-père du médium s'arme d'une canne à lance, se tient en arrêt, prêt à pourfendre l'espace. Puis il fait, avec son épée, des moulinets terribles, frappant d'estoc et de taille, de-ci, de-là, transperçant l'espace en tous sens, autour du lit, sous le lit même, et s'arrête enfin exténué... Le lit tremblait toujours.

(2) Voir encore : Papus ; *Traité* cité *de science occulte* et la Physiologie du médium. L'*Initiation* (*Echo du merveilleux*, 1906, p. 400).

Dans un travail ultérieur, PHANEG (1) a insisté sur la *sortie en corps astral*. Cette expérience «consiste à faire sortir de l'organisme grossier le double fluidique et à y transporter la conscience. Le corps matériel reste immobile, en apparence privé de vie, et notre esprit agit à l'aide du corps astral... L'adepte en sortie consciente astrale peut rencontrer une pointe métallique qui dissout l'agglomération fluidique, se répercute sur le corps physique. Et c'est la mort certaine si le centre vital est touché. Puis le monde astral où il évolue est habité, et un grand nombre de ces habitants sont très inférieurs et aspirent à la vie physique. Ils peuvent parfaitement pénétrer dans le corps grossier et à son retour l'esprit trouve la place prise. C'est alors la mort ou la folie... L'adepte pénétrera bien dans un pays merveilleux dont il aura su éviter les dangers, mais il ne pourra se souvenir des beautés contemplées et des renseignements reçus que si son cerveau physique est dressé à refléter nettement les impressions ressenties».

L'*Écho du merveilleux* trouve l'article «intéressant», mais ajoute (avec quelque raison, semble-t-il) qu'«il ne tient peut-être pas tout ce que promet son titre».

### 67. AUTRES FORMES SCIENTIFIQUES DE LA THÉORIE.

#### a. *Radiations psychiques.*

Dans sa communication au Congrès de 1900 à Paris (2), LÉON DENIS dit : «l'être psychique n'est pas confiné dans

---

(1) PHANEG ; La sortie en corps astral. *L'Initiation (Echo du merveilleux*, 1904, p. 479).

(2) LÉON DENIS ; Psychologie expérimentale. Phénomènes d'extériorisation et de dédoublement. *IV⁰ Congrès international de psychologie*. Paris, 1900, p. 614.

les limites du corps... il est susceptible d'extériorisation et de dégagement. L'homme pourrait être comparé à un foyer d'où émanent des radiations, des effluves qui peuvent s'extérioriser en couches concentriques au corps physique et même, dans certains cas, se condenser à des degrés divers et se matérialiser au point d'impressionner des plaques photographiques et des appareils enregistreurs... Les vibrations de la pensée peuvent se propager dans l'espace, comme la lumière et le son, et impressionner un autre organisme en affinité avec celui du manifestant. Les ondes psychiques, comme les ondes hertziennes dans la télégraphie sans fil, se propagent au loin et vont éveiller dans l'enveloppe du sensitif des impressions de nature variée, suivant son état dynamique : visions, voix ou mouvements. Parfois l'être psychique quitte son enveloppe corporelle et apparaît à distance...»

Cela rappelle l'*od* de CHARLES DE REICHENBACH (1). Cet auteur part d'abord de «l'action sensible» de l'aimant sur l'organisme humain : c'est là, dit-il, «un fait bien établi, une loi physicophysiologique manifeste de la nature». «Les perceptions de cette influence se révèlent principalement aux deux sens du toucher et de la vue». Cette influence est également exercée par «notre globe tout entier», par la lune, tous les cristaux (naturels et artificiels), la chaleur, le frottement, l'électricité, la lumière,

---

(1) BARON CHARLES DE REICHENBACH ; *Les phénomènes odiques ou Recherches physiques et physiologiques sur les dynamides du magnétisme, de l'électricité, de la chaleur, de la lumière, de la cristallisation et de l'affinité chimique considérés dans leurs rapports avec la force vitale*. Trad. ERNEST LACOSTE, préface d'ALBERT DE ROCHAS. Collection des meilleurs ouvrages étrangers relatifs aux sciences psychiques traduits et publiés sous la direction du colonel de Rochas, 1904. — La première édition a paru à Brunswick en 1845, la deuxième en 1849 ; une traduction anglaise par JOHN ASHBURNER en 1851 à Londres.

les rayons du soleil et des étoiles, la force chimique, la force vitale organique (aussi bien dans les plantes que dans les animaux, particulièrement dans l'homme), l'ensemble du monde matériel. «La cause de ces phénomènes est une force naturelle particulière, qui s'étend sur tout l'univers et diffère de toutes les forces connues jusqu'à ce jour ; nous la désignons ici sous le nom d'od» (1).

Dans son livre déjà cité, EDMOND DUPOUY dit: «fluide magnétique, fluide odique, fluide vital, il sature entièrement l'organisme des êtres vivants... le corps psychique tient le milieu entre la matière et l'âme spirituelle... le fluide nerveux se manifeste par des phénomènes physiques, appréciables à nos sens :... effets lumineux dans les tubes de Geissler, dans le tube et l'ampoule de Crookes, production dans notre organisme, même sans contact, des rayons de Rœntgen, transmission des ondes sonores, dégagement d'effluves devenant visibles et pouvant être photographiés». Et il conclut: «il y a dans l'être humain trois éléments : l'âme, le corps psychique, la matière organisée... le corps psychique n'est pas limité à l'enveloppe cutanée. Il est constamment entouré d'effluves lumineux, visibles pour les sujets sensitifs ou médiums. Il peut s'extérioriser chez ceux-ci dans un champ neurodynamique indéterminé et se manifester, dans des conditions particulières, par divers phénomènes psychologiques ou de médiumnité».

Sous le nom de «fluide magnétique», on entend généralement, dit SURBLED (2), «un fluide subtil, impalpable,

---

(1) Voir aussi : ALBERT DE ROCHAS ; Les propriétés physiques de la force psychique. Les Frontières de la science, 1ʳᵉ série, 1902.
(2) SURBLED ; Spiritualisme et spiritisme. Bibliothèque des sciences psychiques. 2ᵉ édit., 1898, p. 160.

analogue à celui du magnétisme minéral, mais spécial aux êtres vivants, qui dépend de la volonté et est susceptible, de notre propre mouvement ou par l'application des mains et l'exécution de mouvements rapides appelés *passes*, d'être communiqué à autrui». Il croit qu'on arrivera «à établir que le fluide magnétique n'est autre que le fluide électrique *vital*». Et il conclut: «nous sommes persuadé que le *fluide magnétique* des auteurs n'est que le fluide électrique *vital*, dont l'existence sera prochainement reconnue et démontrée».

Le docteur BARADUC a récemment exposé au tribunal de Saint-Quentin que, d'après lui, «chaque segment de notre organisme, segment cérébral, segment pulmonaire, segment gastrique, segment génital, ont une radioactivité, une zone de vibrations, différentes comme nature, qui, par leur puissance d'émanation, peuvent exercer une influence télépathique, une sorte de télégraphie sans fil sur la radioactivité passive des organes d'une autre personne, en hypotension vitale».

L'*Echo du merveilleux* (1) cite ce passage d'un livre de BUÉ (*le Magnétisme curatif*): «on peut se rendre compte très facilement de l'effet produit par notre action radiante sur les plantes, en opérant sur des oignons de tulipes ou de jacinthes... En nous fournissant la preuve de l'action réelle de l'homme sur les animaux et les plantes, (ces faits) nous démontrent à n'en pas douter que cette action, purement dynamique et physique, dépend de la faculté naturelle que l'homme possède de régler, de condenser et de projeter, par sa puissance de volition, ses radiations magnétiques ou neuriques sur tous les corps qui l'entourent et d'en modifier les courants».

---

(1) *Echo du merveilleux*, 1905, p. 33. Voir aussi le numéro du 15 juillet 1904.

STENSON HOOKER (1) a même étudié le spectre des rayons humains: «l'homme violent et passionné émet des rayons rouge foncé; celui dont le but constant est d'être bon et de faire le bien émet des rayons roses; l'homme ambitieux émet des rayons oranges; le grand penseur, des rayons bleu foncé; celui qui aime l'art et des entours raffinés émettra des rayons jaunes; une personne inquiète et déprimée émet des rayons gris; celui qui mène une vie basse et dégradée émet des rayons d'un brun sale; un être pétri de dévotion et de bons sentiments, des rayons bleu clair; celui dont l'esprit aime le progrès, des rayons vert clair; les malades au physique ou au moral émettent des rayons vert foncé, etc.».

«L'occultisme enseigne, dit PHANEG (2), l'existence d'un état de matière plus subtil que l'éther et sur lequel le temps et l'espace ont une action presque nulle, par rapport, bien entendu, à nos conceptions actuelles. De plus, l'homme possède des organes propres à répondre aux vibrations de la matière astrale et, lorsqu'un être humain fera ressentir à un autre une sensation à distance, ce ne sont pas ses organes physiques qui seront influencés d'abord, mais bien son corps fluidique. Ce dernier pénètre si étroitement le véhicule grossier que les interactions sont continuelles entre eux et quand le double ressentira, par exemple, une piqûre, le corps physique l'éprouvera aussi au même endroit».

Enfin ALBERT DE ROCHAS dit que parmi toutes les théo-

---

(1) J. STENSON HOOKER; Sur les radiations humaines. *The Lancet*, novembre 1905. *Annales des sciences psychiques*, 1906, p. 315.
(2) PHANEG; Etude sur l'envoûtement. Conférence faite à la Société d'études psychiques de Nancy. *Echo du merveilleux*, 1906, p. 74.

ries qui cherchent à expliquer les phénomènes psychiques, «celle qui paraît, pour le moment, la plus rapprochée de la vérité est celle du corps astral».

b. *Appareils pour mesurer les radiations psychiques.*

On a imaginé une série d'appareils pour démontrer et mesurer cette force psychique radiante. Ils sont tous basés sur la propriété qu'ont certains sujets «d'exercer une action soit attractive soit répulsive sur des objets environnants». Cette propriété «a été observée chez des malades en 1846 par Arago et en 1858 par le Dr Pineau. En 1868, Bailly soutenait dans une thèse l'existence d'une force neurique rayonnante et en 1887 Barety de Nice étudiait les propriétés de cette force. En 1887 et en 1895, de Rochas étudiait dans les *Forces non définies* et dans *Extériorisation de la sensibilité* les effluves qui se dégagent du corps humain....» (1).

Le premier des appareils construits pour mesurer cette force radiante est, dit Papus (2), «l'excellent biomètre de Louis Lucas, établi sur le principe du galvanomètre. Puis vient le biomètre de l'abbé Fortin qui, le premier, établit des formules biométriques et étend ses recherches à la météorologie. Ensuite vient le biomètre du docteur Baraduc, issu de celui de Fortin sans grande modification. Enfin le docteur Audollent a présenté un biomètre galvanomètre à très fort enroulement de fil. La force qui agit sur ces biomètres passe à travers l'eau froide. Loin de traverser les métaux, elle est au contraire repoussée par eux, puisque la rotation des aiguilles métal-

---

(1) Jules Regnault ; Phénomènes odiques et radiations nouvelles. *Annales des sciences psychiques*, 1905, p. 174.
(2) Papus ; Le radium, les rayons N et l'occultisme. *L'Initiation*. Cité par l'*Echo du merveilleux*, 1904, p. 119.

liques est déterminée par le choc des effluves sur l'aiguille suspendue au fil de coton».

Dès le milieu du XIX⁰ siècle, le magnétiseur LAFONTAINE disait (1) : «il faut prendre une aiguille de cuivre, de platine, d'or ou d'argent, percée au milieu ; la suspendre horizontalement par un fil de soie non filé dans un vase en verre de vingt à trente centimètres de hauteur, hermétiquement fermé ; puis alors vouloir agir sur cette aiguille en présentant à une de ses pointes le bout des doigts à travers le verre, à une distance de cinq à dix centimètres. Sous l'influence magnétique, on verra l'aiguille tourner à droite ou à gauche, suivant la volonté de l'expérimentateur... J'ai fait, dès 1840, des expériences sur l'aiguille d'un galvanomètre et j'ai pu alors constater que l'action du fluide magnétique animal est la même sur l'aiguille aimantée que celle du fluide magnétique minéral».

Voici la description du *magnétomètre* de l'abbé FORTIN (2) : «à la base, reposant sur le socle, est le condensateur directement en communication avec le sol. Ce sont des feuilles d'étain repliées entre elles, mais séparées par une substance isolante. Au-dessus, est un multiplicateur métallique formé d'un long fil dont les tours sont isolés... Enfin, mobile au-dessus d'un cadran divisé, est une aiguille magnétique, mais non aimantée».

Le *biomètre* de BARADUC est, dit l'auteur lui-même (3), «le magnétomètre de l'abbé FORTIN, tel qu'il l'a fait fabriquer lui-même».

En 1904, le docteur JOIRE a décrit (4) ainsi un *sthéno-*

---

(1) Citat. SURBLED; *loco cit.*, p. 233.
(2) FOVEAU DE COURMELLES ; *Revue universelle des inventions nouvelles*, 1890, p. 104. (Citat. SURBLED).
(3) BARADUC; *La force vitale. L'âme humaine, ses mouvements*, etc. (Citat. SURBLED). — Voir aussi: DUPOUY ; *loco cit.*, p. 32.
(4) JOIRE ; Etude d'une force extériorisée par l'organisme vivant

*mètre* qui lui permet d'affirmer l'existence d'une «force speciale, qui se transmet à distance, émanant de l'organisme vivant et paraissant spécialement sous la dépendance du système nerveux».

« L'appareil comprend un socle, en matière appropriée quelconque, dont la face supérieure est graduée en 360° et forme un cadran. Ce socle est percé, en son centre, d'une cavité, au milieu de laquelle est fixé verticalement un support en verre dont l'extrémité est creusée d'une concavité. Au-dessus du cadran est fixée une aiguille légère, le plus souvent en paille, traversée par une pointe, servant de pivot et reposant au fond de la concavité du support. L'un des bras de l'aiguille, beaucoup plus court que l'autre, est chargé d'un contrepoids, suspendu par un fil rigide, de façon à maintenir l'aiguille dans une position horizontale. Le socle est creusé sur tout son pourtour d'une feuillure annulaire, dont le fond est garni d'une lanière de drap, pour recevoir le bord d'un globe de verre qui sert à mettre l'aiguille à l'abri des mouvements de l'air » (1).

## II. DISCUSSION DE CES THÉORIES

J'ai cru logique et utile de grouper ces divers travaux qui sont tous susceptibles de graves objections.

---

et observations faites au moyen du sthénomètre. *Annales des sciences psychiques*, 1904, p. 243, et De l'emmagasinement de la force nerveuse extériorisée dans différents corps. *Echo du merveilleux*, 1906, p. 267. — Voir aussi: Quelques attaques contre le sthénomètre et la réponse qu'y donne le Dʳ Joire. *Annales des sciences psychiques*, 1906, p. 752.

(1) Voir aussi: ALBERT JOUNET; *Résurrection* (*Echo du merveilleux*, 1905, p. 379).

68. *La plupart de ces théories* (corps astral, perisprit) *n'ont pour preuves que les faits même d'extériorisation de la force qu'elles veulent expliquer.* Elles expriment donc simplement, en d'autres termes, ces faits eux-mêmes. Elles ne peuvent donc pas être démontrées autrement que par la démonstration même des faits que j'examinerai dans les paragraphes suivants (B de cette même partie).

Quand Papus conclut (voir plus haut, p. 248) qu'il n'y a « rien, dans sa doctrine, qui aille à l'encontre des enseignements positifs de nos sciences actuelles », on peut bien dire qu'il y a dans cette affirmation un peu de prétention insuffisamment justifiée. On ne peut pas admettre que tout soit, dès à présent, scientifique dans cette vaste doctrine.

Il y a d'abord incontestablement toute une partie qui appartient à la philosophie et à la religion et qui est absolument, par suite, hors de la science positive.

Telle est toute la partie *astrale* de la théorie au sens étymologique du mot, la notion des incarnations et des réincarnations du corps astral, de la sortie en corps astral, des esprits inférieurs et des esprits supérieurs à l'homme. Il y a là tout un système de philosophie, on peut même dire toute une religion que je ne juge pas (ce n'est pas mon affaire ici), mais qui n'appartient pas aux sciences positives.

L'auteur confond évidemment les modes divers de connaissance quand il s'écrie que « grâce à l'archéomètre de Saint-Yves d'Aveydre », « l'artiste et le savant vont enfin pouvoir communier sous les mêmes espèces, celles du Verbe, du Christ parlant librement dans l'Univers, pendant que les cerveaux humains enregistrent, avec le respect qui leur est dû, les vibrations de la vie divine se révélant à l'humanité ».

Ce langage ne peut s'appliquer qu'à des idées extrascientifiques. C'est une partie des théories occultistes absolument en dehors de ma compétence.

Mais à côté de cela, il y a une autre partie qui veut être discutée parce qu'elle a une allure scientifique, malgré ses noms étranges qui rappellent trop la magie : c'est la partie qui concerne l'extériorisation possible de l'individu.

Dans cette partie, il y a des choses vraies, susceptibles d'étude scientifique : telle est la notion du corps astral, qui est le cheval de l'organisme, qui est représenté par le grand sympathique et qui dirige seul l'organisme dans le sommeil, quand le cocher dort. Il y a là une conception un peu spéciale de l'automatisme psychique, comme je l'ai étudié et appliqué dans la deuxième partie.

Mais cette notion se complète tout de suite par la notion du rayonnement extérieur de ce corps astral, de sa sortie de l'organisme. Je crois pouvoir dire nettement que cette partie nécessaire de la théorie occultiste n'est nullement démontrée scientifiquement.

Encausse déclare que tout son système s'appuie sur les faits qui «se rapportent à l'intuition, à la télépathie, aux rêves prophétiques et aux transformations de la matière sous l'influence de cette force émanée de l'homme et appelée psychique». Or, rien de tout cela n'est encore établi scientifiquement, quoique le même auteur déclare que, sur tous ces points, «il faut se rendre à l'évidence», que «le corps astral est une réalité organique» et qu'il essaie de donner une base positive, anatomique, à sa démonstration en rappelant la distribution du grand sympathique. La description des plexus est juste ; mais l'auteur franchit un hiatus formidable quand il en fait les «centres organiques d'action du corps astral» susceptible de s'extérioriser. — Ceci n'est pas démontré et ceci est l'important et le nouveau.

Une excellente occasion a été offerte aux occultistes

de porter leurs faits à une large tribune scientifique et de les soumettre à la libre discussion de vrais et impartiaux savants : au IVᵉ Congrès international de Psychologie tenu à Paris en août 1900, sous la présidence de Ribot, avec Pierre Janet comme secrétaire général. La Vᵉ section, présidée par Bernheim, avec Hartenberg comme secrétaire, était consacrée à la «Psychologie de l'hypnotisme, de la suggestion et des questions connexes». Là, tous les occultistes ont pu librement apporter leurs faits et les soumettre à l'appréciation et à la discussion des savants les plus distingués et les plus compétents du monde entier(1).

Gabriel Delanne, directeur de la *Revue scientifique et morale du spiritisme*, Léon Denis, président de la *Société d'études psychiques* de Tours, Gérard Encausse, directeur de l'*Initiation*, Baraduc, Dariex, directeur des *Annales des Sciences psychiques*, Durand de Gros, Paul Gibier, Mᵐᵉ Verrall... ont pris la parole. Avec le plus grand et le plus légitime libéralisme, la tribune a été ouverte aux occultistes, et les plus connus, les plus distingués d'entre eux ont fait des communications.

Eh bien, la conclusion unanime a été que rien de scientifique n'était encore établi dans tout ce domaine de l'extériorisation en dehors des agents connus.

Vaschide déclare qu'il a écouté avec une attention toute particulière ces communications et que, «quoique nous soyons dans un milieu scientifique»,il n'a «pu trouver que des mots, des mots et seulement des mots. Il ne suffit pas de dire qu'on a observé vaguement un fait pour le présenter comme pris dans des conditions vraiment scientifiques. Et là-dessus nos méthodes sont inexorables et les mots n'ont aucune portée».

---

(1) Voir le *Compte rendu du IVᵉ Congrès international de Psychologie*. Paris, août 1900, p. 609.

Oskar Vogt de Berlin a fait toute une communication contre les occultistes qui envahissent la section et «la compromettent par des communications antiscientifiques».

Et Bernheim conclut la discussion par ces paroles très sages, que sa haute compétence rend particulièrement graves : «quant à la question des phénomènes psychiques ou paranormaux, il me paraît prudent de réserver mon opinion. Que ceux qui en défendent la réalité nous en fournissent des preuves convaincantes; nous ne demandons pas mieux que de nous incliner devant les faits. Mais pour cela il faut apporter des faits, les démontrer exacts d'abord, et c'est ensuite seulement qu'il sera permis d'en tirer des conclusions et d'en induire des théories... En ce qui me concerne personnellement, j'avoue ne pas être encore convaincu. J'ai vu bien des sujets, bien des médiums, j'ai assisté à bien des expériences, mais toujours j'ai trouvé des causes d'erreurs qui empêchaient la certitude».

Voilà le jugement de la science compétente sur l'essai de science occultiste que Papus Encausse a synthétisé dans le livre cité plus haut.

Les occultistes n'ont d'ailleurs pas accepté cette appréciation du Congrès de 1900.

«Au Congrès de Psychologie de 1900, dit Becker (1), il a été impossible de ne pas admettre les communications des écrivains de notre école et l'on a vu ce spectacle réconfortant que les plus audacieux négateurs, lorsqu'ils se sont trouvés en face des spiritualistes, ont, ou bien gardé le silence, ou, lorsqu'ils se hasardaient

---

(1) Becker ; Article cité de la *Revue scientifique et morale du spiritisme*, p. 734.

jusqu'à la contradiction, n'en ont pas été les bons marchands. On peut dire que les seules séances sensationnelles étaient celles réservées aux lectures sur ce sujet passionnant».

Et Papus (1) : « ceux qui ont assisté au IV⁰ Congrès international de Psychologie liront avec stupeur que *la conclusion unanime a été que rien de scientifique n'était encore établi*. Nous nous amusons encore de l'ahurissement de ce pseudosavant, donnant comme originales et personnelles des découvertes faites cinq cents ans avant notre ère et remis à sa place avec citations des textes par les occultistes, de cet autre qui invente une faculté de s'allonger aux neurones et qui proteste ensuite contre les *hypothèses des occultistes!* La vérité est qu'il n'a rien été répondu aux faits multiples présentés par les spiritualistes, et la Clinique actuelle de M. Grasset (2) est, au contraire, la meilleure preuve du succès des occultistes à ce Congrès».

Ce Congrès (comme, plus modestement, ma Clinique) est évidemment une preuve de l'intérêt croissant que les savants de tous les genres prennent à ces questions. Ceci, personne ne le conteste, pas plus qu'on ne conteste le caractère «sensationnel» qu'avaient les séances consacrées à ces questions. Mais rien, dans les citations que je viens de faire, ne me semble renverser ce que j'ai dit plus haut de l'insuccès de ce Congrès au point de vue occultiste ou spirite.

Et Papus reconnaît bien qu'il y a encore quelque chose de mieux à faire pour ces sciences dans les Congrès, puisque, parlant plus loin (p. 254) de certaines expériences pour enregistrer des mots *pensés* sur des plaques au géla-

---

(1) Papus; Article cité de l'*Initiation*, p. 244.
(2) *Leçons de clinique médicale*, 4ᵉ série.

tinobromure, il dit : «nous conseillons donc à tous les expérimentateurs en psychologie de se préparer à fournir des expériences de ce genre aux membres des futurs Congrès. C'est là un moyen tout à fait scientifique, puisqu'il est évocable, à volonté, de répondre aux demandes des psychologues polygonaux».

Il est certain qu'un Congrès, dans lequel pareille démonstration sera faite, aura plus fait avancer la question de l'extériorisation de la pensée que ne l'a fait le Congrès de Psychologie de 1900.

On voit donc que la question reste posée de la même manière.

On ne doit pas dire avec GOUPIL : «l'hypothèse spirite(1), dans la conception fondamentale, est absolument scientifique, en ce sens qu'elle n'a rien d'irrationnel devant la science acquise». Cette conception n'est pas irrationnelle, mais elle n'est pas démontrée; ce n'est pas encore une conception scientifique. Et GOUPIL le reconnaît quand il dit plus loin : «la preuve indiscutable, scientifique, de E (l'extériorisation de la force psychique) est donc difficile à produire; la négation est plus difficile encore». Je ne nie pas l'existence *possible ultérieure* de cette preuve ; j'en nie l'existence *actuelle*.

Je ne peux pas non plus accepter la manière de voir de GOUDARD(2) quand il écrit : «celui qui a étudié le spiritisme en dehors de tout parti pris sait parfaitement que les termes d'*esprit* et de *périsprit*, âme et corps *astral*, conscience et inconscience (ou *subconscience* ou cons-

---

(1) GOUPIL appelle *spirite* une hypothèse analogue à celle de PAPUS, de force psychique extériorisée. «La conception fondamentale» de l'hypothèse spirite est, dit-il, «un agent matériel fluidique, état particulier de la matière, organisé animiquement».

(2) GOUDARD ; Article cité, p. 68.

cience *subliminale*), polygone et centre O, etc., sont des revêtements divers d'un même concept». Ce sont là, au contraire, des termes bien disparates qui s'appliquent, chacun, à un concept différent.

Les termes «polygone» et «centre O» s'appliquent à des neurones de l'écorce cérébrale et n'ont rien à voir ni avec l'esprit ni avec le périsprit, ni avec l'âme ni avec le corps astral.

Papus fait la même confusion (quoique en sens inverse) quand, dans une série de passages, il oppose le polygone au corps astral, comme si on était condamné à choisir entre ces deux hypothèses. Ainsi, il dit notamment (p. 251) : «enfin, puisqu'il s'agit d'occultisme, je préfère encore notre notion du corps astral, traditionnelle et claire, autant pour les Indous que pour nous, à ces prétentieux hiéroglyphes géométrobiologiques».

Il y a là un malentendu qu'il importe de faire disparaître.

Il n'y a pas plus de contradiction que de solidarité entre le schéma du polygone et la conception du corps astral. Ce sont là choses différentes. Le schéma du polygone s'applique aux deux psychismes et au psychisme inférieur ou subconscient ; le corps astral s'applique à l'extériorisation de la force nerveuse ou psychique.

Les deux conceptions n'ont aucun lien : l'une quelconque peut être vraie, l'autre étant fausse ; elles peuvent être vraies l'une et l'autre et elles peuvent être fausses l'une et l'autre. La réfutation définitive du polygone ne donnerait pas l'ombre d'une preuve nouvelle en faveur du corps astral.

En d'autres termes, les arguments en faveur du corps astral ne valent pas plus contre le polygone que les arguments en faveur du polygone ne valent contre le corps astral. Et si je discute le corps astral, c'est sans me servir le moins du monde du polygone.

Si donc jamais on arrive à démontrer l'*extériorisation du psychisme* par une voie nouvelle, encore inconnue, ce sera une *acquisition* nouvelle de la science, ce sera une connaissance *de plus* à ajouter à toutes celles que nous avons déjà et nullement à mettre *à la place* d'une connaissance antérieure.

C'est pour cela que je n'accepte pas du tout la pensée développée par Papus dans le paragraphe suivant (p. 252): «le point le plus intéressant de cette discussion est la transmission de pensée. On sent que c'est là le point faible de la théorie du polygone. Cette pauvre transmission de pensée (sans contact, bien entendu), c'est comme le sabre de M. Prudhomme, elle sert à expliquer les faits spirites troublants sous la plume des critiques scientifiques et elle est énergiquement niée quand elle vient jeter la boule dévastatrice dans le jeu de quilles académiques. En somme, si la possibilité d'action, hors de l'être humain et sans contact, de la force psychique est une fois démontrée, le polygone et ses mirifiques adaptations s'écroulent aussitôt».

J'avoue ne pas voir du tout la logique de cette conclusion.

Le schéma du polygone s'applique au psychisme humain dans ses manifestations propres, intérieures, intrinsèques. Le jour où on aura découvert et démontré une force psychique capable de s'extérioriser, ce sera un chapitre à ajouter et un chapitre très important, mais qui ne changera rien aux lois antérieurement connues du psychisme inférieur.

Goupil l'a si bien compris que, voulant adapter le polygone à sa conviction du fluide rayonnant, il dote ce polygone d'une sorte de pouvoir émissif qu'il appelle E.

En somme, le jour où l'extériorisation sera démontrée, toutes les doctrines antérieures du psychisme devront être complétées ; mais aucune de ces doctrines ne sera ni confirmée ni infirmée par cette nouvelle découverte.

Donc, et pour conclure ce trop long paragraphe, ce n'est ni pour sauver mon schéma ni pour empêcher la dévastation du jeu de quilles académiques ni pour le plaisir de nier «à outrance» (1) que je combats la théorie du corps astral et du perisprit ; c'est uniquement parce que je constate qu'elle ne s'appuie sur aucune preuve scientifique et que, comme je le disais plus haut, elle n'est autre chose que la répétition des faits eux-mêmes. Or, il n'y a d'avantage à chercher une théorie à des faits que si cette théorie les rapproche d'autres faits déjà bien connus et bien classés.

69. Les recherches faites avec les biomètres et le sthénomètre veulent donner à ces théories une base expérimentale autre que les faits à interpréter eux-mêmes. En ce sens, elles sont beaucoup plus scientifiques. Mais je ne crois pas cependant qu'elles aient encore conduit à des conclusions fermes.

La première preuve de cet insuccès (et la principale) est tirée de ce fait que *ces divers appareils n'ont pas encore démontré l'existence d'une force nouvelle, jusqu'ici inconnue, qui soit irréductible aux autres formes connues de la force physique (chaleur, électricité...).* Or, c'est là ce qu'il faudrait établir.

Tous ces appareils peuvent être ramenés à une aiguille légère et mobile que l'approche du doigt, à travers une cloche de verre, repousse ou attire. Or, rien ne prouve qu'il y ait là une radiation physique nouvelle.

Certains de ces appareils montrent même nettement

---

(1) Voir: GABRIEL CARAMALO ; Manifestations spirites. *Echo du merveilleux*, 15 mars 1903.

la nature électrique de l'influence : tel l'appareil DE PUY-FONTAINE (1) avec lequel on avait expérimenté chez CHARCOT à la Salpêtrière. Ce sont deux galvanomètres astatiques, construits par Ruhmkorff, «à fil d'argent de 30 kilomètres pour l'un et de 80 kilomètres pour l'autre. Leur sensibilité est nécessairement de beaucoup supérieure à celle des galvanomètres ordinaires à fil de cuivre d'une longueur de 3 à 4 cents mètres». Par l'intermédiaire de deux fils métalliques isolés et aboutissant chacun à une borne avec vis de pression, deux électrodes (cylindres métalliques creux de 3 à 4 centimètres de diamètre) sont tenues dans les mains de l'expérimentateur qui, dans certains cas, voit se produire des déviations de l'aiguille.

Comme le dit très bien SURBLED (2), ceci démontre simplement «que l'organisme ne fonctionne pas sans dégager des forces électriques ou caloriques suffisantes pour actionner un galvanomètre très sensible». Et tous les autres appareils ne donnent pas des conclusions plus utiles. Tous «ont le même défaut capital, essentiel : ils ne remplissent pas les conditions nécessaires, ils n'éliminent pas les causes d'erreur, c'est-à-dire les influences calorifiques ou électriques. Les effets constatés sont ambigus et peuvent toujours être rapportés à un fluide purement physique, électrique ou autre», déjà connu. Après l'analyse des travaux de BARADUC, SURBLED conclut: «la force vitale qu'il imagine et qu'il prétend enregistrer avec son appareil n'est-elle pas tout simplement une force physique, de la chaleur ou de l'électricité ? C'est très probable, et alors que devient l'échafaudage laborieusement élevé ? Il s'écroule. Le biomètre ne ser-

---

(1) GASC DESFOSSÉS ; *Magnétisme vital; expériences récentes d'enregistrement*, 1897. (Citat. SURBLED).
(2) SURBLED; *Spiritualisme et spiritisme*, p. 221.

virait qu'à constater les manifestations physicochimiques de la vie : voilà ce qu'il est permis de présumer, et la défense embarrassée, sans force et sans vertu, du docteur Baraduc n'est pas faite pour nous détromper... Ni les influences cosmiques ni les phénomènes physicochimiques de la vie ne sont mis hors de cause, ni absolument écartés par les précautions qu'invoque gravement notre confrère».

Joire, dont le sthénomètre est le plus récent et par suite probablement le meilleur des biomètres, a multiplié les précautions pour répondre à l'objection, mais ne paraît pas y être parvenu.

Cet auteur «assure, dit Jounet(1), que l'aiguille de son sthénomètre est insensible à la chaleur d'une masse de fer portée au rouge. Une bougie, placée en face de l'aiguille du sthénomètre, eut en effet peu d'action appréciable, alors que la main exerçait une attraction d'une vingtaine de degrés. Mais masse de fer ou flamme de bougie, c'était toujours de la chaleur *sèche*. Je me demandai si une chaleur *humide* et, donc, plus analogue à celle de l'être vivant, n'aurait pas une action plus grande sur les instruments. L'expérience confirma cette idée. En approchant du sthénomètre une bouillotte pleine d'eau chaude, l'aiguille fut attirée de vingt degrés» !

Donc, aucun de ces appareils n'est parvenu à démontrer l'existence d'une force nouvelle ou d'une forme nouvelle de la force physique déjà connue.

70. D'ailleurs enfin, cette démonstration serait-elle faite d'une nouvelle radiation humaine jusqu'ici inconnue, rien ne prouverait encore que cette nouvelle force

---

(1) Albert Jounet ; Expériences à reprendre et à vérifier. *Résurrection* (*Echo du merveilleux*, 1905, p. 379).

est réellement une force *psychique*, constitue vraiment un agent de communication directe entre deux psychismes séparés. Or, tant que ceci ne sera pas prouvé, il n'y aura rien de fait.

Dans ces derniers temps, on a découvert bien des radiations nouvelles (ondes hertziennes de la télégraphie sans fil, rayons X, rayons N...). Certaines ont été peut-être annoncées trop vite; mais il y en a assez de bien démontrées pour qu'on puisse admettre qu'il y en a ainsi un très grand nombre et peut-être plus encore d'inconnues que de connues. A l'apparition de chacun de ces groupes nouveaux les occultistes ont chanté victoire, voyant là la preuve scientifique attendue de leurs idées.

Il n'en est rien. Il ne suffit pas de découvrir de nouvelles radiations humaines, il faut établir la mise en jeu de ces radiations dans les cas de transmission directe de la pensée et leur objectivation dans les cas de matérialisation... Or, cette démonstration n'a jamais été faite, n'a même jamais été tentée.

Gratuitement et sans preuve aucune à l'appui, Dupouy fait l'énumération suivante : «effets lumineux dans les tubes de Geissler, dans le tube et l'ampoule de Crookes, production dans notre organisme, même sans contact, des rayons de Rœntgen, transmission des ondes sonores, dégagement d'effluves devenant visibles et pouvant être photographiés». La réalité scientifique indiscutable de certains de ces phénomènes n'implique en rien la réalité des autres et l'analogie de ces différentes radiations ne peut pas résulter d'une simple affirmation ou d'une habile énumération.

Jules Regnault (1) rapproche les radiations odiques de Reichenbach et les radiations nouvelles (radium,

---

(1) Jules Regnault ; Article cité, p. 175.

rayons N, etc.) et ajoute : « toutes ces radiations n'ont-elles pas les mêmes sources que l'od de Reichenbach ? n'ont-elles pas en grande partie les mêmes propriétés ? »
Il est bien évident que toutes les radiations nouvelles et toutes celles dont l'avenir nous réserve la découverte ont « les mêmes sources que l'od de Reichenbach », puisque l'od vient de partout. Mais on ne saurait trop répéter que la découverte de radiations physiques nouvelles ne fait pas avancer d'un pas la découverte des radiations psychiques cherchées, pas plus que la découverte de la télégraphie sans fil n'a fait avancer la question de la télépathie.

Pour démontrer la nature vraiment psychique d'une radiation nouvelle, il ne suffirait même pas de démontrer que l'émission plus ou moins intense de cette radiation est en rapport avec l'activité psychique elle même.

On a étudié depuis bien longtemps l'influence d'un travail cérébral sur la pile thermoélectrique. Si donc les rayons N existent, leur production pourrait être liée dans une certaine mesure à l'activité psychique, sans qu'on dût voir là la démonstration de la radiation psychique nécessaire pour la télépathie ou seulement la suggestion mentale.

De Puyfontaine avait la prétention d'influencer son galvanomètre par sa volonté et d'en diriger volontairement l'aiguille à droite ou à gauche à son gré. L'expérience n'a pas été refaite et le fait reste très discutable (1). Mais serait-il démontré qu'il ne prouverait rien : on comprendrait qu'un acte psychique intense pût influencer électri-

---

(1) « Les expériences de M. de Puyfontaine ne sont ni concluantes ni décisives : elles veulent être reprises et développées avant d'être définitivement reçues dans la science » (Surbled ; *loco cit.* p. 229).

quement l'aiguille, c'est à-dire correspondit à une émission spéciale de force électrique, comme on comprendrait que tous les psychismes ne soient pas égaux devant le galvanomètre.

### III. CONCLUSIONS

71. De tout ce qui précède, il me paraît possible de conclure que la théorie des radiations psychiques n'est actuellement pas plus solidement établie que celle du spiritisme.

Il faut cependant maintenir une différence entre les deux théories.

La question des esprits, leur étude et leur évocation supposent l'existence et la survivance au corps d'un esprit, questions graves qui se posent à notre intelligence, mais ne sont pas l'objet de la science telle que je l'envisage ici, c'est à-dire de la science biologique. Donc, ceci est hors de la science, même de la science de demain.

Au contraire, la question du perisprit, du fluide, de l'extériorisation de la sensibilité et du mouvement... n'est certainement pas encore résolue par la science actuelle, mais peut très bien l'être par la science à venir. Elle n'est pas hors de la science biologique possible.

Partons donc de cette idée que, du jour où l'extériorisation de la force psychique sera démontrée en fait, les théories seront faciles à trouver, pour l'expliquer, dans le groupe des radiations psychiques, mais il faut d'abord établir la réalité des faits. Cette démonstration des faits est-elle actuellement possible? Voilà la grosse, la vraie question que j'étudierai plus loin, après avoir préalablement dit un mot de l'indépendance de l'occultisme et des diverses doctrines philosophiques ou religieuses.

# CHAPITRE NEUVIÈME

## INDÉPENDANCE DE L'OCCULTISME ET DE TOUTES LES DOCTRINES PHILOSOPHIQUES OU RELIGIEUSES.

72. *La connaissance des phénomènes occultes ne peut servir à l'apologétique et au triomphe ou à la réfutation et à l'écrasement d'aucune doctrine philosophique ou religieuse.*
73. *Opinions de ceux qui veulent au contraire confondre l'occultisme avec le spiritualisme ou la religion.*
74. *Réfutation de cette manière de voir.*
   *a. Les auteurs qui veulent solidariser l'occultisme avec une doctrine religieuse aboutissent à des conclusions opposées et contradictoires qui se réfutent mutuellement.*
   *b. On ne pourrait donner une portée philosophique à l'occultisme que si on acceptait l'hypothèse spirite, que nous avons vu n'être pas démontrée.*
   *c. L'occultisme reste donc un chapitre préscientifique, ouvert à tous les savants, quelle que soit leur doctrine philosophique ou religieuse.*

72. THÈSE A DÉVELOPPER.

Avant d'aborder l'étude critique des faits occultes, une grave remarque est encore nécessaire.

Je crois qu'il faut absolument renoncer, et pour toujours, à une espérance qui paraît tenir au cœur de plusieurs auteurs, honorables entre tous : cette espérance, que je crois une illusion, est la pensée *qu'on peut appliquer la connaissance des phénomènes occultes à l'apologé-*

*tique et au triomphe ou à la réfutation et à l'écrasement d'une doctrine philosophique ou religieuse quelconque.*

Je pose en principe qu'*aucune* doctrine philosophique ou religieuse n'a intérêt au succès ou à l'insuccès de ces recherches. L'avenir d'aucune de ces doctrines n'est lié au sens dans lequel seront formulées les conclusions d'aujourd'hui et celles de demain dans l'enquête que je fais ici.

Et c'est fort heureux pour ces doctrines. Car des faits aussi discutables et discutés ne pourraient donner qu'une base et des arguments bien fragiles à une philosophie ou à une religion (1).

### 73. Opinions contradictoires a cette thèse.

Il avait paru à beaucoup d'auteurs que le *spiritualisme* en particulier trouvait dans le spiritisme une sorte de démonstration expérimentale.

Le livre de Léon Denis sur *le Spiritisme et la médiumnité* porte en sous-titre : *Traité de spiritualisme expérimental.* «Le spiritisme, dit-il, a déjà exercé une influence énorme sur l'état d'esprit de nos contemporains... Il a tourné les pensées vers l'au-delà ; il a réveillé, dans les consciences brumeuses et endormies de notre temps, le sentiment de l'immortalité ; il a rendu plus vivante, plus

---

(1) «Il ne s'agit pas de manifestations spirites, dit Fogazzaro ; je n'ai pas besoin d'une doctrine nouvelle pour croire à la survivance des âmes et à nos communications avec celles qui sont sorties de la vie mortelle ; je n'appelle donc pas et je ne vois pas de fantômes je n'écoute et je n'entends pas les murmures de l'invisible, je n'ai pas de mystérieux contacts avec les ombres. Ce que je possède est mieux, c'est de la vie véritable, c'est de la puissance...». Citation de Robert Léger. Les idées d'Antonio Fogazzaro. *Revue des Deux Mondes*, 15 février 1907, p. 834.

réelle, plus tangible, la croyance à la survivance des disparus. Là où il n'y avait que des espérances et des croyances, il a apporté des certitudes... Par la) conciliation du sentiment et de la raison, le spiritisme devient la religion scientifique de l'avenir... En réalité, les humains et les invisibles cheminent souvent côte à côte à travers les joies et les larmes, les succès et les revers. L'amour de nos bien-aimés nous enveloppe, nous console, nous réchauffe. Les terreurs de la mort ont cessé de peser sur nous.... Toute croyance doit être appuyée sur des faits. C'est aux manifestations des âmes affranchies de la chair, et non à des textes obscurs et vieillis, qu'il faut demander le secret des lois qui régissent la vie future et l'ascension des êtres... Ainsi la révélation des Esprits... fait luire sur le monde le grand soleil de la bonté, de la concorde, de la vérité!» (1).

Qu'est-ce que le spiritisme? demande Delanne (2). Pour les spirites, c'est «la démonstration expérimentale de l'existence de l'âme et de son immortalité... Les manifestations par lesquelles l'âme, après la mort, démontre sa survivance, sont nombreuses et très variées... Le positivisme étroit de notre époque, en refusant de s'occuper de ce qui ne tombe pas sous les sens, croyait avoir relégué l'âme des spiritualistes dans le royaume des chimères et voici que ses adeptes sont contraints d'en constater la réalité». Ces expériences des médiums sont «la base sur laquelle s'appuiera la démonstration de la survivance».

On en est arrivé ainsi à confondre presque, comme

---

(1) Léon Denis; *loco cit.*, p. 123 et suiv.
(2) Gabriel Delanne; *loco cit.*, p. 1 et suiv., et Conférence sur le monde invisible faite à la *Société d'études psychiques de Marseille*. 1903, p. 26.

synonymes, les deux mots «spiritisme» et «spiritualisme» (1).

«Un spiritualiste, a dit Marcel Mangin (2), n'a évidemment pas de peine à devenir spirite» et Gaston Méry (3) a même prononcé le mot de «catholicisme expérimental».

Bien remarquable à ce point de vue est le dernier chapitre (*Conclusion*) du livre de Myers (4).

«Je prétends, dit-il, qu'il existe une méthode d'arriver à la connaissance (des) choses divines avec la même certitude, la même assurance calme auxquelles nous devons le progrès dans la connaissance des choses terrestres. L'autorité des religions et des églises sera ainsi remplacée par celle de l'observation et de l'expérience... c'est par nos âmes que nous sommes unis à nos semblables... le corps sépare lors même qu'il semble unir». Puis il trace l'«esquisse provisoire d'une synthèse religieuse», qui fournit une «confirmation profonde de l'essence même de la révélation chrétienne». Tout ce que le message de Jésus-Christ contenait de données démontrables est ici démontré ; toutes ses promesses de cho-

---

(1) Le livre, déjà cité, d'Encausse est intitulé : *L'occultisme et le spiritualisme*.

(2) Marcel Mangin ; Compte rendu analytique du livre de Myers sur la personnalité humaine. *Annales des sciences psychiques*, 1904, p. 39.

(3) Gaston Méry ; Une protestation des spirites. *L'Echo du merveilleux*, 1906, p. 21 : «de toutes les théories qui cherchent à expliquer ces faits, celle qui en explique le plus et, par conséquent, la meilleure présentement, est la théorie catholique».

(4) F.-W.-H. Myers ; *La personnalité humaine. Sa survivance. Ses manifestations supranormales*. Traduction et adaptation par le Dr S. Jankelevitch. Bibliothèque de philosophie contemporaine, 1905, p. 401.

ses indémontrables sont ici renouvelées... Grâce aux nouvelles données que nous possédons, tous les hommes raisonnables croiront avant un siècle à la résurrection du Christ, tandis que, sans ces données, personne n'y croirait plus avant un siècle...Notre siècle de science se pénètre de plus en plus de cette vérité que les relations entre le monde matériel et le monde spirituel ne peuvent pas être d'un caractère uniquement moral et émotionnel... Et en ce qui touche spécialement cette affirmation centrale, la vie de l'âme se manifestant après la mort corporelle, il est clair qu'elle peut de moins en moins se faire prévaloir de la tradition seule et doit de plus en plus chercher sa confirmation dans l'expérience et l'étude modernes... Si les résultats des *recherches psychiques* avaient été purement négatifs, les *données* (je ne dis pas l'*émotion*) du christianisme n'auraient-elles pas reçu un coup irréparable ? D'après mon opinion personnelle, nos recherches nous ont donné des résultats tout différents largement positifs... L'affirmation centrale du christianisme reçoit ainsi une confirmation éclatante... L'affirmation vague et imparfaite de la révélation et de la résurrection est de nos jours confirmée par de nouvelles découvertes et de nouvelles révélations... Les révélations contenues dans les messages ayant leur source dans les esprits désincarnés... montrent d'une façon directe ce que la philosophie n'a pu que soupçonner : l'existence d'un monde spirituel et l'influence qu'il exerce sur nous».

Tous ces faits observés et interprétés conduisent en définitive MYERS, d'une part, à corroborer, dans le passé, toutes les bases de la religion chrétienne et, d'autre part, à confirmer, dans l'avenir, « la conception bouddhiste d'une évolution spirituelle infinie, à laquelle est soumis le cosmos tout entier... Ce processus, s'effectuant d'une façon différente pour chaque âme en particulier, est lui-même continu et cosmique, toute vie naissant de l'énergie primitive et se divinisant pour devenir la joie suprême»(1).

On comprend le mot de Bourdeau (2) : « l'originalité de Myers, c'est d'avoir rajeuni le vieil animisme, en prétendant l'appuyer sur un appareil scientifique ».

Ernest Bozzano (3) s'efforce de montrer « comment le seul fait de l'existence des phénomènes métapsychiques, considérés en rapport avec la loi de l'évolution et sans tenir compte de l'hypothèse spirite, suffit à démontrer la survie de l'esprit après la mort du corps » ; il conclut : « l'élite des intelligences qui ont étudié, ou qui étudient encore, les phénomènes métapsychiques, se trouvent d'accord avec Myers sur le fait que, par la preuve de l'existence de facultés supernormales dans le plan subconscient du moi, on doit considérer comme résolu affirmativement le problème de la survie ». Et il cite : Aristote, Alexandre Aksakoff, W. F. Barret, Hyslop, Thomas Jay Hudson, Charles du Prel, Brofferio, Franck Podmore, etc.

« Si Cesar Lombroso a pu, dit *Luce e ombra* (4), nous avouer personnellement, il y a quelques jours, dans le local de notre rédaction, qu'il croyait désormais à la survivance d'une partie au moins de la personnalité humaine, nous le devons à la ténacité admirable d'Ercole Chiaia, qui sut mettre à profit la conscience honnête du

---

(1) «Le professeur Flournoy a pu dire que les théories religieuses de M. Myers, rapprochées de celles ayant eu cours jusqu'à ce jour parmi les spirites, y figurent telles qu'un palais moderne au milieu de cases de sauvages» (*Annales des sciences psychiques*, 1904, p. 322, note).

(2) J. Bourdeau ; *Journal des Débats*, 28 août 1906.

(3) Ernest Bozzano ; Mrs Piper et la conscience subliminale. *Annales des sciences psychiques*, 1906, p. 529.

(4) Le professeur Lombroso et la survivance de l'âme. *Annales des sciences psychiques*, 1905, p. 646.

savant et l'entraîner, pour ainsi dire, devant l'évidence des faits ».

« Des intelligences, dit MAXWELL (p. 10), aussi élevées que celles de MYERS, de SIGDWICK, de GURNEY, pour ne parler que des morts, ont abordé l'étude des phénomènes psychiques avec le désir d'y trouver la preuve d'une vie future. MYERS est mort après avoir trouvé ou cru trouver la démonstration qu'il cherchait ».

De la doctrine de MYERS on peut encore rapprocher cette phrase de O. COURIER (1) : « quand les voûtes de nos belles cathédrales retentiront de l'enseignement si élevé du spiritisme, la morale scientifique arrêtera le débordement des mœurs et réinstaurera la voie de la Fraternité; car cette voie, suivie par le Christ, a été amputée par les Pharisiens qui se sont fait passer pour ses successeurs ».

Dans sa Préface au livre déjà cité de DUPOUY, EDOUARD DRUMONT dit: « je me figure la tête d'un bon voltairien de 1825, en le supposant intelligent et de bonne foi, qui lirait le livre de notre ami le docteur DUPOUY » et y verrait « qu'après un siècle à peine écoulé depuis l'apothéose de la prostituée qui figurait la déesse Raison, la science reconnaît partout l'existence du surnaturel, qu'elle aboutit de plus en plus à des conclusions nettement spiritualistes, qu'elle constate la subordination de la matière à l'esprit... Ce qui est curieux, encore une fois, c'est de voir la Science, la Science procédant par cette fameuse méthode expérimentale dont on parle tant, attester la réalité de tous les faits surnaturels qu'on traitait au commencement de ce siècle d'impostures et de supercheries... Les savants qui, par des voies diverses, s'efforcent d'agrandir

---

(1) O. COURIER ; *La Vie nouvelle*, 1906, p. 256.

l'horizon de leurs contemporains, de les ramener à la notion du surnaturel, aux préoccupations de l'au-delà, rendent donc un inestimable service à leur pays en l'arrachant au matérialisme qui est une manière d'hémiplégie, une paralysie de tout un côté de l'individu ».

De même, Mgr Elie Méric, dans les Préfaces des livres de Surbled (1) et du R. P. Pie Michel Rolfi (2), constate que, grâce à toutes les recherches, « le matérialisme est vaincu (3). Les écrivains les plus hostiles à la religion chrétienne et à toute religion, les plus indépendants et les plus sincères dans leurs recherches expérimentales, sont forcés de reconnaître aujourd'hui que, même pour expliquer l'activité vitale, les forces physicochimiques... ne suffisent plus... Et l'on voit apparaître l'âme, forme du corps humain... C'est une grande consolation de voir aujourd'hui les sciences expérimentales, les sciences naturelles, estimées à l'excès par les esprits de notre temps, confirmer à leur tour les pressentiments de la conscience et l'enseignement de la philosophie. C'est une grande joie pour l'esprit de voir enfin la métaphysique, la philosophie et les sciences se réunir pour condamner le matérialisme et affirmer, comme vous le démontrez si bien, l'existence de l'âme et son immortalité ».

Le même auteur raconte l'histoire de la voyante de la place Saint-Georges, puis ajoute: « c'est donc un phénomène spirite que nous avons sous les yeux et nous re-

---

(1) Surbled; Livre cité sur le *spiritualisme et le spiritisme*, 1898.

(2) R. P. Pie Michel Rolfi O. F. M.; *La magie moderne ou l'hypnotisme de nos jours*. Traduction (sur la 3ᵉ édition) par l'abbé H. Dorangeon. Introduction de Mgr Méric, 1902.

(3) «Le matérialisme a vécu», conclut Dupouy dans son livre déjà cité, en tête duquel il écrit cette phrase de Richet : «le surnaturel est devenu phénomène naturel, dès que notre ignorance de la cause a été dissipée».

trouvons dans ce phénomène la confirmation expérimentale de l'enseignement de la théologie touchant les Esprits, leur nature, leur agilité, leur intelligence pénétrante, leurs évolutions prodigieuses, leur présence dans l'espace, leur irruption dans certains personnages dont ils confisquent provisoirement la responsabilité... mais je n'admets pas que les matérialistes, les scientistes s'emparent des cas de ce genre, qu'ils prétendent les assimiler à des phénomènes de physique et de chimie, qu'ils essayent de les rattacher aux lois qui gouvernent le monde matériel, organique ou inorganique, qu'ils nous parlent ici de rayons cathodiques, d'ondes hertziennes, de vibrations cérébrales, et qu'ils confondent des classes de faits qui doivent rester absolument distincts et séparés ».

Pour le R. P. Pie Michel Rolfi, «le démon, qui a toujours été jaloux des hommes, cherche à les induire en erreur et, pour y réussir, il n'a trouvé rien de mieux que d'entretenir des relations avec eux. Voilà la raison du spiritisme. Oui, il y a des êtres invisibles qui agissent au moyen des médiums; ce sont ces esprits évoqués, dont les tables tournantes, parlantes, ou autres procédés communiquent les réponses... le spiritisme ou commerce entre les hommes et les êtres invisibles existe, c'est un fait indéniable; et un autre qui ne l'est pas moins, c'est que, ces êtres invisibles étant des démons, le spiritisme est illicite... Dieu, les anges, les esprits des défunts n'ont assurément aucune relation avec les tables parlantes; il ne reste donc que les démons. L'argument est clair... c'est le démon qui fait mouvoir et parler les tables. Donc, celui qui assiste à ces spectacles de ce genre se met en relation avec le diable et lui rend, par là même, quelque honneur». Et l'auteur rappelle le décret porté par la Sacrée Congrégation de l'Inquisition le 28 juillet 1847 où il est dit «qu'il n'est pas permis d'appliquer des principes et des moyens purement physiques à des choses et à des effets purement surnaturels, afin que ceux-ci se manifestent physiquement ; car ce serait une tromperie tout à fait illicite et approchant de l'hérésie». «N'est-ce pas précisément, ajoute l'auteur, le cas des tables parlantes et d'autres diableries du même genre». Et il cite une condamnation d'un spirite qui excluait «positivement toute convention avec l'esprit mauvais», mais évoquait les âmes des défunts, en adressant d'abord «une prière au chef de la milice céleste pour en obtenir la permission de communiquer avec tel esprit déterminé», les réponses étant «en tout conformes à la foi et à l'enseignement de l'Eglise sur la vie future. Ordinairement elles exposent à l'état où se trouve l'âme de tel ou tel défunt, le besoin qu'elle a de suffrages, des plaintes sur l'ingratitude des parents, etc.». Voici enfin la dernière conclusion du livre : «quant aux phénomènes télépathiques : présence d'esprits, vision d'âmes, etc., voici ce qui a lieu ordinairement : 1° si la présence d'esprits angéliques ou d'âmes non évoqués par nous est vraiment constatée, ce sont des âmes ou de bons esprits ; 2° mais si nous les avons évoqués de n'importe quelle manière, tenons pour certain que ce sont des démons».

Voici d'autre part les conclusions du livre, déjà cité, du docteur Lapponi : « *lo spiritismo è la manifestazione di attivita di ordine preternaturale... Lo spiritismo di oggi è identico alla magia e alla necromancia dei Greci, dei Romani e del medico Evo... Lo spiritismo è sempre pericoloso dannoso, immorale, riprovevole, e da condannera e da interdire severissimamente, senza restrizione, in tutti i suoi gradi, in tutte le sue forme, e sotto tutte le sue possibili manifestazioni*». Cela rappelle la condamnation de l'hypnotisme par l'Evêque de Madrid, Mgr Sancha Hervas, dans sa Lettre pastorale du 19 mars 1888 (1).

---

(1) En ce qui concerne l'hypnotisme, je ferai remarquer que le

En dehors du catholicisme (1), le rabbin DANTE A. LATTES, dans un article *Al di là* (au-delà) du *Corriere Israelitico* de Trieste, pense que «le spiritisme, qui est devenu une science expérimentale, sévère, étendue, est sur le point de nous dévoiler les mystères de l'au-delà, en transformant en convention sûre ce qui n'est actuellement que de la foi... Ses phénomènes et son hypothèse aident le sentiment religieux et moral et apportent un grand avantage et beaucoup de lumière aux faits de notre histoire, aux pratiques et aux croyances de notre foi».

Au contraire, le protestant M. GODFREY RAUPERT dénonce dans le *Daily Mail* «les effets du spiritisme comme déplorables au point de vue mental, moral et physique... Il s'étonne du silence des pasteurs et des chefs de l'Eglise anglicane devant le danger qui, à son avis, menace la Foi». Il justifie «les religions orthodoxes dans leur condamnation de l'évocation des esprits comme une chose immorale et comme une violation des secrets que l'Eternel a voulu cacher à l'homme». — Le Vén. archidiacre COLLEY répond que «pour plusieurs millions de chrétiens qui ne sont pas satisfaits de leur religion, le spiritisme se présente vraiment comme un envoyé de Dieu pour sauver les hommes de ce matérialisme sadducéen qui ne voit rien au delà du tombeau. Le spiritisme est une cure pour le manque de foi, surtout parce qu'il fournit une preuve scientifique de la continuation de la vie au delà de la tombe... Le Vén. COLLEY con-

---

R. P. PIE MICHEL ROLFI dit: «nous ne pouvons pas et nous ne voulons pas condamner l'opinion des catholiques qui prétendent pouvoir user parfois de l'hypnotisme. En effet, le Saint-Siège n'a pas condamné l'hypnotisme, il en a seulement réprouvé l'abus».

(1) Les ministres des cultes et le spiritisme. *Annales des sciences psychiques*, 1906, p. 118.

tinue en disant qu'à son avis le spiritisme est comme le couronnement de tout ce qu'il y a de plus précieux dans chaque religion ».

74. Réfutation de ces opinions qui voudraient solidariser l'occultisme a un système philosophique ou religieux particulier.

*a.* De l'exposé rapide qui précède, il me semble ressortir tout d'abord que *les auteurs qui veulent solidariser l'occultisme avec une doctrine religieuse ou philosophique aboutissent à des conclusions opposées ou contradictoires qui se réfutent mutuellement.*

Les uns voient dans l'occultisme la démonstration expérimentale du catholicisme (Gaston Méry), la preuve sans laquelle la religion chrétienne serait bien mal en point (Myers), d'autres y voient la transformation en science de la foi judaïque (Dante A. Lattes), tandis que certains y voient au contraire un grand danger pour la Foi (Godfrey Raupert) et d'autres une religion pour ceux qui ne sont pas contents de la leur (Colley). Lapponi y voit l'œuvre à peu près constante du démon, Rolfi distingue les cas du démon et ceux des anges. Pour Drumont, c'est l'existence du surnaturel démontrée par la science ; et pour Mgr Elie Méric (1) la preuve de l'agilité et de l'intelligence pénétrante des esprits. Myers en déduit une conception bouddhiste du cosmos et Courier salue l'avènement du spiritisme dans nos belles cathédrales à la place du catholicisme vieilli...

Je n'ai pas besoin d'insister pour montrer que des

---

(1) Drumont et Mgr Elie Méric paraissent arriver à des conclusions très analogues en présentant des livres à tendances très diverses, sinon opposées (celui de Dupouy et celui de Rolfi).

conclusions aussi contradictoires tirées des mêmes faits se réfutent entre elles et, si elles laissent subsister les faits, elles en détruisent toutes les déductions religieuses.

Bien peu solide serait une religion qui aurait de pareilles bases ; ce n'est l'intérêt d'aucune de revendiquer des points d'appui de cette valeur. Une religion ne pourrait que se diminuer ou se perdre en se solidarisant avec l'occultisme.

SURBLED (1) l'a très bien compris et a très justement condamné «l'attitude de quelques esprits qui ne comprennent pas la véritable signification du spiritisme et y voient, sinon un acheminement à la foi, du moins un témoignage nouveau et précieux en faveur du surnaturel. Nous le déclarons nettement, ajoute-t-il, nous n'apercevons par là une base pour l'apologétique et nous y dénonçons au contraire une illusion dangereuse, une véritable erreur de tactique».

Il ne faut d'ailleurs pas plus voir dans ces études un instrument de combat contre les doctrines religieuses. Je ne suis pas de l'avis de CHARLES RICHET quand il dit que, depuis et par ces recherches, le «surnaturel est devenu phénomène naturel».

Non. Comme je l'ai dit plus haut (p. 31), l'occulte n'a rien à voir avec le surnaturel, ni pour l'étayer ni pour le renverser. «Dès que notre ignorance de la cause a été dissipée», c'est l'occulte qui devient scientifique ; mais le surnaturel, par définition, ne deviendra jamais scientifique.

Il est impossible de voir, avec DRUMONT, une contradiction entre la science d'aujourd'hui qui étudie l'occultisme et les systèmes philosophiques qui, il y a un siècle,

---

(1) SURBLED; *Spirites et médiums*, p. 5.

considéraient tous les faits surnaturels comme des impostures et des supercheries.

*La religion reste supérieure, sinon indifférente, aux hésitations, aux recherches et aux conclusions de l'occultisme.*

*b.* Il semble que les contradictions disparaissent et l'unité se fait quand il s'agit de dire que l'occultisme a tué le matérialisme et a consacré la définitive victoire du spiritualisme, la démonstration indiscutable de la survivance de l'esprit.

Malgré le nombre et la valeur des auteurs qui se rencontrent en effet dans cette affirmation, je ne crois pas qu'elle soit exacte. Je ne crois pas qu'on puisse plus inféoder l'occultisme à une doctrine philosophique qu'à une doctrine religieuse.

Pour voir dans l'occultisme une preuve nouvelle du spiritualisme, il faut solidariser l'occultisme avec l'*hypothèse spirite*. Or, nous avons vu plus haut que rien n'est moins prouvé que cette hypothèse spirite.

Les craintes et les illusions que chacun, suivant sa nature d'esprit, a édifiées sur l'occultisme, tout cela disparaît si, comme j'en suis convaincu, il n'y a absolument rien de démontré et de vrai dans le spiritisme (au sens étymologique du mot). On peut et on doit discuter l'existence des faits sur lesquels cette *théorie* s'appuie ; mais ces faits, fussent-ils absolument démontrés, n'impliquent à aucun titre l'évocation d'esprits et ne prouvent pas plus la survivance de l'âme humaine que l'existence des anges ou des démons.

Parlant des spirites convaincus de leur théorie, Maxwell dit très justement: «j'envie leur facile foi ; mais je ne puis la partager complètement. Notre individualité évolue dans une période infiniment plus longue que la durée d'une vie humaine, j'en ai la persuasion, mais ce n'est pas dans les séances spirites que j'ai puisé ma croyance. Elle est d'ordre philosophique... Cette opinion n'est pas due aux communications spirites ; celles-ci m'ont paru avoir une origine autre que celles que les disciples d'ALLAN KARDEC leur prêtent ».

Donc, la conclusion est aussi formelle pour les déductions philosophiques que pour les déductions religieuses de l'occultisme : *on ne pourrait donner une portée philosophique à l'occultisme que si on acceptait l'hypothèse spirite, que nous avons vu n'être pas démontrée.*

c. Au point de vue doctrinal et métaphysique, l'occultisme ne mérite donc ni anathème ni canonisation. Il reste simplement un *chapitre préscientifique*, dans lequel les faits attendent leurs *lettres de naturalisation scientifique*.

On ne saurait trop rappeler, à ceux qui seraient tentés de suivre le R. P. ROLFI ou le D$^r$ LAPPONI dans leurs graves condamnations, ce qui s'est passé pour l'hypnotisme : c'était de l'occultisme hier, c'est de la science aujourd'hui. On pouvait le condamner hier (et on l'a condamné); il n'est plus condamnable aujourd'hui, puisqu'il est passé dans le domaine positif, hors des terrains de discussion métaphysique ou religieuse.

Donc, et c'est la conclusion de ce chapitre, l'étude de l'occultisme n'est pas et ne sera jamais un instrument d'apologétique pour personne (1), en même temps qu'elle n'est et ne peut être une gêne ou une objection pour per-

---

(1) « Il ne faudrait surtout pas donner dans l'illusion de certains savants ou journalistes catholiques, protestants, et même juifs, qui se sont hâtés d'échafauder une apologétique nouvelle sur les données de l'occultisme, qui identifieraient pour un peu, *spiritualisme et spiritisme* » (PIERRE CASTILLON ; *Nouvelle Revue théologique*, février 1907, N° 2, p. 110).

sonne ; elle est permise à tous, croyants et incroyants, spiritualistes et matérialistes, n'étant, de sa nature, ni contradictoire ni conforme à aucune doctrine philosophique ou religieuse.

## *B.* LES FAITS

### 75. Nécessité d'établir l'existence des faits. Classification et plan d'étude.

De tout ce qui précède il résulte que l'étude de l'occultisme ne doit pas être un exposé des *théories* plus ou moins vraisemblables, mais une analyse et une critique des *faits*. Comme l'a très bien dit Charles Richet (1), seuls, «les faits ne sont jamais absurdes. Ils sont ou ne sont pas. S'ils existent, l'étude des phénomènes doit précéder la critique des théories».

Dès 1854, Babinet parlait déjà des faits «qui ne sont pas du tout à expliquer, mais qui sont au contraire tout à fait à constater». En tous cas, beaucoup d'auteurs le reconnaissent aujourd'hui et c'est pour cela que bien des travaux de l'Ecole contemporaine méritent vraiment de fixer l'attention et de provoquer la critique du monde savant.

Il s'agit donc avant tout de savoir si, oui ou non, les faits existent, sont bien positivement démontrés.

Si, comme je le crois et comme j'essaierai de le prouver, ils ne le sont pas, il est bon de le dire et de préciser les problèmes à résoudre afin de faciliter et de bien aiguiller l'œuvre des chercheurs. Le jour où les faits seront démontrés, tout sera fini et il ne sera pas difficile de leur adapter une théorie : ceci est tout à fait secondaire et, en tous cas, bien plus aisé.

---

(1) Charles Richet; *Annales des sciences psychiques*, 1905, p. 33.

Avant d'aborder l'étude de ces faits (1), je dois, sinon donner une classification des phénomènes occultes, tout au moins indiquer, dans une énumération logique, l'ordre dans lequel je vais les passer en revue.

Tous ces faits dont je donne l'énumération dans le tableau ci-joint se ramènent évidemment à un phénomène d'*extériorisation du psychisme* par des voies et des procédés nouveaux, sous des formes diverses : sous forme de pensée (lecture de la pensée, suggestion mentale), sous forme de mouvement (lévitation, mouvements sans contact) ou sous forme de sensation (raps, matérialisations et apparitions, objets lumineux).

Quand tous ces faits seront devenus scientifiques, c'est probablement sur cette base qu'on en édifiera la classification.

Aujourd'hui, à la période préscientifique et quand il s'agit de discuter l'existence même de ces faits, je préfère les classer par la dose plus ou moins grande de merveilleux qu'ils contiennent, par la distance plus ou moins grande qui les sépare encore de la science.

Je les divise donc en deux groupes :

Le premier comprend les *faits dont la démonstration, si elle est possible, paraît en tous cas lointaine* (télépathie et prémonitions ; apports à grande distance ; matérialisations).

Le second comprend les *faits dont la démonstration est peut-être moins éloignée et en tous cas doit être recherchée tout d'abord* (suggestion mentale et communication directe de la pensée ; déplacements voisins sans contact, lévitation et raps, clairvoyance).

---

(1) On trouvera ces faits, en très grand nombre, soit dans l'*Echo du merveilleux* de Gaston Méry, soit dans les *Annales des sciences psychiques* de Dariex. La plus grande partie de la documentation de ce livre est empruntée à ce dernier Recueil.

## TABLEAU DES PHÉNOMÈNES OCCULTES

### D'APRÈS MAXWELL

**PHÉNOMÈNES OCCULTES**

*D'ORDRE MATÉRIEL OU PHYSIQUE*

1° Coups frappés sur des meubles, sur les murailles, sur les planchers ou sur les expérimentateurs : *raps*.

2° *Bruits* divers autres que les raps.

3° Mouvements d'objets sans *contacts* suffisants pour expliquer le mouvement produit.
  - *a.* Mouvements produits sans aucun contact : *télékinésie*.
  - *b.* Mouvements produits par des contacts insuffisants à les expliquer : *parakinésie*.

4° *Apports*.

5° *Pénétrabilité* de la matière dans la matière.

6° Phénomènes *visuels*.
  - *a.* Vision de l'effluve odique.
  - *b.* Lumières amorphes.
  - *c.* Formes lumineuses ou obscures.
  - *d.* Matérialisations.

7° Phénomènes laissant des traces permanentes : empreintes, moulages, dessins.

8° Changement de *poids* des objets ou des personnes.

9° Changements de *température*.

10° *Souffles*, généralement froids.

*D'ORDRE INTELLECTUEL*

1° *Typtologie :* Coups frappés par le pied d'une table.

2° *Grammatologie* (phrases épelées)
  - *a.* Énumération à haute voix des lettres de l'alphabet, interrompue par un rap.
  - *b.* Pointage des lettres (indiqué par un rap) avec un crayon ou un stylet sur un alphabet écrit.
  - *c.* Index sur pivot, se mouvant avec ou sans contact sur un alphabet inscrit dans un cercle.

3° *Écriture automatique :* immédiate ou médiate.

4° *Écriture directe (précipitée :* sans l'aide du crayon).

5° *Incarnations :* le sujet endormi parle au nom d'une entité qui le *possède*.

6° *Voix directes*, émanant d'organes vocaux autres que ceux des assistants.

7° Autres *automatismes* et *hallucinations* diverses : cristal, télépathie, télesthésie — clairvoyance, voyance, lucidité, clairaudience.

Je commence ainsi par l'étude des faits les plus compliqués, les moins vraisemblables, les plus éloignés d'une démonstration scientifique, et je finis par l'étude des plus accessibles à l'étude scientifique, de ceux auxquels on devrait, à mon sens, limiter l'effort actuel et les recherches expérimentales précises.

# CHAPITRE DIXIÈME

# FAITS DONT LA DÉMONSTRATION, SI ELLE EST POSSIBLE, PARAIT EN TOUS CAS LOINTAINE.

I. — Télépathie et prémonitions.
   76. *Définitions. Limitation du paragraphe.*
   77. *Exposé des faits.*
      *a.* Télépathie et télesthésie.
      *b.* Prémonitions et pressentiments (divinations et prophéties).
      *c.* Influence télépathique des morts et des objets ; télépathie rétrocognitive (psychométrie).
   78. *Discussion.*
      *a.* Les faits de télépathie ne sont pas des hallucinations. Mais leur existence scientifique n'est pas démontrée.
      *b.* Aucun fait ne prouve la divination ou la prophétie.
      *c.* Beaucoup de faits télépathiques sont désoccultés par nos connaissances actuelles sur le psychisme inférieur.
      *d.* Les autres s'expliquent par des coïncidences.
      *e.* Comment devrait être instituée l'expérimentation pour devenir démonstrative.
II. — Apports a grande distance.
   79. *Exemples de faits.*
      *a.* Anna Rothe et Henri Melzer.
      *b.* Mac Nab.
      *c.* Charles Bailey.
   80. *Discussion.*
      *a.* Fraudes conscientes.
      *b.* Fraudes inconscientes.
III. — Matérialisations.
   81. *Position de la question.*
   82. *Exemples de faits.*

  *a.* Phénomènes lumineux.
  *b.* Fantômes.
  *c.* Photographies et moulages.
**83.** *Discussion.*
  *a.* Hallucination.
  *b.* Fraude consciente ou inconsciente.
   α. Photographies et empreintes.
   β. Phénomènes lumineux.
   γ. Fantômes.
    1° Trucs.
    2° Spirit-grabbers.
    3° Expériences de la villa Carmen.
    4° Dernières expériences de Miller.

## I. TÉLÉPATHIE ET PRÉMONITIONS

**76. Définitions. Limitation du paragraphe.**

On appelle *télépathie* une sensation éprouvée par un sujet A, quand, à une grande distance, il arrive un événement grave (maladie, accident, mort) à un sujet B, que ne relie actuellement à A aucun des moyens déjà connus de communication psychique.

Ainsi, pendant la guerre de 1870, la femme d'un soldat voit son mari (qui était à plus de 800 kilomètres) tomber, le pantalon rempli de sang, et apprend le lendemain qu'en effet il a eu les deux jambes emportées par un boulet. Voilà de la télépathie.

Le mot a été inventé, en 1882, par Myers qui l'a défini «la transmission d'impressions d'un genre quelconque entre un cerveau et l'autre, indépendamment de toute voie sensorielle reconnue» (1).

---

(1) Voir: Ernest Bozzano; Mrs Piper et la conscience subliminale, et M. J. Arthur Hill; Qu'est-ce que la télépathie ? *Annales des sciences psychiques*, 1906, p. 529 et 618.

Le mot *télesthésie* (1) vaudrait peut-être mieux, du moins pour les cas où il n'y a qu'une *sensation*; le mot télépathie serait alors réservé aux cas, d'ailleurs plus fréquents, dans lesquels il y a vraiment, chez A, une *émotion*.

«Télépathie, dit Maxwell (p. 24), si le sujet paraît influencé par un agent éloigné ; télesthésie, s'il semble activement éprouver des impressions à distance». Marcel Mangin (2) réserve le mot télépathie, «dont la moitié veut plutôt dire souffrir que sentir, aux transmissions spontanées et involontaires d'émotions ou de souffrances». Pour le même auteur, télesthésie est synonyme de lucidité.

Le même auteur appelle télépathie *retardée* l'influence qui reste inconsciente et latente «et ne se réveille que quelque temps après l'impression». Ainsi l'impression chez A peut ne se réveiller qu'après la mort de B. Quoi qu'il en soit de l'explication, le sujet A peut être influencé par un cadavre ou un objet perdu, que la sensation éprouvée permet de retrouver.

D'un sujet B mort depuis longtemps, A peut aussi recevoir des impressions révélatrices : c'est la *psychométrie* ou télépathie *rétrocognitive*.

Si au contraire la sensation éprouvée par A *précède* et annonce en quelque sorte le fait auquel elle se rapporte, cela devient une *prémonition* ou un pressentiment.

Dans tous ces cas, le sujet B (influençant) n'intervient pas dans la production de la sensation éprouvée par A (influencé). Il ignore même le fait. C'est ce qui, *avec la*

---

(1) On a dit aussi *télépsychie*.
(2) Marcel Mangin ; Lettre à M. le D<sup>r</sup> Ch. Richet sur la télépathie. *Annales des sciences psychiques*, 1905, p. 354.

*distance*, différencie la télépathie de la transmission de la pensée et de la suggestion mentale que j'étudierai plus loin (1).

Si je parle parfois dans ce chapitre de *divination* et de *prophétie*, ce sera pour citer des faits publiés sous ces titres, mais qui, à mon sens, ne méritent pas cette qualification. Car, ne voulant à aucun titre m'occuper du surnaturel (voir plus haut, p. 31), je ne peux pas parler vraiment des vrais devins et des prophètes.

La science étudie les lois des phénomènes. Les mots divination et prophétie, comme le mot miracle, ne peuvent s'appliquer qu'à des exceptions, à des faits hors la loi ; ces faits ne sont donc pas objets de science.

FLOURNOY (2) m'a reproché d'avoir mis la divination non seulement hors de la science actuelle (ce qu'il accepte), mais encore hors de la science en général et par suite hors de la science *future*. Je crois que la querelle porte surtout sur les mots.

Qui dit divination dit processus anti ou tout au moins extrascientifique. En science, on peut prévoir, pressentir, c'est-à-dire indiquer des choses futures en se basant rationnellement (consciemment ou inconsciemment) sur les choses connues (passées ou présentes) ; mais on ne devine pas, on ne prophétise pas. Celui qui pressent et prédit raisonne, au moins polygonalement. Donc, du jour où une divination devient scientifique, elle cesse d'être une divination pour devenir une présomption ou une *prévision rationnelle*. Voilà comment la divination

---

(1) Chapitre onzième, I. — C'est seulement alors que j'étudierai la télépathie dite expérimentale dans laquelle les deux sujets A et B sont actifs.

(2) FLOURNOY ; *Archives de psychologie*, 1903, p. 311.

me paraît être hors de la science, même à venir, et par suite hors de l'objet de ce livre.

Dans la télépathie au contraire, malgré l'étrangeté de certains phénomènes, il n'y a rien qui soit, *a priori*, contradictoire à une démonstration scientifique plus ou moins prochaine. Déjà, en 1891, ALFRED FOUILLÉE (1) disait : «il est possible qu'il y ait, ou plutôt il est impossible qu'il n'y ait pas des modes de communication à travers l'espace qui nous sont encore inconnus. On peut construire des télégraphes sans tous les fils télégraphiques ordinaires.

La télépathie est donc possible ; elle n'est pas antiscientifique ; si elle existe, il n'est pas nécessaire d'invoquer des esprits réincarnés ou du surnaturel pour l'expliquer. *Il s'agit de savoir si elle existe.*

77. EXPOSÉ DES FAITS.

a. *Télépathie et télesthésie.*

Les faits publiés de télépathie sont extrêmement nombreux. On en trouvera dans tous les journaux spéciaux, dans le livre de DUPOUY (2) et surtout dans celui de GURNEY, MYERS et PODMORE (3).

Dans la Préface qu'il a écrite pour ce dernier livre, CHARLES RICHET dit : «je n'ai pas abordé cette lecture sans

---

(1) ALFRED FOUILLÉE ; Le physique et le mental à propos de l'hypnotisme. *Revue des Deux Mondes*, 15 mai 1891 ; la Psychologie des Idées-forces, 1893, t. II, p. 394, et Télépathie et télégraphie sans fil. *Bulletin de l'Institut général psychologique*, 1904, t. IV, p. 509.

(2) DUPOUY ; *loco cit.*, p. 140

(3) GURNEY, MYERS et PODMORE ; *Les hallucinations télépathiques*. Trad. et abrégé par MARILLIER. Préface de CHARLES RICHET. 3ᵉ édit., 1899. «M. E. GURNEY, dit le traducteur, a seul rédigé le corps de l'ouvrage ; l'introduction seule est due à M. F. MYERS».

une incrédulité railleuse ; mais peu à peu, comme je n'avais aucun fétichisme pour la science dite officielle, j'ai fini par acquérir la conviction que la plupart de ces récits étaient sincères... Le long et patient travail de MM. Gurney, Myers et Podmore a consisté précisément dans la collection de témoignages, la vérification des faits allégués, la constatation des dates, des heures et des lieux, par des documents officiels». Les auteurs précisent bien le but de leur ouvrage : l'étude de «toutes les classes de phénomènes qui peuvent nous offrir quelque raison de supposer que l'esprit d'un homme ait agi sur l'esprit d'un autre, sans que l'on ait prononcé une parole ou écrit un mot ou fait un signe».

Voici un remarquable exemple de télépathie raconté par Paul Bourget (1): «en 188*, je me trouvais en Italie. J'eus un rêve absolument intolérable de réalité, où je vis un de mes confrères de la presse, Léon Chapron, sur son lit de mort. Je me trouvais assister ensuite dans mon rêve à toutes les circonstances qui suivirent cette mort, notamment à la discussion de son remplacement comme chroniqueur dramatique dans un bureau de journal. La force de ce rêve fut telle que je ne pus m'empêcher, revenu à Paris, d'en parler à Maupassant qui me dit : mais vous saviez qu'il était malade. Or, c'était la première nouvelle que je recevais de cette maladie. Chapron est mort huit jours après cette conversation». Au cours de son voyage, Paul Bourget avait simplement reçu un billet de Chapron, sans indication ni indice de maladie.

Ces faits se sont tellement multipliés que l'on a pu écrire récemment (2) : «la faculté de vue à distance, de

---

(1) Paul Bourget; *Annales des sciences psychiques*, 1895, p. 74.
(2) Xavier Pelletier; Télégraphie humaine. *Echo du merveilleux*, 1906, p. 274.

pressentiment, ne peut plus être niée aujourd'hui, tant sont nombreux les exemples qu'on en rencontre».

Dans ces expériences, l'énormité de la distance à franchir n'est pas un obstacle.

Pour prendre un exemple typique de télépathie, MYERS dit : «A, étant dans l'Inde, voit, le 12 janvier, à huit heures du soir, l'ombre, le fantôme de son frère B, qui est en Angleterre et qu'il a tout lieu de savoir bien portant et ne courant aucun danger. Or, B est précisément mort d'accident le 12 janvier, quelques heures auparavant ; ce qu'A ne peut savoir».

Le *Light of Truth* a publié l'histoire, contée par le professeur JAMES HYSLOP, de l'Université de Columbia, d'un message transmis (par l'intermédiaire du médium Mme ELEONORA PIPER) de l'Amérique du Nord en Angleterre. Ce «message fut transmis en anglais et était composé de quatre mots, mais le médium qui le reçut en Angleterre l'écrivit en latin .. Le professeur HYSLOP est bien persuadé que la communication a eu lieu par l'intermédiaire d'un esprit... Autant qu'il nous est permis de le croire, les conditions d'espace ne sont pas à considérer dans le monde des esprits; un millier de milles n'est pas pour eux plus qu'un pouce» (1).

### b. *Prémonitions et pressentiments (divinations et prophéties).*

On publie aussi beaucoup de cas de télépathie prémonitoire, divinatrice ou prophétique, dans lesquels l'événement est senti avant qu'il se produise.

---

(1) Transmission supranormale d'un message d'Amérique en Europe. *Annales des sciences psychiques*, 1904, p. 386.

Les *Annales des sciences psychiques* se sont souvent occupées de M^lle Couesdon (1). «Après un bout de conversation, elle vous dit: je sens que mes yeux vont se fermer; l'ange va vous parler. Et en effet ses yeux se ferment, sa voix, sans changer de timbre, devient plus grave et la personnalité psychique qui a pour nom *ange Gabriel* vous parle en un langage où les mots terminés par la consonance *é* reviennent souvent, de manière à constituer des fausses rimes... Les révélations sont d'ordre général : les faits ne sont ordinairement pas pris isolément et précisés, de sorte que ce langage vague peut porter ou à trop de scepticisme ou à trop de crédulité, suivant la disposition d'esprit de chacun. Il est certain qu'en restant dans les termes vagues, on peut dire des choses où chacun trouvera quelques indications qui le concernent... Si la première visite que nous avons faite à M^lle Couesdon pouvait rendre vraisemblable l'hypothèse de lucidité, notre seconde visite a été moins favorable à cette hypothèse».

Le Menant des Chesnais a très finement analysé la genèse de la médiumnité de M^lle Couesdon.

M^me Orsat (vers 1884 ou 1885) avait une nièce, Eglantine, tuberculeuse, qui avait vu un ange s'asseoir sur le bord de son lit et lui dire qu'il l'attendait dans l'éternité. Avant de mourir, Eglantine promit à sa tante de veiller sur elle. Après la mort de sa nièce, on entraîne M^me Orsat dans des réunions spirites ; elle s'y révéla parfait

---

(1) Xavier Dariex ; Le cas de M^lle Couesdon. A propos de M^lle Couesdon. — Le Menant des Chesnais; Le cas de M^lle Couesdon. *Annales des sciences psychiques*, 1896, p. 124, 191, 280 et 300. — Voir aussi: l'*Echo du merveilleux*, passim et spécialement: R. L. B.; Les prédictions de M^lle Couesdon (1904, p. 454), et Timothée ; Prophétie de M^lle Couesdon sur la séparation de l'Eglise et de l'Etat (1906, p. 129).

médium et bientôt se sentit inspirée et visitée par son ange gardien (ou par l'esprit d'Eglantine), plus tard (ce fut précisé) par l'ange Gabriel. M$^{me}$ Orsat fit alors pendant onze ans profiter sa clientèle des inspirations de l'ange Gabriel. M. Couesdon est parmi les consultants. Autour de M$^{me}$ Orsat gravite une série de familiers qui ont aussi des apparitions, tandis que d'autres s'occupent de tables tournantes et de spiritisme. C'est dans ce milieu que M$^{lle}$ Couesdon est amenée par ses parents, s'entraîne et s'autosuggestionne pendant trois ans. M$^{me}$ Couesdon fait prier la femme de ménage pour que sa fille devienne comme M$^{me}$ Orsat. En août 1894, M$^{lle}$ Couesdon a, chez M$^{me}$ Orsat, une crise de somnambulisme après laquelle elle espère qu'Eglantine s'incarnera en elle. Bientôt M$^{me}$ Orsat a quelques insuccès dans ses prédictions et part pour la Suisse (août 1895). Deux jours après, M$^{lle}$ Couesdon avait chez son père sa première grande incarnation de l'ange Gabriel et attire rapidement autour d'elle, en l'accroissant, la clientèle de M$^{me}$ Orsat, dont elle reproduit à peu près les séances, au milieu de l'enthousiasme et des encouragements de son père et de sa mère...

Dans le même numéro (1$^{er}$ avril 1906) de l'*Echo du merveilleux*, il y a une prophétie de M$^{lle}$ Couesdon (du 5 novembre 1896) sur la séparation de l'Eglise et de l'Etat et une prophétie de Nostradamus (de 1566) sur la catastrophe de Courrières.

Dans le numéro du 1$^{er}$ mars du même journal, M$^{me}$ Maurecy raconte une visite qu'elle a faite à deux voyantes «qui toutes deux ont la vision de la guerre probable. L'une dit que nous serons vainqueurs, l'autre affirme exactement le contraire. Ce qu'il y a de curieux, ajoute le baron de Novaye (le 15 mars), c'est que pour celui qui a étudié les prophéties, cette contradiction inconciliable en apparence est parfaitement explicable».

JULES CLARETIE vient de rappeler (*Temps*, 24 août 1906) que «le célèbre COMTE DE BOULAINVILLIERS et un Italien nommé COLONNA qui avait beaucoup de réputation à Paris» avaient prédit à VOLTAIRE qu'il mourrait «infailliblement à l'âge de trente-deux ans».

Dans un article déjà cité, XAVIER PELLETIER rappelle «l'étonnante clairvoyance qui fit pressentir à une dame habitant Londres que le roi Alexandre et la reine Draga de Serbie étaient en péril de mort, quelques mois avant la catastrophe» (1).

PAUL BOURGET a raconté dans *Outre-Mer* (2) «deux séances chez MRS P*** (PIPER), de Boston»: «les volets fermés, toute lumière éteinte sauf une bougie sous la table, elle défait ses cheveux, met son buste à l'aise dans une camisole, puis elle prend les mains d'un de nous. Quelques minutes de silence et d'attente, — elle commence à gémir, gémir, à tordre ses doigts, qui échappent à l'étreinte et s'égarent dans ses cheveux. Des soupirs, de grands, de profonds soupirs qui semblent partir du plus intime de son être, une flexion de plus en plus marquée de sa tête qui tombe, des contorsions de tout son torse, comme si elle se débattait contre un envahissement, — puis, une rémission... Elle dort. Les mains ouvertes s'étendent pour palper le visage, les épaules,

---

(1) CHARLES RICHET raconte (Notes sur un cas particulier de lucidité. *Annales des sciences psychiques*, 1905, p. 161) que le 10 juin 1903, entre 10 h. 45 et 11 heures soir, on obtient un message ainsi conçu: Banca, la mort guette famille. Le lendemain, on apprit l'attentat contre le roi Alexandre et sa femme Draga et plus tard on sut que le père de Draga, mort depuis quelque temps, s'appelait Panta ou Panza... — N'y avait-il pas de fortes chances pour que, cette même nuit à la même heure, la mort guettât une famille dont le nom s'approcherait de Banca, au moins autant que Panta?

(2) PAUL BOURGET; *Outre-Mer*, t. II, p. 176. (Citat. *Annales des sciences psychiques*, 1895, p. 65).

les bras de la personne en face d'elle et elle commence de parler d'une voix changée, avec un accent irlandais. Son moi véritable a disparu pour céder la place à un autre. Elle a cessé d'être la Mrs P. établie près de Boston, dans la campagne. Elle est devenue un certain docteur français, mort à Lyon» (D<sup>r</sup> Phinuit). — «Un étrange homme que ce docteur, me disait quelqu'un qui a suivi plusieurs séances de cette Pythonisse yankee, vous le connaissez, il vous connaît. Il est serviable au dernier degré, complaisant, toujours à votre disposition. C'est un parasite qui semble vouloir s'excuser de vivre aux dépens d'un autre et un peu mystificateur avec cela... Je n'ai jamais pu savoir, continue Bourget, si l'ami qui me parlait de la sorte était lui-même sérieux ou s'il plaisantait. J'imagine que l'Américain qui s'intéresse à ces phénomènes de double vue ne le sait pas lui-même... Quand elle se réveilla de son sommeil, elle nous saisit, mon compagnon et moi, chacun par le bras, d'un geste tragique. Visiblement, elle resta quelques secondes sans nous reconnaître. Puis une espèce de pâle sourire revint sur sa face lassée. La voyante céda la place à la bourgeoise de New-England qui nous offrit du thé, avec sa voix redevenue douce, et elle semblait avoir complètement oublié, elle avait complètement oublié le fantastique docteur à l'accent irlandais, retiré dans quelle contrée loin de la nôtre!» (1).

MAXWELL (*loco cit.*, p. 181) a cité plusieurs faits de prémonition avec la boule : je reviendrai sur certains.

Tous les ans, M<sup>me</sup> DE THÈBES publie, en décembre, un

---

(1) On trouvera les prophéties de Mrs Piper dans les publications de R. HODGSON (*Procedings of the Society psychical Researches*, t. VIII et XIII). Voir aussi le travail cité d'ERNEST BOZZANO ; *Annales des sciences psychiques*, 1906, p. 537.

*Almanach* qui contient des prophéties pour l'année suivante (1).

Les personnes capables de réussir ces expériences et de prédire l'avenir sont d'ailleurs si nombreuses que les journaux ont annoncé un *Congrès de prophètes* (mai 1906) à Londres dans Exeter Hall, et vers la même époque un *trust de sorcières* dans la province de Bari, à Molfetta.

Le Congrès des prophètes a décidé, à la majorité, que « le monde finira le 3 mai 1929. La minorité, un peu moins pessimiste, tenait pour le 9 avril 1931... Dans sept ou huit ans au plus, l'Europe sera partagée en dix royaumes alliés... Mais ces dix royaumes auront le tort de saluer la venue d'un autre Christ, qui portera le nom prédestiné de Napoléon. Il fera son entrée dans le monde en la qualité de Roi de Syrie. La France aura l'honneur de sa première visite. Il la conquerra et étendra sa puissance sur les dix autres royaumes. Bientôt, ce Napoléon voudra se faire adorer comme Dieu, d'où la fondation d'une nouvelle religion... » (2).

Quant au trust des sorcières, — je crois que le mot est de Claretie dans le *Temps*, — il a fini devant les tribunaux qui ont relevé 134 filouteries et ont fait un musée de la sorcellerie avec les objets trouvés : « cartes à jouer, citrons couronnés d'épingles, rubans noirs, barriques de goudron, de poudre, bouteilles d'alcool, herbes de tout genre, cheveux, ongles d'hommes et d'animaux, ainsi qu'une quantité d'autres outils mystérieux » (3).

---

(1) Voir notamment l'*Echo du merveilleux*, 1904 p. 447.
(2) *Echo du merveilleux*, 1906, p. 199.
(3) *Annales des sciences psychiques*, 1906, p 259.

c. *Influence télépathique des morts et des objets. Télépathie rétrocognitive (psychométrie)*.

Dans tous les faits de télépathie proprement dite dont j'ai parlé (p. 295), le médium est impressionné par un sujet *vivant*. Cette dernière condition ne paraît pas indispensable et on a utilisé certains médiums pour découvrir des *cadavres*.

Il y a peu de temps, un médium paraît avoir contribué à la découverte du corps du Dr PÉTERSEN au fond d'un précipice de Savoie (1). Parti en excursion, d'Aix-les-Bains, le 5 octobre 1904, le docteur ne reparut pas. Vers le 20 octobre, on organise des recherches au Mont du Chat, au Revard, dans le lac du Bourget. Le 26 octobre, une lettre anonyme est remise au commissariat et signale «le docteur mort dans un précipice perpendiculaire, sous une voûte, au Revard, près d'une maison qui sert à mettre les troupeaux de moutons à l'abri lorsqu'ils sont surpris par la pluie». Cette lettre était due « à Mme VUAGNIAUX, spirite convaincue... qui avait ainsi rapporté au juge de paix le contenu d'une communication médianique obtenue, le jour même,... par les coups de la table, sans que ces dames n'aient posé aucune question». Il y avait trois messages développés. — Les premières recherches faites par la gendarmerie sur ces indications restèrent sans résultats. En mai, le corps fut trouvé par hasard par un cultivateur de Mouxy dans un endroit qui répondait d'une manière «à peu près complète» aux indications du message d'ailleurs conçu en termes «assez vagues». La théorie qui paraît la plus

---

(1) Le cas de disparition du docteur Pétersen. *Bulletin de la Société d'études psychiques de Marseille* (*Annales des sciences psychiques*, 1906, p. 310).

vraisemblable à ANASTAY est celle de la télépathie exercée avant la mort, persistant, restée latente et se révélant ensuite plus tard.

Au moment où j'écrivais mon article pour la *Revue des Deux Mondes* (août 1906), on ne parlait partout que du sabbat réuni pour découvrir le curé de Châtenay et dans lequel collaboraient, avec des moyens différents et le même insuccès, un juge d'instruction et les gendarmes, le spirite hindou DEVAH et ses nécromanciennes, le mage RAMANA, PICKMANN et l'hyène Carlos. Pendant les opérations de ces prophètes qu'EMILE FAGUET appelle des «devins d'instruction», le curé préparait en Belgique la publication de ses *Mémoires* et le *Cri de Paris* écrivait (26 août 1906) :

> Devah, Pickmann et Ramana
> Sont tous trois des devins notoires :
> Chacun à son tour retourna
> Le sol et découvrit... des poires (1).

On a appliqué aussi le même procédé médianimique pour retrouver les *objets* perdus : c'est là l'origine des plus gros revenus chez les professionnels de la divination.

On a vu plus fort encore. Le médium peut être impressionné par un sujet mort depuis un certain temps, même depuis un très grand nombre d'années : c'est la *psychométrie*. Le médium psychomètre pourra ainsi reconstituer une personne disparue depuis longtemps et

---

(1) Avec raison, GASTON MÉRY ne veut pas qu'«on crie à la faillite du merveilleux» parce que «DEVAH, RAMANA, ALVIS sont, avant tout, des maladroits et des ignorants» ; et il ajoute: «bien loin de protester, nous aurions donc applaudi si, pour dissiper le mystère qui plane sur la disparition de l'abbé DELARUE, on avait procédé à quelques expériences sérieuses, avec des médiums ayant fait leurs preuves».

la vie de cette personne, pourvu qu'on lui fasse toucher et palper un objet ayant été porté par cette personne quand elle vivait. Ceci est un chapitre entier de la médiumnité ; la personne n'a pas besoin d'être morte pour provoquer ces phénomènes de «voyance psychométrique». «Les occultistes prétendent que des impressions et des images peuvent s'enregistrer dans les objets qui en ont été les témoins ; de sorte qu'avec un bijou, par exemple, le sensitif retrace les scènes passées dans lesquelles le possesseur du bijou a joué un certain rôle» (1).

« Ayant entre les mains une petite pendule de voyage, dit Paul Bourget (2), Mrs P. a su me dire à qui elle avait appartenu, ce que faisait autrefois le possesseur de cet objet et son genre de mort (un suicide par immersion dans un accès de folie)...». Dans le travail déjà cité d'Ernest Bozzano (*Annales des sciences psychiques*, 1906, p. 543), on trouvera six expériences de psychométrie du même médium Mrs Piper, rapportées par Hodgson.

Le *Bulletin de la Société d'études psychiques de Nancy* (nov.-déc. 1904) publie de curieuses expériences du médium psychomètre «français connu sous le pseudonyme de Phaneg». M<sup>me</sup> Y remet un mouchoir de son mari ; Phaneg diagnostique qu'il est malade (ce qui était vrai), voit la situation s'aggraver et spécialement par l'intestin. « Neuf jours après, mon mari a une nouvelle congestion cérébrale, la paralysie se porte sur l'intestin » (3).

Dans l'*Echo du merveilleux* du 15 janvier 1906, M<sup>me</sup> Louis Maurecy rend compte d'expériences analogues

---

(1) Louis Maurecy ; Expériences de psychométrie. *Echo du merveilleux*, 1906, p. 33.

(2) Paul Bourget ; Lettre à M. Ch. R. *Annales des sciences psychiques*, 1895, p. 72.

(3) *Annales des sciences psychiques*, 1905, p. 49.

faites chez M. Dace, « le jeune occultiste bien connu », successivement par quatre médiums psychomètres. L'objet était un revolver « soigneusement enveloppé de papiers qui en dissimulaient la forme » ; il avait appartenu à un jeune homme qui s'était tué, à une seconde tentative, aux environs de Paris.

Le premier médium voit une femme endormie, qui a la fièvre, part en voyage dans un pays inconnu, avec grande appréhension, se lève, voit son mal s'aggraver, va mourir...

Le second voit un homme qui, dans une rue encombrée de voitures, monte dans un tramway ; hors des fortifications, on entend trois détonations, il est blessé, rejoint une femme, puis une jeune fille qui est emmenée par un officier ; il tire à la tempe gauche (elle rectifie ensuite : la tempe droite) ; il est mort.

Le troisième voit du brouillard, sent de l'électricité qui le picote, un homme « s'est servi de ce revolver lors d'une attaque nocturne. Il se sauve à toutes jambes ; il a laissé quelqu'un sur le carreau... Il fait des études de mœurs de toutes sortes ; il visite Paris et prend beaucoup de notes... ».

Le quatrième a l'impression d'un feu pénétrant à l'intérieur, voit une boutique avec un homme en blouse blanche qui commande des employés qui sifflent, des pièces de fer, un gros monsieur ceint d'une écharpe, du sang qui sort d'une tête comme d'un trou ; « le même homme que tout à l'heure les bras en croix, par terre, comme assommé... ».

« M. Dace...savait en gros de quoi il s'agissait ». M<sup>me</sup> Louis Maurecy conclut : « tous les à-côtés ne détruisent pas le fait en lui-même : la probabilité que dans certaines conditions on peut évoquer, faire parler le souvenir des choses. Et les murs et les pierres du chemin et les vieux arbres et les vieux bibelots s'animent ainsi d'une vie fantastique, témoins de tant de choses qu'ils pourront peut être nous conter un jour ».

En juillet 1906, on a appris, non sans quelque étonnement, par tous les grands journaux quotidiens (l'*Eclair* de Paris, le *Matin*) que M. GAYET, « l'infatigable, ingénieux et érudit » directeur des fouilles d'Antinoé, en ayant rapporté la momie dorée d'une favorite d'Antinoüs, avait confié à un psychomètre une bague trouvée dans le même tombeau afin d'être mieux fixé sur la vie de cette Bacchante, prêtresse du culte dionysiaque et grande favorite royale.

« Le psychomètre regarda d'abord l'anneau fixement, puis, fermant les yeux, se l'appliqua sur le front. Au bout de quelques instants, son visage s'altéra, plissé par des contractions nerveuses. Parfois même ses traits se décomposaient, quand le spectacle était trop effrayant, trop tragique ». Il décrit alors un cortège somptueux de bacchantes, leurs danses, les objets qu'elles portent (et que M. GAYET avait retrouvés dans le sarcophage)... M. GAYET déclare « que la vision de cet homme est, de tout point, conforme aux documents des manuscrits antiques; qu'elle retrace avec minutie et la plus parfaite exactitude l'histoire que me raconte la morte et les objets et les bijoux que j'ai retrouvés dans son cercueil » (1). Le psychomètre, M. P., décrivit non seulement la procession des Dionysiaques, mais encore « l'orgie et la vie intime de la favorite piquant, pour se distraire, des colombes au cœur avec la longue aiguille d'or de sa chevelure... Et, ajoute M. GAYET, il m'a dit son nom, un nom charmant : Arteminisia »...(2).

---

(1) GASTON MÉRY ; La psychométrie. A propos de la bacchante d'Antinoé. *Echo du merveilleux*, 1906, p. 261.
(2) La momie dorée. Favorite d'Antinoüs. *Le Matin*, 4 juillet 1906.

Dans le numéro du 15 octobre 1906, on trouvera encore des expériences curieuses de psychométrie publiées par Carl Schurz de New-York dans *M° Clure's Magazine*. Avec une mèche de cheveux appartenant à l'auteur, la clairvoyante décrivit son caractère, ses inclinations et ses facultés mentales avec une exactitude qui le surprit et lui révéla même certains traits, restés obscurs pour lui-même, de son caractère. — Et avec un fragment de lettre écrite par un général, elle dénonça une fugue que le dit général faisait à ce moment, à l'insu de tout le monde, à Bruxelles, « pour y rencontrer une personne qui lui était très chère... » (1).

## 78. Discussion des faits.

**a.** *Les faits de télépathie ne sont pas des hallucinations, mais leur existence scientifique n'est pas démontrée.*

Par tout le paragraphe précédent on voit combien la question de la télépathie, sous ses diverses formes, reste à l'ordre du jour et combien les faits s'accumulent.

Il serait puéril de repousser *a priori* toutes ces expériences et de les mettre, en bloc, sur le compte de l'erreur ou de la mauvaise foi. Je crois même qu'il ne faut pas les classer dans les *hallucinations* et que le mot employé par Marillier dans le titre français du livre de Gurney, Myers et Podmore n'est pas exact.

Comme le dit Armand Bussy (2), « tandis que l'halluci-

---

(1) Voir aussi : La psychométrie. *Echo du merveilleux*, 1906, p. 360.

(2) Armand Bussy ; La question spirite et les médecins. *Medicina*, avril-mai, 1906, p. 21.

nation consiste en une perception sensorielle sans objet extérieur qui la fasse naître, l'apparition télépathique au contraire répond à un fait matériel précis et simultané, mais se produisant dans des conditions telles qu'il ne pourrait impressionner directement les organes des sens».

En ajoutant le mot «véridiques» au mot «hallucinations», CHARLES RICHET accole simplement deux termes contradictoires. Car une hallucination véridique n'est plus une hallucination ; c'est une sensation ou une impression vraie.

Donc, *si les faits télépathiques existent*, ce n'est pas dans le chapitre des hallucinations qu'il faut les classer. Reste à savoir s'ils existent, si leur existence positive a été scientifiquement établie. Pour ma part, je ne le crois pas et je ne suis pas le seul à ne pas le croire.

CHARLES RICHET, dont on connaît la largeur de vues et le libéralisme scientifique, dit dans sa Préface du livre de GURNEY, MYERS et PODMORE (p. VIII et IX), en parlant des faits (si consciencieusement réunis par ces auteurs) : «la conviction que donnent de pareils récits est fragile... Hélas ! les démonstrations expérimentales sont assez faibles pour qu'il soit bien permis d'être incrédule. Certes, par-ci par-là on a rencontré de très beaux résultats, que pour ma part je regarde comme très probants, sans prétendre qu'ils sont définitifs. Les alchimistes parlaient avec envie de la dernière expérience, *experimentum crucis*, qu'ils méditaient comme couronnement de leurs efforts. Eh bien, cet *experimentum crucis*, personne n'a pu encore le produire. Il y a eu de remarquables expériences, des tentatives qui ont *presque* réussi, mais qui, malgré leur succès, ont toujours laissé une certaine place au scepticisme et à l'incrédulité, comme un *caput mortuum*, suivant l'expression des alchimistes, qui permet le doute et empêche l'entraînement absolu de la conviction».

J'espère que cette pensée deviendra encore plus claire et plus démontrée après les rapides développements qui suivent.

*b.* D'abord, *aucun fait ne prouve la divination ou la prophétie.*

J'ai dit plus haut qu'en science, c'est-à-dire en dehors du surnaturel, il n'y a ni divination ni prophétie possibles. Il ne peut y avoir que des pressentiments basés sur des raisonnements *inconscients* plus ou moins compliqués. Aucun des faits publiés sous le nom de divination ou de prophétie ne me paraît de nature à infirmer ce jugement.

Comme le dit très bien DARIEX pour Mlle COUESDON, la plupart des prophéties sont rédigées dans un style vague qui permet de les considérer comme réalisées par les événements les plus opposés et les plus contradictoires. S'il s'agit d'une guerre ou d'une catastrophe, on ne dit ni le pays où cela se passera, ni quel sera le vainqueur, ni la date précise où cela se produira. Or, dans un temps indéterminé, il y a toujours une guerre quelque part ou un événement quelconque auquel on peut appliquer le mot de catastrophe.

Au fond, les devins ne disent que ce que leur psychisme, plus ou moins entraîné, leur psychisme polygonal, plus ou moins désagrégé, leur permet de dire et leur inspire. La genèse de la vocation prophétique de Mlle COUESDON, que j'ai rapportée (p. 298) d'après LE MENANT DES CHESNAIS, est très instructive à cet égard et l'assimile bien à HÉLÈNE SMITH.

C'est avec des prodiges d'ingéniosité qu'on trouve la vérification de certaines prophéties. Voici par exemple le quatrain de Nostradamus dans lequel on a voulu voir la prédiction de la catastrophe de Courrières :

> Pères et mères morts de deuls infinis.
> Femmes à deul, la pestilence monstre.
> Le Grand n'être plus, tout le monde finir.
> Soubz paix, repos et trestous allencontre.

Voici comment on interprète : *deul* est un calembour et indique qu'il y aura un grand *deuil* sur les bords de la *Deule* (qui passe à un kilomètre de Courrières) ; la *pestilence monstre* viendra des cadavres ; *le Grand* qui n'est plus, c'est Loubet qui achève son septennat, et *tout le monde finir*, c'est la Chambre qui achève son mandat.... Si les circonstances l'avaient exigé, n'aurait-on pas, plus facilement encore, pu adapter le quatrain à la guerre russojaponaise, à la guerre de 70, à la catastrophe de la Martinique, à la perte du «Lutin» ou à l'explosion du «Iéna»?

Nous avons vu (p. 299) le baron de Nolaye expliquer et concilier les deux prophéties qui prédisaient un résultat opposé à la guerre et le succès de la prédiction faite à Voltaire (p. 300).

Dans l'*Almanach* de M<sup>me</sup> de Thèbes pour 1905, on lit par exemple : «durant la première saison de 1905, les souverains feront parler d'eux plus que de coutume et... puissent les souveraines ne pas les imiter... Je crains qu'au début de 1905 nous ne nous trouvions acculés à quelque redoutable entreprise de guerre. Je crois que 1905 sera une année rouge suivant une année grise... L'Angleterre aura sa part d'angoisses... L'Allemagne aussi sera dans la tristesse... 1905 nous fournira cette compensation d'une nouvelle victoire dans le domaine de la pensée....». Il est peu d'années dans lesquelles on ne puisse, avec un peu de bonne volonté, trouver la vérification de prophéties aussi vagues. Plus loin, elle précise et annonce que dans la seconde saison de 1905, il y aura des «troubles intenses» en Belgique, que l'avenir y «est plus sombre» et que ce petit pays «mettra le feu à l'Europe bien plus tôt que ces fameux Balkans». Voilà une prédiction précise et qui ne s'est réalisée ni dans le dernier semestre de 1905, ni dans les deux semestres de 1906.

Je n'insiste pas sur la date de la fin du monde fixée par le Congrès des prophètes.....

Je crois pouvoir dire que le don de divination ou de prophétie n'a encore été *scientifiquement* établi chez personne (je laisse toujours de côté le surnaturel), et ceci est vrai de tous les états de transe, d'hypnose, etc. Ni l'hypnotisme, ni le somnambulisme, ni la médiumnité ne développent ou ne font naître cette faculté chez personne.

> c. *Beaucoup de faits télépathiques sont désoccultés par nos connaissances actuelles sur le psychisme inférieur.*

Le terrain de la télépathie, déjà débarrassé des faits de divination et de prophétie, sera encore plus déblayé si j'élimine tous les faits que la physiologie, aujourd'hui connue, du psychisme involontaire et inconscient ou inférieur, permet d'expliquer et par suite de désocculter.

Ainsi, si, comme je le crois, il existe des *sourciers*, c'est-à-dire des personnes qui ont une aptitude spéciale pour découvrir des sources, ceci n'a rien de merveilleux ni d'occulte, même quand sans le vouloir et sans le savoir, ils font tourner leur baguette de coudrier. De même pour des recherches différentes, certains sujets ont un *flair* que d'autres n'ont pas et trouvent mieux que d'autres. Trouverait-on des sujets qui *sentiraient* et découvriraient les cadavres, cela ne prouverait pas de la télépathie.

De plus, dans notre mémoire inconsciente ou inférieure, se déposent bien des notions, dont nous ignorons l'origine et qui peuvent, à un moment donné, nous donner l'illusion d'une découverte ou d'une révélation.

Une explication de ce genre ne peut-elle pas être invoquée pour le cas (raconté par MAXWELL) de cette dame qui voit dans le cristal la figure d'un petit chien, à elle absolument inconnu, et qui, quelques jours après, à son grand étonnement, reçoit en cadeau un petit chien pareil (?) à celui qu'elle avait vu dans le cristal.

Tous les faits que j'ai cités plus haut (p. 135) (et ils sont nombreux)(1), qui ne sont au fond que du «déjà vu» inconscient ou plutôt des *réminiscences polygonales* (2), disparaissent du domaine de la télépathie et de la prémonition.

> **d.** *Les autres faits s'expliquent par des coïncidences.*

Le départ précédent fait, il reste encore un grand nombre d'autres observations de télépathie ou de prémonition lointaine. Pour ceux-ci, je demande la permission de rééditer l'objection, très ressassée mais très vraie, de la *coïncidence*.

J'ai souvent entendu raconter autour de moi l'histoire très curieuse (que j'ai citée en tête de ce paragraphe) de la femme de soldat qui a eu, à Montpellier, la sensation télépathique de la mort de son mari à la frontière de l'Est. Mais personne n'a relevé les heures d'angoisse antérieures, pendant lesquelles elle avait cent fois pensé

---

(1) Voir : le *Psychisme inférieur*, p. 193 et suiv.
(2) Voir, plus haut, p. 133.

à la mort violente de son mari. On n'a retenu que le cas où il y a coïncidence avec la réalité (1).

Dans bien des faits publiés on peut invoquer ainsi la coïncidence fortuite.

«Pour quelques cas, dit Bourdeau (2), où des pressentiments, des hallucinations coïncident avec des maladies et des morts, combien s'en trouvent-ils où la concordance ne se réalise pas! Si vous faites tirer un régiment à la cible, dans la nuit, quelques balles sans doute atteindront le but, sans qu'on en puisse conclure que les tireurs sont doués de seconde vue».

Un psychologue, cité par Gurney, Myers et Podmore, a dit que les faits attribués à la télépathie peuvent être expliqués «par cette considération qu'il est probable que une personne au moins sur cent est sujette à avoir des rêves, des illusions, des visions, etc., d'une remarquable intensité et que chacune de ces personnes a un rêve ou une vision une fois par semaine. Il est évident, reconnaissent Gurney, Myers et Podmore, que pour les groupes dont les membres voient leurs amis apparaître une fois la semaine, la coïncidence d'une de ces hallucinations avec la mort de la personne qui est apparue n'aurait aucun intérêt. Mais nous n'avons jamais constaté de fait de ce genre». C'est vrai ; on ne constate pas cela, parce qu'un rêve *ne prend de l'importance que quand il*

---

(1) Dans une conversation sur les accidents d'automobile, M. Juttet dit : «moi j'ai peur des automobiles. J'ai le pressentiment que je resterai dans un accident d'automobiles». Et, en effet, il est mort d'un accident d'automobile (*Echo du merveilleux*, 1905, p. 377). Pour que ce fait ait quelque valeur, il faudrait le mettre en regard du nombre immense des personnes qui ont eu des pressentiments de ce genre pour l'automobile, la voiture ou le chemin de fer et à qui il n'est jamais rien arrivé.

(2) Bourdeau ; *Journal des Débats*, 28 août 1906.

*se réalise*. Et, à cause de cela, on ne peut pas, avec GURNEY, MYERS, PODMORE, qualifier de «superficielle» toute argumentation qui considérera «en bloc, les rêves, les hallucinations, les impressions, les avertissements et les pressentiments». La différenciation des termes de ce bloc ne se fait qu'après coup, par le résultat.

On a beaucoup étudié (1), dans ces derniers temps, le problème suivant : «pourquoi, après avoir cru à tort reconnaître un passant, rencontre-t-on souvent, peu d'instants après, la personne que l'on croyait avoir aperçue»? C'est le fait courant qu'expriment des proverbes en toutes langues : «quand on croit voir le loup, c'est qu'il n'est pas loin» ou «quand on parle du loup, on en voit la queue ; *talk of the devil and he will appear; quando si parla del sole, il sole spunta; roba nominata è per la strada*, etc.».

Bien des auteurs interprètent ces faits par une influence télépathique, prémonitoire, de la personne que l'on va rencontrer. Mais voici les conclusions très sages de ROCH qui ramène ces cas à un acte de psychisme inférieur ou à une coïncidence, les deux explications qui me paraissent détruire une bien grande partie du domaine télépathique.

«En résumé, on pense souvent à quelqu'un là où on a coutume de le rencontrer, là où il pourrait être en raison de ses goûts, de ses habitudes, etc. ; rien d'étonnant alors à ce qu'on croie le voir puisqu'on en a l'esprit occupé, rien d'étonnant non plus à ce qu'on l'y voie aussi en réalité. Sur dix cas, cette explication m'a paru suffi-

---

(1) Voir : D$^r$ G.-C. FERRARI ; Prévision ou prémonition à rappel. *Annales des sciences psychiques*, 1905, p. 585. — D$^r$ ROCH ; Note sur les prévisions de rencontre. *Archives de psychologie*, 1905, t. V, p. 149.

sante six fois. — En outre, il arrive qu'on entrevoie subconsciemment dans le lointain une personne connue et qu'alors on croie la reconnaître à côté de soi. Il n'y a rien de surprenant, peu après une pareille erreur, de croiser la connaissance. Trois fois sur dix, j'ai pu invoquer avec beaucoup de vraisemblance un tel fait de vision subconsciente. — Enfin, une *simple coïncidence* peut fort bien rendre compte des faits qui ne peuvent rentrer dans aucune des deux catégories ci-dessus. Car il est beaucoup plus fréquent qu'on ne le croit que de vagues ressemblances évoquent l'image d'une personne connue. D'ailleurs, une fois seulement sur mes dix cas, je considère qu'il y a eu coïncidence pure et simple. — Il ne me paraît donc pas nécessaire d'invoquer la télépathie, l'induction à distance, etc. » (1).

D'ailleurs la concordance n'est pas toujours parfaite entre la sensation dite télépathique et l'événement qui en serait le point de départ. Il y a des sensations de ce genre qui ne sont pas véridiques, qui sont fausses, qui ne se réalisent pas. D'autres, en grand nombre, sont vagues (2), prêtent à des interprétations diverses et alors sont *a posteriori* adaptées aux faits, grâce à des raisonnements compliqués et discutables.

Quand je suis parti pour Paris pour aller concourir pour l'agrégation, j'avais le pressentiment très net et très arrêté que j'y aurais une fièvre typhoïde. Quel bel exemple de télépathie si cela s'était réalisé et il y avait d'autant plus de chances pour la réalisation que je n'ai

---

(1) Ne voulant par tronquer la citation, j'en reproduis ici la dernière phrase : «je me garderai cependant bien de nier que des actions de ce genre puissent donner lieu au phénomène qui m'occupe, mais je n'ai pas non plus de raisons pour l'admettre».
(2) Voir ce que j'ai dit, plus haut (p. 298), de M<sup>lle</sup> Couesdon.

jamais eu la fièvre typhoïde. L'événement n'a pas répondu à mon attente : le fait a été classé ou plutôt n'a plus eu aucune valeur. La mère de la parente, dont j'ai conté l'impression télépathique pour la mort de son mari, a eu, il y a quelques années, le pressentiment très net qu'elle ne reverrait plus son petit-fils, qui partait alors pour une absence un peu longue. Quoiqu'elle soit très âgée, elle a très bien revu ce petit-fils et, dans la famille, on s'est bien gardé de raconter ce fait toutes les fois qu'on racontait celui de la guerre.

A Mgr Langénieux, quand il avait sept ans, une femme dit : mon enfant, vous serez évêque et vous sacrerez le Roi. L'enfant est devenu évêque de Tarbes, puis archevêque de Reims ; mais il est mort sans avoir sacré le Roi (1).

Candargy (2) a publié l'histoire curieuse d'une fourrure volée qu'un guéridon a fait retrouver. Quand on analyse le fait, on voit que la table a envoyé à Paris à la rue du Louvre à un N° 39 qui n'y existe pas ; au N° 15, on trouve un marchand de fourrures Ulmann, que la table avait appelé Lluni ; cet Ulmann, décédé depuis cinq ans, était remplacé par un M. Goldsmith. On lui a bien porté une fourrure volée ; mais elle n'est pas chez lui, elle est chez un courtier ; chez le courtier, la propriétaire de la fourrure déclare que la zibeline volée qu'on lui présente n'est pas la sienne ! (3).

Charles Richet a obtenu un message (cité p. 300)

---

(1) Monseigneur Langénieux et le Roi de France. *Echo du merveilleux*, 1904, p. 451.

(2) P.-C. Candargy ; Histoire d'une fourrure volée. *Annales des sciences psychiques*, 1906, p. 624.

(3) « Peu importe, dit l'auteur, que la piste suivie par le détective mystérieux ait été fausse ; qu'au lieu d'une zibeline volée, il en ait trouvé une autre qui lui ressemblait… ».

«Banca, la mort guette famille» le jour et à l'heure où était assassinée la reine Draga. Suffit-il que le père de la malheureuse reine s'appelât Panta pour que ce fait ait une valeur quelconque ?

J'ai cité plus haut (p. 305) des expériences de psychométrie, publiées par M^me Louis MAURECY : on remet aux médiums un revolver et ils imaginent toutes les scènes possibles de mort, de lutte, de brigands, d'attaque nocturne, tout aussi bien que le suicide, qui était seul vrai. De même dans les expériences de PHANEG (p. 305), on prédit à un malade qu'il aura une maladie grave de l'*intestin* et il meurt bientôt de *congestion cérébrale*. Il est vrai qu'il eut, paraît-il, une paralysie de l'intestin, mais comme il eut aussi très probablement une paralysie de la vessie, d'un bras et d'une jambe ; de sorte qu'avec le même succès, le médium aurait pu prédire la mort par un de ces organes ou même par les poumons ou le cœur.

Cela rappelle les descriptions de maladies auxquelles s'appliquent les pilules Pink et dans lesquelles chacun retrouve fidèlement tous les symptômes de son propre cas (1).

Dans un travail que j'ai déjà cité des *Annales* de 1899, FLOURNOY raconte et analyse admirablement des faits de télépathie erronée.

Pour M^me Z, qui voit faussement la mort de M. R, «il

---

(1) Voici, par exemple, un diagnostic de PHANEG : « cette personne souffre de la tête. Je la vois fléchir sur ses jambes. Il y a un affaissement général. L'estomac fonctionne mal. Cette personne est paralysée». Devant cette description qui s'applique à une série de malades depuis le neurasthénique jusqu'au paralytique organique, la femme s'écrie: «c'est absolument la situation de mon pauvre mari» !

est clair que l'idée de la mort possible de M. R, avec les circonstances concomitantes et ses conséquences, a dû à tout le moins effleurer la pensée de M$^{me}$ Z, surtout étant donné ses sentiments pour lui ; car, à quelle mère inquiète de son enfant absent, à quel directeur soucieux de l'avenir éternel d'une âme qui lui est chère, la folle du logis n'a-t-elle pas présenté maintes fois le tableau tragique ou solennel du dernier moment de l'être aimé? Et si l'on cherche l'essaim de souvenirs, de raisonnements, de craintes et de suppositions auquel une telle pensée devait donner le vol dans l'imagination de M$^{me}$ Z, ne retombe-t-on pas inévitablement sur les soi-disant messages de M. R ?»

Il faut lire aussi dans le même travail toute la genèse du message calomniateur qui entraîne M. Til. à accuser son fils de vol chez son patron avec expulsion consécutive, alors qu'il n'y avait absolument rien de vrai dans tout cela...

### e. *Comment devrait être instituée l'expérimentation pour devenir démonstrative.*

Je crois qu'on peut poser en principe que les *faits isolés ne prouvent rien*, alors même que, comme GURNEY, MYERS et PODMORE, on en a très consciencieusement réuni un très grand nombre.

Il faudrait pour chacun de ces faits une *longue contre-épreuve avec le même sujet*, c'est-à-dire que la même personne devrait, pendant des mois et des années, noter exactement toutes les impressions fortes qu'elle éprouve, pouvant être interprétées comme télépathiques, noter ensuite à côté la concordance ou la non concordance de l'événement et on verrait si la proportion des concordances est réellement, pour certains sujets, bien plus grande que ne le veut la loi des probabilités et des coïncidences.

A certaines périodes, j'ai noté ainsi, pendant assez longtemps, toutes mes impressions d'apparence télépathique. En voyage notamment, j'ai bien des fois *vu* un de mes enfants malades, un accident; j'étais sûr de trouver, dès mon arrivée, le messager de cette mauvaise nouvelle... *Jamais* l'événement pressenti n'a eu lieu.

Une seule fois, j'ai été éveillé brusquement à l'heure où mourait une de mes proches parentes. Mais j'aimais beaucoup cette parente qui m'avait élevé ; elle était très âgée ; j'avais passé auprès d'elle de longues heures de jour et de nuit et toute la soirée précédente, la sachant très malade... quelle importance attacher à une coïncidence aussi simple, aussi naturelle?

A cela on peut me répondre que je ne suis pas médium. Rien de plus juste Mais j'ai cité plus haut plusieurs faits qui ne sont pas plus démonstratifs.

Le Rév. Frederick Barker, racontent Gurney, Myers et Podmore, au moment de se coucher, voit sa tante, qui se tient près de lui, lui sourit et disparaît : cette personne mourut, cette même nuit, loin de là. — Que peut-on conclure de la coïncidence avec ce grand événement d'un rêve banal, léger, comme certainement le revérend en a eu des centaines et des milliers qui, eux, n'ont pas coïncidé avec un malheur quelconque?

Gurney, Myers et Podmore disent (1) que la théorie des coïncidences ne peut être soutenue, parce que ces «coïncidences surprenantes *se répètent*». La réponse serait valable si en effet ces coïncidences se répétaient beaucoup *chez la même personne*. Mais la réunion de faits

---

(1) Gurney, Myers et Podmore ; *loco cit.*, p. 209 et tout le chapitre X : «Théorie de la coïncidence fortuite».

tous d'origine diverse, ne prouve rien contre la théorie de la coïncidence.

MARILLIER pose très bien la question, dans la *Préface* de ce même livre, quand il dit que l'enquête, entreprise simultanément en Angleterre, en France et aux Etats-Unis(1), avait un triple but : «1° recueillir des documents relatifs à la télépathie ; 2° *déterminer la proportion des hallucinations qui coïncident avec un événement réel au nombre total des hallucination des sujets normaux* ; 3° déterminer la proportion des personnes qui ont éprouvé une ou plusieurs hallucinations au chiffre de la population». Et il ajoute : «il va sans dire que, pour que cette statistique ait une valeur, les réponses négatives doivent être rapportées aussi bien que les réponses affirmatives» (2). Et il ajoute une série de recommandations précises sur la manière dont il faut recueillir ces documents.

Qu'on organise donc une vaste observation de ce genre avec des médiums, avec toutes les personnes de bonne foi qui voudront s'y mettre. Qu'on nous donne un grand nombre de faits, négatifs et positifs, *avec la même personne*. Alors nous jugerons. Tant que ce travail n'est pas fait, je dis que l'*existence de la télépathie et de la prémonition n'est pas encore scientifiquement démontrée*.

---

(1) Par une commission composée de MM. SULLY-PRUDHOMME, GILBERT BALLET, BEAUNIS, CHARLES RICHET, DE ROCHAS et MARILLIER.

(2) Ceci n'est pas compris par tout le monde. FABIUS DE CHAMPVILLE a proposé à la *Société magnétique de France* de réunir toutes les *prédictions* sous enveloppe cachetée ; on ouvrirait ensuite à une date fixée, et «le contenu, fidèlement transcrit dans un procès-verbal, rédigé à cet effet, recevrait, par les soins de la Société, la plus grande publicité possible, *lorsque les faits prédits seraient réalisés*. La proposition de M. FABIUS DE CHAMPVILLE, mise aux voix, a été adoptée à l'unanimité» (*Annales des sciences psychiques*, 1906, p. 460).

Il faut surtout, dirai-je en finissant ce paragraphe, il faut surtout se garder, dans ces questions, de raisonner par analogie et de dire, par exemple, que la télégraphie sans fil prouve la télépathie. Pas le moins du monde. La télégraphie sans fil prouve, ce que l'on savait déjà, que la télépathie n'est pas impossible; mais cela ne prouve nullement qu'elle soit réelle (1).

## II. APPORTS A GRANDE DISTANCE

Après les phénomènes de sensation, voici les phénomènes de *mouvement*, toujours *à grande distance*. Ce sont les *apports* de fleurs, de fruits, de lettres ou d'autres objets venant *de loin*.

79. Exemples de faits.

a. *Anna Rothe et Henri Melzer.*

J'ai déjà parlé plus haut (p. 46) du «médium aux fleurs» Anna Rothe et de ses infortunes. Un an après sa mort, le médium Henri Melzer, de Dresde, a renouvelé ces expériences à Leipzig (2).

Le 29 novembre 1905, après l'obscurité «on allume les lampes et on voit le médium debout, tenant dans les

---

(1) Voir encore, sur la télépathie : Vaschide et Pieron; Contribution à l'étude expérimentale des phénomènes de télépathie. *Bulletin de l'Institut général psychologique*, 1902, t. II, p. 116.— Melinand C. R. de Dumas. *Ibidem*, p. 139.— Vaschide; Quelques mots sur les recherches expérimentales sur les phénomènes télépathiques. *Ibidem*, p. 240.

(2) Un nouveau «médium aux fleurs» en Allemagne. *Annales des sciences psychiques*, 1906, p. 458 (d'après *Uebersinnliche Welt*).

mains un petit pot avec une fleur, tandis que le spectateur, à gauche, trouve dans sa main un petit myrthe» ; dans des conditions analogues, un peu plus tard, «le plancher était recouvert de fleurs et de feuilles de muguet». Le 13 février 1906, «on éteignit les lumières et, quelque temps après, on observa de nombreuses fleurs et feuilles de muguets italiens». Le 17 mars 1906, «quand on alluma les lumières, M. FIELDER constate avoir une jolie orchidée» dans la main ; «M. HORRA constate que ce qu'il avait entre les mains était une petite branche avec trois roses blanches».

b. *Donald Mac Nab* (1) (1888).

Le 18 septembre 1888, MAC NAB étant rue Lepic à Montmartre avec le médium fait une lettre avec le nom de M. C. sur l'enveloppe et la pose, à deux heures après midi, sur une table avec une feuille de papier dessus. A deux heures et demie elle a disparu. A trois heures moins quart, M. C. trouve la lettre sur une planche à côté de lui, place Wagram (à 4 kilom. et demi-heure de tramway de la rue Lepic). — L'expérience a été renouvelée.

«Il arriva plusieurs fois que des objets n'appartenant à personne de nous se trouvèrent sur la table pendant le dîner ou tombèrent par terre. Ce furent d'abord un brûle-parfums indien en cuivre, une lampe juive en terre cuite, puis un humérus, pièce anatomique numérotée, qui fut mis dans ma poche à un moment où personne n'était à ma portée ; une boussole en cuivre doré qui me fut jetée à la tête sans que personne eût fait

---

(1) DONALD MAC NAB ; Etude expérimentale de quelques phénomènes de force psychique. *Echo du merveilleux*, 1906, p. 111 et 132 (d'après le *Lotus rouge*). — Voir aussi : DE ROCHAS ; *L'extériorisation de la motricité*, p. 521.

de mouvement ; un petit couteau de poche qui tomba à côté de moi. Je finis par découvrir le propriétaire de ces objets. C'était un peintre connu de nous... Quand je rapportai les objets à M. S., il se mit en colère, soutenant que j'avais une double clef de son appartement pour le dévaliser. Il témoigna ensuite la plus grande surprise et me promit de m'écrire une lettre qu'il poserait sur la table. Il le fit le lundi suivant, à neuf heures du soir, et le lendemain, pendant le dîner, nous entendîmes des coups sur la table. Nous épelâmes le mot *lettre* et aussitôt j'aperçus devant moi sur la nappe la lettre écrite la veille par M. S. Je lui écrivis alors une lettre que je posai sur un meuble et qu'il trouva le soir même sur sa cheminée sous un flambeau».

Une autre fois, dit le même auteur, «je n'avais rigoureusement prévenu personnne ni au poste de départ, ni au poste d'arrivée... j'écrivis ma lettre que je mis dans une enveloppe de deuil avec une feuille de papier blanc... La lettre était dans la poche d'un médium et disparut presque aussitôt». Il va chez le destinataire. «J'entrai seul et allant droit au maître de la maison, je le priai de regarder dans la poche intérieure de sa redingote qui était étroitement boutonnée. Il le fit d'un air étonné et en retira mon enveloppe. Il l'ouvrit en constatant qu'elle portait des marques de brûlures et en retira d'abord ma lettre, puis la seconde feuille sur laquelle étaient tracés à l'encre noire ces mots qui étaient une réponse à ma lettre : nous notons cette arrivée à 8 h. 5 et nous sommes ici» (d'une écriture qui «a beaucoup de rapports avec celle du destinataire»).

c. *Bailey* (1).

Un soir, en Australie, alors que Bailey «était entrancé,

---

(1) César de Vesme ; Mémoires cités. *Annales des sciences psychiques*, 1905, p. 218, 308 et 309, et 1906, p. 396.

une pierre sableuse et encore mouillée d'eau de mer, d'un poids de six livres, serait tombée mystérieusement sur la table à côté de lui : les apports se produisirent, depuis ce jour, assez fréquemment».

A Milan, le 1er mars 1904, après l'obscurité, on donne la lumière rouge. On voit alors «dans la main gauche du médium un petit nid, large d'environ dix centimètres et profond de quatre, fait de menue paille entremêlée de flocons de coton». Ce nid, «tiède au toucher, contenait un petit œuf de la grosseur d'une noisette... L'entité expliqua qu'il s'agissait d'un nid de *munies*, petits oiseaux blancs de l'Australie, que l'on connaît aussi en Italie».

Le 4 mars, l'esprit explique d'abord longuement ce que sont les tablettes qui avaient été couvertes, à Babylone, de caractères cunéiformes. Un autre esprit se transporte à Babylone «pour déterrer quelque tablette». Obscurité : «on entend un bruit sec, comme celui d'une pierre qui tomberait au hasard sur la table». Lumière rouge : «les assistants s'approchent et trouvent effectivement sur la table une tablette entourée d'une couche de sable assez résistante et qui, nettoyée ensuite, se trouve être recouverte de caractères cunéiformes sur une de ses faces».

Le 25 mars 1905, dans l'obscurité, «presque tous les assistants accusent une âcre et pénétrante odeur marine, tandis que sur le plateau de la table, puis sur le parquet, on entend des coups sourds, comme des claques... Le même contrôle réclame la lumière rouge plus claire et montre, en le tenant suspendu par la queue, puis déposé sur le plateau de la table, un poisson long d'environ quinze centimètres, ayant l'aspect d'un mulet ordinaire. Tout le monde constate l'existence du poisson et l'on discute, sans conclure, s'il est mort ou vif».

Le 8 mars 1905, à la lumière rouge, on constate que

de la main droite fermée du médium « sort la tête d'un petit oiseau, de couleur presque noire, qui est tiède au toucher et dont les yeux sont très vifs. Une petite aile noire striée de jaune sort entre les doigts »...

## 80. Discussion.

### a. *Fraudes conscientes.*

En général, il semble que, dans toutes ces expériences, le contrôle soit très incomplètement organisé ou révèle des fraudes quand on le perfectionne.

Je ne reviens pas sur Anna Rothe.

Quant à Melzer, il n'opère plus à la lumière comme Anna Rothe. Avec ce médium, « on fait donc un pas en arrière, au moins sous ce rapport ». Et, ajoute le critique des *Annales des sciences psychiques*, « on ne pourra attribuer une valeur quelconque à ses séances, tant que l'on n'aura pas, de quelque manière, séparé le médium des assistants. L'authenticité de ces phénomènes ne doit pas dépendre de la foi que l'on peut avoir dans l'honorabilité de tous les expérimentateurs, sans exception, alors surtout qu'ils ne sont pas tous universellement connus ».

Mac Nab dit très justement à propos de tous ces phénomènes d'apport : « tous les prestidigitateurs font cela et il est à remarquer que quand un médium est dans l'état d'esprit où le phénomène s'accomplit, il acquiert une dextérité qui peut dépasser celle du plus habile prestidigitateur, sans cependant paraître endormi ». Parlant de ses propres expériences sur les « objets transportés à d'assez grandes distances », il déclare qu'elles « sont nombreuses, mais elles manquent de contrôle rigoureux ». A propos du transport de la lettre (cité plus haut) de la rue Lepic à la place Wagram, il déclare loyalement qu'il « a perdu de vue » le médium « pendant qu'il était allé donner sa

leçon, ce qui enlève beaucoup de valeur à l'expérience».
Plus loin : « tout ceci manque de contrôle ».

J'ai déjà parlé (p. 46) de la critique des expériences de CH. BAILEY par C. DE VESME ; c'est un travail fort intéressant. Nous avons vu que ce médium n'a jamais voulu être complètement déshabillé, de peur de prendre froid. Or, « lorsqu'il s'agit de phénomènes tels que les apports, la perquisition personnelle du médium est tout, évidemment ». De plus, « tous les phénomènes physiques se produisent dans les ténèbres, le médium restant libre de tripoter dans son sac, pendant que le savant professeur Robinson ou le farouche Nana Sahib se manifestent par sa bouche... Par contre, avec M. BAILEY, quand la lumière est faite, c'est que le phénomène d'apport est fini : il ne reste que l'objet apporté ». Au milieu d'une expérience quand un oiseau apparaît dans la main du médium, un assistant ouvre une porte « et laisse entrer dans la chambre une clarté très vive. Le médium proteste énergiquement, tourne le dos à la lumière et en même temps le D$^r$ CLERICETTI, qui n'avait pas quitté l'oiseau des yeux, constate qu'il disparaît sous ce flot de lumière sans que la main ait été ouverte et sans qu'on l'ait vu s'échapper ». Cet « épisode... nous montre, pour la première et dernière fois, un objet qui disparaît à la lumière, sous les yeux d'un expérimentateur... les prestidigitateurs font disparaître des objets bien plus volumineux en des conditions infiniment plus favorables pour l'observation, pendant que tous les yeux sont tournés vers eux et que la lumière est éclatante... Sans doute... il est un peu étonnant que l'on parvienne à cacher des oiseaux vivants sans les suffoquer ni les écraser ; cela a toujours excité mon admiration au cours des séances de prestidigitation auxquelles j'ai assisté »...

J'ai déjà indiqué plus haut (p. 47) les invraisemblances accumulées dans les apports archéologiques.

« Le professeur Deuton, par la bouche de BAILEY, est à même de nous apprendre que, contrairement à toutes les données de la critique paléontologique et paléographique de notre temps, l'âge du monde (ou même de l'humanité) est maintenant de six mille ans ».

A la fin de son exposé, au cours duquel il s'efforce, dit-il, de garder « la plus parfaite impartialité », C. DE VESME demande « aux lecteurs s'ils ne pensent pas qu'une mentalité toute spéciale — un désir aveuglant du triomphe du spiritualisme — soit nécessaire, pour fonder, rien que sur des preuves de cette sorte, la croyance à un phénomène si extraordinaire et encore si discuté que l'est celui des apports — de ces apports, dont des psychistes fort bien disposés et de haute valeur scientifique, tels que SIR OLIVIER LODGE, déclarent ne point connaître un seul exemple scientifiquement prouvé... on éprouve une répugnance presque invincible à croire qu'au cours d'une séance le supposé corps fluidique du médium se dégage à tel point qu'il se rend à Babylone y pratiquer des recherches archéologiques ou bien qu'il court après les oiseaux dans les forêts de l'Australie, pour rapporter ensuite les produits de sa chasse et de ses fouilles à ces messieurs de la Société d'études psychiques de Milan ».

### b. *Fraudes inconscientes.*

Ici aussi d'ailleurs le psychisme inférieur peut intervenir et produire des fraudes inconscientes. Témoin le fait suivant qu'a raconté PIERRE JANET dans la Préface de mon *Spiritisme devant la science* (1).

« Il y a deux ans, on amena dans le service de M. le

---

(1) Cette observation a été présentée à la *Société de psychologie* en décembre 1902.

professeur RAYMOND, à la Salpêtrière, une jeune fille de vingt-six ans, troublée, disait-on, par des hallucinations très pénibles ; cette malade M. était conduite par deux dames, sa mère et sa tante, appartenant à la petite bourgeoisie, d'un milieu relativement cultivé. Le père de la jeune fille, mort depuis quelques années, était un ancien officier et la famille avait conservé assez de relations dans un monde de militaires et de commerçants. La malade elle-même était une jeune fille bien vêtue, s'exprimant facilement, ayant une éducation et une instruction plutôt supérieures à la moyenne». Elle venait consulter à la Salpêtrière pour des hallucinations hystériques.

«Après avoir constaté la nature du phénomène actuel, j'insistai tout naturellement près des parents pour demander ce qui avait précédé et préparé des hallucinations aussi remarquables. Cette jeune fille, disais-je, a dû avoir autrefois d'autres accidents nerveux, des attaques de nerfs, des sommeils par exemple. Les deux dames protestèrent avec indignation que la malade n'avait jamais rien eu de semblable. Je demandai alors s'il n'y avait pas eu auparavant d'autres hallucinations visuelles. A ce moment, il se produisit comme un embarras dans la famille : la tante disait oui, la mère disait non. Puis les deux dames se disputèrent et la mère répétait : mais c'est tout autre chose, cela ne regarde pas le médecin. Cela piqua ma curiosité et, en interrogeant séparément les deux dames et la malade, je parvins à reconstituer une assez singulière histoire.

»Cette jeune malade, fille d'un père absinthique, mort dans un asile, avait toujours été bizarre ; en particulier, elle avait toujours eu des hallucinations. Les premières dataient de l'enfance. A huit ans, elle voyait des anges, avec de belles robes blanches, qui lui apparaissaient même en plein jour. Au moment de la puberté, de dix à douze ans, elle fut beaucoup troublée par ces images toujours de caractère religieux. Il s'y mêlait des hallucinations auditives; car les anges lui donnaient oralement de bons conseils et lui apprenaient le catéchisme. Elle prit l'habitude, sans que nous sachions l'origine de cette idée, de baptiser l'un de ces anges du nom de Sainte Philomène et, depuis, la petite Sainte, comme elle l'appelait, joue un très grand rôle dans sa vie. A l'âge de douze ans, les règles étant bien établies, les hallucinations ont semblé disparaître jusqu'à dix-sept ans. A ce moment, différentes émotions, un amour contrarié, la maladie et l'internement du père l'ont troublée et les hallucinations ont recommencé; en somme, elles n'ont plus cessé jusqu'à la maladie actuelle à l'âge de vingt-six ans».

Vers cette même époque, la mère, «devenue veuve, malheureuse et probablement prédisposée, était elle-même tombée dans les croyances spirituelles. Elle avait la plus grande admiration pour les hallucinations de sa fille et croyait très sincèrement à l'intervention des esprits et des anges dans cette affaire... Quand j'essayai quelques objections... les trois dames s'indignèrent et se laissèrent aller à me déclarer qu'il y avait des arguments démonstratifs de la réalité de Sainte Philomène et des anges. *C'étaient des objets que la Sainte avait apportés du ciel...* C'est ainsi que j'ai appris, à ma grande surprise, que les hallucinations se compliquaient de phénomènes d'*apports*».

La «jeune fille, pour me convaincre, m'a apporté une collection des objets donnés miraculeusement par la Sainte. J'en ai une boîte pleine : ce sont des plumes d'oiseau, surtout du duvet qui provient probablement de son édredon, quelques fleurs desséchées, des cailloux colorés bizarrement, quelques fragments de verre et quelques bijoux communs en argent comme un petit ange aux ailes déployées qui semble un morceau d'une broche cassée. M. avait, disait-elle, des tiroirs pleins de ces objets ; elle les conservait précieusement, parce qu'elle croyait sincèrement qu'ils avaient été, non pas créés, mais transportés par le pouvoir de la Sainte. Toute sa famille, une cousine surtout et quelques amis vénéraient ces reliques et partageaient la même conviction».

La malade «s'est mise à ma disposition avec une très grande naïveté pour m'aider à trouver les procédés dont se servait Sainte Philomène, elle m'a aidé à mettre l'erreur en évidence, elle a été très étonnée quand je la lui ai montrée et n'a pas demandé mieux que d'y renoncer (1)...

»M. m'a d'abord raconté aussi exactement que possible comment les choses se passaient. De temps en temps, n'importe à quel endroit, mais surtout dans l'escalier, dans l'appartement, dans sa chambre, elle trouvait des *objets qui n'étaient pas du tout à leur place*, c'est là le fait essentiel : objets à une place anormale et bizarre, par exemple des cailloux brillants dans l'escalier, sur le palier du second, des plumes d'oiseau sur la table de la salle à manger, un petit bijou inconnu au milieu de son édredon, des plumes et des morceaux de verre rangés de manière à former une croix sur une petite table de sa chambre à coucher. Ces objets, ou plutôt la place de ces objets, l'étonnaient et alors elle ne tardait pas, sans trop savoir pourquoi, à être saisie par la croyance que la Sainte les avait apportés là. Elle ne savait pas toujours d'où venait la croyance, mais elle la possédait fermement ; c'est alors qu'elle la communiquait aux autres. Quelquefois les choses se passaient même en public et tout le monde éprouvait le même étonnement ;

---

(1) «Aujourd'hui, dans ce groupe de spirites, il n'y a plus que la mère qui soit restée croyante ; mais elle est indéracinable».

ainsi, pendant un dîner de famille, des plumes étaient réellement tombées du plafond sur la table ; la surprise fut générale et tout le monde fut d'accord, avant même qu'elle ne parlât, pour dire que ces plumes n'étaient pas venues naturellement et devaient avoir été apportées par la Sainte.

»Pour aller plus loin, j'ai cherché à raviver les souvenirs du sujet de toutes les manières pendant la veille d'abord et ensuite pendant le sommeil hypnotique ; il suffisait de diriger l'attention avec soin sur les instants qui avaient précédé ou suivi la découverte des objets. M. a retrouvé des souvenirs avec étonnement et j'ai pu constater que chez elle les apports ne se faisaient pas toujours de la même manière. Il faut distinguer trois formes du phénomène qui se rapprochent l'une de l'autre d'ailleurs avec une complication croissante.

»Le premier cas est le plus simple : l'objet se trouve réellement à sa place par hasard ; c'est un caillou brillant sur un trottoir ou sur l'escalier; il déterminerait chez tout le monde un instant d'étonnement; il frappe davantage la malade dont l'esprit est préoccupé par ces objets à place bizarre. Cela détermine une émotion et à la suite une sorte de petit étourdissement, d'abaissement du niveau mental dans lequel elle se rend compte de la réalité et se trouve de nouveau au milieu d'hallucinations. La Sainte apparaît et c'est elle tout simplement qui affirme avoir placé ce caillou pour lui faire plaisir. L'idée des apports qui préoccupe la malade en raison de son milieu spirite donne naissance à un phénomène subconscient qui amène l'hallucination visuelle et auditive. Cette transformation de l'idée en hallucination a pour conséquence de faire naître la conviction dans l'esprit de cette hystérique suggestible. La conviction est contagieuse et tout le petit groupe est en admiration devant ce caillou trouvé par hasard.

»C'est là le cas le plus simple. Une complication survient quand il s'agit d'objets étrangers dans la chambre même de la malade. Ici les choses se passent le plus souvent pendant la nuit. M. est une somnambule, personne n'en doute ; c'est elle qui se levait la nuit en dormant, cherchait au fond d'un coffret une petite pierre bleue en forme de cœur et la cachait dans la poche d'un tablier, ou bien disposait les morceaux de verre en croix sur la table avec des plumes tirées de l'édredon ou faisait deux marques sur l'édredon qui ressemblaient à deux ailes. Au réveil, la malade était stupéfaite de ce qu'elle voyait et, que Philomène intervînt ou n'intervînt pas par hallucination, la même croyance s'imposait.

»Enfin, dans le troisième groupe, l'attaque de somnambulisme était diurne, la malade endormie s'étonne elle-même : mais c'est vrai, c'est moi qui ai cherché ce petit ange en argent dans un vieux coffret à bijoux, c'est moi qui l'ai apporté au milieu de la chambre ; c'est trop fort ; c'est moi qui prenais des plumes dans l'édredon et qui les répandais sur l'escalier... Je lui fais retrouver le souvenir d'une scène très curieuse. Avant le dîner de famille, elle se voit monter sur la table, y placer un tabouret pour s'élever plus haut et coller des plumes au plafond avec un peu de farine mouillée d'eau ; puis elle est descendue tranquillement, a tout mis en ordre et est rentrée dans sa chambre pour s'habiller sans aucun souvenir de cette mauvaise plaisanterie. Au dîner, quand les plumes décollées peut-être par la chaleur de la lampe sont tombées, elle a été sincèrement stupéfaite. — Mais, dit-elle, comment se fait-il que j'allais faire ces choses ? Et en fait on peut se demander pourquoi dans ses petits somnambulismes elle cherchait ainsi à tromper, l'explication est fort simple : il suffit par suggestion de faire recommencer la scène devant nous. Elle a ainsi apporté des cailloux au musée de la Salpêtrière et a préparé la surprise avec une grande conviction. Pendant ce travail, elle a une figure digne et souriante, elle répète de bons conseils ou des phrases de catéchisme ; en un mot, elle se croit Sainte Philomène...».

Il est impossible de mieux et plus finement analyser la fraude inconsciente dans les phénomènes d'apport.

En somme, pour les apports lointains, comme pour la télépathie et la prémonition, non seulement la preuve scientifique de leur existence n'est pas faite, mais encore elle ne paraît pas encore tangente : la solution scientifique du problème paraît fort éloignée, si même elle se réalise jamais.

## III. MATÉRIALISATIONS

### 81. Position de la question.

Je comprends dans ce paragraphe tous les phénomènes lumineux et apparitions de fantômes provoqués par des médiums et les expériences correspondantes telles que photographies, empreintes ou moulages de ces spectres.

Après l'étude (que nous venons de faire) de l'extériorisation de la force motrice, c'est l'étude de l'extériorisation et de l'objectivation de la force psychique que nous allons faire.

Car, il faut le bien souligner, je ne rouvre pas dans ce paragraphe la discussion, déjà faite (p. 221), du spiritisme. La question est autre.

L'effondrement du spiritisme (*théorie*) ne préjuge en rien la question des matérialisations de fantôme (*fait*). Si le fait des matérialisations est, un jour, démontré, il ne prouvera nullement la réincarnation des esprits, mais uniquement une objectivation puissante de la pensée du médium aboutissant à un objet capable d'impressionner nos sens et la plaque photographique.

Avec cette théorie qui était ou est celle de Mac Nab, de Lombroso (1), Charles Richet, Ségard (2), Maxwell... on ne peut plus objecter aux fantômes la coupe et la forme de leurs vêtements (3), la langue qu'ils parlent, la mentalité qu'ils accusent, Tout cela n'est que l'expression du psychisme du médium. On voit le fantôme comme le médium le pense.

En d'autres termes, en discutant la réalité de l'existence des matérialisations, nous ne nous servirons plus d'aucun des arguments déjà présentés contre le spiritisme.

82. Exemples de faits.

a. *Phénomènes lumineux.*

Les phénomènes lumineux ont été observés par beaucoup d'auteurs.

Dans certaines conditions spéciales d'expérimentation, Maxwell (4) a constaté, à l'état physiologique, des effluves lumineux entre les extrémités des doigts, rapprochés, puis détachés. Cette «sorte de buée grisâtre» était

---

(1) Ernest Bozzano ; Cesar Lombroso et la psychologie supernormale. *Annales des sciences psychiques*, 1906, p. 403.

(2) Charles Ségard; Quelques réflexions à propos des phénomènes dits de matérialisation. *Annales des sciences psychiques*, 1906, p. 96.

(3) Voir, dans les *Annales des sciences psychiques*, 1906, p. 440, le résultat du concours ouvert par l'*Occult Review* entre ses lecteurs «pour la meilleure solution de la question des vêtements des fantômes».

(4) Maxwell; *loco cit.*, p. 118 (tout le chapitre IV).

vue colorée par les personnes «douées de facultés psychiques». Il arrive quelquefois, continue le même auteur, «que ce n'est plus l'effluve qui s'aperçoit, mais que la main devienne, en apparence, phosphorescente». Sur le corsage d'Eusapia, il a vu flotter « de grosses gouttes phosphorescentes ».

Dans toutes les expériences bien réussies, Mac Nab (1) a observé «la formation de points lumineux ressemblant à des feux follets»; ils se déplacent comme de petites comètes, courent les uns après les autres comme des papillons...» (2).

### b. *Fantômes.*

Parmi les fantômes, tout le monde connaît Katie King, observé par William Crookes avec son médium Florence Cook (3). Aksakoff, Mac Nab (4), de Rochas, Charles Richet, l'archidiacre Colley (5), Reichel avec le médium californien Miller, Fotherby avec le médium Cecil Husk, van Velsen avec un étudiant et bien d'autres ont observé des phénomènes semblables; et Charles Richet a écrit dans le *Figaro* du 9 octobre 1905 : «au risque d'être regardé

---

(1) Mac Nab ; *loco cit. Echo du merveilleux*, 1906, p. 87, et de Rochas ; ouvrage cité, p. 532.

(2) Voir également tout le huitième mémoire de Reichenbach; *loco cit.*, p. 301, et Dupouy; *loco cit.*, p 49 et suiv.

(3) Sur les expériences de Crookes, soit avec Home, soit avec Florence Cook (Katie King), voir: Albert Coste; *loco cit.*, p. 173.

(4) Mac Nab ; *loco cit.*, p. 136.

(5) L'archidiacre Colley et les matérialisations dont il fut témoin : Comment se formaient les fantômes, en pleine lumière ; les mystérieux rapports entre le corps du fantôme et celui du médium ; comment s'expliqueraient certains prétendus démasquements ; la pomme mangée par le fantôme. *Annales des sciences psychiques*, 1906, p. 26.

par mes contemporains comme un insensé, je crois qu'il y a des fantômes» (1).

Tantôt on a des matérialisations incomplètes d'un bras, d'une main ou d'une tête que l'on voit ou que l'on sent, tantôt on a le fantôme complet qui peut ressembler au médium ou en être tout à fait différent. Il peut se former et se dissoudre en quelques secondes.

Dans l'*Eclair* de Paris, du 24 décembre 1905, GEORGES MONTORGUEIL a raconté le «corps à corps» qu'il avait eu, chez MAC NAB, avec un fantôme qui fondit dans ses doigts quand la lumière fut revenue (2). Je citerai, dans la discussion, une expérience analogue faite par COLLEY avec un fantôme qui fondit aussi et disparut, mais en laissant son vêtement entre les mains de l'archidiacre.

Au lieu d'être extérieur au médium, le fantôme peut se confondre avec le médium lui-même «transfiguré». MAXWELL a récemment raconté un cas de ce genre dans les *Annales des sciences psychiques* (1906, p. 34).

ERNEST BOZZANO (3) a spécialement étudié les apparitions se produisant au lit de mort, qui peuvent être perçues par le seul mourant, uniquement par les assistants ou simultanément par l'un et les autres. CAMILLE FLAMMARION a publié dans les *Annales des sciences psychiques* (1906, p. 609), d'après *English Mechanic* (20 juillet 1906), un fait de TWEEDALE d'apparition d'un mort à trois personnes peu de temps après le décès...».

c. *Photographies et moulages.*

De ces fantômes on a pris des photographies et des moulages.

---

(1) Voir encore: SURBLED; *Spirites et médiums*, p. 41 et suiv.
(2) Comment un fantôme se serait dégagé de l'étreinte d'un expérimentateur. *Annales des sciences psychiques*, 1906, p. 54.
(3) ERNEST BOZZANO; Des apparitions des défunts au lit de mort. *Annales des sciences psychiques*, 1906, p. 144.

GRASSET; *L'occultisme,*

Surbled (1) a bien résumé les premières périodes de la photographie des fantômes, les premières publications de Mumler, Beattie, Wagner, Buguet ; puis la photographie des effluves humains par Narkievicz, Iodko, de Rochas, Baraduc, Luys et David.

Plus récemment, dit Delanne (2), «le capitaine Volpi a obtenu la photographie d'une fiancée couchée alors et indisposée. M. Istrati et le D^r Hasden ont obtenu à grande distance la photographie de l'un d'eux couché alors dans son lit... Le professeur Wagner a fait une photographie où la main de l'apparition sortait d'une manchette qui était bordée d'une broderie identique à celle qui était portée par le médium à ce moment».

Albert de Rochas (3) a publié des photographies de «doubles» : «au premier plan, la jeune fille très ressemblante ; au second plan, une espèce d'ombre-fantôme la représentant d'une façon très reconnaissable, mais amaigrie, vieillie, malade, sur le point de rendre l'âme. Ce fantôme est bien une ombre transparente, puisqu'au travers on distingue les plis de la toile qui sert de fond».

Le commandant Darget de Tours m'a envoyé (le 22 novembre 1906) une photographie de double, faite par lui et accompagnée de cette note : «le double fluidique (juin 1901). Les deux jeunes filles de M. P., médium guérisseur puissant, tirées par le commandant Darget dans son jardin, ont leur double, leur corps astral, à leur gauche. Mon appareil n'a pas bougé, non plus que les enfants ; car les pieds manquent dans le double. Le

---

(1) Surbled ; *Spirites et médiums,* p. 45, 55.

(2) Delanne ; Conférence sur le monde invisible. *Bulletin de la Société d'études psychiques de Marseille,* 1903, p. 29.

(3) Albert de Rochas ; Photographie spirite. *Annales des sciences psychiques,* 1905, p. 581.

commandant DARGET les avait fait magnétiser par leur père, à un mètre de distance...».

Le même expérimentateur m'a envoyé aussi des *photographies de la pensée*. Une épreuve du 27 mai 1896 représente une bouteille et a été obtenue par le commandant DARGET «en pensant fortement à une bouteille qu'il venait de regarder». Le 5 juin suivant, on lui demande d'obtenir une deuxième bouteille, et une deuxième bouteille fut obtenue sur la photographie, «en présence de six personnes qui en signèrent le procès-verbal, lequel fut inséré dans la *Revue scientifique du spiritisme* de janvier 1897 avec gravures des deux bouteilles». Une autre épreuve, représentant une canne, a été obtenue par le commandant «en pensant à sa canne à bec qu'il venait de regarder à la lumière rouge de son cabinet noir». Une autre épreuve «photo du rêve» représente un aigle et a été obtenue par le commandant «en plaçant une plaque pendant dix minutes au-dessus du front de M$^{me}$ D. endormie...».

Le docteur A. M. LE VEEDER (1), «*scientist* de Lyons, près de Rochester, dans l'Etat de New-York», aurait également «résolu le problème de photographier les *ondes émanant du cerveau*». L'appareil photographique garni et fermé étant sur une table, chaque personne, reconnue «capable d'exercer des facultés supersensitives qui sont d'habitude à l'état latent», chaque personne «plaça l'une de ses mains à quatre pouces environ sur la plaque, avec l'autre main au-dessous de la plaque et de la table ; on demanda à chacun de fixer sa pensée sur un objet que l'on nomma». Développée, la plaque «représentait l'objet auquel les expérimentateurs avaient pensé».

---

(1) Les photographies de la pensée. *Annales des sciences psychiques*, 1906, p. 125 (d'après *Chicago Tribune*).

Les moulages dans la paraffine, l'argile ou la terre glaise ont été faits avec Eusapia Paladino. On trouve dans le livre cité d'Albert de Rochas la photographie d'une empreinte des doigts et d'une empreinte de figure faites à distance par ce célèbre médium.

Dès 1875, comme le rappelle Mac Nab, Aksakoff avait pris «des moulages de pieds et de mains de fantômes, d'une seule pièce et sans raccords» (1).

83. Discussion.

Beaucoup de ces faits sont évidemment troublants et difficiles à expliquer. Mais je ne crois pas cependant qu'aucun soit encore de nature à entraîner une conviction scientifique.

a. *Hallucination.*

Je n'insisterai pas sur l'objection de l'hallucination. Quoiqu'il y ait des hallucinations en commun, cette explication ne peut guère s'appliquer qu'aux expérimentateurs qui opèrent seuls (ce qui est exceptionnel) ou à des observateurs peu entraînés aux recherches scientifiques.

Cette objection peut être formulée dans des cas comme celui cité plus haut de Tweedale, dont Flammarion dit : «l'illusion, l'hallucination de trois témoins indépendants l'un de l'autre est difficile à admettre. Mais est-elle impossible ? Ne pourrions-nous penser que la famille avait quelque inquiétude sur la santé de la vieille grand'mère, que trois de ses membres ont pu la voir en rêve et avoir ensuite une même hallucination» ?

---

(1) Voir encore sur ce point: Surbled ; *loco cit.*, p. 65.

De même pour le cas de «transfiguration» cité également plus haut d'après Maxwell (qui d'ailleurs ne l'avait pas observé lui-même) : un soir, une jeune fille est assise sur un voltaire en face de son père qui dort sur un fauteuil ; elle le regarde dormir et voit peu à peu sa figure se transformer en celle de sa mère (morte trois ans avant). «Je n'aurais peut-être, ajoute-t-elle, attaché qu'une importance relative à cette apparition que j'aurais considérée sans doute comme une pure hallucination, si, pendant qu'elle avait lieu, un témoin, la domestique de mon père..... n'était entrée dans la chambre et ne l'avait vue comme moi. Dès son arrivée, je me bornai à dire ceci à cette dernière : Jeanne, regardez donc Monsieur dormir. Elle vint près de moi et s'écria : Oh ! comme il ressemble à la pauvre Madame ! C'est frappant ! C'est tout à fait extraordinaire ! » Ne peut-on pas admettre qu'une certaine ressemblance, plus ou moins lointaine, produite par le jeu d'une demi-obscurité et accrue par l'imagination des deux femmes et leur fidèle souvenir de la morte ait déterminé l'exclamation de la servante et l'hallucination de la jeune fille ?

### b. *Fraude consciente ou inconsciente.*

La grosse objection reste la *fraude*, consciente ou inconsciente (plus souvent consciente). La tricherie n'a certes pas été constatée dans tous les cas ; mais elle l'a été dans un nombre tel de cas que cela jette un grand discrédit et une vraie suspicion sur tous les autres (1).

α. PHOTOGRAPHIES ET EMPREINTES.

Pour les *photographies*, la fraude a été démontrée dans

---

(1) Voir plus haut, p. 39.

la première période, notamment pour Mumler en Amérique et Buguet à Paris, qui ont fini en correctionnelle.

Guébhard a impressionné les plaques avec un doigt artificiel de caoutchouc rempli de sable, d'eau ou de grenaille comme avec des effluves humains et a montré les erreurs que l'on peut commettre en omettant uniquement d'agiter son *révélateur* (1).

Pour le commandant Darget, la bonne foi ne peut absolument pas être mise en doute ou en question. Mais ne s'est-il pas glissé quelque cause, mal définie, d'erreur? En parlant des expériences, citées plus haut, du docteur Veeder, les *Annales des sciences psychiques* disent : «à vrai dire, ces résultats, qui nous sont présentés comme un événement palpitant d'actualité par le journal américain, paraîtront vieillots à bien des spirites et des occultistes français, qui citent des photographies du même genre obtenues par le commandant Darget et quelques autres expérimentateurs. *Seulement les innombrables personnes ayant tâché de répéter ces expériences n'ont pas été heureuses jusqu'ici*» (2). Dans la lettre qui accompagne l'envoi des photographies citées plus haut, le commandant Darget me dit de son côté : «... vous dites que malheureusement les phénomènes ne sont pas répétables à volonté ; c'est vrai. J'ai fait plus de trois mille photo depuis douze ans et, me mettant dans les mêmes conditions, pendant le même laps de temps, je n'ai jamais eu deux photo semblables. Le fluide humain est capricieux comme l'électricité». Peut-être même un peu plus, pourrait-on dire.

Dans le travail cité plus haut sur la photographie spi-

---

(1) Voir : Surbled ; *Spirites et médiums*, p. 52, 59 et suiv.
(2) C'est moi qui souligne.

rite, ALBERT DE ROCHAS dit: «malheureusement, ces photographies peuvent être truquées et on est certain que le photographe BUGUET s'est livré à cette fraude malhonnête pour attirer une certaine clientèle»; et, pour le cas particulier qu'il publie (d'après M. B.), il ajoute: «on a quelquefois objecté à ces sortes de photographie que les personnages pris pour des esprits ou pour des doubles astraux étaient dus à des images adventives produites par des petits trous dans la boîte de l'appareil. Tel pourrait bien être le cas représenté par la planche 3 où l'on voit la figure d'une vieille dame se reproduire à sa droite...».

Pour les *empreintes* d'EUSAPIA, «les deux premières épreuves, dit SURBLED, font croire qu'EUSAPIA a produit elle-même l'empreinte de ses doigts sur le mastic et la dernière n'établit pas qu'elle y a été étrangère».

β. PHÉNOMÈNES LUMINEUX.

L'obscurité, naturellement indispensable pour les phénomènes lumineux, et le «cabinet» avec son rideau, nécessaires aux matérialisations, sont un élément de suspicion dont la *Revue spirite* ne diminue guère la valeur, en faisant remarquer que la chambre noire est indispensable aux photographes et que, dès la conception, le principe vital a besoin, pour se développer, de se réfugier «dans l'obscurité des entrailles maternelles» (1).

«Les phénomènes lumineux, dit MAXWELL (2), sont aisés à frauder: l'huile phosphorée (3) et certains sulfu-

---

(1) JEAN ROUXEL; Article de la *Revue spirite* cité par l'*Echo du merveilleux*, 1906, p. 140.

(2) MAXWELL; *loco cit.*, p. 118, 127, 259.

(3) «Les objets enduits de sulfure de calcium, de strontium ou de baryum deviennent lumineux dans l'obscurité, lorsqu'ils ont été exposés un certain temps à la lumière» (MAXWELL).

res (1) permettent d'imiter des mains, des formes». Dans beaucoup de ces expériences, on a noté une odeur phosphorée. Il est vrai que certains auteurs ont plutôt reconnu, dans ces cas, l'odeur de l'ozone...

### γ. Fantomes.

#### 1° *Trucs*.

J'ai déjà cité plus haut (p. 49) divers exemples de trucs employés par certains médiums pour faire des fantômes, notamment Ebstein qui faisait le fantôme avec un mannequin badigeonné de peinture lumineuse et Charles Eldred qui avait tout un attirail de barbe, soie blanche, lampe électrique, etc., dans un double fond de sa chaise...

«Je connais, dit Maxwell, une photographie faite au magnésium dans une séance, le médium ayant une fausse barbe et une serviette blanche autour du cou, imitant une sorte de vêtement. Les personnes qui ont assisté à cette séance ne peuvent admettre qu'elles ont été trompées. L'une d'elles, un de mes amis, très au courant des choses psychiques, mais trop honnête pour soupçonner la fraude, n'a pas cru à mon jugement sur cette photographie. Il a fallu qu'il fût confirmé par le célèbre Papus. Quant aux attouchements, Dieu sait qu'il est facile de les simuler dans l'obscurité. L'on sait le rôle que les poupées, les déguisements, les compères jouent dans les séances de matérialisation. L'imagination des escrocs est d'une inconcevable fertilité».

---

(1) Voir plus haut, p. 53, l'histoire du médium Valentine qui faisait des phénomènes lumineux en agitant «en tous sens ses pieds déchaussés, préalablement imprégnés de phosphore».

## 2° *Spirit-grabbers*.

A diverses reprises, des expérimentateurs soupçonneux ont voulu essayer de saisir à bras-le-corps le fantôme et de le tenir solidement jusqu'à apparition de la lumière et constatation de son identité. Ces expériences, très rationnelles, n'ont pas été faites aussi souvent qu'il aurait fallu, parce que la doctrine est établie que ces *spirit-grabbers* font le plus grand mal au médium et risquent même de le tuer. Jusqu'à présent, c'est leur réputation qui a été tuée quand l'expérimentateur a employé ce procédé violent de contrôle.

J'ai déjà raconté plus haut (p. 51) l'histoire de CRADDOCK qui fut saisi par le lieutenant-colonel MARK MAYHEW pendant qu'il faisait le fantôme et l'histoire de MISTRESS WILLIAMS qui faisait l'apparition avec une perruque, une fausse barbe et un maillot noir, en même temps que de la main gauche elle tenait un masque d'où pendait un long voile...

Dans ces cas, le truc du médium a été démasqué par le corps à corps de l'expérimentateur. Parfois le médium échappe : c'est ce qui est arrivé à MONTORGUEIL dans une expérience chez MAC NAB que j'ai citée plus haut. L'histoire suivante de l'archidiacre COLLEY est si instructive pour ce genre de cas que je crois devoir citer l'entier passage avec les réflexions de l'auteur (1).

«Ceux qui se permettent de saisir tout à coup une forme matérialisée — les *spirit-grabbers* — ne comprennent absolument rien à la vérité occulte lorsque, ayant saisi les vêtements d'une forme matérialisée, ils ne trouvent entre leurs mains qu'un drap blanc ou une pièce de mousseline et, dedans, le médium, qui a l'air hébété,

---

(1) Travail cité des *Annales des sciences psychiques*, 1906, p. 31.

fou, et qui, très naturellement, est traité avec peu de politesse et est désormais proclamé être un fourbe. Une plus profonde connaissance de cette *fabrication psychique chimicomatérielle d'un vêtement* (1) corrigerait le jugement peu charitable que nous prononçons sur la *draperie spirite* quand, dans notre ignorance, nous soupçonnons la réalité de ces phénomènes. En effet, dans une séance en plein jour (18 février 1878), nous avions décidé de faire une expérience *dangereuse*. Je devais saisir l'Egyptien, tout drapé de blanc qu'il était, et essayer de l'empêcher de disparaître dans le corps du médium (qui était sous le contrôle de Samuel à ce moment là); ce qui m'arriva m'a fait, depuis, toujours penser aux paroles de saint Paul : dans le corps ou hors de corps, je ne puis dire; Dieu le sait (II Cor., XII, 3). Il me semble qu'une force irrésistible me lévitait alors et immédiatement je fus jeté à une distance d'environ six mètres, c'est-à-dire de la porte de mon salon jusqu'à l'endroit où se tenait, debout, le médium. Subitement, je *trouvais dans mes bras le médium avec de la mousseline blanche sur sa jaquette noire*; je le tenais dans les bras comme j'ai cru tenir le Mahedi. La forme matérialisée avait disparu et le *vêtement psychique*, qui s'était dégagé avec lui du côté gauche de mon ami, a dû reprendre le même chemin vers l'invisible avec la rapidité de la pensée. Mais d'où venait cette étoffe qui couvrait maintenant le corps de notre ami et qui n'y était pas un instant auparavant? Le choc de notre collision — car, comme dit mon journal, c'était une véritable collision, un écroulement, un ébranlement — nous enlevait le désir de répéter l'expérience, *qui avait failli nous tuer. Et le mystère des vêtements reste toujours à élucider*».

---

(1) C'est moi qui souligne divers mots de cette citation.

On peut dire que la Providence a protégé ce médium qui n'est pas mort de l'expérience et qui a rencontré un expérimentateur chez lequel une foi robuste engendre une charité inépuisable (1).

3° *Expériences de la villa Carmen.*

Je ne peux pas ne pas parler de l'histoire de la villa Carmen qui a fait tant de bruit dans ces derniers temps et dans laquelle il semble que la valeur des observateurs et toutes les précautions prises mettaient bien à l'abri de la fraude et du truc.

En novembre 1905, «non sans grande hésitation», CHARLES RICHET a fait connaître, dans les *Annales des sciences psychiques* (2), des expériences faites au mois d'août précédent, à la villa Carmen près d'Alger, chez le général et

---

(1) Voir encore : Le défi de l'Archidiacre Colley au prestidigitateur Maskelyne. *Annales des sciences psychiques*, 1906, p. 714.

(2) CHARLES RICHET ; De quelques phénomènes dits de matérialisation (avec 6 photographies). *Annales des sciences psychiques*, 1905, p 649. — OLIVIER LODGE ; Sur les photographies algériennes du professeur Richet. *Ibidem*, p. 713. — MADEMOISELLE X.; A propos des récentes expériences d'Alger. *Ibidem*, p. 724. — C. DE VESME ; L'œuvre des amateurs et l'œuvre des savants. *Ibidem*, 1906, p. 1. — X et Y; Les séances de matérialisation de la villa Carmen (Comptes rendus de deux autres expérimentateurs, avec plusieurs figures) *Ibidem*, p. 65. — Une lettre du général NOEL. *Ibidem*, p. 103 — CHARLES RICHET et C. DE VESME ; Les polémiques au sujet des séances de la villa Carmen. *Ibidem*, p. 129. — J. MAXWELL ; Les séances de la villa Carmen et leurs critiques *Ibidem*, p. 197. — Les dernières séances de la villa Carmen. *Ibidem*, p. 252. — DECRÉQUY ; Les phénomènes de la villa Carmen en 1902 et 1903. *Ibidem*, p. 335. — BORMANN, PETER, RICHET et DEINHARD ; L'hypothèse du peintre G. von Max sur les vêtements de B B (avec 2 gravures hors texte). *Ibidem*, p. 348. — Voir aussi : MARSAULT ; Mon témoignage concernant Bien Boa. *Nouveaux horizons*, novembre 1906.

M^me NOEL avec M^lle MARTHE B, médium. Le fantôme B B ou Bien-Boa qu'il a vu là à plusieurs reprises n'est ni une image reflétée dans un miroir, ni une poupée, ni un mannequin. «Il possède tous les attributs de la vie. Je l'ai vu sortir du cabinet, marcher, aller et venir dans la pièce. J'ai entendu le bruit de ses pas, sa respiration et sa voix. J'ai touché sa main à diverses reprises. Cette main était articulée, chaude, mobile». B B souffle avec un tube dans de l'eau de baryte qui devient toute blanche et, comme on crie «bravo», le fantôme reparaît et salue à trois reprises. On l'a photographié plusieurs fois pendant une déflagration soudaine d'un mélange de chlorate de potasse et de magnésium... Depuis février 1902, le même fantôme était déjà apparu bien des fois, avec d'autres médiums.

CHARLES RICHET, qui avait naturellement pris toutes les précautions d'un expérimentateur averti et faisait lui-même les explorations les plus minutieuses avant et après chaque séance, discute toutes les hypothèses avant d'accepter des faits aussi extraordinaires, proclame ainsi que *jusqu'ici les expérimentateurs n'ont pas encore entraîné la conviction sur la réalité des matérialisations et des apparitions de fantômes*, et conclut que la seule question est de savoir s'il y a eu, ou non, fraude.

Malheureusement il semble qu'il y ait eu fraude, ou tout au moins la preuve n'est pas faite de la non-tricherie (1).

---

(1) Voir : VALENTIN ; La métapsychique et la psychologie positive ; Lettre ouverte au D^r Charles Richet ; Apparitions et mystifications, les fantômes de la villa Carmen ; Dans quel esprit je désire aborder l'étude des esprits. *La Vie normale*, 5 novembre et 25 décembre 1905 et 5 janvier 1906. — Bien Boa, conférence du D^r ROUBY ; une lettre de M. J. DELANNE ; lettre ouverte de M. le D^r ROUBY à M. Delanne ; Témoignages importants ; Quelques commentaires. Au sujet

D'après les publications du D^r Rouby à Alger (*Les Nouvelles*), du D^r Valentin à Paris (*La Vie normale*), du peintre Von Max à Leipzig (*Psychische Studien*), il semble bien que, dans les expériences antérieures à celles de Richet (1), la fraude paraît avoir été volontairement commise, notamment par le cocher arabe Areski et, dans les

---

d'un démenti. *Les Nouvelles* d'Alger, mars 1906.—Voir encore : Rouby; Bien Boa et Charles Richet. *Bulletin médical d'Alger*, 1906, p. 662; La villa Carmen avant Richet ; Les médiums de la villa Carmen du temps de Charles Richet ; Mlle Marthe B. et une lettre de M. Delanne ; Un autre témoignage (Marsault, Ducasse) ; *Les nouveaux horizons de la science et de la pensée*, 1906, p. 460 et 1907, p. 17 et 82.

(1) Sur les expériences antérieures à celles de Richet, j'ai reçu la lettre suivante du D^r Decréquy (l'auteur des lettres à Richet publiées dans les *Annales des sciences psychiques*, 1906, p. 335) ; «.... à cette époque, j'étais à Alger ; j'ai suivi deux ans les phénomènes de la villa Carmen ; je n'y ai jamais triché : aucun médecin n'y a jamais triché. Le D^r Denis les a suivies trois mois, à une époque où le médium Vincente Garcia paraissait avoir perdu sa médiumnité. N'ayant pu rien voir, il est resté incrédule. Après que j'eus cessé d'assister à ces séances, le bon médium ayant été remplacé par un autre qui n'avait encore rien produit, craignant de perdre mon temps, le D^r Denis resta encore quelques semaines. Il y eut une apparition un jour où il avait manqué au rendez-vous. Le D^r Denis n'a jamais triché. Il n'a eu que le tort d'être le témoin d'une plaisanterie faite par M. H... qui, ne voyant rien se produire, voulut passer le temps en riant et imagina d'apprendre par cœur une phrase d'anglais dans le but de faire croire à Madame Noel qu'il était médium. J'étais absent. Quant aux phénomènes que je vais rapporter dans la *Revue des sciences psychiques* pour répondre à l'imputation de tricheur, ils ont eu lieu en l'absence du D^r Denis, de M. H... et d'Areski qui n'était pas domestique chez le général Noel à l'époque où j'assistais aux séances. C'est moi et quelques amis sûrs qui avons certifié les phénomènes qui ont décidé le professeur Richet à venir à Alger. Lorsque le professeur Richet est venu, je n'y étais plus. Il y avait alors un autre médium que Vincente Garcia et je n'aurai à relater que ce qui s'est passé avec Vincente Garcia» (8 novembre 1906).

expériences de Richet, il y a eu fraude, consciente ou inconsciente, du médium, au moins dans beaucoup de séances, dans un nombre suffisant de séances pour qu'on n'ait plus foi dans les autres.

Malgré les conclusions, un peu découragées, auxquelles nous aboutissons, je crois qu'il faut remercier Charles Richet d'avoir raconté cette histoire et d'avoir provoqué cette polémique. Je suis, sur ce point, entièrement de l'avis de Flournoy quand il dit (1) : « j'estime que, loin de reprocher à M. Richet sa publication, il faut lui savoir gré de ce que, titulaire d'une des plus hautes chaires scientifiques du monde civilisé, il a eu le courage de s'attaquer, sans parti pris et sans siège fait, à un domaine aussi mal noté que celui des phénomènes dits occultes, au risque d'y compromettre (2), non pas la science qui ne court aucun danger, mais sa réputation personnelle, son prestige officiel, son autorité aux yeux de ses confrères et du grand public cultivé ».

Personnellement, je n'ai jamais regretté d'avoir présidé, à la Faculté de Montpellier, en 1893, la thèse d'Albert Coste sur *les Phénomènes psychiques occultes*, quoique la chose ait été, à cette époque, je ne dis pas une révolution, mais une innovation, universitaire ; pas plus

---

(1) Flournoy ; *Archives de psychologie*, 1906.

(2) «Notre grand poète italien, a dit Cesare Lombroso, le Dante, avait dit, voilà déjà plusieurs siècles, avec le scepticisme un peu cynique de la morale de La Fontaine :

Sempre a quel ver ch'ha faccia di menzogna
Dee l'uom chiuder le labbra quanto ei puote
Pero che senza colpa fa vergogna.

Il nous faut cacher autant que possible les vérités qui ont l'air de mensonges, parce qu'elles nous causent du tort, sans qu'il y ait de notre faute».

que je n'ai regretté d'avoir fait connaître l'expérience de clairvoyance dont je parlerai plus loin (1).

Donc il faut se réjouir que CHARLES RICHET ait publié ce fait. Mais il faut conclure des travaux contradictoires publiés que ce fait n'apporte pas encore la preuve scientifique, attendue, des matérialisations. Comme, d'autre part, CHARLES RICHET a dit lui même, dans ce même travail, qu'avant Bien Boa la preuve n'avait pas encore été faite de ces apparitions de fantômes, nous sommes bien obligés de conclure que cette preuve n'existe pas encore aujourd'hui — à moins que les récentes expériences de MILLER ne nous l'apportent.

4° *Dernières expériences de Miller* (2).

J'ai déjà parlé plus haut (p. 55) du médium MILLER. Mais, depuis les travaux que j'ai visés dans ce paragraphe consacré à l'étude des fraudes des médiums, MILLER a fait de nouvelles expériences à Paris (3), expériences

---

(1) Chapitre XI. III.
(2) GASTON MÉRY ; Nouvelles expériences de matérialisation. Le médium Miller. Ce que j'ai vu. Ce que je crois. *L'Écho du merveilleux*, 1906, p. 381, 401, 421 et 441. — CHARLES et ELLEN LETORT ; Nouvelles séances de Miller. *Ibidem*, p. 385, 406, 425, 446 et 463. — C. DE VESME ; Nouvelles séances de Miller à Paris. *Annales des sciences psychiques*, 1906, p. 696. et Toujours la polémique sur Miller. Lettres de G. DELANNE et CH. LETORT ; réponse de C. DE VESME. *Ibidem*, p. 756. — Voir encore : JULES BOUYER ; La conférence Delanne (du 17 février 1907 sur Miller). *Les nouveaux horizons de la science et de la pensée*, 1907, p. 85
(3) Avant de repartir pour l'Amérique et au retour d'un voyage en Allemagne, pendant lequel il avait donné, à Munich, « une unique séance chez M<sup>me</sup> RUFINA NŒGGERATH, la *Bonne maman* des spirites de Paris, qui se trouvait alors dans la capitale de la Bavière, chez des parents ».

dont Papus a dit que le bruit fait par elles en Europe serait énorme. Voici pourquoi.

« Les phénomènes produits par M. Miller, dit C. de Vesme, s'ils sont authentiques, sont absolument hors ligne dans le domaine du métapsychisme. Ici, ce n'est plus une forme humaine unique qui se matérialiserait, avec beaucoup de peine, comme le faisaient celles de Katie King et de B B ; les apparitions se succèdent et ne se ressemblent pas toujours ; elles vont, elles viennent, elles touchent les assistants, elles parlent, voire même elles chantent. Pendant qu'un certain nombre de ces phénomènes se produisent, le médium reste hors du cabinet. Bref, comme le disait une personne qui s'y connaît, Papus, les autres médiums sont des enfants auprès de Miller. Il ajoutait ne pas douter qu'avec un médium de cette force on puisse faire faire aux idées spiritualistes un pas décisif ».

Gaston Méry a raconté et critiqué les plus intéressantes de ces récentes expériences (1), qui sont évidemment très curieuses, mais qui n'entraînent pas encore la certitude scientifique de l'existence des matérialisations.

De son étude, Gaston Méry conclut d'abord qu'il n'a vu là de preuves ni d'une influence démoniaque ni d'une survie. Il présente ensuite les objections suivantes contre la réalité des phénomènes : « les scènes semblaient réglées par un habile imprésario... l'intérêt est gradué comme dans une représentation théatrale » ; si l'on peut attribuer la chose à l'entraînement du médium, on ne voit plus tard aucun signe de sa fatigue. « Le médium ne semblait disposer que d'un certain nombre d'apparitions

---

(1) Ces séances ont eu lieu le 5 octobre 1906 chez M. Letort, le 11 octobre chez Gaston Méry et deux autres, le même jour, chez M{ʟʟᵉ} Gourson et chez M{ᵐᵉ} Nœggerath.

qui prenaient des prénoms différents, hésitaient sur leur nom de famille (quand même elles ne l'ignoraient pas). On peut se demander si les chants qui sont entonnés dans l'intervalle des apparitions « n'ont pas pour utilité de cacher le bruit des préparatifs », si « la chaîne, dont l'office avoué est d'aider à la condensation des fluides, n'a pas (étant donné surtout qu'on n'en impose l'obligation que lorsque les formes sortent du cabinet et s'approchent des assistants) un autre but inavoué : celui d'empêcher les indiscrets de saisir les draperies flottantes ou même les mains des apparitions ». Les sensations auditives diverses que l'on a eues « ne peuvent-elles être données au même point par un habile ventriloque » ?... De tout cela, « il résulte que, pour tout spectateur non prévenu, la série des phénomènes n'apportait pas, avec elle, une sensation d'évidence ».

« Aucune des formes que nous avons vues se condenser devant nous n'a donné une preuve quelconque de son identité... On eût dit que les formes, indécises sur les noms à prononcer, cherchaient à les pêcher sur les lèvres des assistants. Elles semblaient vouloir faire désigner par les spectateurs eux-mêmes les personnalités dont elles s'affubleraient... Aucune des nombreuses apparitions qui se présentèrent ne révéla un fait ignoré du médium ». Les fantômes très précis correspondaient toujours à des personnages inconnus des assistants, restaient vagues au contraire les apparitions correspondant à des personnes connues.

Si donc ces fantômes ne sont ni des esprits réincarnés ni des démons, « il ne reste plus qu'une explication possible : à travers les formes apparues, c'est MILLER qui parle et qui agit ». De là à conclure au truc il me semble qu'il n'y ait qu'un pas ; GASTON MÉRY ne le fait pas. Mais beaucoup le feront, ce me semble, et concluront avec C. DE VESME qui a repris cette critique avec beaucoup de finesse :

«les séances de Paris ont eu la même valeur que celles que M. MILLER a données jusqu'ici à San-Francisco : ces séances ont laissé le *statu quo ante* dans le domaine des recherches métapsychiques... Pour ceux qui s'occupent sérieusement de recherches métapsychiques, les séances de Paris ont exactement la même portée *scientifique* que celles de San-Francisco : *quelque chose qui se rapproche terriblement du néant* (1)... Elles ont été des *séances de salon* et non des *expériences scientifiques* faites par des *savants connus*... Des spirites et des non-spirites ont assisté à ces séances ; le public se changeait, un peu comme au théâtre ; il y avait de tout, presque tous pouvaient être admis, s'ils pouvaient se faire recommander. Eh bien ! jamais on ne nous fera croire que M. MILLER et ses *contrôles* puissent avantageusement produire leurs phénomènes au milieu de pareilles assemblées, toujours changeantes et composées des éléments les plus disparates et qu'il ne le puisse pas uniquement au milieu d'une réunion de savants, *bien au courant des phénomènes métapsychiques au-dessus de tout soupçon d'hostilité contre les médiums, pour avoir déjà expérimenté avec M*$^{me}$ PALADINO, *M.* POLITI, *etc.*».

Pas plus que les expériences de la villa Carmen, les nouvelles expériences de MILLER à Paris ne sont de nature à démontrer scientifiquement la réalité des matérialisations et des apparitions de fantômes. Je maintiens donc, pour ce paragraphe, cette conclusion identique à celle des deux précédents paragraphes :

1° La démonstration scientifique des matérialisations n'est pas encore faite ;

2° La question ne paraît même pas mûre pour une étude scientifique actuelle.

---

(1) C'est moi qui souligne.

# CHAPITRE ONZIÈME

## FAITS DONT LA DÉMONSTRATION PARAIT MOINS ÉLOIGNÉE ET, EN TOUS CAS, DOIT ÊTRE RECHERCHÉE TOUT D'ABORD.

I. — Suggestion mentale et communication directe de la pensée.
    84. *Définition. Documents et faits.*
        *a.* Position de la question.
        *b.* Exemples de faits récents.
        α. D'Ardenne ; Pax ; Paul Sollier.
        β. Lombroso.
        γ. Joseph Venzano.
        δ. Miss Hermione Ramsden.
    85. *Causes d'erreur dans l'expérimentation. Trucs.*
    86. *Règles à suivre pour essayer d'établir la démonstration scientifique de la suggestion mentale.*
II. — Déplacements voisins sans contact (lévitation). Raps.
    87. *Déplacements sans contact.*
        *a.* Exemples de faits.
        α. Maisons hantées.
        β. Déplacements d'objets.
            1º Eusapia Paladino.
            2º William Crookes et Mac Nab.
            3º Maxwell.
            4º Flammarion.
        *b.* Discussion.
        *c.* Conseils.
    88. *Raps.*
        *a.* Faits.
        *b.* Discussion.
        *c.* Conclusion.
III. Clairvoyance.
    89. *Définitions. Les clairvoyants et les voyantes.*

      *a*. Définitions.
      *b*. La voyante de Saint-Quentin.
90. *Faits et discussion.*
      *a*. Quelques faits.
      *b*. Cas personnel.
      *c*. Conclusion. Règles pour les expériences ultérieures.

## I. SUGGESTION MENTALE ET COMMUNICATION DIRECTE DE LA PENSÉE.

### 84. Définition. Documents et faits.

**a.** *Position de la question.*

La suggestion mentale est la transmission directe de la pensée d'un sujet à un autre sans parole, sans geste, sans aucun des moyens ordinaires de communication psychique. C'est l'extériorisation de la pensée par une voie nouvelle. C'est le cumberlandisme sans contact.

Il est facile de voir les ressemblances et les dissemblances entre la suggestion mentale et la télépathie. La télépathie est aussi une transmission de pensée ; seulement c'est une transmission à grande distance, tandis que dans la suggestion mentale les deux sujets sont très près l'un de l'autre. De plus (et ceci est plus important), dans la suggestion mentale le sujet transmetteur ou expéditeur est actif, tandis que dans la télépathie il n'intervient pas. Ceci est tellement capital que nous verrons des cas dans lesquels la suggestion mentale se fait à plus ou moins grandes distances sans que cela devienne de la télépathie, parce que l'effort psychique est fait par le suggérant.

«On peut affirmer avec sûreté, dit VENZANO (1), que le phénomène de transmission de la pensée a désormais pénétré sans restriction dans le domaine scientifique». Beaucoup de personnes croient en effet que la suggestion mentale est scientifiquement admise et que par exemple à un sujet endormi artificiellement, en hypnose provoquée, l'hypnotiseur peut suggérer une idée sans lui parler, sans le toucher, sans employer aucun des moyens connus de communication habituelle entre deux psychismes.

Je crois, au contraire, que cette démonstration scientifique de la suggestion mentale n'est pas encore faite.

En tête du livre d'OCHOROWICZ (2), CHARLES RICHET écrit: «ce n'est pas à dire que je considère, d'ores et déjà, la suggestion mentale comme prouvée rigoureusement. Certes non... Quoique M. OCHOROWICZ et d'autres avant lui aient amassé les preuves, elles n'entraînent pas la conviction absolue, intégrale, mais seulement le doute».

Depuis cette époque (1887), nombreux sont ceux qui ont cherché cette démonstration, qui ont cru même, un moment, l'avoir trouvée. Mais, malgré les expériences de LIÉBEAULT et BEAUNIS, de BOIRAC, PAUL JOIRE, FOTHERBY... et les documents contenus dans le livre de GÉRAUD BONNET (3), je ne crois pas qu'aucun ait encore finalement réussi.

Avec une hystérique de mon service que j'ai longuement étudiée, j'ai cru, un jour, être arrivé à cette démonstration ; j'ai même fait inscrire à un Congrès, qui

---

(1) DOCTEUR JOSEPH VENZANO ; Des phénomènes de transmission de la pensée en rapport avec la médianité. *Annales des sciences psychiques*, 1905, p. 672.

(2) OCHOROWICZ ; *De la suggestion mentale*, avec une Préface de CHARLES RICHET, 1887.

(3) GÉRAUD BONNET ; *Transmission de pensée*, 1906.

devait avoir lieu quelques mois après, une communication sur la suggestion mentale. Mais une série d'insuccès est venue ensuite me démontrer que la série antérieure de succès ne suffisait pas à établir la preuve scientifique de la chose et j'ai ajourné ma communication sine die.

BERNHEIM, PITRES, comme antérieurement CHARCOT, n'ont jamais vu positivement la suggestion mentale.

**b.** *Exemples de faits récents.*

α. Sur mon conseil, mon «vieux camarade» le D$^r$ d'ARDENNE (1) a publié l'observation très curieuse d'une hystérique, chez laquelle il a réussi des expériences d'attraction, en imposant les mains, sans contact, ou en fixant fortement son regard, toujours derrière le sujet. PAX (2) a fait connaître des expériences analogues.

La principale objection à faire à cette technique vient de l'emploi des *gestes* par l'expérimentateur. On n'est jamais bien sûr que le sujet ne les perçoit pas soit par la vue quand il a les yeux fermés et que l'expérimentateur est devant lui, soit par l'ouïe ou le déplacement de l'air quand l'expérimentateur est derrière.

«Je puis certifier, dit PAX, que (le médium éveillé) a toujours gardé scrupuleusement ses yeux fermés... elle n'a certainement pas triché», consciemment et volontairement, ajouterai-je ; mais je ne suis pas assez sûr qu'il n'a pas eu une perception inconsciente comme dans le cumberlandisme avec contact.

---

(1) D'ARDENNE ; L'attraction à distance sans parole ni contact. *Annales des sciences psychiques*, 1903, p. 193.
(2) PAX ; Expériences d'attraction à distance sans paroles ni contact sur des sujets à l'état de veille. *L'Echo du merveilleux*, 1906, p. 257 et 276.

On peut utilement rapprocher de ces faits l'observation publiée par PAUL SOLLIER (1) (faits constatés avec DUHEM et BOISSIER) : le malade étant occupé et tournant le dos, SOLLIER fait, avec la main étendue, puis ramenée vers lui, le signe de tirer sur lui. Le malade s'arrête aussitôt dans ses exercices, se retourne et vient droit au médecin. L'expérience est répétée avec le même succès à quatre mètres de distance, avec un rideau interposé. Une autre fois, le cabinet où est l'expérimentateur est séparé du laboratoire où est le malade «par un vestibule d'escalier de cinq mètres de large, un mur de quarante centimètres d'épaisseur, précédé d'un petit vestibule ayant accès sur une galerie fermée par une porte vitrée»... Il n'y a là, dit SOLLIER, «aucun phénomène de divination, d'intuition ou de communication de pensée avec son hypnotiseur; il n'y a qu'un phénomène de perception. Et ce qui le prouve c'est non seulement que d'autres expérimentateurs que moi ont obtenu immédiatement le même résultat, mais encore que c'est le sens de l'impression qui détermine son mouvement»; c'est le geste et non la pensée de l'expérimentateur. «Il semble donc bien qu'il s'agit d'une acuité particulière de la sensibilité... Il ne saurait être question de sensations auditives». Dans les expériences à faible distance, on peut penser que c'est le déplacement de l'air qui est perçu. Mais dans les expériences avec un mur interposé, l'explication devient difficile. «L'on est amené à admettre, dit SOLLIER, ou que la propagation des vibrations imprimées à l'air se fait à travers des obstacles considérés jusqu'alors comme insur-

---

(1) PAUL SOLLIER ; Phénomènes de perception à distance. *Bulletin de l'Institut général psychologique*, 1904, t. IV. p. 509, et *Annales des sciences psychiques*, 1905, p. 178.

montables ou qu'il s'agit de vibrations d'un ordre inconnu» (1).

β. C'est avec Pickmann que Lombroso (2) a fait, dans son laboratoire, ses premières expériences de transmission de la pensée avec les D$^{rs}$ Roncorini et Ottolenghi et de l'avocat Zerboglio.

« L'expérience la plus fréquente consistait à présenter à un sujet, de dix à vingt fois, cinq ou six cartes à jouer ou des tickets portant un chiffre ; on les lui présentait renversés, de façon qu'il ne pût pas en voir l'inscription ; on notait alors combien de fois le sujet parvenait à deviner

---

(1) Le D$^r$ Boissier, à qui j'avais demandé la suite de cette curieuse observation, a bien voulu me répondre : «... il n'y a pas eu de nouvelles expériences ni publiées ni inédites au sujet du fait que nous avons observé avec Sollier en 1904. Le sujet était un malade que vous connaissez, grand hystérotraumatique de..... que vous nous aviez recommandé. Il a présenté ces phénomènes pendant une période relativement courte, à un stade précis de l'évolution de son réveil progressif, quelques semaines à peine sur les quatorze mois qu'a duré son retour à la veille complète.... J'étais présent et m'occupais du sujet au moment où un pur hasard nous révéla le phénomène. Nous l'avons suivi et noté jusqu'à son extinction, qui est devenue définitive après quelques jours. Nous avons vainement essayé de le reproduire chez le même malade, mais sans aucun succès dans les phases suivantes de son traitement. J'ai, dans la suite, essayé de le retrouver chez deux autres sujets (femmes) au même stade de leur régression, mais sans résultat. Pour ce qui est de D., nous avons examiné son cas au moment favorable avec tout le soin, tout le scrupule et toute la défiance de nous-même que nous pouvions y apporter ; et les faits, avec tout le contrôle possible, ont bien été ceux que vous avez lus....».

(2) Cesar Lombroso ; Mon enquête sur la transmission de la pensée. *Annales des sciences psychiques*, 1904, p. 257. — Voir aussi : Ernest Bozzano ; Cesar Lombroso et la psychologie supernormale. *Ibidem*, 1906, p. 397.

la carte ou le ticket que l'un de nous choisissait mentalement». Avec divers sujets on nota de 0 à 10, 12, 30, même 44 pour 100 de réussites.

Une fois, LOMBROSO écrit *Pitckerel* sur une ardoise; «M. RÉGIS, en état de monoïdéisme, les yeux et les oreilles bandés, à une distance de plus de dix mètres de moi, écrivit le mot *Pitche...* sur une autre ardoise». A l'ordre (sous enveloppe fermée) «mettez-vous à genoux et priez», le même médium place la feuille «entre les paumes des mains dans une attitude de prière», mais ne se met à genoux que quand on lui fait remarquer «qu'il n'avait pas fait tout ce qu'on lui avait ordonné». Il ne réussit les cartes que deux fois sur seize essais.

Plus curieuses et mieux réussies sont les expériences avec M. E. B., de Nocera, hystérique et somnambule: typographe de profession, il composa, une fois, toute une page sans coquilles, étant en état de somnambulisme.

Ces expériences de LOMBROSO, si elles n'ont pas abouti à des résultats définitifs, restent en tous cas comme exemples d'expériences simples et bien conduites, qu'on devra imiter.

γ. JOSEPH VENZANO (1) a au contraire beaucoup plus compliqué l'expérimentation. Il a agi avec des médiums divers, le plus souvent avec EUSAPIA PALADINO.

Par suggestion mentale, on fait frapper un nombre de coups donné à la table (2) pour prévenir un des assis-

---

(1) JOSEPH VENZANO ; Travail cité des *Annales des sciences psychiques,* 1903, p. 672.

(2) MAC NAB (*Echo du merveilleux,* 1906, p. 136) a pu, étant seul avec un médium M. Ch., et sans faire de signe, «arrêter, faire reprendre, rythmer, par (sa) volonté, des coups frappés dus à sa médiumnité».

tants que c'est l'heure de son train, on voit se mouvoir un éventail qui touche un des assistants à l'épaule, une pièce de dix centimes est retirée du gousset d'un assistant et remise à un autre....

De ses expériences, Venzano conclut : «la réalité du phénomène de transmission de la pensée apparaît de la façon la plus lumineuse et la plus convaincante de l'ensemble des épisodes rapportés, choisis entre plusieurs autres dont l'importance n'est pas inférieure. Les faits exposés peuvent affronter sereinement le jugement de la critique».

Je crois ces conclusions un peu hâtives et ne suis pas encore de l'avis de l'auteur quand il dit que «le critique consciencieux ne peut que déposer les armes». Voici pourquoi.

Les expériences sont trop compliquées pour avoir la rigueur de surveillance nécessaire à une expérience scientifique ; les faits pensés et exécutés sont vagues, insuffisamment précis, assez communs pour avoir des chances de se rencontrer dans une séance, au cours de laquelle beaucoup d'autres faits (non suggérés mentalement) sont également exécutés. De plus, et ceci me paraît capital, l'exactitude des ordres exécutés n'est vérifiée qu'*après l'acte* : on n'a aucune preuve que l'expérimentateur (d'absolue bonne foi) n'a pas été lui-même suggéré dans sa pensée par l'acte qu'il a vu exécuter par le médium. On voit dans certains cas l'expérimentateur ne pas reconnaître tout d'abord sa pensée dans l'acte du médium, ne la reconnaître qu'à la réflexion, à la suite de raisonnements parfois compliqués... Le médium dépasse, excède parfois la pensée de l'expérimentateur. Au milieu d'une séance compliquée et à manifestations multiples on découvre, intercalée, la réalisation d'un simple éclair de pensée chez l'expérimentateur...

Tout cela me paraît suffire pour enlever à ces expériences la valeur d'une démonstration scientifique de la suggestion mentale.

δ. En vertu de la définition donnée plus haut, les expériences citées dans le travail de Miss HERMIONE RAMSDEN (1) appartiennent à la suggestion mentale plutôt qu'à la télépathie, quoiqu'il y ait une grande distance entre les deux expérimentateurs, parce que le transmetteur de pensée a un rôle vraiment actif : c'est de la suggestion mentale à grande distance (2).

L'auteur raconte très loyalement une série d'insuccès ou tout au moins de demi-succès insuffisants pour entraîner la conviction (avec l'amie de Christiania et avec l'amie de Newmarket). Les expériences avec Miss CLARISSA MILES sont plus curieuses. Mais elles sont en général trop complexes, pas assez précises, pas assez limitées : la pensée réalisée est noyée au milieu d'un si grand nombre d'autres que l'expérience eût aussi bien réussi si on avait pensé autre chose.

Ainsi, Miss MILES pense le mot *sphinx* : Miss RAMSDEN (à 20 milles environ) perçoit huit mots, parmi lesquels étaient les suivants : *haour-glass, arm-socket, suspension bridge, sphinx*, etc., et ajoute : c'est un mot avec la lettre S ; mais je ne puis pas le saisir.

Une autre fois, «l'agent pense à une montre ; le percipient visualisa un médaillon ovale. L'agent avait pensé à des médaillons dans la matinée».

---

(1) MISS HERMIONE RAMSDEN ; Télépathie expérimentale. *Annales des sciences psychiques*, 1906, p. 272.
(2) C'est dans ce paragraphe que rentrerait l'étude de l'envoûtement ; la question ne me paraît pas mûre pour une étude scientifique. — Voir : G. PHANEG ; Etude sur l'envoûtement. Conférence à la Société d'études psychiques de Nancy. *L'Echo du merveilleux*, 1906, p. 74.

Miss Miles choisit comme sujet de pensée à transmettre : la vie future et toutes les choses spirituelles ; Miss Ramsden pense «à une pâquerette, à une sâterie, un cygne, un symbole maçonnique de deux triangles entrelacés, une paire d'ailes d'ange, un pont, une fleur de lys...».

Miss Miles se propose de faire voir la façade du palais de Monaco. Miss Ramsden pense : une statue, peut-être une fontaine, quelque chose avec de l'eau.

Voici enfin une des expériences les plus remarquables :

Miss Miles voit et essaie de transmettre un «coucher de soleil sur l'oratoire». Miss Ramsden décrit ainsi ce qu'elle a vu : «ça a été d'abord le soleil avec ses rayons et un visage qui ressortait au milieu de ces derniers. Ensuite, quelque chose qui tournait, tournait comme une roue. Les deux choses me semblèrent ensuite se fondre ensemble et je songeai à un moulin à vent ; un moulin sur une colline, où il faisait sombre et le vent soufflait avec force ; il y avait des nuages noirs. Vint ensuite la crucifixion ; je vis les trois croix à la gauche de la colline, la croix étant tournée à droite ; il faisait sombre. Vent et orage. Je suis sûre que c'est bien cela ; c'est l'impression la plus vive que j'aie ressentie. C'est à peine si j'ai *visualisé* ; c'étaient des idées très vagues, mais la suggestion était *très vive*».

Voilà une réunion d'un très grand nombre d'idées au milieu desquelles il y a bien le soleil, mais sans l'idée de coucher du soleil ; il y a aussi bien la nuit et le temps sombre ; il y a des croix et une idée du Golgotha sans idée d'église. L'auteur ajoute que Miss Miles voyait la croix de l'oratoire, qu'il y avait une girouette à l'horizon (découverte plus tard), qu'il faisait du vent, que le soleil éclairait la figure de Mac Nab dont elle faisait le portrait. Mais le ciel était embrasé de lumière orange. Et la transmission de pensée a été si peu nette que le *percipient* crut qu'on avait voulu lui faire voir un tableau représentant la crucifixion.

Je n'ai trouvé dans ce consciencieux travail qu'*une* expérience intéressante. C'est la suivante : le 27 octobre, Miss Miles, de 4 à 6 heures du soir, pense aux *lunettes* bizarres que porte un monsieur assis à son côté ; à 7 heures (Miss Miles pensant alors à autre chose), à Miss Ramsden, qui s'attendait à «recevoir une impression», la pensée vint *lunettes* ; «et c'est tout». C'est insuffisant pour édifier la démonstration scientifique de la suggestion mentale (1)....

85. Causes d'erreur dans l'expérimentation. Trucs.

Un premier conseil à donner à ceux qui désireraient expérimenter sur cette question dans l'avenir est celui-ci : n'expérimentez pas avec un professionnel liseur de pensées. Comme beaucoup d'autres, j'ai souvent essayé et j'ai toujours échoué ou du moins je ne suis jamais parvenu à rien réussir quand le barnum ignorait ma pensée.

On sait qu'il est courant, dans les foires ou même dans les cafés, de voir deux individus, dont l'un fait deviner à l'autre les numéros des montres ou le nom du chapelier inscrit au fond des chapeaux.

Les trucs sont plus ou moins habiles et plus ou moins connus ; mais ils existent toujours.

---

(1) Je n'ai pas les éléments pour discuter le fait, qui paraît bien invraisemblable, d'un sourd-muet aveugle qui aurait été instruit par la transmission de la pensée (*Annales des sciences psychiques*, 1906, p 656).

Certains prestidigitateurs posent la question en termes différents suivant la réponse à faire.

C'est ce que faisait Robert Houdin(1) «à l'aide d'un questionnaire ou plutôt d'un vocabulaire spécial et conventionnel, que le sujet et lui connaissaient seuls et dont le public ne se doutait pas du tout, il avait dressé son sujet à répondre aux questions qu'il lui posait et à deviner, à distance, soit la nature, la forme, la couleur d'un objet, soit le millésime, l'effigie, la valeur d'une pièce d'or ou d'argent, soit l'heure marquée par une montre, etc. Si par exemple il demandait «que voyez-vous?», le sujet devait répondre «un chapeau»; «dites-moi ce que vous voyez», c'était une canne ; et ainsi de suite. A chaque question correspondait une réponse convenue d'avance».

D'autres prestidigitateurs désignent à leur sujet le nombre à deviner par le rang dans un mot convenu de la première lettre des mots qu'ils emploient dans leur question. Ainsi avec le mot $\underset{1\,2\,3\,4\,5\,6\,7\,8\,9\,0}{c\,a\,t\,h\,o\,l\,i\,q\,u\,e}$, voici quelques exemples de question et de réponse :

    Combien ? — 1.

    Quel **c**hiffre voyez-vous ? — 81.

    Quel **e**st le **n**ombre ? — 806.

    Quel **e**st le **c**hiffre à **t**rouver ? — 806, 123.

Certains s'arrangent pour faire connaître le mot syllabe par syllabe. Dans ce genre, je me rappelle une voyante qui s'emballa trop tôt sur *hippopotame*, alors que le spectateur avait dit au barnum *Hippocrate*.

Il y a aussi les insinuations par gestes et attitudes.

Géraud Bonnet en cite encore un exemple. «Il suffisait de dire, à voix basse, au barnum, ce qu'on désirait;

---

(1) Voir : Géraud Bonnet ; *loco cit.*, p. 94.

celui-ci, sans se déplacer, regardait la demoiselle, éloignée de cinq ou six mètres et on voyait celle-ci s'avancer et accomplir l'acte demandé... Il existait un dialogue muet entre les deux acteurs, facilité par l'attention que la salle entière concentrait sur le sujet en négligeant le prestidigitateur ; mais, en observant ce dernier, il était possible de constater que ses allures, sa pose, ses mouvements étaient étudiés et variaient chaque fois, selon les demandes faites, quoiqu'il parût presque immobile et inactif pendant l'action du sujet... Il y avait un truc par gestes, mais tellement bien dissimulé que les plus sceptiques, parmi les spectateurs, se prenaient à douter».

Tous ces cas de transmission directe de la pensée ou de cumberlandisme sans contact reviennent à un truc (1), le plus souvent à un code convenu entre les deux compères, qui sont très adroits et très entraînés et dont l'un au moins a des sens très aiguisés.

Sur ce dernier élément de l'hyperesthésie sensorielle, j'ai déjà cité (p. 359) les curieuses expériences de PAUL

---

(1) *Fait divers*. — «Un petit procès intenté par deux artistes de music-hall, de ceux qui devinent la pensée des spectateurs et le numéro de leurs montres, à un de leurs anciens employés, vient de révéler des trucs assez amusants. Il paraîtrait qu'un téléphone est spécialement installé dans les galeries supérieures du théâtre et que ce téléphone aboutit dans la chaise de la voyante. Un compère tient ainsi au courant la dame qui, sur la scène, les yeux bandés, semble en état d'hypnose, de ce qui se passe et lui décrit la personne mise en cause. On entend bientôt la voyante s'écrier, aux applaudissements de l'assistance : c'est une dame blonde avec un chapeau vert, une bague en rubis, etc. Un autre truc, non moins original, consistait à faire suivre les personnes qui venaient louer une loge pour le soir. De cette façon, on leur racontait, à leur grande stupéfaction, l'emploi exact de leur journée». (*Petit Méridional*, 30 décembre 1906).

Sollier. Dans le même ordre d'idées, le Dʳ Laurent (1) a bien voulu me communiquer, en 1903, de jolies expériences dans lesquelles il a étudié, puis répété celles de Pickmann. Notre confrère a «pu exécuter, à la distance de quatre mètres environ, les ordres donnés mentalement par certaines personnes, ordres très simples, bien entendu, tels que le choix d'un objet sur une table». Il a très bien analysé la chose sur lui-même et a constaté qu'il y avait hyperacousie chez le sujet dirigé et perception de mots inconsciemment prononcés par le directeur : à droite, à gauche, oui, non» (2)...

Le maire de Crewe, Charles H. Pedley, a raconté au professeur Lodge (3) l'histoire d'un barnum qui faisait des signes à son sujet en soulevant son orteil droit : d'où «un léger mouvement du soulier que des yeux perçants peuvent découvrir, même à vingt yards», même quand ces yeux sont couverts d'un bandeau.

Albert Bonjean (4), qui, dans son livre sur l'*Hypnotisme*, avait démasqué la fraude d'une première voyante L., a récemment montré le truc d'une autre B. de P. «Le procédé employé par l'une et l'autre dérive du même principe. Il faut, pour que la voyante *voie*, que le barnum connaisse la chose ou la pensée à trouver... Si ce der-

---

(1) Laurent ; *Les procédés des liseurs de pensée ; cumberlandisme sans contact.*— Voir aussi : L. Laurent ; Des procédés des liseurs de pensées. *Journal de psychologie normale et pathologique,* 1905, t. II, N° 6, p. 481.

(2) Voir aussi : Alfred Graffé, professeur de psychologie à l'Université de Liège ; *Un nouveau liseur de pensée. Contribution à l'étude de l'hyperesthésie.*

(3) Lodge ; Un truc dévoilé. *Annales des sciences psychiques,* 1899, p. 176.

(4) Albert Bonjean ; La transmission de la pensée. *L'Union libérale de Verviers,* 2, 4, 9 et 13 octobre 1906.

nier doit connaître le mot ou la chose, quoi de plus facile de communiquer au sujet cette chose et ce mot, à l'aide d'un alphabet conventionnel ou d'un langage spécial et qui, pour l'intéressée, affecte un sens précis et mathématique... Je connais les moyens employés. Je puis reproduire avec mon excellent ami et très estimé confrère M° Léon Mallar, lui étant le barnum et moi le sujet, tous les phénomènes obtenus par M$^{me}$ de P.». Au même barnum, Ernest J. A. Bodson a proposé d'écrire sur une carte de visite un nombre de cinq chiffres, de le montrer au barnum qui devrait dire uniquement à son sujet: Quel nombre est écrit sur le papier? Le barnum a refusé.

86. Règles a suivre pour essayer d'établir la démonstration de la suggestion mentale.

De tout ce qui précède il résulte que la démonstration scientifique de la suggestion mentale et de la transmission de la pensée par une voie nouvelle n'est pas encore faite; mais que cependant il y a des expériences, comme celles de Lombroso et de Charles Richet par exemple, indiquant que la question n'est pas à abandonner et que peut-être on arrivera à une solution, si on met beaucoup de méthode dans l'expérimentation, si on la fait en dehors des professionnels et si on s'efforce d'organiser tout d'abord des expériences très simples.

A ceux que cette étude tenterait, je rappelle qu'il faut pour cela : 1° un sujet; car, si la suggestion mentale existe, elle n'existe pas avec et pour tout le monde; il faut un sujet hypnotisable, un médium ; 2° essayer des ordres extrêmement simples : sans geste, sans parole, sans grimace, demandez mentalement à un sujet de lever un bras, d'ouvrir la bouche, de soulever un pied... ;

3° multiplier et répéter les expériences et tout noter très exactement ; il est même bon de mettre préalablement dans un tiroir bien clos les ordres qu'on donnera et que les assistants, d'ailleurs peu nombreux, doivent ignorer; tous les actes du sujet seront notés, au fur et à mesure de leur production, par un assistant, ignorant des ordres donnés; la comparaison des deux listes écrites se fera ensuite.

Si l'on veut réellement essayer la transmission de la pensée, il faut, dans un petit groupe de personnes se connaissant absolument d'indiscutable bonne foi, organiser la petite expérience suivante, qui ressemble à un jeu de salon et qui a d'ailleurs été essayée bien des fois par des savants très sérieux.

L'expérimentateur bat un jeu de cartes. Il prend une carte, la pense très fortement et les expérimentés (qui ne la connaissent pas) notent sur un papier la carte à laquelle ils pensent eux-mêmes à ce moment. Ils ne se communiquent pas leurs résultats. L'expérimentateur passe à une deuxième carte et ainsi de suite jusqu'à dix ou vingt par séance. Puis on reprend et on dit tout haut les cartes sorties, dans l'ordre où elles ont été pensées et chacun note le nombre de ses succès, c'est-à-dire de ses coïncidences. On répète les expériences et, si une personne arrive à atteindre, et surtout à dépasser le vingt ou trente pour cent de succès, on ne chantera pas victoire, mais on pourra renouveler et préciser de nouvelles expériences avec le sujet ainsi découvert.

## II. DÉPLACEMENTS VOISINS SANS CONTACT (LÉVITATION). RAPS

Les faits de ce pararaphe sont, vis-à-vis des apports lointains et des matérialisations, ce que les faits du paragraphe précédent sont par rapport à la télépathie. Ils en sont la réduction. Comme ils sont plus simples, c'est par eux que l'on devra commencer l'étude scientifique de ce chapitre.

## 87. Déplacements sans contact.

Dans les déplacements voisins sans contact je place la rotation d'une table qu'on ne touche pas, le déplacement d'un meuble dans une pièce ou même dans un appartement, le soulèvement d'un objet, l'ascension du plateau d'un pèse-lettres, sans contact du médium qui est présent (1), etc.

**a.** *Exemples de faits.*

α. Maisons hantées.

Le problème des maisons hantées appartient à ce paragraphe. Car si on élimine les fumisteries qui sont très fréquentes (comme dans l'histoire récente du fort de Vincennes (2) par exemple), il y a toujours un médium dans une maison hantée, et la question revient toujours à chercher si ce médium touche ou non les objets qui se déplacent.

J'en ai longuement étudié un cas (3) avec mon chef de clinique le D$^r$ Calmette (aujourd'hui professeur à l'Ecole de médecine de Beyrouth), dans lequel les déplacements les plus extraordinaires furent observés jusqu'au jour où

---

(1) On peut faire rentrer dans le même groupe les expériences d'attraction à distance des personnes, dont j'ai déjà parlé plus haut (p. 358), au paragraphe de la suggestion mentale.

(2) Voir : *L'Echo du merveilleux*, 1906, p. 98, et les *Annales des sciences psychiques*, 1906, p. 115.

(3) *Le Spiritisme devant la science*, p. 11.

le médium, jeune fille hystérique de 15 ans, fut envoyée hors de la maison pour se faire soigner dans mon service de l'hôpital Saint-Eloi à Montpellier.

On trouvera plusieurs histoires de maison hantée dans le livre de Dupouy (1) (depuis Pline le Jeune jusqu'au cabinet hanté du D^r Dariex) et dans les journaux spéciaux que j'ai souvent cités.

Lombroso (2) a récemment parlé dans les *Annales* des maisons hantées qu'il a étudiées. Je note l'observation, très bien prise par le professeur, de la famille au milieu de laquelle se déroulèrent les phénomènes extraordinaires de la rue Pescatori, à Turin : « c'était une famille modeste de travailleurs... M. Pavarino était un homme sain, mais d'un caractère bizarre ; madame, par contre, était hystéroépileptique et anémique ; elle fréquentait de soi-disant guérisseuses ; son père était mort de phtisie contractée durant la guerre ; sa mère souffrait de scrofules. Elle avait une sœur médium qui parvenait à faire danser les tables et qui eut quatre enfants avec des doigts surnuméraires. Notre hystérique avait alors une fille de vingt et un ans, rachitique, maladive, neurasthénique, qui provoquait souvent la translation spontanée d'objets » (3)....

β. Déplacements d'objets.

Quant aux déplacements d'objets, il faut lire surtout le beau livre, déjà cité, d'Albert de Rochas sur *l'extério-*

---

(1) Dupouy ; *loco cit.*, p. 273.
(2) Cesar Lombroso ; Les «maisons hantées» que j'ai étudiées. *Annales des sciences psychiques*, 1906, p. 258.
(3) Voir aussi l'étude de Karin par Hjalmar Wijk ; j'y reviendrai dans la discussion des raps.

*risation de la motricité*, dont la quatrième édition est toute récente (1).

1° *Eusapia Paladino.*

Les phénomènes sont déjà très bien décrits par le professeur CHIAIA quand il écrit, en août 1888, à LOMBROSO pour lui demander d'expérimenter le nouveau médium EUSAPIA PALADINO. « Attachée sur un siège ou tenue fortement par les bras des curieux, elle attire les meubles qui l'entourent, les soulève, les tient élevés en l'air comme le cercueil de MAHOMET et les fait redescendre avec des mouvements ondulatoires comme s'ils obéissaient à une volonté étrangère ; elle augmente leur poids ou les rend plus légers selon son bon plaisir ; elle frappe, martèle les murs, le plafond, le plancher avec rythme et cadence... Cette femme s'élève en l'air, quels que soient les liens qui la retiennent ; elle reste ainsi, paraissant couchée dans le vide, contrairement à toutes les lois de la statique et semble s'affranchir des lois de la gravité ; elle fait résonner les instruments de musique, orgues, cloches, tambours, comme s'ils étaient touchés par des mains ou agités par le souffle de gnomes invisibles ».

LOMBROSO n'accepta qu'en 1891 d'assister aux expériences de Naples avec CIOLFI. Puis vinrent des expériences à Milan (1892) avec AKSAKOFF, SCHIAPARELLI, CHARLES RICHET, LOMBROSO et d'autres, à Naples (1893) avec WAGNER, à Rome (1893 et 1894) avec SIEMIRADSKI, RICHET, DE SCHRENCK NOTZING, à Varsovie avec OCHOROWICZ, à Carqueiranne et à l'île Roubaud (1894) avec RICHET, SIGDWICK, LODGE, OCHOROWICZ, MYERS, DE SCHRENCK NOTZING, SÉGARD,

---

(1) Voir aussi : DOCTEUR BECOUR ; *Histoire de fantômes, d'une femme et de cent savants*. Edition de *la Vie nouvelle*, 1906, et SURBLED ; *loco cit.*, p. 107.

à Naples (1893) avec Visani Scozzi, à Cambridge avec Myers et la Société des recherches psychiques de Londres, à l'Agnelas avec de Rochas, Dariex, Maxwell, Sabatier, de Watteville, à Tremezzo, à Auteuil et à Choisy-Itrac (1896), à Naples, Paris, Montfort et Bordeaux (1897), à Gênes et à Palerme (1901 et 1902), enfin à Rome et à Paris (1905 et 1906) avec Flammarion, Pierre Curie...

A cause du nombre et de l'importance de ces expériences, ainsi que de la valeur des expérimentateurs, il est bon de connaître l'observation d'Eusapia Paladino, prise par de Rochas.

Née en 1854, Eusapia est atteinte d'hystérie à tendance érotique, avec un léger état parétique et hypesthésique de la moitié droite du corps; a souvent la sensation de boule; « a une intelligence remarquable, mais peu développée et même déviée par des influences mauvaises... Un tempérament variable et irritable, une ambition démesurée, un certain enivrement de sa gloire médianimique, un grand désintéressement, et nous aurons une idée du caractère de cette Italienne, mélange curieux de franchise et de dissimulation... Elle fut, dès son enfance, témoin de scènes terrifiantes » (assassinat, vols). « Dès l'âge de huit ans, elle fut sujette à une hallucination obsédante à l'état de veille : des yeux expressifs la regardant de derrière un amas de pierres ou un arbre, toujours à droite... Les premières manifestations médianimiques coïncident avec l'apparition de la menstruation (1), vers

---

(1) Le D$^r$ Laurent (*Annales des sciences psychiques*, 1897, p. 265) a étudié de curieux «phénomènes mécaniques produits sans contact par certaines femmes au moment de la menstruation»: le *sol* de la contrebasse d'un monsieur cassait toutes les fois que sa femme avait ses règles ; une harpiste voyait, à chaque période cataméniale, se casser des cordes (toujours les mêmes) de son instrument ; une domestique arrêtait la pendule quand, à la même période, elle essuyait la cheminée et époussetait la pendule.... c'était peut-être un peu de nervosisme dans les doigts.

l'âge de treize ou quatorze ans... Ce n'est que dans sa vingt-deuxième ou vingt-troisième année que commença la culture spirite d'EUSAPIA dirigée par un spirite fervent, M. DAMIANI ». *John King* qui s'empare alors d'elle serait le frère de *Katie King* de CROOKES. Elle est hypnotisable ; on peut lui extérioriser la sensibilité (DE ROCHAS) et l'attirer avec la main sans contact; elle prend un jour, par le contact, la migraine de M. DE GRAMONT. « Elle entre d'elle-même en transes, quand elle fait partie de la chaîne des mains». Ses transes ressemblent beaucoup à des crises d'hystérie, après lesquelles EUSAPIA est « complètement épuisée et presque inconsciente ». « Voici ce qu'elle raconte elle-même de ses impressions quand elle veut produire un mouvement à distance : tout d'abord elle désire ardemment exécuter le phénomène ; puis elle éprouve l'engourdissement et la chair de poule dans les doigts; ces sensations croissent toujours et en même temps elle sent dans la région inférieure de la colonne vertébrale comme un courant qui s'étend rapidement dans le bras jusqu'au coude où il s'arrête doucement. C'est alors que le phénomène a lieu. Pendant et après la lévitation des tables, elle éprouve de la douleur dans les genoux; pendant et après d'autres phénomènes, dans les coudes et les bras entiers. »

2° *William Crookes et Mac Nab.*

Avant les expériences d'EUSAPIA PALADINO, il faut citer celles de WILLIAM CROOKES (1) avec le médium DOUGLAS

---

(1) Voir : DE ROCHAS; *loco cit.*, p. 471, d'après WILLIAM CROOKES ; *Recherches sur les phénomènes du spiritualisme.*

Home (1), spécialement des expériences de lévitation. Ces expériences, très remarquables, sont faites avec divers appareils qui sont en définitive des variétés de pèse-lettres. On peut également comparer ces appareils au sthénomètre décrit plus haut (p. 255), avec cette différence qu'une surface horizontale, susceptible d'être entraînée de bas en haut par la main (sans contact du médium), remplace ici l'aiguille mobile à l'extrémité inférieure d'un fil.

Ce sont là des expériences très simples et très scientifiques que je donnerai plus loin comme modèles des tentatives à refaire pour étudier ce chapitre de l'extériorisation de la motricité.

On peut en rapprocher l'expérience de la canne, publiée par Mac Nab (2). «Le médium s'assit tenant une canne debout entre les jambes, la frotta avec ses mains; puis, les écartant lentement, les tint immobiles. La canne resta debout, non point tout à fait verticalement, mais un peu inclinée vers la poitrine du médium, en tremblant un peu à la façon des aiguilles qu'on fait tenir debout sur un pôle d'aimant, le long d'une ligne de force. Il restait parfaitement immobile et la canne s'inclinait, à sa volonté, à droite, à gauche, en avant, en arrière. La partie supérieure vint jusqu'à toucher sa poitrine; la canne faisait alors avec le sol un angle d'environ 60°; à sa volonté, elle se redressa lentement jusqu'à la position verticale... Le médium, pendant cette expérience, restait parfaitement immobile et la canne suivait toutes les impulsions de sa volonté sans aucun lien visible avec ses muscles, de sorte qu'elle paraissait douée de mouvement spontané».

---

(1) Voir : Surbled ; *loco cit.*, p. 81 et 93.
(2) Mac Nab in de Rochas ; *loco cit.*, p. 524.

Voilà des expériences bien moins frappantes mais bien plus intéressantes et plus voisines de la rigueur scientifique que celles dans lesquelles, sous l'influence du même médium, «un sabre de cavalerie fut sorti de son fourreau empaqueté dans un coin de la chambre et se trouva par terre» aux pieds de l'expérimentateur, ou dans lesquelles tout le mobilier d'une pièce est chambardé et bruyamment mobilisé sur l'expérimentateur ou au plafond.

Mac Nab a observé aussi des lévitations personnelles du médium (*loco cit.*, p. 536).

3° *Maxwell.*

Maxwell (1) distingue la *parakinésie* «production de mouvements tels que les contacts observés ne suffisent pas à les expliquer» et la *télékinésie* «mouvements sans contact».

Dans le premier groupe il n'a «constaté dans de bonnes conditions que la lévitation de la table» «avec une bonne lumière»; surtout avec Eusapia.

La télékinésie est «un des phénomèmes que Maxwell a «observés avec le plus de soin et de certitude» : d'abord avec Eusapia, des lévitations de la table, sans contact, avec une lumière suffisante. En même temps «les rideaux du cabinet étaient souvent projetés sur la table comme si un vent violent les eût poussés... Les chaises des observateurs étaient fréquemment déplacées, secouées, soulevées et portées sur la table....».

J'attache surtout de l'importance à l'expérience du pèse-lettres. «Nous avons opéré avec une lumière assez forte pour nous permettre de lire les divisions faible-

---

(1) Maxwell ; *loco cit.*, p. 86 et 195.

ment marquées du pèse-lettres... Sous nos yeux, Eusapia l'a fait à plusieurs reprises baisser en abaissant et relevant diverses fois ses mains, face palmaire en dessous. Les mains d'Eusapia étaient à douze ou quinze centimètres du plateau du pèse-lettres... En retournant ses mains, c'est-à-dire en les mouvant avec la face palmaire en dessus, M$^{me}$ Paladino a relevé le plateau du pèse-lettres préalablement chargé d'un portefeuille... Les faits que j'ai constatés avec Eusapia ont été reproduits par d'autres médiums, non professionnels... ».

Ceci me paraît beaucoup plus important que l'expérience du restaurant dans lequel le médium fit rapprocher la table de son voisin de trente centimètres.

Maxwell ajoute les trois propositions suivantes qui résument son expérience : 1° il y a une certaine corrélation entre les mouvements opérés par le médium ou les assistants et le mouvement des objets avec lesquels on expérimente ; 2° certaines sensations particulières accompagnent l'émission de la force employée ; 3° cette force a une connexion probable avec l'organisme des assistants.

4° *Flammarion* (1).

Dans un récent travail de la *Revue* que j'ai déjà cité plusieurs fois, Flammarion signale de nouveau de curieuses expériences faites avec Eusapia.

On retrouvera là des faits curieux de déplacements d'objets ou de meubles, des soulèvements de rideaux, des attouchements sur les spectateurs, des mouvements

---

(1) Camille Flammarion ; Les forces naturelles inconnues. *La Revue*, 1906, p. 21, 188, 329, 460, et 1907, p. 24. (Cette importante publication n'est malheureusement pas achevée au moment où je corrige mes épreuves).

rythmés de l'accordéon (1); une table est brisée ; un livre paraît traverser un rideau sans ouverture....

Plus importantes, à mon sens, que toutes ces expériences trop complexes, sont les *lévitations*.

«Pour moi, dit FLAMMARION, la lévitation des objets n'est pas plus douteuse que celle d'une paire de ciseaux soulevée à l'aide d'un aimant». Un soir, continue-t-il, je priai EUSAPIA «de poser ses mains avec moi sur le guéridon... Le meuble fut, assez vite, soulevé à trente ou quarante centimètres, tandis que nous étions debout tous les deux. Au moment de la production du phénomène, le médium posa l'une de ses mains sur l'une des miennes qu'elle serra avec énergie, nos deux autres restant voisines, et il y avait de sa part, comme de la mienne, un acte de volonté exprimé d'ailleurs par des paroles, des commandements à l'esprit... Allons ! Levez la table ! Du courage ! Voyons ! Un effort !...». Cette expérience «a été répétée ce jour-là, trois fois de suite, *en pleine lumière* d'un lustre au gaz, et dans les mêmes conditions d'évidence absolue... Ce phénomène de lévitation est, pour moi, absolument prouvé».

Une autre fois, «il y a eu, en un quart d'heure, cinq lévitations de la table, *dont les quatre pieds ont été complètement détachés du sol*, à la hauteur de quinze centimètres environ et durant plusieurs secondes. Pendant une lévitation, les assistants ont cessé de toucher la table, formant la chaîne en l'air et au-dessus, et EUSAPIA a agi de même. Donc, un objet peut être élevé, con-

---

(1) J.-S. GŒBEL a raconté, dans les *Annales des sciences psychiques*, 1907, p. 631, des séances musicales dans lesquelles, pendant que le médium SHÉPARD jouait du piano avec ses deux mains, une harpe placée sur le piano jouait spontanément et se déplaçait, allant toucher l'épaule ou le genou des spectateurs.

trairement à la pesanteur, sans contact des mains qui viennent de l'influencer».

b. *Discussion.*

De ces divers documents, dont plusieurs sont fort recommandables et tous recueillis avec une absolue bonne foi, peut-on conclure que la démonstration scientifique est faite des mouvements, sans contact, à faible distance? Je ne le crois pas.

J'élimine d'abord les maisons hantées parce que les conditions y sont en général trop complexes pour qu'on puisse en tenter une étude vraiment scientifique.

Dans les expériences proprement dites, les plus convaincus reconnaissent que le contrôle est extrêmement difficile. «Les transports d'objets d'un point à un autre d'une chambre, en présence d'un médium, dit Mac Nab, sont la chose la plus facile à obtenir et en même temps la plus difficile à contrôler».

Maxwell (1) proclame que certaines expériences sont bien concluantes : «quand j'ai observé, par exemple, le déplacement d'un meuble en plein jour, dans un café, dans un restaurant, dans un buffet de chemin de fer, j'ai bien le droit de penser que je ne suis pas en présence d'un mobilier truqué pour obtenir de pareils effets». Bien des prestidigitateurs opèrent ainsi dans des salles de café ou de spectacle qui ne sont pas truquées d'avance. D'ailleurs, le contrôle n'est pas toujours aussi aisé ou bien il révèle des fraudes. «Dans une série d'expériences, dit encore Maxwell, qui m'a donné des résultats valant la peine d'être observés avec soin, j'ai obtenu la lévitation de la table dans des conditions un peu meil-

---

(1) Maxwell ; *loco cit.*, p. 26, 88 et 89.

leures. Mais certains des assistants fraudaient avec une telle inconscience que je ne crois pas devoir tenir compte des mouvements parakinétiques obtenus, bien que j'aie l'impression que ces fraudeurs n'aient pas tout fraudé; toutefois les conditions peu satisfaisantes dans lesquelles j'ai fait cette série d'expériences m'ont amené à la discontinuer». Et plus loin : «il ne faut pas oublier que *rien n'est plus facile à frauder qu'une lévitation de la table*». MAXWELL indique ensuite une série des moyens qui peuvent être employés. «Dès que la lumière est baissée, il est impossible de s'assurer du contrôle mutuel qu'il est indispensable d'exercer», quand les expérimentateurs sont assis autour de la table. «Quand les mains appuient avec un peu de force sur le plateau de la table, il est très facile, avec une table légère, de glisser la pointe du soulier sous l'un des pieds de cette table et de la soulever au-dessus du sol. Cette manœuvre est d'autant plus aisée que les balancements de la table, dont les pieds quittent alternativement le plancher, permettent de la réaliser sans que personne s'en aperçoive. Je n'ai pas besoin d'ajouter que des crochets attachés au poignet, des bracelets de forme spéciale permettent aussi de soulever et de maintenir en l'air la table d'expériences». MAXWELL signale encore cet autre genre de fraude observé chez certains professionnels : «le médium se place du petit côté de la table, provoque des oscillations diverses et lorsqu'il a réussi à soulever le côté de la table en face duquel il est assis, il écarte ses jambes de manière à exercer une forte pression sur les pieds de la table entre lesquels il est placé. Une fois cette pression exercée, il n'y a plus qu'à appuyer très fort les mains de haut en bas sur le plateau de la table, du côté où se trouve le médium, pour obtenir une lévitation. On comprend aisément que la table, maintenue par les genoux du fraudeur, exécute un mouvement de rotation autour d'un axe passant par les points fixés par la pression des genoux et que son plateau devienne parallèle au sol. Elle paraît alors en lévitation. On peut réussir cette fraude en plaçant sur la table une personne assise sur une chaise. Sous prétexte de contrôle, le médium prend les mains de cette personne et trouve sur elle le point d'appui nécessaire à provoquer la rotation de la table autour de l'axe... Dans l'obscurité surtout, cette tromperie est facile à réaliser».

Voici un autre exemple de fraude publié par Ochorowicz (1).

Dans une expérience avec Eusapia, Charles Richet et Ochorowicz tiennent, chacun, une main et un pied du médium sous leur main et leur pied. Eusapia annonce qu'elle va tenter une lévitation. A un moment, Ochorowicz sent que le pied gauche du médium qu'il tenait sous son pied l'abandonne pour aller soulever le pied de la table; en même temps, elle fait pivoter son pied droit que tenait Richet et appuie simultanément avec la pointe et le talon de ce pied sur le pied de Richet et sur le pied d'Ochorowicz. Celui-ci indique par un mouvement de son pied qu'il a senti le déplacement; le pied d'Eusapia revient à sa place et la lévitation n'a pas lieu. Ochorowicz a fait un jour, lui-même, une séance de cet ordre, contrôlé par Richet et Bellier (qui ne voulait pas admettre la fraude) : il a substitué un pied à un autre, a libéré ce dernier et a soulevé la table.

Flammarion a bien vu aussi les objections que l'on peut faire à ces expériences: «pourquoi ce cabinet sombre ? le médium le déclare nécessaire à la production

---

(1) Ochorowicz ; La question de la fraude dans les expériences avec Eusapia Paladino. *Annales des sciences psychiques*, 1896, p. 79.

des phénomènes pour la condensation des fluides. J'aimerais mieux rien... Il est bizarre, étrange et infiniment regrettable que la lumière interdise certains effets... Les procès-verbaux sont nombreux et parfois contradictoires. Celui de M. ANTONIADI, par exemple, conclut que *tout est fraudé*, du commencement à la fin. Le sujet est complexe. Il est difficile de se former une conviction radicale, une véritable certitude scientifique. Il y a des phénomènes incontestablement vrais ; il en est d'autres qui restent douteux et que nous pouvons attribuer à la supercherie, consciente ou inconsciente, et quelquefois aussi à certaines illusions des observateurs..... Quelle valeur n'aurait pas l'observation de cet objet traversant un rideau, si l'on était sûr de l'absolue honnêteté du médium, si, par exemple, ce médium était un homme de science, un physicien, un chimiste, un astronome, dont l'intégrité scientifique soit au-dessus de tout soupçon (1) ? Le seul fait de la possibilité d'une fraude diminue des quatre-vingt-dix-neuf centièmes la valeur de l'observation et oblige à la voir cent fois avant d'en être sûr. Les conditions de la certitude devraient être comprises de tous les chercheurs et il est surprenant d'entendre des personnes intelligentes s'étonner de nos doutes et de la stricte obligation scientifique de ces conditions».

En somme, le plus souvent les expériences sont trop complexes et parfois trop inattendues pour que l'attention ne soit pas distraite et pour que le contrôle soit absolument rigoureux ; de plus, la plupart ne réussissent bien que dans l'obscurité ou la demi-obscurité, et à peu

---

(1) Ceci ne suffirait pas encore à garantir contre les fraudes *inconscientes*.

près tous les médiums ont été, un jour ou l'autre, surpris fraudant. Je sais bien que, comme je l'ai déjà dit, cela ne prouve pas qu'ils fraudent toujours. Mais cela jette un doute sérieux et, en science, il ne faut pas qu'il reste un doute.

Je crois donc pouvoir conclure que, malgré les efforts accumulés et les curieuses expériences publiées, la démonstration scientifique n'est pas encore faite de l'existence des mouvements provoqués à distance, par un médium, sans contact.

Babinet raconte l'histoire d'une jeune fille qui lançait des chaises avec une vitesse redoutable par une contraction des muscles de la jambe dont personne ne se doutait et le mouvement paraissait spontané (1). En terminant son article, il demande qu'un sujet vienne annoncer à l'Académie des Sciences «qu'au moyen de tant de médiums qu'il voudra, mais *sans contact aucun et à distance*, il suspend en l'air, sans autre support que la volonté, un corps pesant plus compact que l'air et tout à fait en repos : si son assertion est reconnue vraie, il sera proclamé *le premier des savants du monde entier*».

Ce défi, lancé dans la *Revue des Deux Mondes* il y a plus d'un demi-siècle, n'a pas encore été relevé.

c. *Conseils pour expériences futures.*

Si la démonstration scientifique de l'extériorisation de la motricité n'est pas encore faite, à mon sens, cela ne veut pas dire que ce soit un sujet à abandonner, comme la quadrature du cercle. Je crois au contraire que c'est un des chapitres de l'occultisme dans lequel

---

(1) On peut rapprocher de ce fait les exploits dont j'ai parlé plus haut (p. 41) de Miss Annie Abbott, *the little Georgia Magnet*.

on est le plus tangent à une démonstration, dans lequel par suite on doit accumuler le plus de recherches et d'expériences, en y mettant une absolue rigueur scientifique.

La capitale recommandation est de limiter, pour le moment, les recherches à des expériences *extrêmement simples* et en *pleine lumière*. De plus, dans la séance, il ne faut chercher qu'*un* résultat, ne pas tenir compte d'un fait imprévu, parce qu'un fait imprévu n'est pas contrôlé. Un attouchement, par exemple, inopinément senti sur une épaule ou sur un genou ne signifie rien, parce qu'on ne s'y attendait pas et que par suite les précautions n'ont pas été scientifiquement prises pour le contrôler et le préciser. De plus, il ne faut pas permettre que l'attention soit détournée sur autre chose, par de la musique ou des chants par exemple.

Les expériences idéales qui, de l'aveu de tous, paraissent les plus démonstratives et auxquelles je voudrais que jusqu'à nouvel ordre on se limitât, sont les expériences de *lévitation sans contact* (pèse-lettres ou table (1) *en pleine lumière*. Quand ceci sera acquis, un grand pas sera fait et on avancera sur un autre point.

A ceux donc qui voudraient reprendre ces expériences, modestement mais sûrement, je conseille de rechercher d'abord quelqu'un qui soit capable de faire mouvoir une table, de la faire tourner ou déplacer et puis la soulever, sans la toucher (2). On peut commen-

---

(1) Je ne vise ici que les lévitations d'objet ; la lévitation du médium constitue au contraire un phénomène complexe, par l'étude duquel je n'engage pas à commencer.

(2) On pourra commencer par étudier l'action des sujets sur un des appareils décrits plus haut (p. 254) sous le nom de biomètre et de sthénomètre. Il n'est cependant pas encore démontré que les deux ordres de déplacement à distance soient de même nature.

cer à entraîner la table avec contact comme tout le monde ; mais puis il faut voir le déplacement de l'objet ou du meuble continuer, alors que personne n'a plus aucun contact avec lui.

Une fois trouvé ce sujet capable de mouvoir un objet à distance, la partie sera gagnée. On lui fera refaire une expérience très simple, celle du pèse-lettres par exemple, en pleine lumière et devant une Commission de l'Académie des Sciences. Le vœu de Babinet sera dès lors réalisé et l'expérimentateur proclamé le premier des savants du monde entier.

## 88. Raps.

### a. *Faits*.

Une autre expérience qu'on doit essayer de refaire parce qu'elle est simple et scientifiquement contrôlable (quoiqu'elle soit moins précise dans son déterminisme que celle du pèse-lettres) est celle des *raps*.

On appelle ainsi des coups frappés «sur le plateau de la table, sur le plancher ou sur le sol, sur les assistants ou sur les meubles, les murailles et le plafond» et entendus par les spectateurs. Ce sont les phénomènes qui, observés par les sœurs Fox (voir plus haut, p. 16), ont été le point de départ de toute la période moderne du spiritisme.

Maxwell (1) en a fait une très bonne étude (2).

Pour les obtenir de la manière la plus simple, «des expérimentateurs, assis autour de la table, appuient la face palmaire de leur main, les doigts étendus, sur le

---

(1) Maxwell ; *loco cit.*, p. 67, tout le chapitre.
(2) Voir aussi : Flammarion ; Article cité de la *Revue*, p. 32.

plateau du meuble... J'ai obtenu les raps en pleine lumière. J'en ai eu si fréquemment avec la plus vive clarté que je me demande si l'obscurité les favorise au même point que certains autres phénomènes... Le contact des mains n'est d'ailleurs pas nécessaire pour l'obtention des raps. J'en ai obtenu très facilement sans contact avec certains médiums. Lorsqu'on réussit à avoir des raps avec contact, un des moyens les plus sûrs pour les obtenir sans contact est de conserver un certain temps les mains appuyées sur la table, puis de les soulever avec une extrême lenteur en maintenant la face palmaire tournée vers le plateau de la table, les doigts en légère extension, sans raideur .. Avec certains médiums, l'énergie libérée est assez grande pour agir à distance ; j'ai eu l'occasion d'entendre des raps résonner sur une table qui était à près de deux mètres du médium ». Avec un médium, MAXWELL a obtenu « des raps retentissants dans des salles de restaurant et dans des buffets de chemin de fer... Le bruit insolite de ces raps attirait l'attention des personnes présentes et nous gênait beaucoup ». Il a également entendu de très beaux raps « dans des musées, devant des tableaux de maîtres et principalement des tableaux religieux... dans une maison que l'homme de génie qui l'a habitée a rendue célèbre. Dans la chambre où est mort cet écrivain, les raps ont attiré l'attention soupçonneuse du gardien... En général, le type ordinaire du rap est un coup sec d'intensité variable ; il rappelle la tonalité d'une étincelle électrique, au moins sur les tables ; mais ce n'est que le type ordinaire ; les variations en sont nombreuses ». D'ailleurs, « la tonalité des raps varie avec la matière de l'objet sur lequel ils résonnent... ils peuvent ressembler au bruit léger que fait une souris, une scie, à celui des ongles frappant sur le bois ou grinçant sur une étoffe ».

Les raps peuvent varier avec les diverses personnalités

du médium. «Chaque individualité personnifiée se manifeste par des raps spéciaux». Maxwell cite alors des cas bien curieux de raps, qui deviennent alors des phénomènes très complexes, au point de vue de l'observation scientifique (1). L'auteur rapporte d'ailleurs ces faits tout en reconnaissant que ces personnifications du médium ne l'ont pas jusqu'ici convaincu de leur identité.

En étudiant des raps, d'ailleurs compliqués et curieux, Maxwell arrive à admettre «leur étroite connexité avec les mouvements musculaires des assistants» et il formule les propositions suivantes : «1° tout mouvement musculaire, même faible, est généralement suivi d'un rap ; 2° l'intensité des raps ne m'a pas paru proportionnelle au mouvement fait ; 3° l'intensité des raps ne m'a pas paru varier proportionnellement à leur éloignement du médium».

Les raps déterminent chez le médium «une sensation de fatigue légère. Cette sensation est perceptible pour les observateurs eux-mêmes».

### b. *Discussion.*

Voilà, semble-t-il, d'autres phénomènes, encore occultes, qui doivent être proposés au travail de contrôle et de démonstration scientifique des chercheurs à venir. Mais, pour cela, il faut se mettre dans des conditions toutes particulières, très surveillées, et par suite très bien connaître les nombreuses causes d'erreur à éviter.

---

(1) «Quelquefois les raps imitent un éclat de rire, cela coïncide soit avec une histoire amusante dite par un des assistants, soit avec une taquinerie. Une autre entité personnifie un homme pour lequel j'ai eu la plus profonde affection. Les coups sont plus graves. Cette personnalité paraît avoir la clairvoyante perspicacité et la bienveillance de l'homme que j'ai connu».

D'abord les maisons hantées, dans lesquelles on entend si fréquemment et si facilement des raps, sont, comme je l'ai déjà dit (p. 371), de mauvais terrains d'observation scientifique : les cas y sont trop complexes et l'attention y est trop éparpillée.

Cependant HJALMAR WIJK et BJERRE (1) ont montré que l'hypnose pourrait servir comme précieux moyen d'étude de certains de ces cas. En endormant KARIN, le médium hystérique d'une maison hantée de la Suède méridionale, ils n'ont pas réussi à déceler le mécanisme des raps, comme a fait PIERRE JANET pour les apports dans l'expérience citée plus haut (p. 328); mais ils sont parvenus à diriger et à provoquer les raps à heure fixe par la suggestion dans l'hypnose. Ceci est capital pour la démonstration de la nature polygonale des raps, au moins dans ces cas.

Ce serait là un exemple, dans l'histoire des raps, des fraudes involontaires et inconscientes. Il y en a aussi de volontaires et conscientes.

Ainsi on a parlé de mouvements bruyants des orteils et de «cette contraction du tendon péronier supposée par JOBERT DE LAMBALLE et qui a fait tant de bruit à l'Académie» (2). «Le docteur SCHIFT, appelé près d'une jeune Allemande qui se disait obsédée par un esprit frappeur, a découvert le secret : il a reconnu que ce bruit se produisait au niveau de la cheville du pied, là où passe le tendon d'un des muscles de la jambe. La jeune Allemande déplaçait à volonté ce tendon et le faisait retomber avec bruit au fond de sa coulisse. M. SCHIFT, s'étant exercé à

---

(1) HJALMAR WIJK; Karin. Etude expérimentale sur les phénomènes de frappement spontané. *Annales des sciences psychiques*, 1905, p. 517.

(2) PIERRE JANET; *loco cit.*, p. 401.

cette manœuvre, était devenu d'une assez belle force» (1).

Hodgson, à Cambridge, a attribué certains raps d'Eusapia Paladino «à des coups frappés par la tête du médium sur le plateau de la table».

Maxwell (2), qui a si bien étudié ces phénomènes, a constaté des fraudes positives avec certains de ses médiums ; il a de plus étudié et exposé les différentes manières d'imiter les raps et il déclare qu'il y en a beaucoup. «Les raps, dit-il, sont très faciles à imiter... La plus simple et la plus parfaite (manière de les imiter) est de faire glisser très lentement, d'un mouvement imperceptible, le bout d'un doigt appuyé sur la table. Les résultats sont meilleurs quand le doigt est très sec et bien dégraissé par de la térébenthine ou de la benzine... On peut également imiter (les raps) avec l'ongle». Dans les ténèbres, le fraudeur «peut imiter les coups qui résonnent sur le plancher : les coups sourds, en frappant adroitement avec le pied le plancher ou les pieds de la table ; les coups secs, en laissant, avec une extrême lenteur, glisser son soulier le long des pieds de la table ou d'une chaise. Le frottement très lent des vêtements ou du linge, notamment des manchettes, peut faire croire à l'existence des raps». On peut aussi «appuyer avec une force variable sur le plateau de la table : quand celui-ci est mince ou que la table est mal assemblée et que les parties ont du jeu, les variations de la pression de la main déterminent des craquements simulant des raps... J'ai vu un jeune médium qui avait réussi à dissimuler un bâton et simulait avec lui des coups frappés au plafond. J'en ai connu deux autres qui donnaient des coups de

---

(1) Bersot ; *loco cit.*, p. 130.
(2) Maxwell ; *loco cit.*, p. 68, 79, 84, 237 et suiv.

poing sur la table, d'autres la frappaient par dessous avec le pied. Tout est possible dans les ténèbres et avec certains observateurs confiants... Certaines personnes, en appuyant le pied d'une certaine façon et en contractant leurs muscles jambiers ou péroniers, peuvent imiter les coups frappés sur le sol. On a signalé ce fait spécialement en ce qui concerne le tendon du long péronier latéral. J'ai observé, continue MAXWELL, un étudiant en médecine, fraudeur incorrigible et névropathe, qui obtenait des coups assez semblables aux raps en appuyant le coude sur la table et en faisant certains mouvements de l'épaule. Il existe aussi des gens qui peuvent faire craquer à volonté leurs articulations» (1).

Plus loin, parlant toujours des raps et de la facilité qu'on a à les imiter, MAXWELL dit : «en pleine lumière, j'en donne facilement l'illusion à des personnes prévenues que je fraude. Il est très difficile d'observer à la fois les dix doigts, le bras, la jambe, le pied».

c. *Conclusion.*

De tout ce qui précède on peut conclure que les raps appartiennent encore au groupe des phénomènes oc-

---

(1) «Le jeu de l'articulation du genou a été notamment incriminé par M<sup>me</sup> SIDGWICK dans son article *The physical phenomena of spiritualism* (*Proceedings S. f. ps. Res.*, t. XIII, p. 45). Elle rappelle les interprétations données par les D<sup>rs</sup> FLINT, LEE et COVENTRY qui ont observé M<sup>mes</sup> KANE et UNDERHILL, deux des fameuses sœurs Fox. M<sup>me</sup> SIDGWICK a expérimenté avec la troisième, M<sup>me</sup> JENCKEN, et accepte l'explication des médecins américains. Pour eux, les raps doubles étaient produits par un mouvement rapide de déboîtement et de remboîtement du genou. En plaçant le médium de manière à rendre cette dislocation volontaire impossible (par exemple le médium assis), les jambes en extension et les talons reposant sur un coussin mou, aucun rap ne se produisait».

cultes. Mais ce sont des phénomènes contrôlables dont il faut poursuivre l'étude expérimentale et tâcher de démontrer l'existence scientifique,

Seulement, pour cette étude, il faut tout d'abord se limiter aux raps simples, en très petit comité et en pleine lumière.

Même dans ces conditions, la surveillance absolue est encore bien difficile à instituer, l'attention est un peu hésitante dans son application, puisqu'on ignore quand et où se produira le rap s'il se produit.... De sorte qu'il me semble plus rationnel de commencer l'étude des mouvements sans contact par l'étude des lévitations simples d'objet, en pleine lumière, dont j'ai parlé plus haut (p. 385).

## III. CLAIRVOYANCE

### 89. Définitions. Les clairvoyants et les voyantes.

*a. Définitions.*

Si je mets la clairvoyance ici dans les phénomènes dont la démonstration scientifique me paraît, sinon prochaine, du moins possible, c'est que je n'attache à ce mot aucune idée de divination ou de prophétie, ni même aucune idée de télesthésie ou de télépathie.

Je laisse au mot clairvoyance son sens étymologique seul et j'en fais uniquement la *faculté de voir à travers les corps opaques*; de même qu'il y a une clairaudience et une clairesthésie, comme dans le cas de Paul Sollier cité plus haut (p. 359).

J'élimine donc de ce paragraphe les sujets que, dans le public, on appelle des *voyantes*.

Si la clairvoyance est jamais prouvée, le sujet qui en

sera doué pourra peut-être révéler dans l'estomac un corps étranger (à la façon des rayons Rœntgen); s'il connaît bien, déjà antérieurement, son anatomie normale il pourra se rendre compte qu'un foie est augmenté de volume et s'il sait la médecine il pourra peut-être voir s'il y a du liquide dans une plèvre ou des calculs dans une vésicule biliaire. Mais il n'aura pas le pouvoir de diagnostiquer une maladie qu'il ne connaît pas et encore moins d'en indiquer le remède, pas plus qu'il ne pourra découvrir un trésor ou prédire l'avenir.

Alors même que la clairvoyance serait, un jour, démontrée, on ne pourrait jamais attribuer qu'à un charlatan menteur et escroc des annonces comme la suivante, cueillie dans le *Petit Marseillais* du 27 décembre 1906 :

**Je conseille, guide et console.**
CONSULTER MADAME
M\*\*\*
*Somnambule spirite*
LA GRANDE VOYANTE
**Cartomancienne, médium guérisseur.**

Vous qui souffrez, qui désespérez, consultez M<sup>me</sup> M. : elle vous guérira et consolera par secrets magiques, *enlève mauvais sorts*, fait réussir en tout.

S'y adresser ou lui écrire en toute confiance.

(Suit l'adresse)

Plus inconscient peut-être, mais pas moins dangereux est l'auteur des deux extraits suivants du *Sauveur des malades* (octobre-novembre décembre 1906) :

« Tous les Rites dont s'est servie jusqu'à ce jour M. de S.-R. pour la guérison des malades qui viennent à elle, pour les délivrer de leurs souffrances physiques, chagrins moraux ou sociaux, ne peuvent plus rien en date de ce

Noël 1906, ni pour le salut d'aucun; les grands Esprits qui y présidaient étant entrés en période de Repos psychiquement. Les nouveaux génies qui les continuent auprès de M. de S.-R. en sa mission de salut mondial n'ont révélé comme moyens curatifs que la volonté manifeste dont l'appel ci-dessus donne la teneur. La vérité du bout des lèvres serait simple formalité, avoir au cerveau le désir des vœux qu'il renferme vous sera salutaire, à nos chers malades, pauvres victimes de l'ignorance des législateurs religieux et civils ». L.C.C.P.D.U.

« M. de S.-R., créatrice et directrice du journal *le Sauveur des malades*, consulte à (suit l'adresse) le vendredi et le samedi. On peut la consulter par correspondance. Avis aux malades abandonnés par les médecins, ils peuvent espérer ».

Dans ce même numéro, « numéro 3 depuis la naissance de Raphaelle », « dédié à toutes les épouses mortes victimes et martyrs de la syphilis de par l'inconduite de leurs époux », M. de S.-R. annonce qu'elle « a été déjà condamnée huit fois à l'emprisonnement pour exercice illégal de la médecine », mais qu'elle « a promis de ne pas reculer, même devant le bourreau, pour exercer son ministère... Vous ne pourrez jamais la décourager ni l'abattre ».

Je ne prends donc pas le mot « clairvoyance » dans le sens que donnent la plupart des auteurs à ce mot et au mot lucidité (1). C'est au chapitre de la télépathie que j'ai déjà parlé (p. 298) de Mlle Couesdon, des divers prophètes, psychomètres et devins, des prémonitions et prédictions....

---

(1) Voir notamment: Charles Richet; Note sur un cas particulier de lucidité. *Annales des sciences psychiques*, 1903, p. 161, et H.-A. Fotherby; L'éther, véhicule de la conscience subliminale. La clairvoyance. *Ibidem*, 1906, p. 410.

Je crois pouvoir dire que l'opinion adoptée ici est celle du monde savant tout entier. Aussi n'est-ce pas sans étonnement que les savants ont vu récemment se dérouler certains épisodes du *procès de la voyante de Saint-Quentin* (1).

### b. *La voyante de Saint-Quentin.*

Dans un faubourg de Saint-Quentin, Estelle B., la voyante du faubourg d'Isle, est endormie par son père ou son frère ; puis, mise en contact avec le malade, elle diagnostique la maladie et propose le remède. Alloscopie interne ? se demandent les *Annales des sciences psychiques*. Les médecins s'émeuvent et le parquet de Saint-Quentin poursuit pour exercice illégal de la médecine et escroquerie et confie l'enquête au juge d'instruction, M. DORIGNY. Mᵉ CORNET, l'avocat de la voyante, demande au juge de procéder à une expérience magnétique et, au besoin, de désigner un ou plusieurs médecins pour examiner la voyante. Le docteur PAUL MAGNIN, professeur à l'Ecole de psychologie, est désigné et procède à cet examen «dans le cabinet du juge d'instruction en présence du procureur de la République, du substitut, du juge d'instruction, du greffier, de Mᵉ CORNET, avocat de la défense, et du docteur MOUTIN, amené par ce dernier».

L'expert constate chez Mˡˡᵉ B. des stigmates hystériques très marqués (anesthésie générale et spéciale, amyosthénie, etc.), la fait endormir, puis réveiller, par son père, l'hypnotise lui-même très facilement, démon-

---

(1) Voir : *Les Annales des sciences psychiques*, 1905, p. 709, et 1906, p. 112 et 385 ; *L'Echo du merveilleux*, 1905, p. 183 et 205 ; *Les Archives générales de médecine*, 1906, p. 1853 ; *La Revue de l'hypnotisme*, 1906, p. 146 ; *Le Journal*, 7 janvier 1906 ; *Le Matin*, 10 mai 1906.

tre qu'il n'y a pas de simulation et conclut d'abord qu'elle «appartient à cette catégorie d'hystériques facilement hypnotisables par n'importe quel procédé dont le nombre est relativement considérable et parmi lesquelles se recrutent les somnambules». Mais de cette constatation chez M^lle B. il ne «résulte nullement l'apparition d'une aptitude spéciale à interpréter des états ou des phénomènes physiologiques ou pathologiques soit sur des individus présents avec lesquels elle se mettait en communication directe en les touchant de la main, soit à distance sur des individus éloignés d'elle avec lesquels elle se mettait en relation indirecte en touchant de la main un objet à leur usage personnel (flanelle, foulard, etc.) ou une mèche de leurs cheveux. L'état hypnotique, même le plus développé, ne confère à ceux qui y sont plongés aucune faculté extraordinaire, aucune aptitude spéciale. Un hypnotisé n'acquiert pas, de par le fait qu'il dort, le talent de faire un portrait s'il ne sait pas dessiner et peindre ; en un mot, il ne pourra pas, du fait du sommeil, exécuter un acte qu'il serait incapable de réaliser à l'état de veille. A plus forte raison, il ne saurait acquérir le pouvoir de faire des diagnostics, de porter des pronostics, d'instituer des traitements, toutes choses déjà très difficiles à réaliser à la suite de longues études théoriques et pratiques». En même temps PAUL MAGNIN refusait d'assister à des consultations données par M^lle B. à des malades et il concluait : «dans l'état actuel de la science, on peut affirmer qu'une somnambule ne peut en aucun cas connaître la maladie d'une personne et indiquer les remèdes convenables sans études médicales. Cette affirmation n'est pas seulement le résultat de notre opinion personnelle. Elle s'appuie sur l'autorité des savants les plus éminents».

L'avocat demande alors une contre-expertise au D^r BARADUC. Dans son Rapport, celui-ci donne d'abord un aperçu de la psychométrie «plutôt selon les idées spéciales qu'il s'est formées à ce sujet et qui n'ont pas trouvé beaucoup de partisans parmi les psychistes et occultistes eux-mêmes (1) que selon des données expérimentales bien établies». Il procède avec M<sup>lle</sup> B. à des expériences aussi peu concluantes que peu scientifiques, dans lesquelles il fait deviner à la voyante le caractère, la maladie ou le sexe d'un individu par le contact des cheveux, d'un mouchoir ou d'un gilet et conclut qu'«elle est un instrument vivant psychométrique, *dont la loi doit reconnaître la véracité*, si elle croit en devoir limiter l'emploi».

Le 17 mai 1906, le tribunal de Saint-Quentin, adoptant en quelque sorte, dans son jugement, le grave passage que j'ai souligné, a à peu près acquitté la prévenue (2) en développant longuement les idées exprimées par BARADUC et s'appuyant sur le désaccord entre docteurs et professeurs sur ces problèmes occultes.

Le fait est important et, comme je l'ai dit, a beaucoup ému le monde scientifique.

Il faut en effet bien rappeler que les idées de BARADUC lui sont toutes personnelles — je les ai discutées plus haut (p. 265), à propos de la théorie de la force psychique radiante, — qu'elles sont généralement considérées comme n'ayant encore été l'objet d'aucune démonstration scientifique vraie et que l'état de la science positive sur ce point a été au contraire très nettement défini par cette proposition votée *à l'unanimité* le 19 juin 1906 par la *Société d'hypnologie et de psychologie*, sous la prési-

---

(1) *Annales des sciences psychiques*, 1906, p. 385.
(2) Pour récidive d'exercice illégal de la médecine, condamne M<sup>lle</sup> B. à 40 francs d'amende, son père à 100 francs et son frère à 20 francs (ce dernier avec sursis, n'ayant pas encore été condamné).

dence de M. Georges Rocher, ancien membre du Conseil de l'ordre des avocats et vice-président de la Société de médecine légale, après la lecture du Rapport de Paul Magnin et une discussion à laquelle ont pris part Paul Farez, Rocher, L. Favre, Félix Regnault, Bérillon et Jules Voisin : « la production de l'état hypnotique permet d'obtenir la réalisation d'actes déterminés, l'apparition d'émotions, de sentiments, d'opinions, la modification de certaines modalités du caractère; mais, en aucun cas, elle ne dote le sujet hypnotisé des aptitudes et de la compétence que peuvent seules donner la science et l'expérience. En particulier, pour ce qui concerne l'art médical, la prétendue clairvoyance relativement au diagnostic et au traitement est contraire aux faits bien observés et doit être considérée comme inexistante».

90. Faits et discussion.

Le chapitre de la clairvoyance étant ainsi déblayé de tout ce qui ne lui appartient pas, il faut maintenant se demander s'il y a réellement des sujets capables de voir à travers les corps opaques. A *priori*, ceci n'aurait rien d'antiscientifique, l'opacité et la transparence étant des choses absolument relatives, témoins les faits découverts et étudiés par Rœntgen.

a. *Quelques faits.*

Dupouy (1) raconte que Trajan, «très sceptique au sujet des somnambules lucides de son temps, avait envoyé à l'oracle d'Héliopolis des demandes par écrit, scellées et cachetées. Le dieu ordonna de lui renvoyer du papier

---

(1) Dupouy ; *loco cit.*, p. 115.

blanc. TRAJAN fut confondu : il avait envoyé en effet des tablettes vides d'écriture».

Une cataleptique de PETETIN «voyait l'intérieur d'une lettre qu'elle appuyait fermement sur ses doigts, une autre distinguait le portrait qu'on plaçait sur son épigastre».

«Le D' BERTRAND fut fort étonné de voir un sujet faire la découverte à travers les robes d'une affection dartreuse des voies génitales... un autre perçut une balle logée dans la tête et la découvrit exactement».

Il n'y a pas dans tous ces faits le moindre commencement d'une démonstration scientifique de la clairvoyance.

RICHARD HODGSON (1) décrit ainsi, d'après *les Révélations d'un médium spirite*, un truc pour simuler la clairvoyance.

«On fournit à l'assistant une forte enveloppe blanche, de petit format, et une carte blanche de la grandeur d'une carte de visite ordinaire. On lui demande d'écrire sur cette carte le nom d'un esprit ami et une ou deux questions au plus. Après qu'il a écrit ce qu'on lui demandait, on lui fait placer la carte dans l'enveloppe, l'écriture du côté lisse et loin de la colle. Ceci fait, on lui donne de la cire à cacheter, avec laquelle il ferme les bords de l'enveloppe pour empêcher qu'elle ne soit ouverte. Le médium prend alors place à la table en face de l'assistant et près d'une fenêtre ; il place l'enveloppe sur une ardoise qu'il fourre sous la table. Après qu'il est resté assez longtemps pour faire sa besogne, on entend frapper des coups sur l'ardoise, qu'il retire et tend à

---

(1) RICHARD HODGSON ; Comment M. Davey a imité par la prestidigitation les prétendus phénomènes spirites. *Annales des sciences psychiques*, 1894, p. 364, note.

l'assistant. L'enveloppe est toujours sur l'ardoise et rien ne montre qu'on y ait touché. Les cachets sont intacts, sans marques ni lacérations. Les réponses à ces questions sont écrites sur l'ardoise et le nom de l'esprit auquel elles étaient adressées est signé à la fin du message. L'expert en ouverture de lettres conclurait avec raison que l'enveloppe n'a pas été ouverte et, s'il ne laisse pas de marge à son ignorance des inventions spéciales, il serait disposé à attribuer le phénomène à quelque pouvoir clairvoyant. Pour exécuter ce tour, faites exactement ce que faisait le médium jusqu'au moment où il plaçait ou tenait l'ardoise sous la table. Au lieu de la tenir là avec votre main, glissez l'un des coins entre votre jambe et votre chaise. Vous la tiendrez ainsi en vous asseyant dessus. Votre main est alors libre de faire ce qu'elle veut. Votre assistant ne peut voir vos mouvements, puisque la table est entre vous. Vous prenez dans la poche à ticket de votre habit une petite éponge saturée d'alcool ; humectez l'enveloppe sur la carte et vous pourrez facilement lire le nom et la question. Ecrivez la réponse et signez du nom auquel la question était adressée : votre assistant sera paralysé par l'étonnement. L'alcool seul peut servir à humecter l'enveloppe. Rien autre ne vous permettrait de lire l'écriture sur la carte renfermée, rien autre ne sècherait assez vite sans laisser aucune trace de manipulation. L'eau sècherait trop lentement et, en séchant, elle plisserait l'enveloppe là où elle a été appliquée, faisant soupçonner à votre témoin que vous n'avez pas joué franc jeu».

Il y a cependant aussi des expériences plus sérieuses (1).

---

(1) ALBERT COSTE ; *loco cit.*, p. 100.

On trouvera le détail de celles de CHARLES RICHET dans son travail «Relation de diverses expériences sur la transmission mentale, la lucidité et autres phénomènes non explicables par les données scientifiques actuelles».

RICHET «enferme des dessins dans une enveloppe opaque et il les fait ensuite décrire ou même reproduire par une somnambule. Dans certains cas, les personnes présentes n'avaient aucune notion des dessins. Sur 180 expériences de ce genre, 30 ont plus ou moins réussi. D'après M. RICHET, cela indique la moyenne des jours de lucidité soit pour Alice, soit pour Eugénie. Ce n'est qu'un jour sur six qu'elles ont des éclairs de lucidité, et encore, ce jour-là même, cette lucidité est des plus variables et des plus incertaines».

Les expériences de M$^{me}$ SIDGWICK (1) «consistent simplement à deviner des cartes extraites d'un paquet, sans qu'elles aient été vues par personne. Mon amie a fait environ 2585 expériences de ce genre et, dans 187 cas, elle a deviné les cartes exactement, à la fois selon leur nom et leur nombre de points. Pourtant, dans 75 de ces cas, il a fallu faire deux essais (comme par exemple pour savoir si c'était le trois de cœur ou le trois de pique). En comptant ces cas comme demi-succès, nous arrivons à un total de 149 succès, trois fois plus grand que le nombre que le calcul des probabilités attribue au hasard»...

**b.** *Cas personnel* (2).

J'ai cru trouver le fait démonstratif de la vision à tra-

---

(1) M$^{me}$ HENRY SIDGWICK ; Expériences sur la clairvoyance. *Annales des sciences psychiques*, 1891, p. 157.

(2) Une expérience de lecture à travers les corps opaques. *Semaine médicale*, décembre 1897, N° 56, p. 443; Rapport de la Commission de l'Académie des sciences et lettres de Montpellier sur la vue à travers les corps opaques. *Ibidem*, 1898.

vers les corps opaques avec un sujet dont mon confrère de Narbonne, le docteur Ferroul, m'avait beaucoup parlé et sur lequel avaient été déjà publiés d'intéressants travaux dans les *Annales des Sciences Psychiques* (1).

Une première expérience réussit admirablement : le sujet lut, à travers une enveloppe cachetée et un papier d'étain (2), quelques lignes que j'avais écrites en français et indiqua des caractères russes mis au-dessous. Mais une seconde expérience, conduite avec beaucoup de rigueur par une Commission de l'Académie des sciences et lettres de Montpellier (3), échoua complètement et même des plaques sensibilisées furent trouvées voilées par la lumière, quoiqu'elles fussent sensées n'avoir pas quitté leur boîte. C'étaient peut-être des fraudes inconscientes. Mais enfin ce fut un échec complet.

c. *Conclusion. Règles pour les expériences ultérieures.*

Voici donc une nouvelle et dernière question sur laquelle la lumière scientifique n'est pas encore faite, mais qu'il est permis et même conseillé d'étudier scientifiquement. Il est bon de savoir comment on doit organiser des expériences de ce genre.

---

(1) A. Goupil ; Lucidité. Expériences du D' Ferroul. *Annales des sciences psychiques*, 1896, p. 139 et 193.
(2) Ceci empêchait le truc ci-dessus indiqué par Hodgson.
(3) Cette Commission était composée de MM. Henry Bertin-Sans, chef des travaux de physique à la Faculté de Médecine (aujourd'hui professeur d'hygiène à la même Faculté); Grasset, professeur de clinique médicale à la même faculté; Louis Guibal, bâtonnier de l'ordre des avocats, et Meslin, professeur de physique à la Faculté des Sciences.

Je crois intéressant, à ce point de vue, de détailler un peu la manière dont mes collègues Bertin-Sans et Meslin avaient préparé l'expérience de Narbonne dont je parle ci-dessus. Les deux autres membres de la Commission et le D' Ferroul n'étaient pas dans la confidence des préparatifs afin de conserver une plus grande indépendance pour l'enregistrement des résultats.

On prépara trois expériences. « La première devait consister dans la lecture d'une lettre qui serait cousue sur l'un de nous et dont nous ignorerions tout le contenu ; la seconde, dans la lecture d'une lettre analogue que nous pourrions présenter au sujet, mais que nous ne lui abandonnerions sous aucun prétexte. Enfin, nous avions prévu le cas où, pour un motif quelconque, les deux expériences précédentes n'auraient pas été possibles, nous serions amenés à laisser entre les mains du sujet, en quittant Narbonne, une lettre qu'il devrait nous renvoyer intacte et dont il aurait à nous indiquer le contenu par correspondance ».

Pour remplir ce programme, « nous avons pris un jeu neuf de 32 cartes et nous avons écrit sur chaque carte un mot différent; nous avons pris en outre 32 cartons blancs et nous avons écrit sur chacun une phrase différente et un numéro variant de 1 à 32. Nous avons ensuite inscrit sur une feuille de papier, en face de chacun des numéros 1, 2, 3... 32 la phrase qui correspondait sur nos cartons blancs à ce numéro et en face du nom de chaque carte à jouer le mot qui se trouvait sur cette carte. Les listes ainsi dressées ont été enfermées dans une enveloppe qui a été scellée par cinq cachets à la cire noire ; le cachet du centre différait, d'ailleurs, des quatre cachets des angles.

» Cette première opération terminée, nous avons mélangé nos cartons et nos cartes et nous les avons enfermés deux à deux dans des enveloppes distinctes... Nous avons mélangé ces trente-deux enveloppes et nous en avons pris ensuite trois au hasard pour les faire servir aux trois expériences projetées. Les vingt-neuf enveloppes qui restaient encore ont été enfermées dans une enveloppe plus grande et celle-ci scellée par des cachets à la cire noire comme ci-dessus.

» Chacune des trois enveloppes choisies a été pliée dans une feuille de papier d'étain et a été ensuite enfermée dans une nouvelle enveloppe. Deux de ces enveloppes ont été cachetées à la cire noire dans les conditions déjà indiquées. Ces deux enveloppes étaient dès lors prêtes pour les deux premières expériences.

» La troisième enveloppe destinée à la troisième expérience fut placée contre une moitié d'une plaque sensible 13×18 et l'on eut soin d'interposer entre la face gélatinée de la plaque et la lettre une feuille de papier noir ; le tout fut ensuite enveloppé dans huit doubles de papier noir aiguille et enfermé entre deux couches de copeaux dans une boîte en bois qui fut elle-même entourée de papier fort et cachetée avec dix cachets à la cire noire, de la même façon que les enveloppes ». L'autre moitié de plaque fut placée d'une manière analogue avec une simple feuille de papier blanc (au lieu de la lettre). La plaque avait été préalablement impressionnée à la chambre noire ; « nous avions pris la vue d'un monument et vers l'une des extrémités du champ nous avions placé l'un de nous, vers l'extrémité opposée un ouvrier inconnu de nous », l'une de ces images invisibles étant sur une moitié de la plaque et l'autre sur l'autre moitié. Ainsi, « il était impossible, à moins d'opérer dans une pièce éclairée seulement par de la lumière rouge, de lire le contenu de la lettre et surtout de voir les caractères tracés sur la plaque sans voiler cette plaque. Ce voile serait facilement révélé lors du développement par la comparaison avec la plaque témoin ».

« Les listes furent enfermées dans le compartiment intérieur d'un coffre-fort placé chez l'un de nous. M. BERTIN-SANS garda la clef extérieure du coffre, tandis que M. MESLIN conserva les clefs du compartiment intérieur.... Quant aux vingt-neuf enveloppes mises sous un même pli cacheté, elles furent enfermées, en même temps que les deux enveloppes destinées aux deux premières expériences et la boîte préparée pour la troisième, dans un coffre loué au Crédit Lyonnais, coffre dont M. BERTIN-SANS emporta la clef et que M. MESLIN ferma avec un cadenas dont lui seul connut le secret ».

Le jour de l'expérience, « MM. MESLIN et BERTIN-SANS se rendirent au Crédit Lyonnais et prirent dans le coffre-fort la boîte et les deux lettres. L'une des lettres fut cousue, par M. BERTIN-SANS lui-même, dans une poche intérieure de son gilet; on devait, comme nous l'avons dit, engager le sujet à la lire dans ces conditions; l'autre lettre fut prise par M. MESLIN, afin de pouvoir la présenter au sujet, sans cependant la lui abandonner; quant à la boîte, elle fut soigneusement enveloppée pour protéger les cachets et placée dans une serviette de cuir noir, dont on ne s'est pas dessaisi jusqu'au début des expériences ».

Il paraît difficile de mieux concevoir et de plus multiplier les précautions pour éviter la supercherie et pour faire réellement une expérience de clairvoyance ou de vision à travers les corps opaques.

DARIEX (1) a objecté que personne ne savait ce que le sujet devait lire, que c'était là une mauvaise condition d'expérience. « Car, jusqu'à preuve du contraire, et sur-

---

(1) XAVIER DARIEX; Analyse et critique du Rapport de la Commission de l'Académie des sciences et lettres de Montpellier. *Annales des sciences psychiques*, 1898, p. 20.

tout étant donné l'ensemble des expériences antérieurement faites avec ce sujet, étant donné aussi nos connaissances actuelles sur ce que l'on pourrait appeler le phénomène de lecture de la pensée ou bien de suggestion mentale inconsciente, il était bien plus rationnel de supposer une faculté de perception mentale, qu'un pouvoir de vision objective à travers l'espace et les objets opaques».

Je réponds que nous avions en vue d'expérimenter, non la lecture de la pensée ou la suggestion mentale, mais la vision à travers les corps opaques. Et si je cite comme modèles les précautions prises et organisées par MESLIN et BERTIN-SANS, c'est qu'elles répondaient exactement au but qui était poursuivi et que l'avenir scientifique de toutes ces questions me paraît précisément lié à l'organisation d'expériences étroites, ainsi limitées à un but défini et spécial.

Dans le même groupe des expériences à essayer, rentrent celles que conseille MARCEL MANGIN (1) pour établir la clairvoyance : «un grand nombre de coquilles de noix, contenant chacune un mot différent, ayant été mises dans un sac, une de ces coquilles ayant été retirée par l'expérimentateur avec la certitude absolue qu'elle n'a pu être entr'ouverte, lire le mot qu'elle contient. Ou bien encore, le numéro du volume, celui de la page, celui de la colonne, celui de la ligne et celui du mot, dans un grand ouvrage, un Larousse par exemple, ayant été tirés au sort, lire ce mot».

---

(1) MARCEL MANGIN ; Lettre à M. Charles Richet sur la télépathie. *Annales des sciences psychiques*, 1905, p. 356.

# CONCLUSIONS

1. Les phénomènes *occultes* sont des phénomènes *psychiques préscientifiques*, c'est-à-dire qu'ils n'appartiennent *pas encore* à la science, mais qu'ils peuvent y entrer plus tard; ils cessent d'être merveilleux et occultes quand ils deviennent scientifiques. L'occultisme est donc comme une *terre promise* dont la science approche et qu'elle s'efforce d'envahir tous les jours.

Ce caractère préscientifique distingue les phénomènes occultes et l'occultisme du surnaturel, du miracle, de la science traditionnelle des mages, de la théosophie... qui sont et *resteront toujours*, par définition, hors de la science.

2. Ce qui fait la difficulté de l'étude de l'occultisme et en retarde les progrès, c'est: 1° d'un côté, la complexité du déterminisme expérimental de ces phénomènes qui ne sont pas facilement *répétables* à volonté et dans un laboratoire; 2° de l'autre, la nécessité d'avoir toujours un *médium* pour faire ces expériences et la fréquence de la *fraude*, consciente ou inconsciente, chez les médiums.

Ces difficultés ne sont pas invincibles et constamment la science envahit le domaine de l'occultisme et *désocculte* un certain nombre de phénomènes. Ce qui fait que les frontières de l'occultisme se déplacent et reculent sans cesse et que l'occultisme d'*hier* n'est plus l'occultisme d'*aujourd'hui*.

3. Les phénomènes, dès à présent désoccultés, qui constituaient l'occultisme *hier*, peuvent se grouper sous

quatre chefs : 1° le magnétisme animal devenu l'hypnotisme ; 2° les mouvements involontaires inconscients que l'on retrouve dans les tables tournantes, le pendule explorateur, la baguette divinatoire et le cumberlandisme avec contact; 3° les sensations et la mémoire polygonales comprenant les fausses divinations, les hallucinations polygonales et la cristallomancie, les réminiscences et les faux jugements polygonaux ; 4° l'association des idées et l'imagination polygonales dans les transes des médiums (romans polygonaux).

4. Pour étudier l'occultisme *actuel*, il est indispensable de bien séparer l'étude et la discussion des *théories* et des *faits*.

5. Aucune *théorie* n'est encore établie et aucune n'est encore nécessaire. Ni le *spiritisme* ni les *radiations psychiques* ne sont démontrés. Si l'existence des faits est, un jour, réellement établie, la théorie sera facile à trouver, et cela sans recourir à l'évocation ou à la réincarnation des esprits.

Il ne faut donc chercher dans les faits occultes aucune preuve nouvelle en faveur de la survie et de l'immortalité de l'âme, pas plus d'ailleurs qu'il ne faut y voir un argument contre le spiritualisme. L'étude de l'occultisme est absolument indépendante de toutes les doctrines philosophiques ou religieuses qui, de leur tour d'ivoire, assistent, avec intérêt mais sans danger personnel, aux expérimentations et aux discussions des neurobiologistes : ni l'existence ni le développement d'aucune doctrine philosophique ou religieuse ne dépendent de la solution que réserve l'avenir aux questions pendantes en occultisme.

6. Les *faits*, qui sont encore *occultes*, doivent être

divisés en deux groupes : 1° le groupe des faits dont la démonstration, si elle est possible, paraît en tous cas *lointaine* ; il comprend : *a.* la télépathie et les prémonitions ; *b.* les apports à grande distance ; *c.* les matérialisations ; 2° le groupe des faits dont la démonstration paraît *moins éloignée* et en tous cas doit être recherchée tout d'abord ; il comprend : *a.* la suggestion mentale et la communication directe de la pensée ; *b.* les déplacements voisins sans contact, la lévitation et les raps ; *c.* la clairvoyance.

7. Il y a donc encore un occultisme ; il y a des phénomènes occultes, qui restent encore hors de la science positive, dont la démonstration scientifique n'est pas encore faite. Mais il est non moins évident que cette démonstration n'est pas rationnellement impossible, qu'il n'est pas indigne des savants de s'occuper de ces graves questions, qu'il est même de leur devoir de les étudier et qu'on peut prévoir le moment où certains de ces faits cesseront d'être occultes pour devenir scientifiques.

8. Pour obtenir ces résultats et hâter la réalisation de ce progrès, il est désirable que tous les expérimentateurs procèdent avec une méthode très rigoureuse.

Il serait bon d'abandonner, pour le moment, toutes les recherches *compliquées*, toutes les expériences extraordinaires dans lesquelles les éléments de déterminisme sont trop nombreux et trop complexes pour pouvoir être scientifiquement contrôlés. Telles sont les expériences de télépathie lointaine, d'apports à grande distance ou de matérialisation. Quelle que soit l'attention avertie des expérimentateurs, on ne connaît pas assez d'*avance* le point particulier sur lequel doit se concentrer le contrôle scientifique : un apport se fera à gauche quand on aura son attention fixée à droite, une communication télépathique ne prendra de l'importance que quand, plus tard, on apprendra l'événement auquel elle correspondait, un fantôme surgira dans une obscurité qui rend impossible une observation précise et on vous défend de tourner brusquement le bouton de la lumière électrique (ce qui doit pouvoir se faire dans une expérience scientifique).

Il faudrait se limiter actuellement à des expériences *simples*, se faisant *en pleine lumière*, avec un *but unique* et *précis connu d'avance*. Me paraissent rentrer dans ce groupe les expériences de déplacement ou de lévitation d'un objet sans contact (table ou pèse-lettres), les expériences de suggestion mentale ou de transmission de la pensée sans contact, les expériences de clairvoyance ou de vision à travers les corps opaques.

Voilà trois points qui, quoi qu'on en ait dit, sont encore occultes et dont la désoccultation scientifique marquerait déjà un immense progrès et une grande conquête dans la science positive.

# TABLE ALPHABÉTIQUE DES MATIÈRES

ABBOTT (Fraudes du médium miss ANNIE), 41.

*Accusateur* (L'hypnotisé), 79.

*Accusé* (L'hypnotisé), 80.

*Actes* (Suggestions d'), 74.

*Activité* propre des centres psychiques inférieurs, 151.

*Age* du baquet, 11. — héroïque des tables tournantes, 18.

ALÉSY (Le médium M$^{me}$ HUGO D'), 168.

ALLAN KARDEC, 20.

*Ambulatoire* (Mouvements polygonaux dans l'*Automatisme*), 93.

*Amnésies* générales avec conservation de la mémoire polygonale, 147. — polygonales, 149.

*Animal* (Magnétisme), 11, 65. Voir: *Hypnotisme*.

*Apologétique* (L'occultisme ne peut pas servir à l') religieuse, 271, 282.

*Appareils* pour mesurer les radiations psychiques, 249.

*Apports* (Place des) dans les phénomènes occultes, 289. — à grande distance, 322; exemples de faits, 322; Anna Rothe et Henri Melzer, 322; Mac Nab, 323; Charles Bailey, 324. Discussion, 326. Observation de Pierre Janet, 328.

*Aptitude* (Inégale) des sujets pour les tables tournantes, 102.

*Association* des idées polygonale, 151.

*Astral* (Corps), 243, 244. Sortie du corps —, 245, 249. Aura —, 245.

*Attention* (*Expectant*). Voir: *Expectant attention*.

*Aujourd'hui* (L'occultisme d'), 211. Les théories, 215. Les faits, 287.

*Automatisme* (Mouvements polygonaux dans l') ambulatoire, 93.

*Autosuggestion*, 70.

AYMAR (Le devin), 106.

*Baguette* (La) divinatoire, 105.

BAILEY (Le médium CHARLES), 46 ; ses fraudes, 46 ; ses apports, 324, 327.

*Baquet* (Age du), 11. — de Mesmer, 12.

BARDE (Le devin), 107.

*Biomètres*, 249. Discussion des —, 265.

BLÉTON (Le sourcier), 107, 109.

BOSCO (Le prestidigitateur), 44.

BRAILEY (Le psychomètre), 50, 60.

CADWED (Le médium miss), 53.

*Carmen* (Expériences de la villa), 347.

CHAMBERS (Le médium), 50.

*Cheval* (Le) Hans, 115.

*Clairvoyance*, 392. Définitions. Les clairvoyants et les voyantes, 392. Faits et discussion, 398.

*Clairvoyants* et voyantes, 392.

*Coïncidences* (Beaucoup de faits télépathiques paraissent n'être que des), 313.

*Communication* directe de la pensée. Voir : Mentale (Suggestion).

*Communications* (Les produits de l'imagination polygonale des médiums simulent facilement des) exogènes supranaturelles, 209.

*Complexité* du déterminisme des expériences d'occultisme, 34.

*Conceptions* (Infériorité des) polygonales, 207.

*Conclusions* générales du livre, 407.

*Conscientes* (Fraudes) involontaires, 40. — et volontaires, 40. Voir : Fraudes.

*Contact* (Le cumberlandisme avec), 111.

*Contacts* (Mouvements sans), 289, 371. Voir : Mentale (Suggestion), Déplacements.

*Contreindications* de l'hypnotisme thérapeutique, 85.

*Convulsions* (Enfer à), 13.

*Corps* astral. Voir : Astral.

COUESDON (M<sup>lle</sup>), 170, 298, 310.

CRADDOCK (Le médium), 50, 51, 52.

*Crimes* de laboratoire, ou expérimentaux, des hypnotisés, 80.

*Criminel* (L'hypnotisé), 80.

*Cristal.* Voir : *Cristallomancie.*

*Cristallomancie,* 126. Description du phénomène et historique, 126. Technique, 129. Analyse psychologique, 131. Réminiscences polygonales dans la —, 137.

*Cumberlandisme* avec contact, 111. — sans contact. Voir : *Mentale* (Suggestion).

*Cycle* royal du roman d'Hélène Smith, 185. — martien, 192. — ultramartien, 199.

DACE (Expériences de l'occultiste), 306.

DARGET (Photographies du commandant), 338, 342.

DAVEMPORT (Les FRÈRES), 41, 44.

DAVEY (Le prestidigitateur), 43, 48.

DAVIS (Le prestidigitateur), 44.

*Déjà éprouvé* (Sensation de). Voir : *Déjà vu.*

*Déjà vu* (Sensation de), 141 ; description, 142 ; analyse psychophysiologique, 144.

*Déplacements* voisins sans contact, 371. Exemples de faits, 371 ; Eusapia Paladino, 373 ; William Crookes et Mac Nab, 375 ; Maxwell, 377 ; Flammarion, 378. Discussion, 380. Conseils sur les expériences à instituer, 384. Voir : *Apports.*

*Désaccord* des spirites entre eux, 240.

*Désagrégation* suspolygonale, 68.

*Désoccultés* (Faits récemment) dans le domaine de la sensibilité et de la mémoire polygonales, 123. Faits télépathiques —, 312.

*Déterminisme* (Complexité du) des expériences d'occultisme, 34. Il faut cependant rechercher ce — expérimental, 37.

*Difficultés* que présente l'étude des phénomènes occultes, 34.

*Directe* (Communication) de la pensée. Voir : *Mentale* (Suggestion).

*Distraction* (Mouvements polygonaux dans la), 92. Mémoire dans la —, 121. Réminiscences polygonales dans la —, 134 ; de la — à la veille, 138.

*Divination* et télépathie, 294, 297. Aucun fait télépathique ne prouve la —, 310.

*Divinations* (Fausses), 117.

*Divinatoire* (La baguette), 105.

*Doubles* (Photographies de), 338.

EBSTEIN (Le médium), 53.

*Echéance* (Suggestions à longue), 77. Etat psychique au moment de l' — et entre la suggestion et l'—, 78.

*Echolalie*, 71.

EGLINTON (Le médium), 42, 54.

ELDRED (Le médium CHARLES), 49.

*Elémentaires* (Esprits), 246.

*Elémentals* (Esprits), 246.

*Empreintes* (Les) de fantômes, 341, 343.

*Enfer à convulsions*, 13.

*Entraînement grégaire* (Mouvements polygonaux dans l'), 93.

*Envoûtement*, 253, 363.

*Eprouvé* (Sensation de déjà). Voir : *Déjà vu*.

*Erreurs* des médiums, 234. — dans les expériences de suggestion mentale, 365.

*Esotérisme* et occultisme, 30.

*Espiègles* (Faux médiums), 45.

*Esprits* (Les) familiers des médiums, 167. Les idées exprimées dans les transes sont celles des médiums et non celles des — évoqués, 224 Les — trompeurs, 234.

*Etat* de suggestibilité, psychique .. Voir : *Suggestibilité, Psychique*...

*Etude* (Difficultés que présente l') des phénomènes occultes, 34.

EUSAPIA PALADINO (Fraudes du médium), 56 ; son observation et ses expériences de déplacements d'objets, 373.

*Exogènes* (Les produits de l'imagination polygonale des médiums simulent facilement des communications) supranaturelles, 209.

*Expectant attention* du polygone dans les tables tournantes, 99, 100. — dans la cristallomancie, 131.

*Expériences* (Complexité du déterminisme des) d'occultisme, 34.

*Expérimentaux* (Crimes) des hypnotisés, 80.

*Explorateur* (Le pendule), 103.

*Extériorisation* (L') motrice des idées polygonales, 158. — du psychisme, 264.

*Extramédical* (Immoralité de l'hypnotisme), 87.

*Faits* (Nécessité d'étudier séparément les théories et les), 214. Les — dans l'occultisme d'aujourd'hui, 287 ; classification et plan d'étude, 287 ; tableau de Maxwell, 289. Les — dont la démonstration, si elle est possible, paraît en tous cas lointaine, 291. Les — dont la démonstration paraît moins éloignée et, en tous cas, doit être recherchée tout d'abord, 355.

*Familiers* (Les esprits) des médiums, 167.

*Famille névropathique* (Rapports des médiums avec la), 164.

*Fantômes*, 336, 344 ; trucs, 344 ; spirit-grabbers, 345 ; expériences de la villa Carmen, 347 ; dernières expériences de Miller, 351.

*Fascination*, 72.

*Fausse* reconnaissance (Sensation de). Voir : *Déjà vu*.

*Fausses* divinations, 117.

*Faux* jugements polygonaux, 117, 133.

*Fleurs* (Le médium aux), 46.

*Fluide* magnétique, vital, 252. Voir : *Hypnotisme*.

*Force* psychique radiante, 243. La plupart des théories n'ont pour preuve que les faits même d'extériorisation de la — qu'elles veulent expliquer, 257. Les biomètres n'ont pas démontré l'existence d'une — irréductible aux autres formes connues de —, 265. Si une nouvelle — était prouvée par les biomètres, rien ne démontrerait encore que c'est vraiment une — interpsychique, 267.

FOX (Misses, famille JOHN), 16.

*Fraudes* des médiums, 39. — conscientes involontaires, 40. — volontaires et conscientes, 40. Espiègles et névrosés, 45 Exemples de —, 46. — insconscientes, 46. Conclusions. Précautions à prendre, 60. — dans les phénomènes d'apports, 326 ; conscientes, 326 ; inconscientes, 328. — dans les matérialisations, 341. — dans les lectures de pensée, 365.

*Game* (*Willing*). Voir : *Cumberlandisme*.

*Gnomes*, 246.

*Grabber* (*Spirit-*). Voir : *Spirit-grabbers*.

*Grammatologie*, 289.

*Grégaire* (Mouvements polygonaux dans l'*entraînement*), 93.

*Habitude* (Mouvements polygonaux dans l'), 93.

*Hallucinations* suggérées, 72. — polygonales, 123. Les faits télépathiques ne sont pas des —, 308. Les — dans les expériences de matérialisation, 340.

*Hans* (Le cheval), 115.

*Hantées* (Maisons), 16, 371.

HÉLÈNE SMITH. Voir : SMITH (HÉLÈNE).

HERBERT MAYO (Odomètre d'), 103.

*Hermétisme*, 30.

*Hier* (L'occultisme d'), 63. Le magnétisme animal et l'hypnotisme, 65 ; les mouvements involontaires inconscients, 90 ; les sensations et la mémoire polygonales, 117 ; l'association des idées et l'imagination polygonales, 151.

*Historique* général, 10 ; période du magnétisme animal, 11 ; période du spiritisme, 15 ; période actuelle, 22. — de l'hypnotisme, 66.

HOUDIN (ROBERT-) (Le prestidigitateur), 41.

*Humaines* (Radiations). Voir : *Radiations*.

*Hypermnésies* polygonales, 146.

*Hypnose* (L') et l'état de suggestibilité, 68. Définition, 68. Moyens de provoquer et de faire cesser l' —, 70. — partielle, 77. Mouvements polygonaux dans l' —, 93.

*Hypnotisé* (L') victime et accusateur, 79. — criminel et accusé, 80. — témoin, 82.

*Hypnotisme*, 65. Historique de l' —, 66. Applications de l' — à la médecine légale, 79. L' — et la suggestion devant la justice, 79. Applications de l' — à la thérapeutique, 84. L' — et la psychothérapie, 84. Modes d'action, indications et contreindications de l' — thérapeutique, 85. L' — et la suggestion devant la morale, 87. Immoralité de l' — extramédical, 87. Moralité de l' — médical, 87.

*Idée* (Influence réciproque de l') et du mouvement, 94.

*Idées* (Association des) polygonale, 151. L'extériorisation motrice des — polygonales, 158.

*Identité* (Preuves de l') des esprits, 232.

*Imagination* (Paralysies par), 72. — polygonale, 123, 151. Réalité de l' — polygonale, 202. Limites de l' — polygonale, 205. Les produits de l' — polygonale simulent facilement des communications exogènes supranaturelles, 209.

*Immoralité* de l'hypnotisme extramédical, 87.

*Impossibilité* de reproduire à volonté les phénomènes occultes, 34

*Incarnations*, 289. Voir : *Spiritisme*.

*Inconscient* (Facteur) de l'inspiration, 154.

*Inconscientes* (Fraudes) des médiums, 46. Voir : *Fraudes*.

*Inconscients* (Les mouvements involontaires et), 90.
*Indépendance* de l'occultisme et des doctrines philosophiques ou religieuses, 271 ; des idées religieuses, 282 ; du spiritualisme, 284. Conclusions, 285.
*Indications* de l'hypnotisme thérapeutique, 85.
*Inégale* aptitude des sujets pour les tables tournantes, 102.
*Inférieur* (*Psychisme*), 68. Désoccultation de certains faits télépathiques par le —, 312.
*Inférieure* (Psychothérapie), 84.
*Inférieurs* (Caractères) des romans polygonaux, 205.
*Infériorité* des conceptions polygonales, 207.
*Inspiration* (Le polygone et l'), 154.
*Instinct* (Mouvements polygonaux dans l'), 93.
*Intellectuel* (Phénomènes occultes d'ordre), 289.
*Intrahypnotiques* (Suggestions), 71.
*Involontaires* (Fraudes) conscientes des médiums, 40. Les mouvements — et inconscients, 90.
*Invraisemblance* de la théorie spirite, 222.
*Ivresse* (Mémoire alternante dans l'), 122.

*Jugements* (Faux) polygonaux, 117, 133.
*Justice* (L'hypnotisme et la suggestion devant la), 79.
*Juxtascientifiques* (Phénomènes), 9.

KARDEC (ALLAN). Voir : ALLAN KARDEC.
KARIN (Le médium), 60.
KELLAR (Le prestidigitateur), 42.

*Laboratoire* (Crimes de) des hypnotisés, 80.
*Langue* (La) martienne d'Hélène Smith, 195.
*Lecture* de la pensée. Voir : *Mentale* (Suggestion).
*Légale* (Applications de l'hypnotisme à la *médecine*), 79.
*Lévitation*, 370. Voir : *Déplacements*.
*Limites* de l'imagination polygonale, 205.
*Liseurs* de pensées. Voir : *Cumberlandisme* et *Mentale* (Suggestion).
*Lumineux* (Phénomènes), 335 ; faits, 335 ; discussion, 343.

GRASSET ; *L'occultisme.*

*Mages* (Science traditionnelle des) et occultisme, 28.
*Magnétique* (Fluide), 252. Voir: *Hypnotisme*.
*Magnétisme* animal, 11, 65, 252. Voir: *Hypnotisme*.
*Magnétomètre* de Fortin, 255.
*Maisons hantées*, 16, 371.
*Malléabilité* polygonale, 68.
*Martien* (Roman) d'Hélène Smith, 192 ; de M<sup>me</sup> Smead, 200.
*Martienne* (La langue) d'Hélène Smith, 195.
MASHENYN (Le prestidigitateur), 45.
*Matérialisations* (Place des) dans le tableau des phénomènes occultes, 289. Etude des —, 334 ; exemples de faits, 335 ; discussion, 340.
*Matériel* (Phénomènes occultes d'ordre), 289.
MAYO (Odomètre d'HERBERT), 103.
*Médecine légale* (Applications de l'hypnotisme à la), 79.
*Médianimiques* (Les personnalités), 167. Voir : *Médium*, *Médiums*.
*Médiateur plastique*, 244.
*Médical* (Moralité de l'hypnotisme), 87.
*Médium* (Le) aux fleurs, 46. Définition du —, 159, 163. Psychophysiologie du —, 177. Sens étymologique du mot —, 241.
*Médiumnité* (Les degrés de la), 177. Premier degré, 178. Deuxième degré, 179. Troisième degré, 179. Quatrième degré, 180. Cinquième degré, 182. Sixième degré, 183.
*Médiums* (Premiers), 19. Fraudes des —, 39. Faux —, 40. Les — et les tables tournantes, 102. Les —, 158. Rapports des — avec la famille névropathique, 164. Les esprits familiers des —, 167. Les romans polygonaux des —, 184. Les produits de l'imagination polygonale des — simulent facilement des communications exogènes supranaturelles, 209. Les idées exprimées dans les transes sont celles des — et non celles des esprits évoqués, 224. Erreurs des —, 234.
MELZER (Les apports du médium HENRI), 322, 326.
*Mémoire* (Suggestions portant sur la), 79. — polygonale, 117, 120. — alternante, 122. Pathologie de la — polygonale, 146. Amnésies générales avec conservation de la — polygonale, 149.
*Mentale* (*Suggestion*), 356 ; définition, documents et faits, 356. Expériences de d'Ardenne, de Pax et de Paul Sollier, 358 ; de Lombroso, 360 ; de Joseph Venzano, 361 ; de miss Hermione

Ramsden, 363. Causes d'erreur dans l'expérimentation, trucs, 365. Règles à observer pour poursuivre la démonstration scientifique de la —, 369.

*Méridionaux* (Polygones) des médiums, 160.

*Merveilleux* (Le) préscientifique, 33.

*Métalliques* (Action des *Pointes*), 248.

*Métapsychiques* (Phénomènes) et *Métapsychisme*, 9, 38.

MILLER (Le médium), 55 ; ses fraudes, 55 ; ses dernières expériences, 351.

*Miracle* et occultisme, 31.

*Morale* (L'hypnotisme et la suggestion devant la), 87.

*Moralité* de l'hypnotisme médical, 87.

*Morts* (Influence télépathique des), 303.

*Motrice* (La fonction) du polygone, 90. Historique, 90. Exemples, 92. L'extériorisation — des idées polygonales, 158.

*Motrices* (Suggestions), 71.

*Moulages* de fantômes, 337, 341.

*Mouvement* (Influence réciproque de l'idée et du), 94.

*Mouvements* (Les) involontaires et inconscients, 90.

*Névropathique* (Rapports des médiums avec la famille), 164.

*Névrosés* (Faux médiums), 45.

*Objets* (Influence télépathique des), 303. *Apports, déplacements* voisins... d'—. Voir : *Apports, Déplacements*...

*Occultes* (Définition des *Phénomènes*), 9. Difficultés que présente l'étude des —, 34 ; impossibilité de les reproduire à volonté, 34. Tableau des — d'après Maxwell, 289. Classification en — d'ordre matériel ou physique et en — d'ordre intellectuel, 289. — à démonstration lointaine, 291 ; à démonstration moins éloignée, 355.

*Occultisme* (Définition de l'), 9. Ce que n'est pas l'—, 27. L'— d'hier, 63. L'— d'aujourd'hui, 211 ; les théories, 215 ; les faits, 287. Indépendance de l'— et des doctrines philosophiques ou religieuses, 271.

*Occultiste* (Forme) de la théorie des radiations psychiques, 244.

*Od* de Charles de Reichenbach, 250.

*Odomètre* d'Herbert Mayo, 103.

*Ondins*, 246.

*Opaques* (La clairvoyance est la faculté de voir à travers les corps), 392.

PALADINO (Le médium EUSAPIA). Voir : EUSAPIA.

*Palingnostique* (Délire), 142.

*Parakinésie*, 289, 377.

*Partielle* (Hypnose), 77.

*Passion* (Mouvements polygonaux dans la), 93.

*Pendule* (Le) explorateur, 103.

*Pénétrabilité* de la matière dans la matière, 289.

*Pensée* (Communication directe, lecture de la). Voir : *Mentale* (Suggestion).

*Pensées* (Liseurs de). Voir : *Cumberlandisme* et *Mentale* (Suggestion).

*Perisprit*, 243, 244.

*Personnalité* (Suggestions modificatrices de la), 74. Transformations de —, 167.

*Personnalités* (Les) médianimiques, 167.

PÉTERSEN (Cas du Dʳ), 303.

*Phénomènes* lumineux, occultes... Voir : *Lumineux, Occultes...* (Phénomènes).

*Philosophiques* (Indépendance de l'occultisme et des doctrines), 271, 284.

*Photographies* de fantômes, 337 ; discussion, 341. — du commandant Darget, 338, 342.

*Physique* (Phénomènes occultes d'ordre), 289.

PICKMANN (Expériences de Lombroso avec), 360.

PIPER (Le médium Mistress), 53, 170, 300.

*Plastique* (*Médiateur*), 244.

*Pointes* (Action des) métalliques, 248.

*Polygonale* (Malléabilité, Hypermnésie...). Voir : *Malléabilité, Hypermnésie...*

*Polygonales* (Sensations, mémoires...).Voir : *Sensations, Mémoire...*

*Polygonaux* (Faux jugements, Romans...). Voir : *Faux* jugements, *Romans...*

*Polygone* (La fonction motrice du), 90 ; Historique, 90 ; Exemples, 92. Le — et l'inspiration, 154.

*Posthypnotiques* (Suggestions), 76.

*Prémonitions*, 292, 297.

*Préscientifique* (Le merveilleux), 33.

*Préscientifiques* (Phénomènes), 9.

*Pressentiments* et télépathie, 294, 297.

*Prestidigitateurs* faux médiums, 40. Voir : *Fraudes*, *Trucs*.

*Promise* (L'occultisme est la *Terre*) de la science, 25.

*Prophètes* (Congrès de), 302

*Prophétie* (Télépathie et), 294, 297. Aucun fait télépathique ne prouve la —, 310.

*Provoqué* (Somnambulisme), 13.

*Psychique* (État) au moment de l'échéance d'une suggestion et entre la suggestion et l'échéance, 78. Force — radiante, 243.

*Psychiques* (Les sciences), 23. Suggestions —, 74. Radiations —, 243, 249.

*Psychisme* supérieur et — inférieur, 68. Extériorisation du —, 264. Désoccultation de certains faits télépathiques par le — inférieur, 312.

*Psychismes* (Les deux), 68.

*Psychologique* (Analyse) de l'expérience des tables tournantes, 98.

*Psychomètres*, *Psychométrie*, 293, 303.

*Psychophysiologie* du médium, 177.

*Psychothérapie* (L'hypnotisme et la), 84. — supérieure et — inférieure, 84.

*Radiante* (Force psychique), 243.

*Radiations* (Les) psychiques et humaines, 243, 249. Appareils pour les mesurer, 254. Forme occultiste de la théorie, 244. Discussion de la théorie, 256. Conclusions, 270.

*Rapports* de l'occultisme et des doctrines philosophiques ou religieuses, 271. Voir : *Indépendance*.

*Raps* (Historique des), 16. Place des — dans les phénomènes occultes, 289. Étude des —, 370, 386 ; faits, 386 ; discussion, 388 ; conclusion, 391.

*Reconnaissance* (Sensation de fausse). Voir : *Déjà vu*.

*Religieuses* (Indépendance de l'occultisme et des doctrines), 271, 282.

*Religion* et occultisme, 271, 282, 284.

*Réminiscences* polygonales, 133 ; dans la distraction, 134; dans le rêve, 135; devant le cristal, 137 ; à l'état de veille, 137.

*Repérages* polygonaux dans l'hypnose, 78.

*Répétables* (Les expériences d'occultisme ne sont pas) à volonté, 34, 39.

*Reproduire* (Impossibilité de) à volonté les phénomènes occultes 34.

*Résistance* des hypnotisés aux suggestions, 77.

*Responsabilité* dans l'hypnose, 81.

*Rétrocognitive* (Télépathie), 293, 303.

*Réussite* (Conditions pratiques de) pour l'expérience des tables tournantes, 100.

*Rêve* (Réminiscences polygonales dans le), 135.

*Réveil* (Suggestions au), 76.

*Reviviscences* (Diverses attitudes de O devant les) polygonales, 141.

ROBERT-HOUDIN (Le prestidigitateur), 41.

*Roman* royal d'Hélène Smith, 185. — martien d'Hélène Smith, 192. — martien de M<sup>me</sup> Smead, 200.

*Romans* (Les) polygonaux des médiums, 184. Les — d'Hélène Smith, 184. Caractères intérieurs des — polygonaux, 205.

ROTHE (Le médium ANNA), 46 ; ses fraudes, 46 ; ses apports, 322.

*Royal* (Cycle) du roman d'Hélène Smith, 185.

*Saint-Quentin* (La voyante de), 395.

*Salamandres*, 246.

*Science* et occultisme, 9. — traditionnelle des mages et occultisme, 28.

*Scientifiques* (Formes) de la théorie des radiations psychiques, 249.

*Sensation* de «déjà vu», 141.

*Sensations* polygonales, 117.

*Sensibilité* polygonale, 118.

*Sensitives* (Suggestions), 72.

SLADE (Le médium), 48, 54.

SMEAD (Le roman martien de M^me), 200.

SMITH (HÉLÈNE), 172. Les romans d'—, 184.

*Sommeil* naturel (Transformation du) en hypnose, 70. Mémoire dans le —, 121. Réminiscences polygonales du — à la veille, 139.

*Somnambulisme* provoqué, 13. Mouvements polygonaux dans le —, 93. Mémoire dans le —, 122.

*Sorcières* (Trust de), 302.

*Sortie* du corps astral. Voir : *Astral.*

*Souffles*, 289.

*Sourciers* (Les), 312. Voir : *Baguette (La) divinatoire.*

*Spirite* (Définition et exposé de la doctrine), 216. Discussion de la théorie —, 221.

*Spirites* (Désaccord des) entre eux, 240.

*Spirit-grabbers*, 62, 345.

*Spiritisme* (Historique du), 15 ; — et occultisme, 27, 28, 30. Le —, 216. Sens du mot —, 216. Exposé du —, 216. Discussion du —, 221. C'est au — à faire sa preuve, 223. Conclusions, 241.

*Spiritualisme* (Rapports de l'occultisme et du), 271, 272, 284.

*Sthénomètre* de Joire, 255.

*Suggestibilité* (Hypnose et état de), 68.

*Suggestion* (La), 71. État psychique entre la — et l'échéance, 78. L'hypnotisme et la — devant la justice, 79 ; au point de vue thérapeutique, 84 ; devant la morale, 87. — mentale. Voir : *Mentale (Suggestion).*

*Suggestions* (Les), 71. — intrahypnotiques, 71 ; motrices, 71 ; sensitives, 72 ; psychiques et d'actes, 74 ; modificatrices de la personnalité, 74 ; dans les appareils habituellement soustraits à la volonté, 76. — posthypnotiques, 76. — au réveil, 76. — à longue échéance, 77. — portant sur la mémoire, 79. Mouvements polygonaux dans les —, 93.

*Supérieur* (Psychisme), 68.

*Supérieure* (Psychothérapie), 84.

*Supranaturelles* (Les produits de l'imagination polygonale des médiums simulent facilement des communications), 209.

*Surnaturel* et occultisme, 31.

*Suspolygonale* (Désagrégation), 68.

*Sylphes*, 246.

*Tables tournantes* (Historique des), 16, 18. Age héroïque des —, 18. Réalité du fait, 96. Explications du fait, 97. Analyse psychologique de l'expérience, 98. Conditions pratiques de réussite, 100. Inégale aptitude des divers sujets, 102.

*Télékinésie*, 289, 377.

*Télépathie*, 292. Définitions, 292. Exposé des faits, 295. Discussion, 308. — rétrocognitive (psychométrie), 293, 303.

*Télépathique* (Influence) des morts et des objets, 303.

*Télepsychie*, 293.

*Télesthésie*, 293, 295.

*Témoin* (L'hypnotisé), 82.

*Terre promise* (L'occultisme est la) de la science, 25.

THÈBES (M$^{me}$ DE), 22, 301, 311.

*Théorie* (Exposé de la) spirite, 218; discussion, 221. Invraisemblance de cette —, 222. — des radiations psychiques, 243; exposé, 244; discussion, 256; conclusions, 270.

*Théories* (Nécessité d'étudier séparément les) et les faits, 214. Les — dans l'occultisme d'aujourd'hui, 215; classification, plan de leur étude, 215. Le spiritisme, 216. Les radiations psychiques, 243.

*Théosophie* et occultisme, 30.

*Thérapeutique* (L'hypnotisme et la suggestion au point de vue), 84. Modes d'action, indications et contreindications de l'hypnotisme —, 85.

*Tournantes* (Tables). Voir : *Tables*.

*Traditionnelle* (Science) des mages et occultisme, 28.

*Transes* des médiums, 164. Les idées exprimées dans les - sont celles des médiums et non celles des esprits évoqués, 224.

*Trompeurs* (Les esprits), 234.

*Trucs* des faux médiums, 40. — dans les expériences de matérialisation, 344. — des liseurs de pensées, 365. Voir: *Fraudes*.

*Typtologie*, 289.

*Ultramartien* (Cycle) d'Hélène Smith, 199.

VALENTINE (Le médium), 53.

*Vécu* (Déjà). Voir : *Déjà vu*.

*Veille* (Hypnotisation à l'état de), 70. Réminiscences polygonales à l'état de —, 137 ; de la distraction à la —, 138 ; du sommeil à la —, 139.

*Victime* (L'hypnotisé), 79.

*Villa* Carmen. Voir : *Carmen* (Villa).

*Visuels* (Phénomènes occultes), 289.

*Volontaires* (Fraudes) et conscientes des médiums, 40.

*Volonté* (Impossibilité de reproduire à) les phénomènes occultes, 34. Suggestions dans les appareils habituellement soustraits à la —, 76.

*Voyante* (La) de Saint-Quentin, 395.

*Voyantes* et clairvoyants, 392.

*Vu* (*Déjà*). Voir : *Déjà vu*.

WILLIAMS (Le médium Mistress), 52.

*Willing game*. Voir : *Cumberlandisme*.

# TABLE DES MATIÈRES

                                                           PAGES

AVANT-PROPOS .................................... 5

## PREMIÈRE PARTIE

## Définitions. Historique. Difficultés de cette étude

### CHAPITRE PREMIER

### Définitions et historique

I. — 1. DÉFINITION DE L'OCCULTISME ET DES PHÉNOMÈNES OCCULTES .......................................... 9

II. — 2. HISTORIQUE .................................. 10
      3. *Période du magnétisme animal* .............. 11
      4. *Période du spiritisme* ...................... 15
      5. *Période actuelle* ........................... 22

III. — 6. CE QUE N'EST PAS L'OCCULTISME ............. 27
      7. *Science traditionnelle des mages, théosophie, spiritisme* ................................... 28
      8. *Surnaturel et miracle* ...................... 31

### CHAPITRE DEUXIÈME

### Difficultés que présente l'étude des phénomènes occultes

I. — COMPLEXITÉ DU DÉTERMINISME DES EXPÉRIENCES .......... 34
      9. *Les phénomènes occultes ne peuvent pas être reproduits à volonté* ........................ 34

10. *Cependant ce déterminisme expérimental existe et doit par suite être recherché* .................. 37

II. — FRAUDES DES MÉDIUMS ................................. 39
11. *Fraudes en général*........................... 39
12. *Fraudes volontaires et conscientes*............. 40
13. *Espiègles et névrosés* ...................... 45
14. *Exemples de fraudes. Fraudes inconscientes*..... 46
15. *Conclusions. Précautions à prendre*............ 60

## DEUXIÈME PARTIE

## L'occultisme d'hier

### CHAPITRE TROISIÈME

### Le magnétisme animal et l'hypnotisme

I. — 16. HISTORIQUE. Braid, Charcot, Liébeault et Bernheim. 66

II. — L'HYPNOSE ET L'ÉTAT DE SUGGESTIBILITÉ. ............. 68
17. *Définition* : désagrégation suspolygonale et malléabilité polygonale......................... 68
18. *Moyens de provoquer et de faire cesser l'hypnose*. 70

III. — LES SUGGESTIONS................................. 71
19. *Suggestions intrahypnotiques*............... 71
    *a*. motrices... ........................... 71
    *b*. sensitives............................. 72
    *c*. psychiques et d'actes. .................. 74
    *d*. modificatrices de la personnalité. ......... 74
    *e*. dans les appareils habituellement soustraits à la volonté........................... 76
20. *Suggestions posthypnotiques*................ 76
    *a*. Suggestions au réveil.................... 76
    *b*. Suggestions à longue échéance............ 77
    *c*. État psychique au moment de l'échéance et entre la suggestion et l'échéance. ........ 78
    *d*. Suggestions portant sur la mémoire.......... 79

IV. — APPLICATIONS A LA MÉDECINE LÉGALE ET A LA THÉRAPEUTIQUE ......................................... 79
21. *L'hypnotisme et la suggestion devant la justice*... 79
    *a*. L'hypnotisé victime et accusateur... ....... 79
    *b*. L'hypnotisé criminel et accusé............. 80
    *c*. L'hypnotisé témoin...................... 82

22. *L'hypnotisme et la suggestion au point de vue thérapeutique*........................................... 84
    *a*. L'hypnotisme et la psychothérapie : psychothérapie supérieure et psychothérapie inférieure. 84
    *b*. Modes d'action, indications et contrcindications de l'hypnotisme thérapeutique.............. 85
23. *L'hypnotisme et la suggestion devant la morale*.. 87
    *a*. Immoralité de l'hypnotisme extramédical. ... 87
    *b*. Moralité de l'hypnotisme médical............. 87

## CHAPITRE QUATRIÈME

**Les mouvements involontaires inconscients : tables tournantes, pendule explorateur, cumberlandisme avec contact.**

I. — LA FONCTION MOTRICE DU POLYGONE : *mouvements involontaires et inconscients* ......................... 90
   24. *Historique*........................................ 90
   25. *Exemples* : distraction, somnambulisme, automatisme ambulatoire, hypnose ................... 92
   26. *Influence réciproque de l'idée et du mouvement*.. 94

II. — LES TABLES TOURNANTES............................ 96
   27. *Réalité du fait*................................... 96
   28. *Explications du fait*............................. 97
   29. *Analyse psychologique de l'expérience*........... 98
   30. *Conditions pratiques de réussite*................ 100
   31. *Inégale aptitude des divers sujets*.............. 102

III. — 32. LE PENDULE EXPLORATEUR....................... 103

IV. — 33. LA BAGUETTE DIVINATOIRE....................... 105

V. — 34. LE CUMBERLANDISME AVEC CONTACT............... 111

## CHAPITRE CINQUIÈME

**Les sensations et la mémoire polygonales. Fausses divinations : hallucinations polygonales et cristallomancie ; réminiscences et faux jugements polygonaux.**

I. — 35. SENSIBILITÉ ET MÉMOIRE POLYGONALES............. 118
   36. *Sensibilité du polygone*......................... 118
   37. *Mémoire du polygone*............................. 120

38. *Faits récemment désoccultés qui dépendent de cette fonction polygonale*.................. 123

II. — Hallucinations polygonales et cristallomancie...... 123
39. *Hallucinations polygonales* .................. 123
40. *Cristallomancie*.......................... 126
    a. Description du phénomène et historique..... 126
    b. Technique............................. 129
    c. Analyse psychologique.................. 131

III. — Réminiscences et faux jugements polygonaux........ 133
41. *Réminiscences polygonales*.................. 133
    a. Dans la distraction..................... 134
    b. Dans le rêve........................... 135
    c. Devant le cristal....................... 137
    d. A l'état de veille....................... 137
    α. Distraction et veille.................... 138
    β. Sommeil et veille...................... 139
42. *Sensation de «déjà vu», «déjà éprouvé» ou de fausse reconnaissance*........................ 141
    a. Diverses attitudes de O devant ces reviviscences polygonales........................ 141
    b. Description du «déjà vu»................ 142
    c. Analyse psychophysiologique du phénomène. 144
43. *Pathologie de la mémoire polygonale*........... 146
    a. Hypermnésie polygonale................. 146
    b. Amnésies générales avec conservation de la mémoire polygonale..................... 147
    c. Amnésies polygonales................... 149

CHAPITRE SIXIÈME

**L'association des idées et l'imagination polygonales.
Médiums et romans polygonaux**

I. — L'association des idées et l'imagination polygonales. 151
44. *Généralités, définitions et analyse*............ 151
45. *Le polygone et l'inspiration*.................. 154

II. — Les médiums................................ 158
46. *L'extériorisation motrice des idées polygonales*... 158
47. *Définition du médium*....................... 159
48. *Les transes. Rapports des médiums avec la famille névropathique*.......................... 164

## TABLE DES MATIÈRES

49. *Transformations de personnalité. Les personnalités médianimiques et les esprits familiers des médiums*...... 167
50. *Les degrés de la médiumnité.* ............ 177

III. — Les romans polygonaux des médiums............. 184
51. *Les romans d'Hélène Smith*............ 184
    *a.* Cycle royal............ 185
    *b.* Roman martien............ 192
52. *Le roman martien de M*<sup>me</sup> *Smead*............ 200

IV. — Conclusions............ 202
53. *Réalité de l'imagination polygonale*............ 202
54. *Limites de l'imagination polygonale*............ 205
    *a.* Caractères inférieurs des romans polygonaux. 205
    *b.* Infériorité des conceptions polygonales en général............ 207
55. *Les produits de l'imagination polygonale des médiums simulent facilement des communications exogènes supranaturelles.*............ 209

## TROISIÈME PARTIE

### L'occultisme d'aujourd'hui

56. Résumé de la deuxième partie. Objet et plan de la troisième partie............ 213

#### A. LES THÉORIES.

57. Classification des théories. Plan de leur étude. 215

### CHAPITRE SEPTIÈME

#### Le spiritisme

I. — Définition et exposé de la doctrine spirite......... 216
58. *Sens du mot spiritisme*............ 216
59. *Exposé de la théorie.*............ 218

II. — Discussion de la théorie spirite............ 221
60. *Invraisemblance de cette théorie.*............ 222
61. *C'est au spiritisme à faire sa preuve.*............ 223
62. *Les idées exprimées dans les transes sont celles des médiums et non celles des esprits évoqués*.. 224
63. *Erreurs des médiums. Les esprits trompeurs*..... 234
64. *Désaccord des spirites entre eux*............ 240

III. — 65. Conclusions............ 241

## CHAPITRE HUITIÈME

### Les radiations psychiques : perisprit, corps astral, force psychique radiante

I. — Exposé de la théorie.................................... 244
    66. *Forme occultiste de la théorie*: perisprit, corps astral.................................................. 244
    67. *Autres formes (scientifiques) de la théorie*....... 249
        *a*. Radiations psychiques...................... 249
        *b*. Appareils pour les mesurer................. 254

II. — Discussion de ces théories............................ 256
    68. *La plupart de ces théories n'ont pour preuve que les faits même d'extériorisation de la force qu'elles veulent expliquer*..................... 257
    69. *Les biomètres n'ont pas démontré l'existence d'une force irréductible aux autres formes connues de force (chaleur, électricité...)*............... 265
    70. *Si cette nouvelle force était prouvée, rien ne démontrerait encore que c'est vraiment un agent de communication entre deux psychismes séparés*................................................ 267

III. — 71. Conclusions..................................... 270

## CHAPITRE NEUVIÈME

### Indépendance de l'occultisme et de toutes les doctrines philosophiques ou religieuses

72. *La connaissance des phénomènes occultes ne peut servir à l'apologétique et au triomphe ou à la réfutation et à l'écrasement d'aucune doctrine philosophique ou religieuse*........................................... 271
73. *Opinions de ceux qui veulent au contraire confondre l'occultisme avec le spiritualisme ou la religion*....... 272
74. *Réfutation de cette manière de voir*.................. 282
    *a*. Les auteurs qui veulent solidariser l'occultisme avec une doctrine religieuse aboutissent à des conclusions opposées et contradictoires qui se réfutent mutuellement................................... 282
    *b*. On ne pourrait donner une portée philosophique à l'occultisme que si on acceptait l'hypothèse spirite, que nous avons vu n'être pas démontrée......... 284

c. L'occultisme reste donc un chapitre préscientifique, ouvert à tous les savants, quelle que soit leur doctrine philosophique ou religieuse............ 285

**B.** *LES FAITS.*

75. Nécessité d'établir l'existence des faits. Classification et plan d'étude......................................... 287

## CHAPITRE DIXIÈME

### Faits dont la démonstration, si elle est possible, parait en tous cas lointaine

I. — Télépathie et prémonitions....................... 292
   76. *Définitions. Limitation du paragraphe*........... 292
   77. *Exposé des faits*.................................. 295
      *a.* Télépathie et télesthésie.................... 295
      *b.* Prémonitions et pressentiments (divinations et prophéties)............................. 297
      *c.* Influence télépathique des morts et des objets ; télépathie rétrocognitive (psychométrie).... 303
   78. *Discussion*........................................ 308
      *a.* Les faits de télépathie ne sont pas des hallucinations. Mais leur existence scientifique n'est pas démontrée......................... 308
      *b.* Aucun fait ne prouve la divination ou la prophétie........................................ 310
      *c.* Beaucoup de faits télépathiques sont désoccultés par nos connaissances actuelles sur le psychisme inférieur........................ 312
      *d.* Les autres s'expliquent par des coïncidences. 313
      *e.* Comment devrait être instituée l'expérimentation pour devenir démonstrative........... 319

II. — Apports a grande distance......................... 322
   79. *Exemples de faits.*............................... 322
      *a.* Anna Rothe et Henri Melzer................ 322
      *b.* Mac Nab..................................... 323
      *c.* Charles Bailey.............................. 324
   80. *Discussion*....................................... 326
      *a.* Fraudes conscientes........................ 326
      *b.* Fraudes inconscientes...................... 328

III. — Matérialisations.................................. 334
   81. *Position de la question*.......................... 334

82. *Exemples de faits*.................................... 335
      *a*. Phénomènes lumineux................... 335
      *b*. Fantômes.............................. 336
      *c*. Photographies et moulages............. 337
83. *Discussion*........................................ 340
      *a*. Hallucination........................ 340
      *b*. Fraude consciente ou inconsciente..... 341
      α. Photographies et empreintes........... 341
      β. Phénomènes lumineux................... 343
      γ. Fantômes.............................. 344
        1° Trucs........................... 344
        2° Spirit-grabbers................. 345
        3° Expériences de la villa Carmen.. 347
        4° Dernières expériences de Miller. 351

## CHAPITRE ONZIÈME

### Faits dont la démonstration paraît moins éloignée et, en tous cas, doit être recherchée tout d'abord

I. — SUGGESTION MENTALE ET COMMUNICATION DIRECTE DE LA PENSÉE. .................................................. 356
84. *Définition. Documents et faits*.................... 356
      *a*. Position de la question............... 356
      *b*. Exemples de faits récents............. 358
      α. D'Ardenne; Pax; Paul Sollier.......... 358
      β. Lombroso.............................. 360
      γ. Joseph Venzano........................ 361
      δ. Miss Hermione Ramsden................. 363
85. *Causes d'erreur dans l'expérimentation. Trucs*... 365
86. *Règles à suivre pour essayer d'établir la démonstration scientifique de la suggestion mentale*... 369

II. — DÉPLACEMENTS VOISINS SANS CONTACT (LÉVITATION). RAPS. 370
87. *Déplacements sans contact*......................... 371
      *a*. Exemples de faits..................... 371
      α. Maisons hantées....................... 371
      β. Déplacements d'objets................. 372
        1° Eusapia Paladino................ 373
        2° William Crookes et Mac Nab...... 375
        3° Maxwell......................... 377
        4° Flammarion...................... 378
      *b*. Discussion............................ 380

        *c*. Conseils............................... 384
  88. *Raps.*..................................... 386
        *a*. Faits.................................. 386
        *b*. Discussion............................ 388
        *c*. Conclusion............................ 391

III. CLAIRVOYANCE............................... 392
  89. *Définitions. Les clairvoyants et les voyantes*...... 392
        *a*. Définitions............................ 392
        *b*. La voyante de Saint-Quentin............ 395
  90. *Faits et discussion*........................... 398
        *a*. Quelques faits......................... 398
        *b*. Cas personnel......................... 401
        *c*. Conclusion. Règles pour les expériences ultérieures ................................. 402

CONCLUSIONS .................................... 407

TABLE ALPHABÉTIQUE DES MATIÈRES ................ 411

TABLE DES MATIÈRES............................. 427

---

Montpellier.— Impr. Serre et Roumégous, rue Vieille-Intendance, 5.

www.ingramcontent.com/pod-product-compliance
Lightning Source LLC
Chambersburg PA
CBHW050912230426
43666CB00010B/2134